조선 초·중기 불교와 유교의 심성론과 상호인식 연구

이 저서는 2020년 대한민국 교육부와 한국연구재단의 지원을 받아 수행된 연구
(NRF-2020S1A5B5A16082330)이며 이화여대 한국문화연구원의 지원으로 제작되었음.

이화연구총서 30

조선 초·중기 불교와 유교의 심성론과 상호인식 연구

박 정 원 지음

역락

이화연구총서 발간사

이화여자대학교 총장 김 은 미

이화는 1886년 여성교육을 위한 첫 발걸음을 내딛었습니다. 소외되고 가난하고 교육의 기회를 갖지 못한 여성을 위한 겨자씨 한 알의 믿음이 자라나 이제 132년의 역사를 갖게 되었습니다. 배움을 향한 여성의 간절함에 응답하겠다는 이화의 노력을 통해 근현대 한국사회의 변화·발전이 이룩되었습니다.

이화여자대학교는 한국 근현대사의 중심에 서 있었고, 이화가 길러낸 이화인들은 한국사회에서 최초와 최고의 여성인재로 한국사회, 나아가 세계를 선도하는 역할을 수행해 왔습니다. 오랜 역사 동안 이화는 전통과 명성에 안주하지 않고 항상 새로운 길을 개척하며 연구와 교육의 수월성 확보를 통해 세계적 경쟁력을 갖춘 대학으로 거듭나고자 매진해왔습니다.

이화여자대학교의 성취는 한 명의 개인이나 한 학교 차원에서 그치는 것이 아니라 사회적 책무를 다하려는 소명 의식 속에서 더 큰 빛을 발해 왔다고 자부합니다. 섬김과 나눔, 희생과 봉사의 이화정신은 이화의 역사에서 일관되게 나타났습니다. 시대정신에 부응하려 노력하고, 스스로를 성찰하고, 민주적 절차를 통해 미래를 선택하려한 것은 이러한 이화정신의 연장선에 놓여 있는 것입니다.

섬김과 나눔의 이화 정신은 이화의 학문에도 반영되어 있습니다. 이화의 교육목표는 한 개인의 역량과 수월성을 강화하는 것에서 머무르지 않고, 사회적 약자와 소수자를 외면하지 않고 타인과의 소통과 공감능력을 갖춘 인재를 배출하는 것입니다. 이화는 급변하는 시대의 변화 속에서 뚜렷한 가치관과 방향성을 갖고 융합적 지식을 갖춘 인재를 양성하려고 노력해 왔습니다. 또한 학문의 지속성을 확보하기 위해 차세대 연구자에게 연구기반을 마련해줌으로써 학문공동체를 건설하려고 애써왔습니다. 한국문화의 자기정체성에 대한 투철한 문제의식 하에 이화는 끊임없는 학문적 성찰을 해왔다고 자부합니다.

한국문화의 우수성을 국내외에 알리고자 만들어진 한국문화연구원은 세계와 호흡하지만 자신이 서있는 토대를 굳건히 하려는 이화의 정신이 반영된 기관입니다.

한국문화연구원에서는 최초와 최고를 향한 도전과 혁신을 주도할 이화의 학문후속세대를 지원하기 위해 매년 이화연구총서를 간행해오고 있습니다. 이 총서는 최근 박사학위를 취득한 신진 학자들의 연구논문 가운데 우수논문을 선정하여 발간하는 것입니다. 이를 통해 신진 학자들의 연구를 널리 소개하고, 그 성과를 공유하여 이들이 학문 세계를 이끌 주역으로 성장할 수 있도록 도움을 주고자 합니다. 신진연구자들의 활발한 연구야말로 이화는 물론 한국의 학문적 토대이자 미래가 되기 때문입니다.

앞으로도 이화연구총서가 신진학자들의 도전에 든든한 발판이 되고, 학계에 탄탄한 주춧돌이 되기를 기원합니다. 이화연구총서의 발간을 위해 애써주신 연구진과 필진, 그리고 한국문화연구원의 원장을 비롯한 연구원들의 노고에 진심으로 감사드립니다.

책머리에

조선 초·중기에 해당하는 15세기부터 17세기는 '유교'라는 새로운 통치이념이 전면에 등장하고 유교적 관례가 사회제도로 정착되어갔던 시기이다. 그런 만큼 이 시기에 대한 우리의 관심은 주로 건국 초기 유교의 정치이념을 구축한 정도전의 사상이나 유교가 조선성리학으로 재정립되는 과정에서 중심적 역할을 한 이황의 심성론, 그리고 그에 대비되는 견해를 가졌던 기대승이나 이이에 초점이 맞춰져 있었다. 그러나 어떠한 시대도 마찬가지이지만 한 시대를 오직 하나의 특정한 사상의 눈으로 파악하게 되면 그 사회의 생생한 현실적 모습을 포착하지 못하고 추상화시킬 위험이 존재한다. 아무리 유교 사상이 유행하고 지배적인 모습이 된 시기라고 하더라도 이 시기를 이렇게 획일적인 모습으로 이해하는 것은 바른 이해가 아니다.[*]

학계의 연구동향이 유교 쪽에 집중되어 왔던 것에 비하여 이 시기의 불교의 활동이나 유교와 불교의 관계 그리고 유교인들이 불교에 대해 갖고 있던 인식이나 불교인들이 유교에 대해 갖고 있던 인식 등에 관해서는 그동안 상대적으로 주목의 대상이 덜 되어왔다. 통념적으로 이 시기의 불교

---

[*] 이러한 태도는 16세기 조선성리학의 정확한 이해를 위해서도 결코 바람직하지 않다. 특히 이황과 이이의 관점의 대비를 둘러싸고 적지 않은 유교 연구자들은 이황의 관점을 비현실적이고 윤리적 원론이라고 간주하고 이이의 관점을 '현실적'이고 '진취적'인 것으로 부각시키고 있는데 이것은 이황의 심성논의를 추상적으로 이해한 결과다.

는 조선이 유교의 통치이념으로 건국되고 유교사회로 정착되면서 침체나 궤멸 혹은 유교의 통치 질서로 흡입되는 방식으로 간주되었다. 따라서 이 시기의 유교와 불교의 상호 교섭은 지배와 피지배의 위계적 관계로 유교와 불교의 상호 인식은 상호 대립이나 폄훼와 왜곡 등이 대부분이라는 것이 상식처럼 굳어져왔다. 하지만 이러한 통념이나 상식적 판단은 이 시대의 유교인들과 불교인들의 심성 논의와 상호 교섭활동에 대한 이해의 부족에 기초한다고 볼 수 있다.

근래에 이 시기의 불교계 활동이나 유불교섭 그리고 유교인의 불교인식 등에 관한 실증적 연구들이 활발해지면서 이러한 통념이 조금씩 바뀌기 시작하고 있다. 이는 매우 다행한 일이다. 이 시기의 불교는 결코 일시에 궤멸된 것이 아니며 유교가 일방적으로 이 시기의 사상과 제도를 지배한 것도 아니다. 또한 불교와 유교의 관계가 그렇게 항상 대립적이었던 것도 아니다. 이 시기에도 적지 않은 불교인들이 여전히 많은 유교인들에게 배움과 존경의 대상이 되었고 적지 않은 유교인들은 불교를 열심히 탐구하였다. 또한 유교인들과 불교인들이 서로 적이었을 때보다는 서로 친구였을 때가 더 많았다고 할 수 있다.

이 연구에서는 먼저 이 시기의 조선 불교인들과 유교인들이 어떤 심성 논의를 하고 있으며 그들의 심성 논의에 따라 서로에 대한 인식이 어떻게 변화되고 있는지 구체적으로 확인하는 것을 1차적 목적으로 하였다. 이 연구를 통해 알아내고 싶었던 것은 다음의 의문에 대한 대답이었다. 유교와 불교는 과연 그렇게 다른 것일까? 오늘날 우리가 당연하게 생각하는 것처럼 과연 조선의 유교인과 불교인들도 서로에 대해 다른 것으로 생각했을까?

물론 오늘날의 적지 않은 사람들도 유교와 불교의 비슷한 점을 말하기도 한다. 예를 들어 유교 특히 성리학은 불교의 영향을 받았다든가 불교의 공허하고 내세지향적 성향 대신 유교는 실질적이고 현세지향적 성향으로 발전했다고 하면서 유교가 불교의 발전적 계승처럼 말하는 사람도 있다. 하지만 유교와 불교가 같다거나 다르다고 말할 때 과연 구체적으로 무엇이 같은 것인지 무엇이 다른 것인지 불분명할 때가 많다. 심지어 유교가 불교의 영향을 받아 성리학이라는 학문체계가 정립되었다고 말하는 사람들 중에는, 역설적이게도, 바로 그 점이야말로 유교가 그 본래적 핵심정신으로부터 이탈한 것으로 간주한다. 불교의 영향을 받아 성리학이 발전되었던 시기를 유교의 전통에서 이탈 내지 왜곡된 시기로 보는 것이다. 이들은 성리학이 아니라 고대의 유교정신이야말로 유교의 본래적 모습이라고 적극 주장한다. 우리는 이들의 주장에서 유교와 불교가 서로 다르다는 것을 강고하게 견지하기 위해 유학의 역사 자체도 부정하는 모순적 태도를 발견한다. 이들에게 유교와 불교의 간극은, 유교와 기독교의 간극보다 더 크고 멀다.

　　이와는 약간 달리, 다소 온건하게, 유교는 현세 지향적이고 통치이념에 가까운 데에 비하여 불교는 내세 지향적이고 종교에 가깝다고 볼 수 있으므로 이 두 가지는 상호 조화로운 관계를 이룰 수 있다고 보는 견해도 존재한다. 이것이 '유불조화론'이다. 역사적으로 유교와 불교는 역할분담으로 조화로운 관계를 유지하였던 적이 많았고 앞으로도 조화롭게 공존하는 것이 좋다는 것이다. 그러나 이러한 견해 역시 유교와 불교의 영역을 각각 현세와 내세로 나누고 있어 정확하게 양자의 같은 점을 규명하고 있다고 보기는 어렵다.

이 연구에서 밝히고자 하는 것은 불교와 유교의 심성 논의 자체로부터 철학적 회통의 지점을 확인할 수 있다는 것이다. 한국 불교인 대승불교와 한국 유교인 조선성리학의 심성 논의를 분석하다 보면, 유교와 불교의 심성 논의 자체에 이미 '철학적 회통'의 내용이 들어 있다는 것을 알 수 있다. 물론 이 연구에서는 조선 초-중기에 해당하는 약 3백여 년 동안 얼마나 많은 유교인들과 불교인들이 이러한 철학적 회통의 내용을 실지로 알고 있었는지 양적으로 확인하는 것을 우선순위로 삼고 있지는 않다. 비록 소수의 조선 성리학자나 조선 불교인의 견해라고 하더라도 그들이 발견하고 논한 철학적 유불회통의 내용이 '이미 존재하고 있었다'는 것, 그리고 그것을 가능한 한 '그들 스스로의 용어로' 드러내어 밝히고 확인할 수 있다는 것이 더욱 중요하다. 이 연구에서는 철학적 회통의 내용을 유교와 불교 자체의 용어로 표현하고자 한다. 유교의 용어로 말하면 미발지각이며 불교의 용어로 말하면 공적영지이다. 미발지각과 공적영지는 서로 같은 내용을 말하고 있다.

조선의 불교인과 유교인들의 심성 논의에서 확인되는 철학적 유불회통을 지금의 우리가 바르게 이해하는 일이 왜 중요할까? 오늘날 우리 현대인들에게 나타나는 여러 가지 개인적, 사회적 병리현상들은 몸에 관한 것 못지않게 마음에 관한 것이 많다. 몸을 치료하는 방법의 발전 만큼 마음에 관한 치유에 대해서도 동일한 정도의 발전이 이루어지고 있다고 보기는 어렵다. 현대인들은 그 어느 때보다도 거대 자본의 논리에 의해 개인과 사회공동체적 삶의 양식의 위협과 위기를 겪고 있다. 물론 마음에 관한 치유에 대해 정신분석과 심리학, 전통적 요법을 차용한 각종 명상 기법들이 소개되고 있지만 대부분 마음과 관련하여 충분한 철학적 분석이 결여된 채 이루어지는, 임시적 대증요법에 그치는 경우가 많다.

이러한 처지에서 철학적 유불회통 한국 불교와 유교의 심성 논의에 근거한 심성 함양 정신을 충실하게 이해하는 과정은 그 자체로 현대의 교육과 현대의 정치 그리고 현대의 종교가 채워주지 못하는 새로운 영성과 배움 그리고 공동체정신에 주목하도록 해줄 수 있을지 모른다. 이를 위해서는 우선 수많은 편견과 왜곡 속에 외면당하고 충분히 주목받거나 평가받지 못해 온 조선 성리학과 조선 대승불교의 공통적 핵심 정신, 한국철학의 핵심 정신을 바르게 이해하려고 애써야 한다.

오늘날 종교와 정치의 현상적 폐단들은 점차 낙관적이지 않은 방식으로 심화되어 가고 있다. 일반 사람들은 더 이상 종교와 정치, 교육에서 참된 진리의 길을 기대하지 않으려 한다. 이런 위기의 상황에서, 이 연구가 밝히고자 한 철학적 유불회통 심성논의 내용을 우리가 이해할 수 있는 언어로 재해석하여 제시할 수 있다면, 그 내용이야말로 현대를 살아가고 있는 우리에게 진정한 영성靈性으로서의 종교성과 진정한 공심公心의 발현으로서의 정치성의 참된 의미를 알게 해주리라 믿는다. 이 연구에서는 이 점을 제 4부에서 종교와 정치 그리고 교육의 본질적 동일성을 철학적 유불회통의 내용과 관련시켜 다루고 있다.

이 시기의 유교인들은 스스로를 정치인이라고만 여기지 않았으며 교육자이자 학자, 심지어는 종교인이라고 생각하였다. 또한 이 시기의 불교인들은 스스로를 종교인이라고만 여기지 않았으며 교육자이자 학자, 심지어는 정치인이라고 생각하였다. 이들의 존재적 위상들이 겹치고 있는 것이다. 이들로 하여금 이렇게 중첩된 존재적 위상을 갖게 하였던 것은 무엇 때문일까? 바로 이들이 배우고 익혀 사회적으로 실천하는 학문 내용인 심성 논의 자체가 종교이론이자 정치이론이고 심성 함양 공부를 통해 존재의 변화를 이루는 수양 및 수행이론이었기 때문이다.

이 책은 연구자의 박사 논문과 후속 연구 논문들에서 다룬 내용들을 수정 보완하여 펴낸 것이다. 이 책이 나오기까지의 과정을 생각해보면 참으로 여러 분들께 받은 은혜를 떠올리지 않을 수 없다. 오랜 동안의 민주화 운동 일선에서 먼지와 피로 속에 20대의 모든 시간을 보내고 뒤늦게야 시작한 석사 공부 과정에서 서울대학교 교육학과 이홍우 교수님은 한국철학의 핵심 사상 중의 하나인 유교의 수기修己와 치인治人이라는 두 개념을 중심으로 정치와 교육, 철학과 정치를 분석해볼 것을 권면해주셨다. 또 한참 동안을 생활전선에서 보내고 난 뒤에 더 늦게야 시작한 박사 공부 과정에서 이화여자대학교 철학과 한자경 교수님은 한국철학의 사상적 흐름을 불교와 유교의 철학적 회통會通 정신으로 꿰뚫어보도록 지도해주시고 오랜 동안 인내와 격려로 이끌어주셨다. 연세대학교 철학과 이광호 교수님은 친히 한문 공부를 지도해주시면서 무엇보다 유교의 도학 정신을 항상 일깨워주셨다. 선생님들의 은혜에 깊은 감사를 드린다.

특히 연구자의 부족함을 항상 격려하고 진실로 사랑해주시며 온갖 어려움을 함께 감내해주신 양가의 부모님 그리고 나의 남편에게 이 책을 바친다. 이 분들은 한평생 학문과 교육 그리고 예술과 종교적 헌신의 삶을 사셨다. 이 분들이 아니었으면 지금의 연구자도 살아 있지 못했을 것이다. 더디고 지난한 엄마의 학업 과정을 곁에서 묵묵히 지켜보면서 꿋꿋하고 멋지게 자신의 삶을 살고 있는 사랑하는 딸에게도 고마움을 전한다. 이 연구가 책으로 나올 수 있도록 지원해주신 한국연구재단과 이화여자대학교 한국문화연구원, 그리고 역락 출판사에게도 깊은 감사의 마음을 전해

드린다. 더욱 좋은 학자로서, 좋은 인간으로서의 삶을 살아가는 것이 이제
껏 모든 분들께 받아 온 빚을 조금이라도 돌려드리는 길이라고 생각한다.

2021년 여름 국립중앙도서관 연구실에서

박 정 원

차 례

서 론

1. 연구의 목적

일반적으로 유교와 불교는 서로 별개의 사상으로 간주된다. 오랜 동안 학자들은 불교와 유교를 별도의 영역으로 연구해 왔으며 이러한 태도는 당연한 것으로 여겨졌다. 현대의 연구자들에게까지 이러한 관점이 굳어지게 된 것은 유교와 불교가 독자적인 이론체계를 갖고 있기 때문이기도 하지만 조선 건국 이후부터 유교인들에 의해 유교와 불교의 차이와 대립적인 측면이 언제나 강조되어 왔기 때문일 것이다. 조선을 세운 유교정치인들은 억불숭유抑佛崇儒 정책을 내세워 그 이전까지 한국사상의 중심 흐름이 되어 왔던 불교를 배척하고 유교와 불교의 차이를 줄곧 부각시킨다. 유교는 불교와는 다르다는 것이다. 유교인들이 보기에 불교는 출세간의 종교일 뿐 현세의 사회정치적 제반 문제들을 해결하는 사상이 아니므로 더 이상 통치이념이 될 수 없다. 반면 유교는 출세간이 아니라 세간 현실의 삶을 우선적으로 중시하는 사상이므로 새로운 통치이념이 될 수 있다. 조선 건국기 유교인들은 불교가 더 이상 새로운 사회의 새로운 삶을 위한 철학이 될 수 없다고 보았던 것이다.

그러나 과연 유교와 불교가 철학적으로 그렇게 다른 것일까? 조선 초·중기에 해당하는 15세기부터 17세기를 한정하여 역사적 사실들을 살펴보더라도 이 시기의 유교인과 불교인 모두가 불교와 유교가 완전히 다르다고 생각한 것은 아니었다. 이 시기의 현실을 조금만 구체적으로 살펴보더라도 상황은 그렇게 단순하지 않다는 것을 금방 알 수 있다. 이 시기의 왕들은 불교를 무조건 배척하지 않았으며 세종이나 세조는 국가적 차원에서 불교서적들을 간행하는 일에 힘썼다. 유교 관료인들 중에는 유교와 불교 모두에 상당한 지식을 갖고 있으면서 이들 사상을 서로 비교 분석하는 사람들도 있었다. 불교와 유교가 오늘날 우리들이 생각하듯이 서로를 배척하고 서로에 대해 대립하고 있었던 것만은 아니다.

이제 우리는 '억불숭유의 유교사회'로 지나치게 단순화된 이 시기를 좀 더 입체적인 관점으로 바라볼 필요가 있다. 이 시기를 유교 중심적인 시각으로만 보아왔던 그동안의 협소한 태도에서 벗어나 구체적인 사실들을 더 넓은 지평에서 확인해 보아야 한다. 조선 이전까지의 한국철학의 긴 역사를 거슬러 올라가면 유교와 불교는 배타적인 태도를 취하기보다는 서로 역할을 분담하여 조화로운 공존을 할 수 있다고 생각하는 이들도 적지 않았으며 유불 역할분담론 이상으로 유교와 불교의 핵심 내용이 다르지 않다고 보는 논의도 존재하였다. 이러한 사상적 배경이 있기에 조선이 건국된 이후에도 유교인들과 불교인들의 상호 인식에서도 다양한 스펙트럼

이 존재할 것이라고 충분히 예상할 수 있다. 그리고 이들의 논의들을 구체적으로 살펴보는 과정에서 유의미한 유불회통儒佛會通 심성 논의들을 발견해 낼 수 있을 것이다.

본 연구의 기본 문제의식은 이로부터 출발하였다. 연구자는 우선 이 시기의 유교인들과 불교인들이 어떤 심성 논의를 전개하였으며, 그들이 각각 서로에 대해 어떤 인식을 하고 있었는지 그들의 글 속에서 확인하고자 한다. 그리고 이 과정에서 발견되는 유불회통2)의 내용을 가능한 한 철학적으로 해명해 볼 것이다.

학계에서 불교와 유교의 차이와 대립을 강조하는 관점에서만 연구가 진행되는 것은 오늘날 우리가 이들 각각의 심성론을 바르게 이해하는 데에도 방해가 될 수 있다. 예를 들어보겠다. 오늘날 일부 유교 연구가들은 유교가 송나라 주희朱熹(1130~1200)를 중심으로 성리학性理學의 학문체계로 정립된 이후 주자학이 16세기 조선에서 이황李滉(1502~1570)과 이이李珥(1536~1584)를 중심으로 조선성리학으로 심화 발전된 것을 두고, 주자학朱子學과 공맹유학孔孟儒學과의 차별성을 강조하려는 태도를 갖고 있다. 그들은 조선성리학이 주자학과 다르지 않다고 본다. 그들이 보기에 성리학은 도덕적 실천 위주의 공맹유학에서 지나치게 형이상학적인 사상으로 추상화되었으며 이제 도덕적 실천 위주의 공맹유학으로 되돌아가 유학의 본래적 정신을 회복해야 한다. 그들은 유학의 본래적 정신은 성리학자 이황이나 이이의 심성 논의에서 찾기보다는 실학자 정약용丁若鏞(1762~1836)의 논의에서 찾아야 한다고 주장한다. 주자학이나 조선성리학은 유교의 핵심

---

2) 이때 '유불회통'이라는 말은 유교와 불교가 각각 다른 용어로 말하고 있지만 연구자가 보기에 철학적으로 그 내용이 동일하다고 판단되는 내용 일체를 포괄하는 용어를 가리킨다.

사상이 아니라는 것이 이들의 관점이다.

그러나 이러한 관점은 성리학과 공맹유학의 관계에 대한 역사적 사실을 왜곡시키고 있다. 그것은 성리학의 심성론을 특정한 시각으로 제한시키거나 바르게 이해하지 못한 현대의 연구자들 자신의 한계이지 성리학이 유교의 핵심 정신이 아니기 때문이 아니다. 유교의 핵심 정신은 성리학에서 비로소 총체적으로 밝혀지고 있다. 그리고 성리학에서 밝히고 있는 내용을 온전히 이해하기 위해서는 오히려 유교 내에서 뿐만 아니라 불교와 유교의 철학적 비교 분석을 통해 유불회통의 내용을 확인하는 과정이 도움이 될 수 있다.

이와는 약간 다른 각도에서 불교와 유교의 철학적 회통 내용을 밝히는 일은 특히 유교의 심성함양心性涵養 공부 방법을 둘러싼 일련의 논쟁들을 바르게 이해하는 데에도 도움이 될 수 있다. 유교는 다른 어떤 사상보다 현실적이고 구체적인 심성함양 공부 방법에 관심을 기울인다. 그런데 조선 성리학에서 심성함양 공부의 실천적 방법과 관련하여 전개된 일련의 논쟁들을 살펴보면 항상 직면하게 되는 문제가 있다. 그것은 수양의 궁극적 경지이자 인간 본성의 완전태인 성性과 리理가 구체적이고 역동적인 공부가 진행되는 현실의 차원과 동떨어져 있는 것으로 이해될 소지가 있다는 점과 관련된다. 공부는 현실 속에서 구체적 실천과정으로 발전되는 것이어야 하지 않겠는가? 그런데도 유학의 핵심 정신이 현실의 공부와 무관한 것으로 간주된다면 안 되지 않겠는가?

그러나 과연 성이나 리가 구체적이고 역동적인 공부가 진행되는 현실의 차원과 동떨어져 있는 것일까? 이황의 심성 논의의 핵심 개념이기도 한 리발理發은 절대적 개념이자 부동의 궁극자인 리가 어떻게 스스로 움직일 수 있는가의 여부를 둘러싸고 이황이 살던 당시부터 논쟁의 대상이 되어왔던 것이다. 이황의 리발 개념은 사물로서가 아니라 마음, 우주적 마음 자체의 활동성으로 해석할 수 있다. 이때, 절대성과 궁극성으로서의 심체를 현실에서 구체적 변화과정에 있는 심의 활동과 어떻게 관련지어야 모순되지 않게 이해할 수 있을까?[3] 그런데 이 문제는 성리학 뿐 아니라 불교에서도 핵심적인 문제였다. 그러므로 조선성리학 내에서 진지하게 탐구되었던 이 문제는 유교와 불교의 철학적 회통 내용과도 긴밀한 내적 관련을 갖고 있다. 이 연구에서는 바로 이 지점을 추적하고자 한다.

이를 위해서는 먼저, 유교가 어떠한 역사적, 이론적 맥락에서 스스로를 불교와 차별을 짓고 그 차이를 부각시키게 되었는지 살펴볼 필요가 있다. 어떤 지점에서 유교인들은 자신과 불교의 사고방식에 근본적 차이가 있다고 보았던 것일까? 조선 건국기 유교 이념에 의한 통치이념을 정립한 유교정치가 정도전鄭道傳(1342~1398)이 불교를 비판하면서 유교를 옹호하였을 때 그가 주된 관심을 보인 것은 형이상학적, 우주적 원리가 아니라 현실적이고 사회적인 세상의 이치와 법도였다. 그리고 그는 이 두 가지를 각각 불교와 유교의 사고방식으로 배대시켰다.

> 우리(유교)도 허虛를 말하고 저들(불교)도 허를 말한다. 우리도 적寂을 말하고 저들도 적을 말한다. 그러나 우리의 허는 허이면서도 유有이지만 저들의 허는 허이면서 무無이다…우리의 앎은 만물의 이치가 우리 마음에 구비되어 있음을 아는 것이지만 저들의 깨달음은 이 마음이 본래 공空하여 하나의 사물도 없음을 깨닫는 것이다.[4]

---

3) 조선성리학에서 이 문제는 호락논쟁이라는 이름으로, 오랜 동안에 걸친 성리학 논쟁으로 심화되어 전개된다. 호락논쟁에 대한 자세한 논의는 문석윤, 『호락논쟁 형성과 전개』, 동과서, 2006. 참조.

정도전은 불교와 유교의 차이를 무와 유의 차이로 규정한다. 정도전이 이해한 불교는 무이다. 불교가 무인 이유는 만물의 이치가 마음에 있다고 말하지 않기 때문이다. 불교는 만물의 이치는 관심이 없고 마음에 그 이치가 구비되어 있다는 것도 말하지 않으며 오히려 공空을 강조한다. 마음에 하나의 사물도 없다는 것을 강조하는 것이다. 이와 같이 정도전이 이해한 불교는 유교와 결정적인 면에서 대립을 보이는 사상이다. 정도전이 생각하기에 불교는 더 이상 현실 세계의 통치 이념이 될 수 없으며 유교야말로 현실세계의 통치이념이 될 수 있다. 왜냐하면 유교는 현실 세계의 구체적인 선과 악을 구분하는 규범, 세상 만물의 질서와 이치를 탐구하는 앎, 현실을 바로잡는 것에 관심을 갖고 있는 사상이기 때문이다.

정도전이 보기에 유교가 불교와 결정적으로 다른 점은 유교는 '현실사회의 규범'을 중시한다는 것이다. 현실 사회의 규범은 사사로운 욕망에 의해 공적公的인 부분이 이용당하거나 훼손되는 것을 막는 제도적이고 법적인 장치들이기 때문에 정치이념의 역할을 자임했던 유교에서는 매우 중요한 것이었다. 그러나 과연 유교만 현실 규범을 중시하였을까? 유교정치가 정도전이 이해한 불교에서는 과연 현실 규범을 무시하고 있는가? 과연 만물의 이치가 구비되어 있는 내 마음과 본래 공이어서 하나의 사물도 없는 내 마음은 그렇게 전적으로 다른 마음이겠는가? 정도전의 말대로, 불교나 유교나 모두 허적虛寂을 품고 있는 마음이라면 그 두 마음이 서로 분리된 것일 리가 있겠는가? 만물의 이치가 남김없이 구비되어 있으려면 그 마음은 어떤 특정한 사물에 의해 고정되고 제한되어 있으면 안 된다. 여

---

4) 정도전,『불씨잡변佛氏雜辨』,『삼봉집』(한국문집총간 5), "此曰虛, 彼亦曰虛, 此曰寂, 彼亦曰寂. 然此之虛, 虛而有, 彼之虛, 虛而無…此之知, 知萬物之理具於吾心也, 彼之悟, 悟此心本空無一物也."

기에서 우리는 정도전이 제기하는 불교와 유교의 마음이 과연 그렇게 다른 것인지 의문을 제기할 수 있다.

그러나 정도전은 다른 고려 말 유교지식인들의 불교이해나 조선 초기 유교인들에 비하여 불교에 매우 공격적이고 비판적인 모습을 보이고 있다. 이것은 정치가의 관점으로 불교를 유교와 분리시키고자 하는 그의 신념으로부터 기인한다.[5] 정도전은 특히 선종禪宗을 강하게 비판한다. 선종은 '아무것도 하는 일이 없다'는 것과 '하지 못하는 일이 없다'는 양 극단의 방식으로 동시에 비판받았다. 그는 선종이 작용시성作用是性[6] 논리를 중시하기 때문에 사회적 행동에 문제를 일으키게 된다고 보았다. 이런 방식으로 선종을 비판하는 것은 이미 중국 송나라 성리학자 주희가 선불교를 경계하고 배척했던 논리와 다르지 않았으며 주희의 불교비판 논리는 조선성리학자들의 사고에도 영향을 준 것이다. 주희에 의하면 선불교에서의 작용시성 논리에서는 일상 현실에서의 일체의 마음작용을 모두 성의 발현으로 보기 때문에 선과 악의 구분이나 도덕 규범의 절대적 가치는 약화된다. 그러므로 유교의 관점에서 보면 작용시성 논리는 현실에서 무엇이든지 마음대로 할 수 있기도 하고, 하면 절대로 안 되는 것도 없게 될 수 있다. 단적으로 도덕규범의 기준과 토대가 무너질 수 있다는 것이다.

---

5) 위의 인용문에서도 알 수 있듯이, '불교와 유교가 모두 공통적으로 허虛와 적寂을 말하고 있기' 때문이다. 그러나 이것은 역설적으로 그 당시 유교지식인들이 불교, 특히 선불교에 얼마나 많이 심취해 있었으며, 유교와 불교의 공통적인 허와 적에 동의하고 있었는가를 짐작하게 한다.

6) 작용시성作用是性은 선불교에서 달마가 '부처가 되는 것이 견성見性이다'라고 말하면서 이 경우의 성性을 가리켜 '마음의 일체 작용이 성이다'라고 말한 데에서 비롯된다. 주희를 비롯한 유교인들은 작용시성의 논리가 일상의 모든 마음작용을 무조건 인정하게 되어 규범이나 도덕을 도외시하는 결과를 낳는다고 비판한다. 작용시성 논리는 유교가 불교를 비판할 때 가장 많이 언급된다.

유교의 관점에서 볼 때에 이러한 태도는 매우 위험한 것이다. 개인의 사사로운 욕망이 합리화될 수 있으며 공적인 규범의 파괴를 초래할 수도 있다. 정도전이 선종을 비판할 때나 주희가 선불교를 비판할 때 문제로 삼는 작용시성 논리에는 인륜이 도외시될 가능성이 존재한다는 것이다. 주희나 정도전의 관점은 조선 유교인들 뿐 아니라 현대의 유교연구자에게 도 여전히 영향력을 미치고 있다. 오늘날 유교 연구자들이 불교를 기피하 거나 비판할 때 가장 먼저 내세우는 논리가 바로 '불교는 인륜을 도외시 한다'는 것이다. 유교는 현실 사회의 인륜과 규범을 중시하고 그것을 정 립하는 데에 관심을 갖지만 불교는 현실을 떠나고 현실을 도피하여 내세 의 일만 관심을 두고, 현세적 규범이나 현실적 인륜에는 관심을 갖지 않는 다는 것이다.

그러나 정도전이나 주희의 선불교 비판은 선불교를 정치적으로 경계하 고자 하는 데에서 비롯된, 작용시성에 대한 지나친 부정적인 해석이다. 일 상의 모든 마음 작용이 성性의 표현이라는 것은 일상의 모든 활동을 마음 대로 하라는 의미가 아니라, 일상의 모든 활동을, 그것을 초월하는 마음과 의 관련 하에서 이해하고 오히려 일상의 모든 활동을, 그것을 조심하라는 의미이다. 가장 큰 규범은 규범의 경계가 없는 것이다. 작용시성 논리는 일상의 무절제함을 부추기는 논리가 아니라 오히려 일상의 절제를 강화하 는 논리인 것이다.

그런데 유교인들 모두가 주희나 정도전과 같이 생각했던 것은 아니었 다. 이 책에서 본격적으로 다루고자 하는 조선 초·중기만 주목해 보더라 도, 적지 않은 유교인들이 불교와 유교의 다른 점이 아니라 같은 점을 이 미 간파하고 있었다. 세종대 집현전 학사이고 승려 신미信眉의 동생이기도

했던 유교관료 김수온金守溫(1410~1481)은 선불교에서 중요시하는『능엄경
楞嚴經』이 유교 경전『중용中庸』보다 더 낫다고 공공연히 말하기도 했다.
이것은 고려 말부터 수많은 유교지식인들이『능엄경』을 읽으면서 성리학
의 심성 논의와 비교하는 학문적 관례들을 낳기도 했던 조선성리학계의
분위기를 반영하는 것이기도 하다.

불교와 유교의 같은 점을 역사적이고 철학적으로 더 천착한 유교인들
도 적지 않았다. 조선 중기 성리학자 김만중金萬重(1637~1692)은 다음과 같
이 말한다.

> 불교의 '마음으로 마음을 본다'는 논리는 예전에 이미 주희에게 배
> 척당했던 것이다. (하지만 내가 볼 때) '마음으로 마음을 본다'는 것은
> '자기 마음 스스로 자기 마음을 살피고 검속하는 것'이다. 인심人心이
> 도심道心으로부터 명命을 듣는다는 것은 자기 마음이 자기 마음으로부
> 터 검속받는다는 것인데 그 둘(불교와 유교)이 서로 차이가 있다고는
> 보지 않는다.[7]

김만중은 불교의 '마음으로 마음을 보는 것'과 유교의 '인심이 도심의
명령을 듣는 것'은 그 내용이 서로 다르지 않다고 본다. 조선성리학자들
이 주자학을 존중하고 주희의 사상을 바르게 계승하는 것을 중시했던 분
위기에서 주희의 불교비판과는 달리 이렇게 반대의견을 내는 것은 흥미롭
다. 김만중의 저서『서포만필』에는 이와 비슷한 방식으로 유교와 불교의
같은 점을 역사적으로 비교하고 따져보는 내용이 적지 않게 들어 있다.[8]

---

7) 김만중,『서포만필西浦漫筆』上,『서포선생문집』(『한국역대문집』247), "釋氏以心觀心之說
固已見斥於朱子矣. 以心觀心者, 以其心自檢其心也. 人心聽命於道心者, 以其心受檢於其心也
未見其有異同也."

유교와 불교의 심성 논의 자체만 분석해서 이렇게 주체적인 결론을 내리는 것은 단지 김만중만이 아니다. 17세기 조선성리학자 김창협金昌協 (1651~1708)은 유교인의 불교인식에 편견이 들어 있음을 다음과 같이 지적한다.

유교인들은 모두 불교를 배척하지만 불교의 학문을 진정으로 이해하는 사람은 드물다. 시인 한유와 구양수 같은 이들은 단순히 불교의 일부 드러난 자취를 근거로 공격하여 '인륜을 도외시하고 사물을 망각하여 자신을 사사롭게 여기고 자신을 이롭게 할 뿐이다'라고만 말했을 뿐이지 그 사상적 본원의 참된 자리를 통찰하는 법의 차이는 깊이 이해해서 분명하게 말한 적이 없다. 성리학자 정명도와 정이천 그리고 장재에 이르러 비로소 이에 대해 논하긴 했지만 자세한 기미와 곡절에 대해서는 여전히 깊이 연구하여 분석하는 것이 미진했다. 불교는 달마 이래로 '자신의 마음을 직관하면 견성하여 부처가 될 수 있다'고 하는데 그 설의 정밀하고 오묘함이 우리 유교와 매우 가깝다.9)

8) 김만중은 『서포만필』에서, 주희가 불교를 비판하는 것과 당시 대다수 조선성리학자들이 습관적으로 품고 있는 불교에 대한 비난이나 배척의 태도, 그리고 불교에 대한 유교의 우위를 강조하는 것 등은 모두 불교에 대한 무지의 표현이며 올바른 태도가 아니라고 말한다. 국문학자 유호선은 "김만중의 『서포만필』에 실린 불교 인식과 기사의 고증은 그 깊이와 폭에 있어 놀랄 만한 수준"(유호선, 『조선 후기 경화사족의 불교인식과 불교문학』, 태학사, 2006, 234쪽.)이라고 말한다. 또한 프랑스의 현대 한국학자 다니엘 부셰도 김만중이 『서포만필』에서 불교와 유교가 매우 비슷한 철학 체계를 갖고 있음을 광범위한 역사적인 사례들을 통해 입증하고 있다고 말한다. Daniel Bouchez, "Buddhism and Neo-Confucianism in Kim Manjung's Random Essays(Sop'o Man'pil)", The Rise of Neo-Confucianism in Korea, New York: Columbia University Press, 1985, pp.446 -472.

9) 김창협, 『농암집』 32권, "儒者類皆闢佛, 而眞知佛學者亦少. 如韓歐諸公, 只據其跡而攻之, 不過曰外人倫道事物, 自私自利而已, 若其本原實見之差, 則未有能深知, 而明言之也. 至程張始論及此, 然於幾微曲折之際, 猶未盡究極辨析. 蓋自達磨以來, 直指人心, 見性成佛, 其說精微要眇, 與吾儒絶相近."

김창협은 유교인들이 불교를 배척하는 태도가 불교에 대한 이해가 부족하기 때문이라고 보고 있다. 한유와 구양수와 같은 중국의 유교 시인들은 불교가 인륜을 무시하고 현실을 도외시하며 자기 자신에만 관심을 기울인다고 비난하지만 그들의 불교 이해능력은 깊지 못하다. 중국 송나라 성리학을 정립한 유학자들인 정명도와 정이천 그리고 장재 등에 의해 비로소 유교와 불교를 비교하고 불교를 이론적으로 탐구하기 시작하였지만 김창협이 보기에 그 탐구내용은 철저하고 충분했다고 보기 어렵다. 김창협은 불교의 심성논의의 핵심인 '자기의 마음을 직관하여 견성하는 것'의 의미가 매우 정밀하고 오묘하다고 판단한다. 또한 그 내용이 유교와 매우 가깝다고 말한다. 김창협도 김만중과 마찬가지로 유교와 불교의 차이보다는 같은 점에 주목하고 있는 것이다.

김만중이나 김창협의 불교에 대한 태도는 통념적으로 알려져 있는 조선 전반기 유교인들의 불교관에 의문을 갖게 한다. 조선의 유교인 모두가 정도전처럼 불교를 비난하거나 배척하기만 한 것이 아니다. 김만중이나 김창협이 주자학을 수용하면서도 주희의 불교비판 방식에 무조건 동의하고 있지 않은 것을 보면 알 수 있다. 그러므로 김만중이나 김창협이 과연 어떤 문제의식과 분석으로 이러한 견해를 갖게 되었는지 좀 더 구체적으로 확인해 볼 필요가 있다. 이 과정에서 우리는 중국성리학과는 다른 조선성리학의 특징을 알 수 있게 될 것이다.

그렇다면 조선 초·중기의 불교인들은 유교에 대해 어떠한 인식을 하고 있었을까? 조선의 불교인들은 애당초 유교가 불교와 그렇게 단절적이라고 보지 않았다. 조선 건국기 불교인 기화己和(1376~1431)는 정도전과 같은 불교배척의 논리에 맞서 불교를 옹호하면서 유교와 불교의 이론적 회통성을 다양한 방식으로 논증하였다. 불교인들의 이러한 유불회통적 태도는 내내 지속되어 17세기 불교인 대지大智(1606~1690, 추정)에 이르면 자신의 심성론에서 불교와 유교의 같은 점을 자주 언급하는 정도로 발전한다. 대지는 다음과 같이 말한다.

> 옛 사람은 '각 사람에게는 모두 불멸적인 것이 있다'고 말했는데 이 것은 유교에서나 불교에서나 모두 똑같이 말하는 것이다.[10]

대지는 옛 사람의 말을 빌려 유교와 불교가 똑같이 말한 것이 있다고 한다. 그것은 모든 사람에게 불생불멸하는 것이 있다는 것이다. 대지는 그 것이 과연 어떤 것이기에 불교와 유교가 똑같은 것이라고 생각했던 것일 까? 유교인 김만중이나 김창협과 불교인 대지가 말하는 것을 보면 적어도 이제까지 우리가 알고 있던 통념과는 달리 유교와 불교는 그 핵심에서 서로 다르지 않다고 볼 여지가 충분히 있다. 그러므로 이제 조선 초·중기 약 3백여 년의 시기 동안 유교와 불교의 상호 대립이 극심하던 시기부터 유교인들과 불교인들의 심성 논의와 상호 인식이 어떠했으며 그 실질적 내용이 어떻게 변화해가고 있는지 본격적으로 살펴보기로 한다.

2. 연구방향 및 선행연구 검토

이 연구는 조선 초·중기에 해당하는 15세기부터 17세기까지 불교와 유교의 심성 논의와 상호인식을 확인하는 것을 1차적 목적으로 삼는다.

---

10) 대지, 『운봉선사심성론雲峯禪師心性論』(『한국불교전서』 9), 4중, "古人曰, 人各有不亡者 存焉, 是則儒釋同風."

그리고 이 과정에서 철학적으로 유교와 불교의 회통 지점을 확인하고자 한다. 이를 위해 먼저 불교인들의 심성 논의를 살펴보기로 하겠다. 유교인들과는 달리 불교인들은 처음부터 불교와 유교가 철학적으로 회통한다는 것을 이미 알고 있었다. 이들 불교인들이 어떤 근거로 그런 회통의식을 갖게 되었는지 그들의 불교 심성 논의와 유교인식을 우선 살펴볼 것이다. 본 연구에서는 15세기의 기화己和와 『유석질의론』의 저자, 16세기의 휴정休靜(1520~1604)과 선수善修(1543~1615), 그리고 17세기의 대지大智와 처능處能(1619~1680)의 심성 논의를 주로 확인해보기로 한다. 기화나 휴정이 주로 우주론적 차원에서 불교와 유교의 회통을 드러내고 있다면 선수와 대지 그리고 처능은 주로 심성론의 차원에서 불교와 유교의 회통을 드러내고 있다.

다음으로, 유교인들의 심성론과 상호인식은 크게 세 단계의 흐름으로 나누어 살펴볼 것이다. 첫 번째 단계는 유교와 불교의 '대립' 단계이다. 이 단계에서는 유교와 불교의 이론적 대립이 두드러지는 단계이다. 두 번째 단계는 유교와 불교의 '접근' 단계이다. 이 단계에서는 조선성리학 내에서의 심성 논의가 심화 진전되면서 유교와 불교의 대립에서 벗어나 철학적인 접근이 모색되는 단계이다. 세 번째 단계는 유교와 불교의 '회통' 단계이다. 이 단계에서는 유교인들과 불교인들이 그들의 저서 속에서 직접 유교와 불교의 철학적 회통을 논하고 있는 단계이다.

첫 번째 단계인 유교와 불교의 대립 양상은 주로 정도전과 권근權近(1352~1409)의 논의를 중심으로 살펴볼 것이다. 정도전은 유교의 성性과 불교의 심心의 차이를 부각시키고 있으며 권근은 유교의 천리天理와 불교의 공적空寂의 차이를 부각시키고 있다. 두 번째 단계인 유교와 불교의 접근 양상은 주로 이황과 송시열宋時烈(1607~1689)의 논의를 중심으로 살펴볼 것이다. 비록 이황이나 송시열이 불교를 유교와 직접 배대시켜 이론적으로 비교하고 있지는 않지만 이황의 심위태극心謂太極과 리발理發 심성 논의 그리고 송시열의 허령지각虛靈知覺 및 미발未發에 대한 논의는 이후 철학적 유불회통으로 나아가는 길을 마련하고 있다. 마지막으로 세 번째 단계인 유교와 불교의 회통 양상은 주로 김만중과 김창협 및 김창흡金昌翕(1653~1722)의 논의를 살펴볼 것이다. 이들은 각각 역사-구조적 차원과 철학적 차원 그리고 우주론적－공부론적 차원에서 유불회통의 내용을 논하고 있다.

이러한 순서로 불교와 유교의 심성 논의와 상호인식을 살펴보고 나면, 이들의 논의 속에서 철학적 유불회통의 지점을 확인할 수 있게 된다. 그것을 불교의 용어로 말하면 공적영지空寂靈知이고 유교의 용어로 말하면 미발지각未發知覺이다. 유교는 미발지각이라고 말했고 불교는 공적영지라고 말했지만 사실상 이 두 개념은 다른 것이 아니다. 본 연구에서는 이 두 가지가 내용적으로 다르지 않다는 것을 철학적 분석에 의해 밝혀볼 예정이다.

이제 본격적인 논의에 들어가기 전에, 지금까지 불교와 유교의 관계에 대해 학계에서 축적된 선행 연구들을 살펴보면서 현재 우리의 연구가 서 있는 지평을 확인할 필요가 있다. 불교와 유교의 상호관계를 논한 선행 연구들은 다음과 같이 대략 세 가지 부류로 구분된다.

첫째 부류는 주로 유교인과 불교인의 내면의식을 비교하여 유사성과 차이를 논한 연구들이다. 김윤섭, 유호선, 오지섭, 정혜정의 연구가 주목할 만하다. 김윤섭의 연구[11]는 조선 전기 유교관료들인 권근, 변계량, 김수온, 서거정, 성현 등의 시문들에 나타난 불교적 내면의식을 다루고 있다. 이들 유교관료지식인들은 한편으로는 유교인의 입장에서 불교를 비판하기도 하였으나 대부분은 불교적 세계관을 일종의 신앙으로 내면화하고 있다. 유호선의 연구[12]에서도 유교관료지식인들의 생활에서 불교가 종교적 신앙의 역할을 하고 있다는 것이 확인된다. 또한 유교인들이 불교 승려들과 직접 교류를 하면서 선시禪詩를 주고받으며 일상적으로 불교서적을 애독하고 있다. 유호선은 "김만중의『서포만필』에 실린 불교에 대한 기사 고증은 그 깊이와 폭에 있어 놀랄 만한 수준"[13]이라고 말한다.

그런가 하면, 오지섭의 연구[14]에서는 일반적으로 불교와 가까웠다고 알려진 이이李珥(1536~1584)가 이황李滉에 비하여 불교에 더욱 적대적인 태도를 취하고 있는 모습이 다뤄진다. 그러나 오지섭은 한국에서 유교는 통치이념과 도덕적 지침을 제공하고 불교는 보다 깊은 신앙적인 차원에서 인간과 세상에 대한 근원적 깨달음을 추구하려는 바램을 충족시켜주는 역할을 분담하면서 상호 대립의식 보다는 상호 공존의식이 지속되어 왔다고 주장한다. 정혜정의 연구[15]는 17세기 유교인들의 태극太極 논의와 불교인 대지大智의 다성설多性說을 비교 고찰하고 있다. 정혜정은 "불교계의 심성

11) 김윤섭, 「조선전기 관료문인들의 불교적 내면의식에 관한 연구 : 권근, 변계량, 김수온, 서거정, 성현의 시문을 중심으로」,『선문화연구』 20집, 한국불교선리연구원, 2016.

12) 유호선, 「김창흡의 불교적 사유와 불교시」,『한국인물사연구』 2집, 한국인문사연구소, 2004 ;『조선 후기 경화사족의 불교인식과 불교문학』, 태학사, 2006.

13) 유호선, 앞의 논문, 234쪽.

14) 오지섭,『한국 유불 공존의식의 배경에 관한 연구』, 서강대 박사논문, 2001 ;「16세기 조선성리학파의 불교인식-퇴계와 율곡을 중심으로-」,『종교연구』 36집, 한국종교학회, 2004.

15) 정혜정, 「조선조 유불교섭과 불교 심성론에 나타난 개성실현의 의미-유가의 太極논변과 운봉 대지 선사의 다성론을 중심으로」,『교육철학연구』 33권, 한국교육철학학회, 2011.

론이 유자儒者들의 태극논변에서 영향을 받았다"16)고 주장하지만 이 주장은 의문의 여지가 있으며 이 점은 본 연구에서 철학적 유불회통의 내용을 살펴보면서 본격적으로 다룰 예정이다.

둘째 부류는 불교의 심성론과 유교의 심성론을 각각 사상사적으로 추적하여 전체적인 흐름과 구조를 제공하는 역사학계의 연구들이다. 김용태의 연구17)와 조성산의 연구18)가 대표적이다. 이들은 모두 조선 중·후기 불교와 유교를 사상사적 맥락으로 살피고 있다. 이들의 연구에서는 그동안 충분히 주목받지 못했던 사상사적 쟁점들이 비중 있게 다뤄지고 있지만 유교와 불교의 상호인식에 대해서는 주목하지 않고 있어서 이와 관련된 연구 내용들이 거의 없다는 것이 아쉬운 점으로 남는다.

김용태의 연구에서는 선종禪宗 위주의 법통에 대한 서술과 함께 한국 불교의 교학내용이 상당 분량 다뤄지고 있다. 김용태는 조선 후기 불교의 사상적 전통이 선교겸수禪敎兼修 전통이며 이 선교겸수 전통이 고려 불교인 지눌知訥(1158~1210)의 돈오점수頓悟漸修 수행론 속에 담겨 있다고 말한다. 돈오점수 수행론에는 선종과 교종의 전통 중 어느 하나만이 아니라 모두 수용되어 있다는 것이다. 그는 지눌의 돈오점수 수행론이 중국 불교인 규봉종밀圭峰宗密(780~841)의 논의와 맞닿아 있다고 보고, 규봉종밀의 돈오점수론이 성립된 사상적 배경을 당시 중국 불교계 내부의 홍주종과 하택종의 차이를 통해 설명하고 있다.

그런데 조선 후기 불교가 선과 교 그리고 돈오와 점수라는 두 수행 전통이 함께 권장되었다면 조선 전반기의 불교에서는 어떠하였을까? 조선

---

16) 정혜정, 앞의 논문, 136~137쪽.
17) 김용태, 『조선후기 불교사 연구』, 신구문화사, 2011.
18) 조성산, 『조선 후기 낙론계 학풍의 형성과 전개』, 지식산업사, 2007.

전반기 불교인들은 지눌이나 규봉종밀이 성찰했던 문제나 홍주종과 하택종의 차이에 대하여 어떤 의견을 갖고 있었을까? 김용태의 연구를 통해 우리는 이 문제에 대한 본격적인 '철학적 해명'이 필요하다는 것을 알게 된다. 조선 전반기 불교인들의 심성 논의가 어떤 내용으로 전개되고 있는가에 따라 불교인들이 같은 시기에 유학자들 사이에서 전개되었던 심성 논의에 대한 인식의 내용과 강조점도 달라질 수 있기 때문이다.[19]

조성산의 연구[20]에서는 주로 조선 후기의 유교 심성 논쟁의 흐름이 사상사적으로 고찰되고 있다. 조성산은 조선 후기의 유교 심성 논쟁을 호락논쟁湖洛論爭과 인물성동이논쟁人物性同異論爭을 중심으로 살피고 있는데 이 논변들은 율곡학파 내에서 낙론洛論과 호론湖論의 학파로 분화되고 대립되는 결과를 낳았다. 조성산은 책 머리말에서 18세기 호서지역과 서울-경기지역 노론들 사이에서 벌어진 호락논쟁의 쟁점이 "인성人性과 물성物性이 같은가 다른가, 성인聖人과 범인凡人의 심체心體는 같은가 다른가, 미발심체未發心體는 기氣의 영향을 받는가 아닌가 하는 문제"[21]라고 밝히면서 이것이 조선 후기 대표적인 학술논쟁으로서 치열한 학문적 논의를 지속시켰다고 말한다.

특히 조성산은 낙론과 호론의 학술논쟁의 기폭제가 된 인물로 김창협金昌協(1651~1708)을 주목한다. 그는 낙론과 호론의 지각知覺논변과 인물성동

<hr>

19) 특히 유교인들의 선불교 비판의 핵심 논리였던 '작용시성' 논리를 중시한 홍주종과는 달리 '공적영지' 깨달음을 중시한 하택종의 존재에 주목할 필요가 있다. 지눌의 심성론에는 공적영지 개념이 매우 중요하게 논의되고 있다.

20) 조성산, 『조선후기 낙론계 학풍의 형성과 전개』, 지식산업사, 2007.

21) 조성산, 위의 책, 3쪽. 호락논쟁은 주희의 심 개념을 둘러싸고 견해의 차이가 생기면서 전개된 논쟁이다. 오늘날 심에 대한 주희의 견해의 변화과정은 병술지오(중화구설)과 기축지오(중화신설)로 불린다.

이논변과 같은 심성 논쟁들이 김창협의 심성 논의에 대한 찬성과 반대로 부터 비롯된다고 보고 있다. 조성산은 김창협의 마음에 관한 견해가 종래의 율곡학파 성리학자들과는 달리 주기主氣의 관점을 넘어서 있다고 말한다. 그는 김창협이 중심이 된 낙론의 마음관을 조성기의 '심체의 허령불매虛靈不昧'22) 개념과 긴밀히 관련시킨다. 김창협이 심心의 지각知覺이 가지고 있는 신묘영명神妙靈明과 사람 마음의 영각靈覺을 강조하였기 때문이다.23)

그런데 김창협이 강조하고 있는 영각으로서의 마음 또는 신묘영명한 마음은 이전의 율곡학파 성리학자들이 마음을 기氣로 보았던 것과는 어떠한 차이가 있는가? 조성산의 연구에서는 이에 대해 분명히 밝히고 있지 않다. 김창협의 지각론에 대해서는 본격적인 철학적 해명이 필요한 것이다. 본 연구에서는 김창협의 미발지각未發知覺 개념의 철학적 의미를 집중적으로 다룰 것이다. 오늘날 철학계에서도 미발지각 개념은 유학연구자들 사이에서도 다양한 해석이 존재하고 있기 때문이다.24) 본 연구에서는 김

---

22) "조성기는 심체의 허령불매함을 강조하면서 태극太極, 즉 성性을 보존하고 있는 심心의 존재를 매우 중요시하였다…그는 모든 사람이 심心의 선善을 가지고 있고 심心의 묘妙를 알고 있으니 힘써 수양해야 한다고 하였다.", 조성산, 위의 책, 94쪽.

23) 조성산, 위의 책, 96쪽, 182쪽.

24) 미발지각 개념에 관해서는 철학계 내에서도 꾸준히 그 의미를 성찰하는 연구들이 이어져 왔다. 그 중에서 한자경, 문석윤, 이선열, 이천승, 조남호의 연구가 주목할 만하다. 김창협의 지각 개념을 미발지각으로 규정하고 이를 심체의 자성본용自性本用으로 해석한 연구로는 한자경의 해석이 단연 독보적이다. 한자경은 유교의 미발지각 개념을 불교의 공적영지 개념과 함께 한국철학의 핵심 정신인 일심一心의 전개과정에서 중심적인 역할을 하는 개념으로 강조한다. 한자경은 유교의 미발지각 개념이 리理와 기氣의 합으로서의 심心, 심통성정心統性情의 심心이라는 점을 부각시키고 있다(한자경, 『한국철학의 맥』, 이화여대출판부, 2008.). 그런가 하면, 문석윤은 조선후기 호락논쟁을 연구하면서 김창협의 지각知覺 개념을 성性과 합치되려는 심心, 능동적 주체성이 강조된 심心으로 해석하였다(문석윤, 「호락논쟁 형성기 미발未發논변의 양상과 외암 '미발'론의 특징」, 『한국사상사학』 31집, 한국사상사학회, 2008.). 문석윤의 해석

창협이 강조한 미발지각 개념이 이황의 리발理發 개념의 실질적 의미를 계승하고 있다는 것을 논증할 것이다.

셋째 부류는 철학계에서 유교인들의 불교관을 불교철학의 관점에서 비판적으로 논하거나 불교와 유교의 심성론과 공부론의 구조적 동일성 혹은 차이를 직접 비교하는 논의들이다. 이들 논의 중에서는 특히 한자경, 리기용, 박해당, 김방룡, 윤영해, 박성배의 연구가 주목할 만하다. 한자경의 연구는 조선 건국기 성리학자 정도전과 권근의 불교인식을 정치가의 관점과 학자의 관점으로 구분하고 정도전의『불씨잡변』에서의 불교비판이 불교의 핵심에 대한 올바른 이해에 기초한 것이 아니라는 것을 밝힌다.[25] 그

에서 김창협의 지각은 '미발지각'이 아니라 '미발에서 지각의 잃지 않음'을 의미한다. 즉 지각으로서의 심心은 여전히 기氣의 차원을 벗어나지 못한다. 이러한 해석은 한자경의 해석과는 차이가 있다. 한편 이선열은 "김창협이 성性에 비하여 심心을 강조한 것은 성性은 무위無爲이지만 지각知覺은 유위有爲자라는 율곡학파의 강조점 때문"이라고 해석하면서 김창협의 견해가 율곡학파에 충실한 것이라고 본다(이선열,「김창협과 김간의 지각知覺논변」,『동양철학연구』62집, 동양철학연구회, 2010, 10쪽). 이선열의 해석에서도 김창협의 지각은 성性이라는 객체를 인식하고 실현하는 주체로서의 마음이 부각된다. 그러나 문석윤이나 이선열과는 달리 조남호는 한자경과 마찬가지로 김창협의 심心이 기氣의 차원을 넘어서고 있다고 말한다. 조남호는 김창협의 지각知覺 개념이『맹자』에 나오는 사리분별력(시비지심)이 아니라『대학』에 나오는 지知와 관련된다고 본다.『대학』의 지知는 '마음 자체가 발휘하는 광명한 지혜(自體知光明)'와 같은 것이며 이것은 거울 자체가 비추는 성질을 갖고 있는 것과 같다(조남호,「조선후기 유학에서 허령지각과 지의 논변-송시열, 김창협, 한원진을 중심으로」,『철학사상』34집, 서울대 철학사상연구소, 2009.) 마지막으로 이천승은 김창협의 지각론은 그의 미발未發 논의와 떨어져서 생각할 수 없다고 보고 있다. 김창협은 주희의 중화신설(心統性情)을 받아들이면서 미발未發에서도 지각知覺이 생생한 것, 미발未發에서 기품의 차이를 넘어서면서도 여전히 주체적 의지가 작용하는 것을 의미한다고 말한다.(이천승,『농암 김창협의 철학사상연구』, 한국학술정보, 2006.)

25) 한자경,『한국철학의 맥』, 이화여대출판부, 2008, 2008, 124~150쪽. 안재호의 연구에서도『불씨잡변』에 드러난 정도전의 불교 비판이 "정치사상가가 자신의 목적을 달성하기 위해 의도적으로 시도한 방편적인 작업이었다"고 말한다(안재호,「『불씨잡변』에 드러난 정도전의 불교비판 분석-주자학에 대한 이해를 기초로-」,『동서철학연구』53호, 한국동서철학회, 2009, 국문초록). 이 점에서 권근의 불교인식은 정도전과 차이가

리고 이 연구에서 한자경은 권근은 유학자이지만 일심一心의 정신과 유불회통의식을 담지하고 있다고 말한다. 또한 한자경은 『유석질의론』의 관점을 분석하면서 당시 불교인이 이미 공空의 관점에서 유교적 본질주의의 한계를 지적하고 있다는 것도 밝혀낸다.26) 이와는 약간 다른 관점으로 리기용의 연구27)에서는 정도전이 비판하고자 한 심心 개념은 불교의 심心이 아니라 성리학적 관점에서 본 '사욕에 물든 인심人心'이며 정도전의 저술 『심기리편』에 나타난 심心은 오히려 불교의 심心 개념과 비슷한 초탈적인 마음을 은유한 것이라고 해석한다.

그런가 하면 박해당의 연구에서는 유불대립의 측면이 상대적으로 부각되고 있다. 그는 당시 유교인들이 자신과 친밀한 관계에 있는 승려들의 문집에 서문을 써주면서도 그들을 '겉은 불교인이지만 속은 유교인'이라고 칭찬하는 것에서 알 수 있듯이 오로지 유교의 진리성만을 인정할 뿐이며 다른 사상의 존재 자체를 용납하지 않는 유교절대주의의 입장에 있었다고 말한다.28) 불교에 대한 유교인들 자신의 우월적 태도는 김방룡의 연

있다고 본다. 하지만 권근의 불교인식을 연구한 이정주에 의하면 권근 역시 조선 건국 초기에 정도전과 마찬가지로 불교비판에 적극적이었다고 말한다(이정주, 「권근의 불교관에 대한 재검토」, 『역사학보』 131집, 역사학회, 1991 ; 『성리학 수용기 불교비판과 정치-사상적 변용-정도전과 권근을 중심으로』, 고려대 민족문화연구소, 2007.).

26) 한자경, 위의 책, 151~156쪽.

27) 리기용, 「삼봉 정도전의 벽이단론과 그 해석 문제-심문천답과 심기리편을 중심으로-」, 『한국철학논집』 34권, 한국철학사연구회, 2012.

28) 박해당은 조선 유학자들의 이러한 극단적인 배타적 불교관이 중국 유교계가 맹자 이후 동중서, 한유 성리학을 거치면서 더 강화되어 나타난 이단 배척 의식의 영향 때문이라고 분석한다. 또한 조선 불교계가 이에 저항하지 못하고 오히려 유교적인 덕목을 앞세워 국가주의적이고 유교적인 불교로 변모한 점도 주된 원인의 하나라고 본다. 하지만 조선 전반기 불교계가 국가주의적이고 유교적인 불교로 변모했다고 일반화시키는 것은 무리가 있다. 박해당, 「조선후기 유학자들의 불교관: 승려 문집의 서문을 중심으로」, 『태동고전연구』 28집, 한림대 태동고전연구소, 2012.

구29)에서도 확인된다. 김방룡은 17세기 조선 불교 심성론은 16세기 이후의 조선 성리학의 심성론에서 이론적 틀을 빌려 와 진행된 것이라고 말한다. 하지만 박해당이나 김방룡의 관점은 조선 전반기 유불교섭의 실상을 충분히 드러내고 있다고 보기 어렵다.

이와는 달리 윤영해의 연구30)에서는 주희의 작용시성 논리 비판의 문제점을 집중적으로 논하고 있다. 윤영해의 관점은 조선 전반기 유불교섭의 실상을 파악하는 데에 매우 유의미한 시사점을 제공해준다고 할 수 있다. 유교와 불교의 심성론을 공부론의 차원에서 접근해 구조적 회통을 시도한 박성배의 연구31)에서는 지눌의 돈오점수頓悟漸修 논의와 이황의 사단칠정四端七情 논의가 비교되고 있다. 지눌의 돈오점수론에는 하택종의 공적영지 논리 그리고 간화선의 논리가 들어있는데 이는 작용시성 논리를 강조한 홍주종과는 다른 관점이기 때문이다. 또한 이황의 사단칠정론은 권근부터 김창협에 이르기까지 유교 공부론의 핵심 쟁점이 되었던 논의이다. 그런 만큼 돈오점수론과 사단칠정론을 공부론과 관련하여 비교한 것은 구조적인 유사성 뿐 아니라 내용적으로 유불회통의 지점을 파악하고자 하는 본고의 문제의식을 전개하는 데에 유의미한 시사를 주고 있다. 본고에서는 특히 유교 공부론에서 김창협이 계신공구戒愼恐懼와 신독愼獨의 차이를 논한 내용을 불교 공부론에서의 정定과 혜慧, 돈오頓悟와 점수漸修의 관계와 비교하면서 구체적으로 논해볼 것이다.

29) 김방룡, 「16~17세기 조선 禪의 확립에 미친 유불교섭의 영향과 그 의의」, 『동서철학연구』 59호, 한국동서철학학회, 2011.
30) 윤영해, 『주자의 불교비판 연구』, 서강대 종교학 박사논문, 1997 ; 「조사선의 전수문, 그리고 윤리적 정향: 홍주종의 '작용시성'을 중심으로」, 『종교연구』 28집, 한국종교학회, 2012.
31) 박성배, 『한국사상과 불교-원효와 퇴계, 그리고 돈점논쟁』, 혜안, 2009.

이러한 선행연구들을 통해 그동안 상대적으로 주목하지 않았던 조선 초·중기의 유교인들과 불교인들의 상호인식을 그들의 심성론과 관련하여 살펴보고 이를 통해 철학적 유불회통의 핵심을 밝혀보도록 하겠다. 그리고 이 철학적 유불회통을 해명하는 일이 오늘날 우리에게 어떤 의의가 있는 것인지 교육 및 종교-정치의 차원에서 논해볼 것이다.

3. 본문 구성과 순서

본고는 조선 건국 직후인 15세기부터 17세기까지 약 3백여 년 동안의 유불의식을 추적하고자 한다. 이를 위해 먼저 국가의 불교정책과 유불교섭활동을 알아보고 불교인들과 유교인들의 심성 논의와 상호인식을 살펴볼 것이다. 그리고 이를 통해 유불 회통의식을 확인해볼 것이다. 이하 본문은 다음과 같은 순서로 구성된다.

제1부에서는 15세기부터 17세기까지 국가가 불교에 대해 어떤 정책들을 취하였고 그 정책들이 어떠한 변화 과정을 보이고 있는지 전체적 흐름 위주로 살펴본다. 이와 함께 국가에 의한 불교의 제도적 통제 및 관리정책에 따라 유교와 불교가 각각 어떤 변화를 보이게 되는지도 알아본다. 전반적으로 시간이 지날수록 유교와 불교는 공식적인 국가 정책과는 별도로 초기의 경직된 환경에서 벗어나 상대적으로 개방적인 환경에서 상호교류 활동을 하고 있다. 본고에서는 특히 세조시대의 간경도감의 활동이나 유교인들과 불교인들의 일상적 교류활동, 그리고 서적을 통한 상호학습 및 교류와 개별 사찰들의 출판활동 등을 중심으로 살펴보도록 하겠다. 또한 임진왜란 직후 유교인 김휴에 의해 간행된 『해동문헌총록』을 통해 당

시 유교인들이 어떤 불교 서적들을 읽고 있었고 그 서적들을 어떤 방식으로 이해하고 있었는지도 알아볼 것이다.

제2부에서는 조선 불교인들의 심성론과 유교인식을 두 그룹으로 나누어 유불회통의식의 내용을 살펴볼 것이다. 조선의 불교인들은 처음부터 불교가 유교와 다르지 않음을 알고 있었다. 본문에서는 기화와『유석질의론』의 저자, 그리고 휴정의 심성 논의와 유교인식을 우주론적 관점의 회통 논의로 해석하여 그 내용을 구체적으로 살펴볼 것이다. 다음으로, 선수와 대지 그리고 처능의 심성 논의와 유교인식을 심성론적 관점의 회통 논의로 해석하여 그 내용을 구체적으로 확인해 볼 것이다. 이들의 유교인식을 통해 불교인들의 심성론이 유교인식에 어떻게 반영되고 있으며 이들의 유불회통의식이 유교인들과는 달리 처음부터 일관되게 회통을 말하게 되는 근거들도 밝혀볼 것이다.

제3부에서는 조선 유교인들의 심성론과 불교인식을 권근과 정도전, 이황과 송시열, 김만중과 김창협 및 김창흡 등 각기 다른 특징을 보여주는 세 그룹으로 나누어 살펴보고 이 과정에서 유불회통의 지점을 알아볼 것이다. 권근과 정도전은 유교와 불교의 대립과 차이를 부각시켰지만 이황과 송시열의 심성 논의에서는 유교와 불교의 접근점을 찾을 수 있는 내용이 보인다. 그리고 김만중과 김창협 및 김창흡의 심성 논의에서는 유교와 불교의 회통지점이 구체적으로 확인된다. 이를 통해 이 세 그룹의 인물들의 심성론의 내용과 불교인식을 살펴보면서 이들이 심성론에서 중요하게 논한 내용들이 그들의 불교인식에 어떻게 반영되고 있는지 단계적으로 논해볼 것이다.

제4부에서는 제2부와 제3부에서 확인된 유불회통 의식의 철학적 함의

를 크게 세 가지로 나누어 논해볼 것이다. 첫째로, 공부론에 관한 것이다. 오늘날 우리가 교육이라는 이름 하에 이루어지는 활동의 철학적 의미를 유불회통 의식에 비추어 재조명해볼 것이다. 유교 공부론에서는 계신공구 戒愼恐懼와 신독愼獨이 한 가지 공부인가 두 가지 공부인가를 둘러싸고 논쟁이 있어 왔다. 본고에서는 이 문제가 유불회통의 핵심을 기본 관점으로 삼아 불교 공부론의 지止와 관觀, 정혜쌍수론定慧雙修論, 돈오점수론頓悟漸修論과 관련지어 파악하면 그 의미가 보다 생생하게 해석될 수 있다는 것을 논할 것이다. 또한 유교인들이 왜 신독 이전에 계신공구를 강조하고 있는지, 불교인들이 왜 점수 이전에 돈오를 강조하고 있는지도 함께 다루어볼 것이다.

둘째로, 불교와 유교의 종교성에 대해 살펴볼 것이다. 유불회통 의식을 통해 불교 뿐 아니라 유교의 심성 논의에도 불교와 다르지 않은 종교성이 있다는 것을 논할 것이다. 불교와 유교가 공유하고 있는 종교성이란 무엇인지, 그 종교성은 우리가 통념적으로 알고 있는 서양의 사고방식에서의 종교와는 어떤 차이가 있는 것인지 이해하기 위해서는 유불회통 의식의 내용이 중요한 발판이 될 수 있다고 본다.

마지막으로 불교와 유교의 정치성에 대해 살펴보도록 한다. 불교의 심성 논의에는 유교와 다르지 않은 정치성이 존재한다. 불교의 정치성이 무엇인지, 그리고 그것이 유교의 정치성과 어떤 점에서 공통적인 것이라고 볼 수 있는지 알아볼 것이다. 불교와 유교의 종교성과 정치성을 공부론과 관련지어 살펴보게 되면, 우리는 불교와 유교의 심성 논의에서 종교성이 정치성의 바탕이자 근거, 토대가 된다는 것을 자연스럽게 확인할 수 있게 될 것이다.

제1부

유불교섭과 유불의식의 지평

유불교섭과 유불의식의 지평

한국 사상의 역사에서 유교와 불교는 조선이 건국되기 이전인 삼국시대와 고려시대까지 종교와 철학, 정치와 법, 그리고 도덕과 문화 전반에 이르기까지 정신적 토대의 역할을 함께 해왔다. 삼국시대와 고려의 유교인들과 불교인들은 모두 스스로 학자이자 정치가로서 또한 종교인으로서의 역할을 자임하며 살았다. 그러나 현실정치의 영역과 사회규범의 역할을 맡아 왔던 유교에 비해 종교와 철학의 영역이었던 불교가 정신적으로 미치는 영향력이 전반적으로 더 컸던 것은 사실이다. 그런 만큼, 조선 이전부터 국가 권력이 불교의 세속적 영향력이나 폐단 등에 대해 관리와 통제를 가하려는 시도는 계속 존재해 왔다. 또한 불교 내에서도 이러한 세속적 정치권력과 결탁하여 사적인 이익을 취하는 것을 멀리 하려는 불교 운동이 지속적으로 존재해 왔다.[1] 이와 함께 선불교에 적대적이지 않았던

---

1) 종교가 세속적으로 폐단의 모습을 보이는 이유는 거의 대부분 그 종교가 세속적 정치 권력과 밀접히 연결되어, 권력을 사유화하거나 물질적 지배력을 확대하는 과정에서 비롯된다. 종교의 세속화는 대부분 종교성의 변질을 초래하게 된다. 즉, 종교의 폐단은 종교와 정치권력이 함께 연동되어 나타나는 현상이다. 통일신라 말기의 정치적 혼란, 고려시대 무신정권 전후를 둘러싼 종교와 정치권 등에서 나타난 폐단들도 이러한 맥

유교인들이 고려 말에는 그 수가 적지 않았다. 이들 유교인들은 선불교의 내용을 학습하고 선수행의 긍정적 측면을 수용하기도 하였다.[2]

하지만 유교인들에 의해 새로운 정치질서가 수립되면서 이전까지의 유불관계는 불교배척으로 변화하게 된다. 국가는 불교의 세속적 권력과 폐단에 대한 비판을 넘어 불교의 정신적 영향력도 비판하고 제한하기 위해 불교를 이론적으로 공격하기 시작한 것이다. 이하에서는 먼저 조선이 건국 초기에 불교에 대해 취한 정책들이 어떤 것이었는지 알아보기로 한다. 이와 함께 유교와 불교의 사회적 교섭 및 교류의 지평들을 개괄적으로 살펴보기로 하겠다. 조선은 한편으로는 국가적으로 불교를 억제하고 통제하기도 하지만 왕실과 국가 차원의 불교 행사를 폐지하지 않고 여전히 계속하고 있으며 세조 대에는 간경도감을 설치하여 불교 경전들을 간행하기도 한다. 유교 관료들과 불교 승려들의 다양한 상호교류는 여행(연행)과 서적을 통한 교류 이상으로 밀접한 모습을 보이고 있다.

락에서 이해될 수 있다. 특히 고려 무신 정권은 자신의 이해관계에 따라 불교의 선종禪宗 계열은 활동을 허락하였으나 화엄종과 법상종과 같은 교종敎宗 계열은 철저히 탄압하였다. 따라서 이 시기의 화엄종과 법상종 승려들은 무신 정권에 완강히 항거하면서 수십 년에 걸친 무력투쟁을 벌이게 된다. 그러나 그들 교종 세력들은 패배하고 만다. 무신 정권에 의해 보호되고 육성되었던 선종 세력들 중 일부는 그들과 결탁하여 세속적 이익을 취하게 된다. 고려의 선종 계열의 승려였던 지눌이 정혜결사 수행 조직을 결성한 것은 불교 내의 폐단을 시정하는 새로운 불교 내의 개혁 운동의 일환이었다. 그러나 선종이 무신정권에 의해 여러 가지 사회적 혜택을 누리는 것에는 큰 차이가 없었다.

2) 고려말 유교인들의 불교인식에 관해서는 조명제의 연구가 주목된다. 그의 연구에 의하면, 고려말의 적지 않은 유교인들이 선불교의 경전인 『능엄경』을 즐겨 읽었으며, 선불교 수행인 간화선 수행을 직접 실천하기도 하였다. 유교인들 중에는 이색李穡(1328~1396)과 같이 유불일치를 주장한 성리학자도 있었다. 조명제, 「고려말 사대부 간화선 이해와 실천」, 『한국사상사학』 16집, 한국사상사학회, 2001: 조명제, 「고려 후기 계환해 능엄경의 성행과 사상적 의의-여말 성리학의 수용기반과 관련하여-」, 『부산사학』 12집, 1988.

제 1 장

국가의 불교정책과 유불교섭

1. 국가 차원의 불교 억제와 왕실의 불교 수용

국가 차원의 불교 억제 정책

조선은 국가적 차원에서 불교 억제라는 정책 기조를 유지했으며 이 정책 기조는 조선 전반기 내내 전체적으로 큰 변화가 없었다. 조선은 이미 고려 후반부터 불교의 세속적 영향력을 축소시키고자 하였다. 조선의 불교 억제 정책은 불교의 종교적 기능을 억제하려는 것이 아니라 불교의 사회 정치경제적 영향력3)을 억제하려는 데에 주된 목적이 있었다. 국가는

---

3) 고려 시대 불교 사원의 경제력을 연구한 이병희에 의하면, 고려시대의 사찰 수는 3천 개가 넘었으며 승려는 10만명을 상회했는데 조선 초기의 추정 인구가 550만 명(신용 하, 「조선왕조시대 인구 추정에 관한 일시론」, 『동아문화』 14집, 서울대 동아문화연구 소, 1977.)이었음을 감안하면 엄청난 규모다. 고려 시대 사찰들은 국가로부터 직접 토 지를 받거나 탈점, 겸병 등을 통해 토지를 소유하였다. 고려 말에는 전 국토의 8분의

사찰이 소유하고 있던 토지와 노비의 상당 부분을 국가에 귀속시키고 사찰과 승려의 수를 축소시키기 위해 사찰의 등록과 승려의 자격 조건을 엄격하게 관리하였다. 또한 승려가 농지를 개인적으로 획득하거나 영리활동을 하지 못하도록 금지하는 각종 정책들도 추진된다.[4]

그러나 사찰을 둘러싼 각종 통제와 몰수 및 억제 정책들에도 불구하고 승려가 되고 싶어하는 사람들이 계속 증가하는 현상을 막을 수는 없었다. 국가는 승려의 자격 조건을 강화하고 승려 신분 자격을 가리키는 도첩을 보다 엄격하게 관리하고자 하였다. 그러나 국가가 대규모로 진행하는 공

1에 해당하는 토지를 사찰이 소유한다. 고려의 사찰들은 가장 강력한 경제 주체였다. 사찰이 소유한 토지는 일반 농민들이 경작했는데 지주격인 사찰에 상당한 세를 내야 했다. 사찰은 별도의 노비들을 소유했으며 쌀을 이용한 이자 획득 활동도 하였다. 물론 불교 사찰들은 빈민 구제활동을 벌이고 대규모의 불교 행사를 개최했다. 사찰은 정치활동의 공간으로 활용되기도 했다. 고려 사회는 불교적 가치를 중심으로 움직였기 때문에 국가 차원에서 승과 시험, 승계의 부여, 주지 임명 등을 관장했으며 불교에 대한 국가의 규정성이 강했다.(이병희, 「고려 사원의 경제활동」, 국립중앙박물관, 2014, 도록, 6쪽, 8쪽). 이와 같이, 불교의 세속적 권력의 토대는 사찰이었고 사찰을 토대로 권력을 행사하는 사람들은 책임 주지였다. 고려 뿐 아니라 조선에서도 사찰은 단순히 수행하는 사원이 아니라 승려의 수행과 강학, 거주 공간, 신도의 신앙과 의례 공간, 여행객의 방문과 숙박, 식사 대접과 종교 교육, 서적 출판, 각종 문화재와 보물, 서적의 소장 공간이기도 했다. 또 사찰은 국가로부터 받은 토지와 농지로 경제활동을 하는 곳이기도 하고 국가로부터 각종 면세의 혜택을 누리는 곳이기도 했다. 사찰의 주지들은 이 모든 기능을 총괄하는 세속적 수장이었으며 국가의 권력자들과의 인맥을 통하여 자신의 세속적 영향력을 유지하였다. 사찰의 사회 정치경제적 영향력의 남용 문제는 과거 고려와 조선시대 뿐 아니라 지금도 사회문제가 되고 있다. 사실 종교조직의 재화 소유와 운영, 국가권력과 종교와의 관계는 시대와 지역을 가리지 않고 거의 모든 사회가 안고 있는 일상적 문제이기도 하다.

4) 한우근, 『유교정치와 불교』, 일조각, 1993, 37쪽. 또한 김용태의 연구에 의하면, 15세기 초인 1407년(태종 7년)에 조선은 국가에 공식적으로 등록된 전국 88개 사찰을 제외한 나머지 사찰들의 농지를 국가에 귀속시키고 사찰이 거두어들이는 재화들 역시 모두 국가의 군수물자로 귀속시켰으며, 사찰 소속의 노동력도 국가 기관에 재배치한다. 김용태, 『조선후기 불교사 연구』, 신구문화사, 2011, 37~38쪽. 이와 같이 조선 국가의 불교 통제정책은 결국 사찰에 대한 통제 정책이었다.

사들이나 각종 국가적 차원의 행사들을 위해 별도로 도첩을 발급해주는 사례가 많아서 도첩제도 역시 엄격하게 관리가 되었다고 보기는 어렵다.

15세기 말 전국 사찰의 수는 1,658개로 기록되고 있다.[5] 그러나 1480년(성종 11년) 유교관료 정극인은 상소문에서 다음과 같이 말한다.

> (선교) 양 종에 소속된 사찰寺社의 수를 헤아려보면…그 수가 대략 1만보다 적지 않고 승려僧徒의 숫자도 10만 5, 6천 보다 적지 않습니다.[6]

이를 보면 사찰이나 승려의 수가 고려 시대에 비하여 급격하게 줄어들고 있지는 않았음을 알 수 있다. 오히려 국가의 암묵적인 승인이나 후원하에 사찰이 개축되거나 복원되는 경우도 적지 않았다.[7] 16세기가 되면 국가는 선종과 교종을 모두 폐지하지만 오히려 승려의 숫자는 증가하여 국가에서는 이에 대한 대책을 논의하기도 한다.[8] 그러다가 1550년 불교에 우호적이었던 문정왕후는 선종과 교종을 다시 살려내고 승과 제도 및 도첩제 등도 다시 실시한다. 그러나 16년 후 정권이 바뀌자 어김없이 이

---

5) 이병희의 연구에 의하면 실제로는 이보다 훨씬 더 많은 수의 사찰이 존재하였을 것으로 본다. 이병희, 「조선 시기 사찰의 수적 추이」, 『역사교육』 61집, 역사교육연구회, 1997, 34~36쪽.

6) 『성종실록』 122권, 성종 11년 10월26일, "以兩宗所屬寺社計之…大槪不下一萬, 而僧徒之數, 亦不下十萬五六千矣."

7) 한우근, 앞의 책, 295~297쪽.

8) 1536년 좌의정 김안로와 영의정 김근사 등이 중종과 함께 승려 숫자의 증가에 대한 대책회의를 한다. 김안로는 "불교의 쇠퇴가 극에 달했는데도 승려의 숫자는 전에 비하여 가장 많습니다…지금은 관에서 주지를 차임하지 않고 관에서 도첩을 발급하지도 않는데도…사찰이 다시 재건축되고 새롭게 세워지는 경우도 많습니다"라고 말한다. 『중종실록』 80권, 중종 30년 8월 11일. "釋敎之衰, 在今時極矣, 而僧徒之多, 比舊最甚…今則官不差住持, 官不給度牒…而寺刹猶舊重修, 新創者亦多."

제도들은 폐지된다.[9] 이를 통해 알 수 있는 것은 조선이 건국된 이후 국가 차원에서 수백 년 동안 불교 억제 정책 기조를 유지하려고 애를 쓰고 있으나 그런 정책들이 곧바로 사찰과 승려의 실질적인 급격한 감소 및 통제로 이어지지는 않았다는 사실이다. 또한 이 시기 동안 불교인들은 적대적이고 완강한 저항을 하기 보다는 국가와 일정 정도 거리를 유지하거나 전쟁과 같은 국가적 위기 상황에서는 승군 활동과 같은 적극적인 참여도 하면서 생존을 유지하고 있다.

그러나 17세기가 되면 조선 사회는 전반적으로 유교 사회로 체계화되고 제도화되어간다. 유교의 사회적 정착이 이루어지고 있는 것이다. 이에 따라 건국 초기와 같이 더 이상 불교가 강력하게 억제시켜야 할 대상으로 간주되지 않는다. 이것은 불교가 사찰과 승려의 증가에도 불구하고 사회 정치적 차원에서 예전과 같은 영향력을 행사하지 못하게 되었다는 것을 의미한다. 불교인의 사회적 신분은 전반적으로 격하되었으며 이들 중에는 물질적 궁핍으로 인해 각종 국가 행사에 노동력으로 동원되는 경우도 많아졌다. 유교 사회질서의 확립과 불교의 정치경제적 영향력 감소는 불교에 대해 적대적 태도를 누그러뜨리는 요인이 되었으며 불교에 대한 국가의 통제와 관리 역시 줄어들었다. 이러한 사회적 분위기 속에서 불교계는 비록 선종과 교종의 제도적 복원까지는 아니었지만, 사찰을 중심으로 종교적 기능 및 교육활동, 출판과 인적 교류활동, 제한된 경제활동 등을 허락받고 종교 조직 활동의 모습을 상당 수준 회복하게 된다.[10]

---

9) 손성필, 「16세기 조선의 정치-사회와 불교계」, 『동국사학』 61권, 동국역사문화연구소, 2016, 51~53쪽.
10) 손성필, 앞의 글, 65~78쪽.

왕실의 불교 수용 태도

국가 차원에서는 불교통제 정책 기조가 계속 유지되었지만 조선 초·중기의 왕들은 불교를 대하는 방식에서 차이를 보인다. 이 시기의 왕들은 대체적으로 공식적 차원에서는 불교의 정치경제적 영향력을 경계하였지만 왕실 차원에서는 적지 않은 왕들이 불교를 신실하게 믿고 불교 관련 각종 행사를 옹호하였다. 이들은 유교 관료들과의 충돌을 무릅쓰면서도 불교 행사를 개최하거나 왕실 내의 사찰을 보존하려 애썼다.

조선을 건국한 태조(재위 기간 1393~1398)는 독실한 불교집안 출신이었다. 태조는 국가 차원의 불교 통제정책과는 별도로 왕실 차원에서 각종 불교 행사들을 자주 개최하였다.[11] 태종(재위 기간 1400~1418)도 유교 관료들이 강력한 불교 통제 정책을 요구할 때마다 공식적으로는 동의한다는 입장을 보였지만 불교의 종교적 기능과 오래 전부터 내려온 관례를 갑자기 없애는 것은 바람직하지 않다는 견해를 내세워 불교 옹호적인 태도를 견지하였다. 세종(재위 기간 1418~1450)도 동일한 입장을 취한다. 세종 재위 14년째였던 1432년에 승려가 된 효녕대군이 개최한 수륙재[12]에 참여한 승려들은 1천명이 넘었으며 이 행사에는 양반과 평민을 막론하고 수많은 군중들이 운집하기도 하였다.[13] 또한 1448년, 퇴위를 앞둔 세종은 창덕궁에 불당을 건립하고자 했다. 그러나 왕실 내에 불당을 건립하려는

---

11) 태조 재위 기간 동안 치러진 각종 불교 행사들은 50여 회가 넘는다. 이들 불교 행사들은 주로 재앙을 피하고 망자를 추모하는 것, 질병의 치유와 불탑을 건설하는 것 그리고 불교 경전의 간행과 승려들을 대접하는 것 등 종교적 행위로 진행되고 있다.
12) 수륙재는 물과 육지에서 떠도는 영혼들을 위해 불법을 설하고 음식을 베풀어 이들을 마땅히 가야 할 곳으로 인도하는 불교의 천도의식이다. 현재 국가 중요 무형문화재 127호로 지정되어 있다.
13) 한우근, 앞의 책, 158쪽.

시도는 항상 유교관료들과의 격론을 불러일으켰고 관철되는 것이 쉽지 않았다.

세조(재위 기간 1455~1468)는 국가 간행기관인 간경도감을 설치하여 불교 경전을 한문 및 한글로 언해하고 간행한다. 그는 경연經筵에서 불교에 대해 토론하면서 스스로 불교를 적극 옹호하기도 한다. 세조의 형제였던 안평대군은 불교에 대한 양가적 태도를 취하기도 하였다. 그는 "내가 불사佛事에 지극히 정성을 들이고 지극히 부지런하였으나 세종대왕과 소현왕후와 문종이 서로 잇달아 붕어崩御하시고 아들 우량도 또 따라서 죽고 이제 또 아내도 죽으니 비로소 불사가 사람들에게 무익하다는 것을 알게 되었다"고 토로하기도 한다.[14]

성종(재위 기간 1469~1494)은 세조가 세웠던 원각사를 보수하고자 했으나 유교 관료들의 강력한 반대에 부딪쳤다. 자신의 뜻을 굽힐 생각이 없었던 성종은 사찰의 보수나 승려에 대한 혜택을 반대하는 신료들에게 "먹을 것이 넉넉한 연후에야 청정한 교教를 닦을 수 있다. 만약 그대의 말대로라면 승려는 장차 먹지도 말고 굶어 죽어야 하겠는가? 또 승려는 우리 백성이 아닌가? 승려가 만약 결혼하여 아들을 낳으면 그 자식도 우리 백성인데 어찌 굶어 죽게 할 수 있겠는가?"[15]라고 반박한다. 그러나 연산군(재위 기간 1494~1506) 시기에는 사찰의 혁폐와 승려의 강제 환속이라는 강력한 조치가 실행된다. 명종(재위 기간 1545~1567) 대에 와서 불교에 우호적이었던 문정왕후는 유교관료들의 엄청난 반대에도 무릅쓰고 그동안 폐지되어 있었던 선종과 교종을 모두 부활시킨다. 하지만 문정왕후가 죽은

---

14) 우정상, 김영태, 『한국불교사』, 신흥출판사, 1969, 133~139쪽.
15) 『성종실록』 229권, 성종 20년 6월 27일, "食足然後可以修淸淨之教矣. 若如爾言, 則僧將不食而餓死乎? 且僧非吾民乎? 僧若娶妻而生子, 則是吾民也, 安可使之餓死乎?"

후 이 조치들은 모두 곧바로 폐지되고 만다. 이와 같이 바뀌면서 불교정책은 부침을 겪지만 대체적으로는 통제정책이 중심이 되고 있음을 알 수 있다.

선조(재위 기간 1567~1608) 시기에 왕은 왕실 내의 비구니 사찰인 정업원淨業院[16]의 철폐 여부를 둘러싸고 유교 관료들과 대치하게 된다. 선조는 정업원을 옹호하였을 뿐 아니라 김시습金時習(1435~1493)이나 허균許筠(1569~1618)에 대해서도 비교적 관대한 태도를 취했다. 하지만 사헌부 관료들은 정업원의 존속을 강하게 반대하였으며 김시습과 허균에 대해서도 인정하는 것을 꺼려했다. 생육신의 한 사람이었던 김시습은 유교인이면서 동시에 정식으로 도첩을 받은 불교 승려이기 때문이며 허균 역시 승려들과 불교 이론에 대한 깊은 지식과 신앙을 갖고 있었기 때문이다.[17]

광해군(재위 기간 1608~1623)은 임진왜란에서 불교인들이 승군僧軍으로 전쟁에 적극 참여하기도 하고 궁궐 재건사업에도 협조적인 모습을 보고 불교에 대한 호의를 갖는다. 그는 불교 승려 유정이나 선수의 지도력과 영향력을 높이 평가하고 그들의 사회적 지위를 인정해주기도 한다. 이 시기에는 불교계와 국가가 서로 협력하고 우호적인 관계를 갖는 모습을 확인할 수 있다.[18]

---

16) 정업원淨業院은 왕실 여성이 출가出家하여 머물거나 기도하는 곳으로 고려시대부터 존속해 왔다. 문정왕후가 폐지되었던 정업원을 복원시켰고 선조대 초기까지 계속 유지되고 있었다. 탁효정, 「조선 전기 정업원의 성격과 역대 주지」, 『여성과 역사』 22권, 한국여성사학회, 2015, 114~115쪽.

17) 『선조실록』 211권, 선조 40년 5월 5일. 1607년 사헌부는 허균이 단지 불교에 호감을 가진 정도가 아니라 깊은 신앙을 가지고 있다고 말하면서 그를 탄핵하고 정업원도 폐지하라고 상소하였으나 선조는 받아들이지 않는다. 김시습은 단종 폐위에 반대한 생육신의 한 사람으로, 관직을 거부하였다. 그는 효녕대군과 함께 불경 간행 사업에도 참여하였으며 이후 세조에게 도첩을 받아 정식으로 불교 승려가 된다.

18) 김용태, 앞의 책, 99~100쪽. 광해군 전후의 시기는 임진왜란(1592~1598), 정유재란

그러나 현종(재위 기간 1659~1674) 대가 되면 다시 강력한 억불 정책이 시행된다. 현종은 임진왜란으로 불탄 정업원 대신 재건축된 인수원과 궁궐 근처의 사찰이었던 자수원을 결국 철폐하기에 이른다. 유교 관료들의 끊임없는 문제제기 때문이었다. 그들은 불교 건축물을 헐어버리고 그 자재들을 유교 성균관 부속 건물을 짓는 데에 활용한다.

반면에 숙종(1674~1720) 대에 이르면 유교 관료들은 불교 승려이기도 했던 생육신 김시습에 대한 예우를 높이자는 의견을 왕에게 올리고 숙종은 이 의견을 허락한다.[19] 유교인들의 불교 인식이 확연히 달라지고 있음을 확인할 수 있다. 숙종 대인 조선 중기에 조선성리학은 이미 이황과 이이를 거치면서 심성 논의가 한층 무르익기 시작한 때이며 유교인들과 불교인들의 상호 교섭은 물론 이론적 탐구도 초기에 비하여 한결 자유로워지고 있음을 알 수 있다.

이상에서 살펴본 대로 전반적으로 유교 관료들에 의한 국가 전반의 정책 기조는 불교 억제와 통제 정책이 중심이 되고 있다. 왕실 차원에서는 각각의 왕들에 따라 다소 차이는 있지만 대체로 불교를 종교와 신앙의 차원에서 수용하고 있는 모습을 보이고 있다. 일부 왕들은 불교를 옹호하면서 유교 관료들과 적극적으로 논쟁을 벌이기도 했으며 불교 의례를 계속

(1597~1598), 정묘호란(1627), 병자호란(1636~1637) 등 청나라, 후금, 일본 등과의 연이은 전쟁으로 국가가 매우 위기에 처해 있는 상황이었다. 이러한 시기에 불교인들은 국가를 위해 전쟁에 적극 참여하고 국가 재건 활동에도 참여하는 모습을 보이며, 불교 지도자들의 사회적 영향력도 커지고 있다.

19) 『숙종실록』 33권, 숙종 25년 2월 10일의 기록을 보면, 유교관료 최석정은 숙종에게 다음과 같이 요청한다. "김시습은 불교인이 되어 세상을 피하였다가 중간에 환속하여 아내를 얻었으나 자손이 없습니다. 그의 문장과 절개 있는 행동은 뛰어나 존경할 만하니 증직시키고 사제해야 합니다(士人金時習, 自光廟受禪, 落髮逃世, 中間還俗娶妻, 而無子孫. 其文章, 節行, 卓卓可尚, 亦宜贈職賜祭.)." 이에 숙종은 김시습을 증직시키고 사제하라고 허락한다. 김시습의 직위는 해조該曹에서 집의執義로 승격된다.

하거나 왕실 내에 불교 사찰을 세우기도 한다. 조선 초·중기의 왕들은 왜 불교를 계속 수용하고 옹호했을까? 실제로 고려와 조선의 단절과 연속은 사회 제도의 변화, 사람들의 정신적 변화만큼이나 더딘 것은 아니었을까? 왕들이 비록 유교 통치 이데올로기를 천명하였지만 이미 깊고 넓게 자리잡은 불교의 정신적 영향력은 종교 신앙의 모습으로, 왕실을 보호하고 왕족들의 만수무강, 질병이나 죽음에 대한 해원解冤 등의 모습으로 여전히 수용되고 있었던 것이다.

왕실 뿐 아니라 왕실과 관련된 국가사업이나 각종 행사, 유교관료들과 관련된 생활 관례, 일반인들 사이에서 불교나 불교인들과의 관계는 더욱 다양한 양상을 보이고 있다. 이하에서는 유교와 불교의 다양한 교섭 양상들을 살펴보기로 한다.

2. 유교와 불교의 교섭 양상

간경도감의 불서 간행 활동

조선 초·중기는 불교 통제 정책에도 불구하고 유교인들과 불교인들이 국가 차원에서는 물론 민간 차원에서도 다양한 방식으로 교섭하는 모습을 보이고 있다. 불교에 대해 양가적 태도를 가진 것은 왕들만이 아니었다. 각종 명분을 내세워 불교를 이단시하고 끊임없는 상소를 통해 강력한 억불정책을 실시할 것을 압박한 유교 관료들이 많았지만 공식, 비공식적으로 불교인과 다양하게 교유했던 유교 관료들도 적지 않았다.

국가 차원에서 이뤄진 대표적인 유불 교섭은 간경도감을 통한 불교 경전 간행 활동이다. 간경도감은 1461년 세조에 의해 설립되어 약 11년 동안 각종 불경을 간행하고 불교 관련 행사를 관장하던 국가기관이다. 세조가 간경도감을 설치할 수 있었던 배경에는 아버지 세종과 작은아버지 효녕대군, 그리고 불교 승려 신미信眉(생몰 미상)와 그 동생인 유교관료 김수온金守溫(1410~1481)이 있다.[20] 세조는 간경도감 설치 이전에도 이미 불경언해 사업을 시작한 경험이 있었다. 세종은 아들 세조에게 교육 차원에서『능엄경』의 언해 작업을 하도록 하였으며 사찰에서 열리는 기우제와 같은 불교 행사에도 참석시켰다. 효녕대군이나 신미, 김수온은 모두『능엄경』의 애독자였기 때문에『능엄경』이 간경도감의 첫 불경 간행서가 된 것은 자연스러운 결과였다.

간경도감에서는 한문으로 된 다양한 종류의 불교 경전들을 간행하였을 뿐만 아니라 한글로 구결을 단 한글언해본도 간행했는데 이와 같은 불경 언해 사업은 국가가 주도한 최초의 전면적인 번역 사업이라고 할 수 있다.[21] 특히 세조는 직접 한글 언해본 구결 사업에 참여하기도 하였다. 한글 언해본 중『능엄경』과『원각경』은 10권 이상 간행되었는데 이를 보면 당시에 이 두 경전이 적지 않게 읽혔다는 것을 확인할 수 있다.

여기서 우리는 특히『능엄경』에 주목해 볼 필요가 있다. 사실『능엄경』은 이미 고려 중기 이후부터 유교인들과 불교인들 사이에서 널리 애독되어 온 불교 경전이다.[22]『능엄경』은 송대 유학자 주희가 불교를 '작용시

---

20) 박광헌,「간경도감 간행 불서의 서지적 연구」, 경북대 박사학위 논문, 2017, 9쪽, 267쪽.
21) 박정숙,「세조대 간경도감의 설치와 불전간행」,『부산사학釜大史學』 20집, 부산대 사학회, 1996, 39쪽.
22) 조명제의 연구에서는 계환해 능엄경이 가장 많이 읽히고 있다는 점이 부각된다. 조명제는 "계환해 자체가 대단히 선禪적인 경향과 함께 성리학의 이해에 깊은 영향을 주었으리라고 생각된다"고 말한다. 간경도감에서 처음 간행된 능엄경도 계환해 능엄경이었다. 조명제,「고려 후기 계환해 능엄경의 성행과 사상사적 의의」, 부산사학 12집, 부산대 사학회, 1988, 136~138쪽.

성'의 논리로 비판할 때에도 근거로 삼았던 경전이었으며, 그와는 반대로, 조선 후기 정약용이 불교를 '본체론'이라고 비판할 때에도 근거로 삼았던 경전이었다.[23] 적지 않은 유교인들이 『능엄경』을 읽으면서 유교와 불교의 상통점을 확인하기도 했고, 그와는 반대로 유교와 불교의 차이점을 확인하기도 했다.

간경도감에서 한문 불서佛書를 한글 언해본으로 간행할 때에는 내용의 해석을 둘러싼 연구와 논쟁이 자주 벌어졌으며 왕이 직접 이에 참여하기도 했다. 또한 집현전 출신 유교인이 간경도감의 불경 간행에 참여하거나 간경도감 관련 불교인이 유교서적을 간행하는 데에도 참여하기도 했다. 간경도감은 겸직이 가능한 유동적인 기구였기 때문에 필요할 때마다 인원이 증감될 수 있었다. 간경도감 불경 언해 작업 참여 인원은 20명이 넘었고 이 중 관직을 가진 사람들 이외에도 교정校正이나 사경寫經을 하기 위해 불교 승려들도 참여하였다. 간경도감 간행 작업을 주도한 유교인들로는 집현전 유학자들이었던 김수온, 황희 정승의 아들인 황수신, 그리고 세종의 서자와 사위였던 계양군과 윤사로 등이 있다.[24] 이와 같이 간경도감의 활동은 세조의 호불정책에 힘입은 것이 크지만, 그 이전부터 유교관료들 중에서 불교와 유교의 서적들을 광범위하게 섭렵한 사람들이 적지 않았고, 불교인과 유교인의 상호 교섭활동이 이미 존재하고 있었기에 가능한 일이었다.

간경도감에서 간행한 불교 경전들을 간략히 정리해 보면 다음과 같다.

---

23) 마해륜, 「선사상에서 지각의 위상에 대한 예비적 연구-『능엄경』의 견문각지見聞覺知와 식심識心의 함의-」, 불교학연구 58호, 2019, 64쪽.
24) 박정숙, 위의 글, 46쪽, 표2 참조

[표 1] 간경도감 간행 불교경전 현황25)

한문 불서	능엄경(60), 심경(300), 법화경(60), 원각경(20), 영가집(200), 법화엄경(5), 유마경(30), 회경(40), 대경힙부(500), 범망경(20), 지장경(40), 약사경(20), 은중경(10), 법어(200), 대장일람(40), 남명중도(200), 금강천로해(200), 능엄의해(60), 진실주집(200), 중례문(200), 지암문(100), 결수문(100), 법화삼매(20), 불조역대통재(30), 선문점송(10), 경덕전등록(10), 육도보설(30) 성유식론요의등초, 대승기신론필초기, 능엄경해의, 능엄경계환해산보기, 구사론송소초, 보리달마사행론, 대반열반경소, 대승아비달마잡집논소, 정명경집해관중소, 관세음보살보문품삼현원찬과문, 개사분율종기의경초, 대비로자나성불신변, 유가론소, 오삼연약신학비용, 지장보살본원경, 노산집, 자애화상광록, 원종문류집해, 석문홍각법임간록, 금광명경문구소
한글 언해 불서	수능엄경, 법화경, 선종영가집, 금강경, 아미타경, 반야심경, 원각경, 몽산화상법어, 목우자수심결, 비현합결, 사법어

(괄호 안의 숫자는 간행 건수)

[표 2] 기타 간행 경전 현황

도첩제 자격시험 과목	능엄경, 법화경, 금강경, 심경
10권 이상 간행된 한글 언해 불서	능엄경, 원각경

위의 표를 보면 간경도감에서 간행한 한문 불서들은 『능엄경』이나 『원각경』, 『선종영가집』, 『대승기신론』, 『성유식론』 등과 같은 대승불교와 선불교 관련 경전과 주석서들이 상당한 비중을 차지한다. 또한 『능엄경』이 한문 불서와 한글 언해 불서, 승려 자격시험 과목 등을 통틀어 매우 중요한 간행 대상이 되고 있다. 또한 고려 승려 지눌의 저서인 『목우자수심결』도 한글 언해 불서에 포함되고 있는 것을 확인할 수 있다.

---

25) 이 표는 『몽산화상법어약록 언해蒙山和尙法語略綠 諺解』 발문에 기록된 간경도감의 출판서목, 그리고 앞의 박정숙의 연구와 신양선의 연구(신양선, 『조선후기 서적정책 연구』, 동국대 사학과 박사논문, 1995.) 및 최종남의 연구(최종남, 「간경도감본 성유식론요의등초刊經都臨本 成唯識論了義燈抄』 권3-4의 판본대조 연구」, 『서지학연구』 69집, 한국서지학회, 2017.)를 참고로 하여 연구자가 간략하게 재구성해 본 것이다.

세조에 의해 설립된 간경도감의 불서 간행 활동은 11년 계속되다가 폐지된다. 하지만 조선 초기에 공식적으로 불교 통제 정책이 선포되고 유교 관료들에 의한 불교 억제 기조에도 불구하고 이렇게 대규모로, 이렇게 상당 기간 동안 국가 기관이 불교 경전을 한문과 한글로 간행하였다는 것은 매우 의미심장한 일이 아닐 수 없다. 간경도감의 불서 간행 활동은 그 자체로 유교인의 불교인식, 유교인과 불교인의 상호 교류활동의 실상을 파악하는 데에 중요한 자료가 되고 있다.

사찰의 불교 서적 간행 활동

15세기의 유교와 불교의 교섭 양상을 주로 간경도감의 불교경전 간행을 통해 살펴보았다면 16세기 이후의 교섭 양상은 주로 사찰을 중심으로 진행된 불교 서적 간행 활동을 통해 확인할 수 있다. 이 시기에는 국가를 중심으로 하는 불서 간행보다는 개별 사찰을 중심으로 한 불교 서적 간행이 더욱 활발해지고 있기 때문이다. 개별 사찰들의 불교 서적 간행 횟수는 1530년대인 중종대 후반을 전후로 10~20개에서 70여 개로 비약적으로 증가하고 있으며 선조대에 이르러 138개로 더욱 증가하고 17세기가 되면 평균 80여개 정도를 계속 유지하고 있다.[26]

개별 사찰들이 주도하여 불교 서적들이 광범위하게 간행되었다는 것은 그 불교 서적들을 읽고 학습하고 교육하는 불교 승려들과 일반인들이 많아졌다는 것을 의미한다. 조선 초기와는 달리 국가의 불교통제 정책이 다

---

26) 손성필, 「조선시대 불교사 자료의 재검토」, 『불교학 연구』 39집, 불교학연구회, 2014, 140~145쪽.

소 완화되고 사찰과 승려들의 숫자도 계속 증가하면서 개별 사찰들은 승려들의 이력과정을 체계적으로 편성하고 교육하기 위해, 또한 일반인들에게 읽히고 교육하기 위해 불교 서적을 간행하였던 것이다. 또한 16세기 대중적 지도자로 영향력을 행사한 불교인 휴정이나 선수의 수많은 제자들이 전국적으로 활발한 활동을 하면서 사찰들을 세우거나 개인 문집을 간행하기 시작했던 것도 이 시기의 불교 서적 간행의 증가의 원인이 되고 있다.

사찰이 간행한 불교 서적들 중에 특히 주목할 만한 것은 고려 승려 지눌에 대한 관심이다. 지눌의『목우자수심결』은 이미 간경도감에서도 한글 언해 불서로 간행되었다. 하지만 16세기 후반에서 17세기 초반에 일반 사찰들은 집중적으로『법집별행록절요병입사기法集別行錄節要幷入私記』와 같은 지눌의 저작들을 간행한다.[27) 조선 초·중기의 불교인들에게 지눌의 사상이 강하게 영향을 미치고 있음을 알 수 있다. 이것은 조선 유교인들이『계환해 능엄경』을 애독한 것과 마찬가지로 주목할 만한 현상이다.『능엄경』의 내용과 지눌 사상의 내용에 긴밀한 접합점이 충분히 예상된다. 조선성리학과 불교의 상호 회통 지점 뿐 아니라 조선불교 자체의 대승 불교적 특징, 돈오점수론에 기반한 수행론의 계승 등을 짐작할 수 있게 해준다.

유교인과 불교인의 교유활동

유교인과 불교인의 교섭은 주로 서적과 연행을 통해 이루어지고 있다. 이들은 서로가 갖고 있는 경전이나 서적들을 빌려 주고 빌려 읽으면서 교

---

27) 손성필, 같은 논문, 146쪽, 그리고 김용태, 앞의 책, 165쪽 참조

유하고 있다. 16세기 불교인 선수善修(1543~1615)는 유교관료 노수신盧守愼 (1515~1590)과 교유하면서 7년 동안 유교 서적들을 빌려보고 유교 심성론을 공부한다.[28] 당시에는 선수나 휴정과 같은 불교지도자와 그의 제자들은 전국의 사찰들을 옮겨 다니며 수백 명에서 수천 명에 이르기까지 문도門徒들을 거느리며 법회를 열거나 수행하고 불경을 학습하는 등의 활발한 활동을 하고 있었다. 이러한 불교인들의 적극적인 활동은 유교인들에게 관심을 불러일으키며 서로 인간적인 교류를 맺고 교유하는 기회가 많아지는 계기가 된다. 조선 중기 유교 관료였던 유몽인柳夢寅(1559~1623)은 임진 왜란을 겪으면서 유교 이외에 다양한 종교들과 관련된 이야기들을 관찰하고 기록하였다. 특히 그는 특히 산수유람기 『유두류산록遊頭流山錄』에서 불교 지도자 선수에 대해 다음과 같이 말하고 있다.

> 이름난 승려 선수가 이 곳(영원암)에 사는데 제자들을 거느리고 불경을 공부하여 사방의 승려들이 많이 모여든다.[29]

유몽인의 눈에는 수많은 사람들에게 존경 받는 불교 승려와 그를 중심으로 모여 불교를 공부하며 수행하는 불교인의 모습이 흥미로웠던 것이다. 그의 서술에는 불교인과 사찰에 대해 더 이상 예전과 같이 적대적이거나 비판적인 모습도 없고 조롱하거나 비하하는 모습도 보이지 않는다.

유교인들이 불교 서적 간행에 발문을 쓰거나 사찰 등의 불사에 관한 글을 쓰는 일은 조선 초·중기를 넘어 조선시대 내내 계속되었다. 물론 조

---

28) 선수의 제자였던 처능處能(1619~1660)은 스승의 행장에서 노수신과 선수의 교유관계에 대해 기록하고 있다.
29) 유몽인, 「잡식雜識」, 『유두류산록』(『어우집후집』 6), "有名僧善修居之, 率徒弟演經, 四方釋子多歸之"

선 후기에 올수록 이러한 관례가 형식화되는 경향이 없지 않았지만, 유교인들이 불교 서적이나 사찰에 대해 글을 쓰는 일이 그만큼 사회적 관례로 사리삽았다는 것을 반증한다. 조선 초기 유학자이자 유교 관료였던 권근權近(1352~1409)은 『묘법연화경』이나 다른 불경을 간행할 때마다 발문跋文을 9회 이상 썼을 뿐 아니라 사찰의 중창기를 수차례 작성하기도 하였다.30) 권근은 정도전과 함께 조선 건국의 통치 이념인 유교를 철저히 이론적으로 연구하고 정당화하는 데에 애썼지만, 다른 한편으로는 불교를 종교적 신앙으로 받아들이면서 동시에 극복하고자 하는 양가적 모습을 보인 인물이었다.

그런가 하면, 불교인들이 유교 관료에게 직접 불교 경전의 판각을 부탁하는 경우도 있었다. 세종 대에 불교가 선종과 교종으로 통합된 후 선종 계열인 조계종 불교 승려들은 유교인 성달생成達生(1376~1444)에게 작은 글씨로 되어 있던 『묘법연화경』을 큰 글씨로 다시 써 달라는 부탁을 한다. 성달생은 부드럽고 예쁘면서도 독특한 서법書法으로 이름이 널리 알려져 있었던 유교관료였다. 그는 『묘법연화경』을 필서했을 뿐 아니라 『능엄경』도 필서했는데, 그의 불경 필사 작업에는 개인적인 신앙심도 반영되어 있었다. 성달생은 관례에 따라 명나라로 간택되어 가게 된 딸에 대한 걱정과 모친의 죽음에 대한 슬픔의 마음을 담아 『능엄경』의 필사를 완성했던 것이다.31)

우리에게 홍길동의 저자로 잘 알려져 있는 유교인 허균許筠(1569~1618)

---

30) 이정주, 「권근의 불교관에 대한 재검토」, 『역사학보』 131권, 역사학회, 1991, 35쪽 ~37쪽.
31) 천혜봉, 「성달생서 『대불정수능엄경』 초간본」, 『충북사학』 14집, 충북사학회, 2005, 171쪽.

은 불교에 대한 태도 때문에 적지 않은 수난을 겪은 사람들 중 한 사람이다. 허균은 불교 서적을 많이 읽었으며 불교 지도자이면서 승군으로 활약한 유정惟政(1544~1610)이나 휴정休靜(1520~1604)에 대해 깊은 존경의 마음을 갖고 있었다. 그러나 이런 태도 때문에 그는 결국 파직당하게 된다.[32]

해동문헌총록과 유불교섭

이 시기의 유교인과 불교인의 '서적을 통한 유불교섭'의 구체적 모습을 알 수 있게 해주는 책 중의 하나가 바로 『해동문헌총록海東文獻總錄』이다. 『해동문헌총록』은 퇴계학파 유교인이었던 김휴金烋(1597~1640)가 임진왜란 직후 전쟁의 포화 속에서도 살아남은 서적들 약 670여개를 정리하고 각 책마다 간략한 설명을 덧붙인 필사본 책이다. 김휴는 이 책을 완성하기 위해 평생 동안 영남 지방의 유교 가문들을 일일이 찾아다니며 집집마다 소장하고 있던 책들을 조사하고 모았다.[33] 김휴는 유교 서적 뿐 아니라 불교 서적들도 다량 수집하였던 것으로 보인다.

이 책을 주목할 필요가 있는 것은 이 책에 수록된 불교 서적들을 통해 당시 유교인들이 불교와 관련하여 주로 어떤 서적들을 읽고 있었는지 알 수 있기 때문이다. 김휴는 『해동문헌총록』에서 불교 승려 29명의 저작 54종을 수록하였다. 그는 이들 불교 저작들을 소개하면서 책의 내용 일부분을 직접 인용하거나 책과 관련하여 당시에 회자되고 있던 내용들을 덧붙

---

32) 김풍기, 「한국 고전문학에서의 주체와 타자 : 허균의 불교적 사유의 형성과 <산구게>」, 『국문학연구』 16권, 이화문화사, 2007.
33) 박학래, 「김휴의 『해동문헌총록』 : 개인의 힘과 노력으로 이룩한 민족문화의 결집」, 『인문정책포럼』 10집, 경제-인문사회연구회, 2011.

이고 있다. 그런데 김휴가 불교 서적들에 대해 소개하거나 설명을 하는
방식은 다소 특이하다. 유교인이지만 그가 불교에 대해 배척하거나 폄훼
하는 내용은 찾아보기 힘들다. 물론 적극적으로 유교인의 관점에서 불교
서적의 내용을 깊이 해설한다거나 이론적으로 분석하고 비평하는 내용도
많지 않다. 김휴가 불교 서적에서 초점을 맞추고 있는 점은 해당 서적의
저자인 불교인의 행적이다. 이러한 김휴의 태도는 유교인이지만 불교에
대해 나름대로 객관적인 입장을 취하려는 노력의 일종이라고 볼 수 있
다.[34]

『해동문헌총록』에 기록된 불교서적들을 표로 간략히 정리하면 다음과
같다.

[표 3] 『해동문헌총록』에 기록된 불교서적(괄호 안은 저자)[35]

신라	옥룡집(도선), 화엄소(원효), 삼매경소(원효), 법계도서(의상), 추동기(의상), 원감집(원감), 원감국사어록(원감), 만덕산백련사정명국사어록(천회), 선탄집(선탄), 식영암집(일질)
고려	태고어록(태고), 원중국사어록(원중), 보제존자어록(보제), 나옹삼근(혜근), 계월헌인공음(무학대사), 시평, 고승전(각월), 천봉시고(만우), 죽간집(굉연), 계정집(성민)

---

34) 『해동문헌총록』의 불교 서적에 대해 집중적으로 살펴보고 있는 리상용의 연구에 의
하면 "김휴는 당시의 지배 이념인 성리학적 관점을 초월해서 서적과 그의 저자에 대
한 평가를 내렸다고 할 수 있다. 그는 어떤 주제 분야의 책이든, 설사 그 분야가 이단
에 해당되는 불가 서적일지라도 그 책의 내용적 가치가 훌륭하거나 저자가 훌륭한
인물이라고 판단될 경우 그 자체를 그대로 인정하여 해제를 기술했던 것이다. 당시
많은 선비들이 사대주의를 표방하여 중국 중심의 세계관을 지닌 상황에서 한국 중심
적 관점으로 한국 서적을 위한 해제 목록을 편찬한 것은 그의 큰 성과이다. 그에 대
하여 당시 사상적인 입장을 초월해서 불가 서적에 대해 해제의 객관성을 유지한 점
은 대단히 높이 평가할 만한 일이라고 하겠다"고 강조한다. 리상용, 「해동문헌총록
불가서적에 대한 연구」, 서지학연구 50, 2010, 496~497쪽.

조선	함허당득통화상현정론(기화), 원각소(기화), 목우자시집(지눌), 천지명양수륙재의찬요, 제반청문(의상 외), 자기산보문(일선), 삼대부절요(료세), 결사문(지눌), 상당록(지눌), 법(지눌), 가송(지눌), 선각국사찬서(도선), 어록(혼구) 가송잡저(혼구) 신편수륙의문(혼구) 중편지송사원(혼구), 어록(견명), 게송잡저(견명), 중편조동오위(견명), 조파도(견명), 대장수지록(견명), 제승법수(견명), 조정사원(견명), 선문념송사원(견명), 천태사교의(체관), 법집별행록절요병입사기(지눌), 심요(혜심), 벽송집(지엄), 조계집(월송), 허응집(보우), 청허당집(휴정), 사명당집(유정), 석원사림(의천)』

위의 표를 보면, 신라나 고려 보다 조선의 불교 서적의 비중이 크다는
것을 알 수 있다. 조선의 불교 서적 중에서 유교 집안에서 보관하고 있는
책들을 보면, 조선 초기 유교인들의 불교 배척에 맞서 불교를 이론적으로
옹호한 기화의『현정론』과『원각경』주석 책, 그리고 지눌의 책이 많다.
지눌의 책은『목우자시집』과『정혜결사문』, 법이나 가송 뿐 아니라 중국
과 조선의 선종의 이론들을 분석하고 종합한『법집별행록절요병입사기』
도 있다. 16세기 불교 지도자였던 휴정과 유정의 저술도 보인다. 개별 사
찰이나 불교인의 서재가 아니라 유교인 집안에서 이런 책들이 보관되어
왔다는 것은 매우 주목할 만한 일이다.

김휴는 지눌이 지은『목우자시집』에 다음과 같은 설명을 덧붙이고 있다.

> 승려 보조가 저술한 책이다. 퇴계 선생이『유소백산록』에서 "소백산
> 동쪽에는 동가타암이라는 절이 있는데 승려 종수宗粹가 말하기를 '옛
> 날 희선 장로가 처음 이 동가타암에서 머물렀고, 그 후에 보조 국사 지
> 눌이 이곳에서 좌선하면서 수행을 9년 동안 하였습니다. 지눌은 자신
> 의 호를 목우자牧牛子라고 했습니다. 그는 시집도 남겼는데 내가 일찍

35) 이 표의 내용은『해동문헌총록』에 나와 있는 내용을 연구자가 재구성한 것이다. 김
휴,『국역해동문헌총록』, 오종필(역), 한밭도서관, 2013.

이 갖고 있었다가 남에게 빌려 주었습니다.'라고 말하며 지눌의 시 몇 구절을 외우는데 모두 마음을 깨우치게 만드는 것들이었다"라고 말했다.[36]

김휴는 유교인 이황의 소백산 여행 기록 내용을 인용하면서 불교인 지눌의 책을 소개하고 있다. 이황은 소백산과 영주 부근의 경치와 사찰들을 즐겨 방문하였는데 승려 종수는 이황과 인간적 교유를 나눈 불교인들 중 한 사람이었다. 그들은 소백산을 함께 여행하면서 사찰인 동가타암을 방문하였는데 승려 종수는 동가타암이 지눌이 오랜 동안 참선 수행을 하던 곳이라는 사실을 알려준다. 그리고 지눌의 시를 읊었고 이황을 비롯한 동행인들이 지눌의 시를 듣는다. 이황은 지눌의 시를 '모두 마음을 깨우치게 만드는 것들'이라고 높이 평가하고 있다. 김휴는 바로 이 구절을 떼어와 지눌의 책을 소개하는 데에 활용하고 있다. 김휴는 지눌의 책을 아주 운치 있게 소개하고 있는 것을 알 수 있다.

그런가 하면, 김휴는 지눌의 저서 『법집별행록절요병입사기法集別行錄節要并入私記』에 대해서는 직접 지눌 자신의 말을 인용하고 있다.

목우자가 말하기를 "하택신회는 지해종知解宗의 스승인데 비록 조계의 적통은 아니지만 깨달음과 통찰의 수준이 높고 밝으며 그 결택決擇이 명료하고 분명하다. 규봉종밀 스님이 지해종의 뜻을 계승하였으니, 이 책에 그것들을 펼치고 밝혀서 활연히 볼 수 있게 하였다. 오늘날 교敎를 통하여 마음을 깨닫고자 하는 사람들을 위해 번거로운 말을

36) 김휴, 『해동문헌총록』, "釋普照所著. 退溪先生, 遊小白山錄曰, 其東偏有東伽陁, 宗粹云, 希善長老初住此, 後普照國師於此坐禪參道, 九年不出, 自號牧牛子. 有詩集, 粹曾得之, 爲人借去. 誦其數句, 皆警策."

없애고 요강要綱을 뽑아내어 지혜를 통찰하는 관觀 수행의 귀감으로 삼고자 한다."고 하였다.[37)

지눌이 지은『법집별행록절요병입사기』는 규봉종밀의『법집별행록』을 요약정리하고(절요), 지눌 자신의 견해를 덧붙인(병입사기) 책이다. 이 책은 지눌의 불교사상의 요체인 공적영지空寂靈知 개념을 이해할 수 있게 해줄 뿐 아니라 이 개념이 한국불교 자체의 핵심을 보여주고 있어 매우 중요한 불교 이론서이다. 김휴도 이 책의 내용적 중요성을 간파하고 이 책의 핵심 내용을 지눌 자신의 말을 그대로 인용함으로써 적절하게 소개하고 있다.『법집별행록절요병입사기』는 16세기 후반에서 17세기에 사찰에서 집중적으로 간행되어 승려들의 교육을 위한 교재로 사용되었으므로 불교인뿐 아니라 유교인들에게도 널리 알려져 있었으리라 짐작된다. 김휴가 인용한 부분은 하택신회와 지해종에 대한 견해를 높이 평가한 종밀과 지눌의 생각이 드러나 있는 부분이다.

이 밖에도 김휴는 휴정이나 유정이 임진왜란 때 승군僧軍으로 참여하여 공을 세운 일, 허균이 불교에 대한 신앙 문제로 파직당한 일들도 기록하고 있다. 휴정은 임진왜란 때 팔도도총섭이라는 최고 지휘권의 자리를 맡아 전국적으로 승군을 조직하여 싸웠으며, 유정은 조선통신사로 선발되어 일본에 가서 강제로 납치된 조선인 수천명을 풀어내고 다시 데려오는 공을 세운다. 이들 불교 지도자들이 전쟁 중에 보인 용감한 행동들은 유교인 김휴에게 매우 인상적이었을 것이다. 김휴가 불교 서적을 소개하고 설

---

37) 김휴,『해동문헌총록』, "牧牛子曰, 荷澤神會是知解宗師, 雖未爲曺溪嫡子, 然悟解高明決擇了然. 宗密師宗承旨其, 故於此錄中, 伸而明之, 豁然可見. 今爲因敎悟心之者, 除去繁詞, 抄出綱要, 以爲觀行龜鑑."

명하면서 불교 이론에 천착하기 보다는 불교인들의 훌륭한 행적들 중심으로 삼은 것은 아마도 이 때문이라고 생각한다. 물론 김휴가 모든 불교인들에 대해 무조건 호의를 보인 것은 아니다. 특히 보우普雨(1507~1565)와 같은 불교인에 대해서는 매우 비판적인 태도를 취하고 있다.

유교 관료들과 불교 승려와의 교유활동

조선 초기를 지나 중기에 이르면 유교 관료들은 전국의 경치 좋은 곳으로 연행을 다니면서 그 곳 사찰에 머무르며 수행하는 불교 승려들과 다양한 방식으로 교유하는 모습을 보이고 있다. 유교인들은 집안 마다 조상을 기리는 암자를 짓기도 하고 연행 과정에서 친해진 불교 승려들과 정기적으로 만나 학습하고 토론하며 논쟁을 즐기기도 하고 한시를 주고받기도 한다.

김휴의 『해동문헌총록』에도 기록된 바 있듯이, 불교 지도자 유정과 유학자 허균과의 교유는 매우 독실하였다. 유정이 허균을 만난 것은 그가 유교 관료 유성룡柳成龍(1542~1607)의 집에 머물러 있을 때였다. 허균은 유교인이면서도 불교 서적들을 광범위하고 깊이 있게 읽었으며 유정을 진심으로 존경하였다. 유정이 죽었을 때 허균은 그의 비문碑文을 직접 쓴다.[38] 또한 유교인 신익성申翊聖(1588~1644)은 휴정의 비문을 직접 쓰기도 하고 불교인 처능에게 유교 서적을 다량 빌려주기도 한다. 신익성은 그 자신이 '세속을 떠나지 않았지만 선禪을 좋아한다'고 말할 만큼 불교와 가까워서 처능과 무생無生의 의미에 대해 토론하기도 한다.[39]

---

38) 허균은 비문에 유정을 '널리 세상을 구하는 존엄한 분(慈通弘濟尊者)'이라고 새겨 넣는다.

17세기 유학자 김창협의 동생이었던 김창흡金昌翕(1653~1722)도 산수 유
람을 하면서 불교 승려들과 즐겨 대화하곤 하였다. 김창흡은『영남일기嶺
南日記』에서 승려 해기와 대화한 내용을 다음과 같이 기록하고 있다.

> 내가 "끊임없이 일어나는 번뇌 망상은 어찌하면 없앨 수 있습니까?"
> 라고 묻자 "그것은 마음의 그림자로 갑자기 일어났다가 돌연 사라지는
> 것이니 우리의 진공眞空에 누를 끼칠 만한 것이 못됩니다.『금강경』
> 야부해에서 '대해大海는 물고기가 뛰도록 내버려 두고 장공長空은 새
> 가 날도록 맡겨둔다'고 하였으니 새가 날고 물고기가 뛰는 것은 그것
> 들이 스스로 왕래하는 것인데 또한 장공과 대해에 무슨 누가 되겠습니
> 까?"라고 대답하였다.[40]

위의 내용을 보면 김창흡은 해기에게 번뇌 망상의 소멸 방법을 묻고 있
고 승료 해기는 번뇌 망상의 소멸과 생성 모두를 언급하면서 대답하고 있
다. 대화의 주제가 불교의 업장 소멸, 망상의 소멸이라는 수행 과정을 다
루고 있음을 알 수 있다. 이것은 유학자 김창흡이 얼마나 불교에 대해 많
은 이해를 갖고 있는가를 짐작하게 한다.

끊임없이 일어나는 상념은 어떻게 없앨 수 있을까? 김창흡이 진지하게
묻자, 해기는 대답한다. 상념이 까닭 없이 일어나고 까닭 없이 소멸하는
것은 그것이 상념이기 때문이다. 상념은 우리 마음의 참된 본성인 진공과
는 무관하게, 무명에 의해 생기고 또 그렇게 제풀에 사라지는 것일 뿐이

---

39) 오경후,「조선 후기 불교정책과 대응론–백곡 처능의 <간폐석교소>를 중심으로」,『역
사민속학』31집, 민속원, 137쪽.

40) 김창흡,『영남일기』(『삼연집습유三淵集拾遺』28권), "余問流注想何以使無. 答曰此乃心之
影子, 倏起忽滅. 無足累我眞空? 金剛經冶父解有云大海從魚躍長空任鳥飛. 鳥飛魚躍他自來往,
亦何累長空大海乎?"

다. 그는 뿌리 없이 생겨나는 상념과 번뇌 망상에 집착하지 말라고 한다. 그것은 마치 넓은 바다에서 물고기가 뛰어 놀고 큰 하늘에서 새들이 날아 다니는 것과 같다. 그것들은 인연에 따라 생기고 인연이 다하면 없어지는 것이다. 승려 해기는 불교의 인식론인 '연기緣起적 사유'로 대답하고 있다. 우리 마음이 번뇌 망상으로 어지럽게 흔들릴 지언정 그것은 참된 마음의 본성을 훼손시킬 수 없다. 우리 마음의 참된 본성인 진공은 『금강경』에서 말하는 넓은 바다나 큰 하늘과 같다는 것이다.

또한 김창흡은 불교 승려 수연秀演(1651~1719)과도 시를 주고받으며 서로 교유하는데 김창흡이 수연에게 보낸 시 구절 중에는 다음과 같은 구절이 있다.

> 내 소원은 스님과 여름 한철 함께 하며 적적성성寂寂惺惺을 하는 것…누구와 성성惺惺을 함께 할까?[41]

김창흡은 불교 승려 수연과 함께 '적적성성'을 하고 싶어한다. 적적성성은 불교 수행공부론에 나오는 용어이다. 불교에서는 선禪 수행을 할 때의 적寂과 성惺이라는 두 가지 경지의 마음을 동시에 견지하는 것이 중요하다고 강조한다. 이를 가리켜 적성등지법寂惺等持法이라고 한다. 마음을 적적하게 한다는 것은 마음에 자아와 세상에 대한 일체의 망념과 망상이 없어 번뇌와 집착이 사라진 경지, 즉 공空의 경지가 되는 것이다. 그러나 이 경지는 결코 아무것도 없는 무無의 상태가 아니다. 마음이 텅 비어 있으면서도 참된 마음 본래의 밝은 지혜와 통찰이 깨어 있기에 그러한 경지

---

41) 수연, 『무용당유고』, "願與師同夏, 收因會寂惺…誰與共惺惺?"

는 성惺의 경지가 된다.

김창흡은 불교 수행에 대해 잘 알고 있었을 뿐만 아니라, 불교 선수행을 스스로 일상적으로 실천하고 있었다고 볼 수 있다. 그러므로 불교 승려와의 교유 관계가 불교에 대한 진지한 이해와 수용 뿐 아니라 함께 동참하는 모습을 보일 수 있었으리라 짐작된다. 김창흡은 성리학자이면서도 불교 철학에 대한 이해가 넓고 깊었던 인물이었다. 그는 유교인으로서 불교인과 인간적 사귐을 많이 가졌는데 그 바탕은 불교에 대한 긍정적 태도로부터 비롯된 것이다.

이제까지 조선 초·중기의 유교인과 불교인의 교섭 양상들을 살펴보았다. 국가의 불교통제 정책에도 불구하고 왕실은 대체적으로 불교를 종교적 신앙 활동이나 국가적 차원의 제례를 수행하는 것과 관련시켜 여전히 옹호하고 있음을 알 수 있다. 간경도감을 통한 불교 서적의 간행 작업을 통하여 유교 관료들과 불교 승려들은 서로 교섭하고 있으며, 국가적 차원이 아닌 민간의 차원에서도 사찰을 중심으로 불교 서적의 대량적 간행 활동과 불교 지도자들의 대중적 지지도에 힘입어 유교인과 불교인들은 다양한 방식으로 서로 교섭하고 있음을 확인하였다. 그리고 이러한 유불 교섭 활동은 유교인의 불교인식과 불교인의 유교인식을 보다 넓고 깊게 만드는 토양이 되고 있었다.

그렇다면 이 시기에 불교와 유교의 회통의식은 어떠한 과정을 통해 형성되고 있었을까? 이하에서는 유불 역할분담론과 유불회통의식으로 구분하여 보다 구체적으로 살펴보기로 하겠다.

제2장

유불회통의 이론적 모색

이 시기의 유교인들과 불교인들이 모색했던 유불회통의식은 크게 두 부류로 나눠볼 수 있다. 첫 번째 부류는 조선 이전부터 존재하던 유불 역할분담론이다. 유불 역할분담론은 불교는 종교적 신앙활동이고 유교는 현실적 경세활동으로 역할이 다르므로 서로 대립되지 않고 조화를 이루며 공존할 수 있다는 입장이다. 실제로 적지 않은 유교인들이 불교를 종교적 신앙활동으로 받아들였으며 유교가 채워주지 못하는 삶과 죽음의 문제 및 질병과 재해 등과 같은 문제를 극복하기 위해 불교를 필요로 하였다. 또한 불교인들 중에도 국가 차원에서의 불교 통제를 피하기 위해 불교의 종교적 기능을 강조하는 쪽으로 유교와 차별화를 모색하는 사람들이 있었다.

두 번째 부류는 철학적 유불회통론이다. 철학적 유불회통론은 불교와 유교의 내용을 철학적으로 탐구하여 그 과정에서 불교와 유교의 사상적 회통성을 깨달을 수 있다는 입장이다. 실제로 이 시기의 유교인과 불교인

중에는 유교서적과 불교서적을 모두 학습하면서 이 둘의 철학적 회통지점을 발견한 사람들도 있었다. 이들은 유교와 불교의 철학적 핵심 내용이 회동된다는 것을 알고 있었던 것이다. 조선 초·중기 3백여년 동안 크게 보면 유불 역할분담론으로부터 점차 철학적 유불회통의식에 눈뜨는 유교인들이 나타나는 것을 알 수 있다. 이하에서는 이 두 가지 입장을 구체적으로 확인해보기로 한다.

1. 유불 역할분담론

조선 초기의 유교인들은 주자학을 국교로 받아들이고 주희가 정리한『주자가례』를 새로운 사회의 행위규범으로 표준화하였다.『주자가례』는 출생으로부터 시작하여 과거를 통해 관직을 얻고 결혼을 하거나 죽음에 이르기까지 한 인간의 삶과 관련된 중요한 의례들의 실행 방식 및 절차들을 구체적으로 기록해놓은 책이다. 하지만 오랫동안 불교식 상장례에 익숙해져 있던 사회에서『주자가례』에 의한 유교식 의례와 규범이 쉽사리 정착되기는 쉬운 일이 아니었다. 특히 유교 관료들에게 이 문제는 더욱 큰 결단이 요구되는 일이었다. 국가는 불교식 상장례가 아닌 유교식 상장례를 몸소 실천한 권근의 사례[42]를 다음과 같이 칭찬하고 있다.

---

42) 권근은『주자가례』를 구체적으로 절목화한『상절가례』를 만들었고 스스로 유교식 장례를 실천하였다. 하지만 권근의 집안은 대부분 독실한 불교신자였고 그의 형은 출가하여 도승통의 지위까지 올랐으며 태종 시기에 사찰을 짓기도 하였다. 권근 역시 자녀들을 사찰에 보내어 승려들에게 교육을 받도록 하였고 이에 따라 그의 자녀들은 사찰에서 수년 동안 승려 밑에서 학문을 연마하였다. 권근 자신도 불교를 종교적 신앙으로 인정하여 귀의하는 모습을 보인다. 그는 각종 법석法席의 불도소와 불경의 발문을 썼으며 사찰의 중창기를 쓰기도 하였다. 김윤섭, 「조선 전기 관료 문인들의 불교적 내면의식에 관한 연구–권근, 변계량. 김수온, 서거정, 성현의 시문을 중심으로」,

> 권근이…장차 임종하려 할 때에 아들과 사위를 불러 모아 놓고 유명
> 遺命으로 불사佛事를 쓰지 못하게 하였으므로 아들과 사위들이 치장治
> 喪을 일체 『주자가례』대로 행하고 부도법浮屠法을 쓰지 아니하였다고
> 한다.[43]

조선왕조실록에 기록될 정도로 유력한 유학자이자 관료인 권근의 상장
례 방식은 주목의 대상이 되었던 것으로 보인다. 권근은 유언으로 자신의
장례 일체를 전적으로 유교식으로 치르라고 명한다. 부도법은 신라 말에
서부터 시행되어 온 불교식 장례법으로, 탑을 세우고 예불을 올리며 사원
을 조성하는 일체의 의례를 가리킨다. 이러한 권근의 비장한 결의는 역설
적으로 그만큼 불교식 상장례 의식을 거부하는 것이 어려운 일이었다는
것을 반증한다. 조선 초기의 유교 관료들을 중심으로 하는 이러한 결의에
찬 행동들에도 불구하고 세종에게 올린 다음의 상소를 읽어보면, 그 때까
지도 여전히 불교식 상장례 의식이 성행하고 있다는 것을 알 수 있다.

> 사대부들은 위로 성상聖上의 의도하신 바를 본받아 상제喪制에 부도
> 법을 사용하지 않는 사람이 이제 열 명 중 서너 명은 됩니다…(그러나)
> 아직도 국가의 기신忌辰 행사에서는 오히려 수륙재水陸齋를 개최하기
> 때문에 신하와 서인庶人들이 집안에서 재齋를 개최하는 것을 금지할
> 수 없으며 불교 종문宗門의 승선僧選의 법은 아직도 그 옛 제도를 따
> 르고 있으니 승도僧徒로 출가하는 것을 중지시킬 수 없는 것입니다…
> 재상이었던 권근의 『상절가례』를 공식적으로 도입하여 반포하고 준행

『선문화연구』 20집, 한국불교선리연구원, 2016, 188쪽 : 이정주, 「권근의 불교관에 대
한 재검토」, 『역사학보』 131권, 역사학회, 1991, 35~37쪽.
43) 『태종실록』 17권, 태종 9년, 2월 14일, "權近…其將卒也, 聚子若壻, 遺命不作佛事, 其子壻
治喪, 一依家禮, 不用浮屠法云."

하게 하시고 수륙재의 설행도 또한 폐지하도록 하소서.44)

위의 상소문에서 볼 수 있듯이 세종 대에 이르러서도 여전히 유교인의 절반을 훨씬 넘는 집안이 유교식 상장례가 아니라 불교식 상장례를 치르고 있다. 국가 차원의 불교 천도 의례인 수륙재 역시 대규모로 실시되고 있다. 유교인들이라 하더라도 상장례만큼은 불교식을 따르고 받아들이고 있음을 알 수 있다. 유교인이면서 불교적 종교의식을 버리지 못한다는 것은, 아직 유교가 인간의 삶과 죽음, 질병과 가난 등의 길흉화복 등과 같은 존재의 근본적 영역이나 삶의 고통 등과 같은 종교적 문제까지 해결하지는 못하고 있다는 것을 의미한다.

상소문에서 유교인들은 권근이 저술했던 『상절가례』를 공포하여 유교식 상장례를 공식적으로 법제화할 것을 요구한다. 유교 관례를 아예 법으로 강제하자고 주장하는 것이다. 유교적 의례들은 이와 같이 강력한 법제화 과정을 통해 서서히 정착되어간다. 하지만 이 과정은 결코 순탄한 것이 아니었으며 유교와 불교 사이에서 정체성의 혼란을 겪은 유교인들이 적지 않았다.

권근이 비교적 강하게 유교적 의례를 지키려 했다면, 세종 대의 유교 관료 김수온은 오히려 자신의 불교적 호감을 당당하게 드러내고 불교적 의례에도 적극적으로 참여한 인물이다. 김수온은 형이었던 승려 신미와 함께 『월인천강지곡』과 『석보상절』을 합쳐 『월인석보』를 편찬하여 세조에게 올리기도 하였다. 그는 불교 경전 『능엄경』을 유교 경전 『중용』보다

---

44) 『세종실록』 55권, 세종 14년, 3월 5일, "士大夫上體聖意, 喪制不用浮屠者, 什已三四…方今國家忌辰, 猶設水陸, 則臣庶之設齋, 不可禁也, 宗門選法, 尙循其舊, 則僧徒之出家, 不可止也…故宰相權近家禮, 頒布遵行, 水陸設齋, 亦令停罷."

더 높이 평가하기도 했는데 조선왕조실록에서는 이를 다음과 같이 기록하고 있다.

> 김수온은 승려 신미의 아우였다. 비록 유학을 배워 과거에 합격하였지만 성품이 불교 서적을 지독히 좋아하여 항상 스스로 말하기를 "『능엄경』이 『중용』보다 낫다"고 하였다. 사람들이 "불교의 이치도 유교보다 나은가?"라고 물으면 "그렇고말고!"라고 대답하였다. "사람이 죽으면 어디로 가는가?"라고 물으면, 그는 대답하기를 "모두가 크고 작은 철위산으로 돌아가게 된다"고 대답하였다. 무릇 국가에서 범연梵筵을 베풀 때에는 김수온이 반드시 참여하였다. 대행 대왕의 수륙재에서는 사찰 밖에 별도로 일반 군중들을 공양供養(음식 대접)하는 장소를 설치하였는데 남녀노소, 얻어먹고자 하는 사람들이 많이 모여들어 그 수효가 천 명이나 되었다.45)

위의 내용에서 김수온의 행동에는 불교를 신앙으로 받아들이고 있는 모습이 부각된다. 김수온은 과거에 합격하여 집현전 학자가 되었지만 간경도감의 불경 간행사업에도 참여하고 국가가 실시하는 불교 의례를 종교 행사처럼 빠지지 않고 참여하고 있다. 또한 사람들에게 공공연히 『중용』보다 『능엄경』이 낫다고 말하고 죽음 이후에 대해서도 말한다. 이런 발언들은 조선 초기 정도전이 불교를 필사적으로 배척하고 이단으로 취급하던 강경한 태도와는 차이가 있다. 그런데도 김수온의 발언을 국가에서 특별히 문제삼지 않고 실록에 기록까지 한 것을 보면 김수온의 불교에 대한

---

45) 『문종실록』 1권, 문종즉위년 4월 11일, "金守溫, 僧信眉之弟也. 雖業儒中科第, 然性酷好佛書, 常自言曰, 楞嚴經過於中庸. 人有問之者曰, 佛道然乎? 曰, 無疑也. 曰, 人死何之? 曰, 皆歸於大小鐵圍山. 凡國家之設梵筵, 守溫必與焉. 大行大王之水陸齋也, 別設凡衆供養於寺外, 男女老幼丐乞者輻輳, 數以千計."

태도를 종교적 신앙으로 간주했기 때문일 것이다.[46]

그러나 김수온이 불교를 단지 종교적 신앙으로만 생각한 것이었는지는 의문이다.『능엄경』과『중용』은 모두 불교와 유교의 경전들 중에서 가장 철학적이고 가장 종합적인 이론들이 다뤄지고 있는 대표적 논서이다. 그런데 김수온이 이 두 책을 비교하고『능엄경』이 더 낫다고 말하는 것은 이론적 지식과 이해가 없으면 불가능한 일이다. 그가 남긴 시들 중에는 유교와 불교의 궁극적 진리를 직접 비교하는 구절도 있으며 스스로의 정체성을 유교인에 국한시키지 않는 구절도 있다.[47]

이러한 의문은 권근의 경우에도 마찬가지이다. 유교 관료로서의 권근, 학자로서의 권근은 유교의 이론적 정당화를 강조하고 유교 의례를 옹호하였으나, 개인으로서의 권근이 과연 유교와 불교의 대립적 측면만 보았을 것인지는 의문의 여지가 있다.

어쨌든 조선 초기를 지나 15세기가 되면서 유교인이 불교신앙을 가진 채 살아가는 것이 위협적이지 않았고 어느 정도는 자연스럽게 받아들여지고 있음을 알 수 있다. 이들은 유교 관료로서의 삶과 불교 신앙인으로서

---

46) 김수온의 형 신미는 불교 승려로서 세종 대에 불경 간행 등 활약이 컸으나 조선왕조실록에는 신미에 대한 기록이 극히 적다. 조선왕조실록에 김수온의 불교관이 기록되어 있는 것은 불교와 불교인 자체에 대한 것 보다는 국가적 행사의 기록 및 유교 관료의 종교적 신앙활동의 관점에서 다룬 것이라고 볼 수 있다.

47) 김수온은 시에서 자신을 "항상 한 몸이면서도 두 몸(恒爲一兩身)", 혹은 "유교인도 아니고 불교인도 아닌 늙은 서생(非儒非佛老書生)"이라고 표현할 만큼 유교인과 불교인의 정체성을 모두 품고 있다고 스스로 생각했다. 그는 궁극적 진리로서 유교나 불교가 서로 같은 것을 말하고 있다고 생각했기 때문에 "유교도 나를 위한 것이고 불교도 나를 위한 것이다(儒亦爲吾佛亦吾)", 혹은 "유교에서는 이를 태극이라 하고 불교에서는 이를 진여라고 한다(儒言是太極, 佛說卽眞如)"라고 말할 수 있었다. 김수온의 시 구절은 각각 김윤섭,「김수온의 불교적 정신세계에 관한 일고-식우집의 한시들을 중심으로」,『한국학연구』43집, 고려대 한국학연구소, 2012, 390쪽, 396쪽, 392쪽, 390쪽 참조

의 삶의 모순과 괴리를 시로 표현하기도 하고, 겉으로는 유교인으로 살아가지만 내면적으로는 불교 승려들의 초탈한 삶을 동경하고 찬탄하기도 한다. 이들 유교인이 내면적으로 불교를 받아들인 것은 불교가 가진 종교 신앙적 측면이 크다. 이들에게는 조선 이전부터 내려오던 유불조화론 즉 유교는 현세의 삶에 대한 역할을 맡고 불교는 출세간적인 종교 신앙의 역할을 수행하는 유불 역할분담론의 사고가 상당히 존재하고 있다고 볼 수 있다.[48]

2. 철학적 유불 회통의 발견 : 공적영지와 미발지각

그러나 모든 유교인과 불교인이 이런 방식으로 유불회통을 모색한 것은 아니다. 유교인의 신분을 버리고 불교 승려로서의 삶을 살았던 김시습 金時習(1435~1493)은 유교와 불교의 회통을 유불 조화나 유불 역할분담이 아니라 유불일치로 말하고 있다. 그는 유교와 불교가 근본 교의敎義에서 실질적으로 같다는 사실을 통찰하고 있다. 예를 들어 김시습은 유교의 인의仁義와 불교의 자애慈愛는 같은 내용을 말하고 있다고 주장한다.[49] 김시

---

48) 본 연구에서는 김수온이나 권근과 같은 불교 친화적 유교 지식인들을 유불 역할분담론의 범주로 포함시키고는 있지만 이들의 불교인식에 대해서는 추후에 보다 정밀한 후속 연구가 필요하다. 이들에게서 단지 유불 역할분담론의 수준을 넘어서는 모습도 발견되기 때문이다.

49) 이기운의 연구에 의하면, 김시습은 유교의 인의仁義와 불교의 자애慈愛를 동일한 가르침으로 보았다. 그는 김시습이 "불교의 이념인 자애가 단순히 세간을 떠난 도리로서 왕도나 풍속의 교화, 사람들의 품성을 교화하는 데에 그 역할을 다하지 못한다는 비판에 대하여 유교의 이념인 인의仁義와 마찬가지로 그 역할을 충분히 수행한다고 밝히고 있다"고 논한다. 이기운, 「설잠의 호법론」, 『한국선학』 12집, 한국선학회, 2005, 68-70쪽. 실제로 김시습은 세조에 의한 단종의 폐위에 오랫동안 저항하였고, 부당한 정치 참여를 거부하였다. 그는 불교의 자애를 정치적으로 올바른 실천과 동떨어진 것

습은 유교와 불교의 회통會通을 유교와 불교의 이론적 내용 자체로부터 이끌어내고 있다. 그런데 이와 같이 유교와 불교가 내용적으로 회통된다고 본 사람은 단지 김시습에 국한되지 않는다. 김만중과 김창협 그리고 김창흡과 같은 유교인들, 그리고 기화나 대지와 같은 불교인들은 유교와 불교의 내용을 이론적으로 분석하고 비교하면서 철학적 회통 지점을 발견하고 있다. 이들은 유교와 불교에 대한 철학적이고 역사적인 지식을 통하여 회통 내용을 발견하기도 하고 유교의 수양과 불교의 수행 내용에서 철학적 회통성을 간파해 내기도 한다.

그렇다면 이들이 발견한 유불회통의 내용은 무엇일까? 이들은 어떤 지점에서 유교와 불교가 같은 진리를 말하고 있다고 본 것일까? 그것은 '본래적 마음 자체의 깨어 있음, 마음 자체의 자각활동'이다. 이것을 불교의 용어로 말하면 '공적영지空寂靈知'라고 한다. 본래적 마음 자체는 일체의 망상이나 망념이 없어 공空하고 적寂하여 무아無我인 것이다. 이렇게 공적한 마음, 무아의 마음이 우리의 참된 마음의 본성인 것이다. 망상이나 망념은 일시적으로 뿌리 없이 생겼다가 사라지는 생멸의 마음이다. 그에 비하여 참된 마음의 본성은 공적하여 파도가 치는 것과 물고기가 뛰노는 것, 먹구름이 끼는 것과 새가 나는 것과 상관없이 본래적 바탕으로 존재하는 넓은 바다나 큰 하늘과 같은 마음이다. 불교에서는 이것을 진공眞空, 혹은 아공我空과 법공法空이라는 뜻에서 이공二空이라고 부른다.

그런데 이렇게 텅 비고 고요한 공적한 마음의 실상은 결코 무無가 아니고 스스로 깨어 있다. 이 깨어 있음이 영지靈知이다. 신령한 앎은 망념과 망상에 의한 지식이 아니라 마음 자체가 발휘하는 자각自覺활동이다. 대승

으로 보지 않았고 스스로 그러한 삶을 살았다.

불교와 선불교는 특히 이러한 본래적 마음의 자각활동성을 강조하였는데 그것을 유식불교는 마음 심층의 제8식인 아뢰야식阿賴耶識의 활동으로, 여래장불교는 본각本覺으로, 『능엄경』에서는 묘명진심妙明眞心, 성각필명性覺必明으로 말해 왔고 지눌의 저서에서도 공적영지를 말했던 것이다.

'본래적 마음 자체의 깨어 있음, 마음 자체의 자기자각활동'을 유교의 용어로 말하면 '미발지각未發知覺'이라고 한다. 일상적 지각활동이 이발已發의 차원에서 일어나는 것이라면 미발지각은 마음의 심층에서 일어나는 지각활동이다. 유교인들은 일상적인 마음작용 즉 감각과 사려와 느낌의 마음작용이 우리 마음의 전부가 아니라는 것을 알고 있었다. 우리 각자의 마음에는 이러한 일상적 작용을 넘어서는 차원이 존재한다. 유교는 일체의 감각과 사고 및 감정이 생기기 이전의 마음이 있다고 본다. 유교는 이 마음을 형기形氣, 혹은 기질지성氣質之性과 구분하여 심기心氣, 혹은 본연지성本然之性, 태극太極의 마음, 리발理發의 마음, 인仁의 마음이라고 말해 왔고 송나라의 주희와 조선의 김창협은 모두 미발지각을 말했던 것이다.

유교인과 불교인은 모두 '근본마음의 자각활동'이 존재하며 그것이 본래적으로 깨어 있어 자각활동을 한다는 것을 알았다. 그들은 수행과 수양, 공부를 통해 근본마음의 자각활동과 몸소 합일 내지 계합하고자 하였다. 15세기 조선 불교인 기화나 17세기 조선 유교인 김만중이 유불회통의 핵심 지점으로 포착한 것도 바로 이 '근본 마음의 본래적 깨어 있음'과 관련된다. 불교인 기화는 정도전의 불교 비판에 맞서 불교가 유교와 회통한다는 점을 계속 강조하였으며 유교인 김만중은 주희가 선불교를 비판하고 유교를 불교로부터 구분하면서 그 차이를 강조했을 때 그러한 태도가 지나치다고 생각했다.

불교인들은 언제나 유불회통을 말하고 있지만, 유교인들은 불교와의 차이를 강조하는 경우가 적지 않았다. 그러나 조선 유교인들 중에도 차이보다는 회통을 강조한 사람이 분명히 존재한다. 김만중은 유교가 불교와 다르지 않다는 점을 비유를 들어 다음과 같이 말하고 있다.

> 주자는 "이 근본마음을 일깨워 깨닫게 하는 것은 유교나 불교나 같지만, 도를 실천하는 것은 유교와 불교가 서로 다르다. 우리 유교인들은 이 근본마음을 일깨우고 깨달아 수많은 세상의 이치를 조관照管하지만 저들 불교인들은 공허하게 깨달아 그 경지에 있을 뿐이고 그 이상으로 하는 것이 없다"고 말했다. 그러나 지금 거울을 갈고 닦는 법을 스승에게 배우는 사람이 있다고 해보자. 스승은 거울을 갈아 갑匣에 넣어 두고 있지만, 그에게 배운 사람은 그 거울을 꺼내어 마주 보면서 옷차림을 바로잡아 가다듬으며 아름다움과 추함을 식별한다. 그렇다면 이 두 사람이 거울을 사용하는 방식은 분명히 같지 않다. 하지만 사용하는 방식이 다르다고 해서 어찌 그 스승을 꺼리고 피하겠는가?[50]

김만중에 의하면, 유교와 불교는 모두 거울을 갈고 닦는다는 점에서 같다. 이것이 주희가 말한 바와 같이 근본마음을 일깨워 깨닫게 하는 것이다. 그런데 주희는 불교가 근본마음을 깨닫는 것에서 그친다고 비판한다. 그래서 유교인 주희가 보기에 불교는 공허하다. 그에 비하여 유교는 근본마음을 깨달을 뿐 아니라 세상의 수많은 이치들을 그에 비추어 주관한다. 유교에는 깨달음 이후의 활동이 있기에 공허하지 않다는 것이다.

---

50) 김만중, 『서포만필』, "朱子謂喚醒此心則同, 而爲道異. 吾儒喚醒此心, 照管許多道理, 佛氏空喚醒在此, 無所作爲. 今有學磨鏡於人者, 其師磨而匣之而已. 學焉者, 以之整衣冠而別姸媸, 則爲用固不同矣. 烏可以所用之不同, 而諱其所師乎?"

그러나 김만중이 보기에 주희의 이러한 생각은 옳지 않다. 거울이 사물을 식별하는 활동을 하지 않는다고 해서 거울이 가진 본래의 비추는 성질이 없다고 할 수 없다. 근본마음을 일깨워 깨닫는 것과 그 이후에 세상의 이치들을 비추어 주관하는 일 사이에 절대적 간극이 존재하는 것이 아니다. 불교가 공허하다고 말하는 것은 맞지 않다는 것이 김만중의 생각이다. 근본마음은 사물을 접하여 반응하고 대응하는 활동, 즉 수연응용隨緣應用이 없어도 근본마음의 본래적 깨어 있는 활동, 즉 자성본용自性本用은 일찍이 없었던 적이 없다. 넓은 바다에 물고기가 뛰어놀지 않는다고 해서 넓은 바다가 없는 것이 아니며, 큰 하늘에 새가 날지 않는다고 해서 큰 하늘이 없는 게 아니다. 유교와 불교는 모두 각 개인의 근본마음, 즉 거울 자체의 본래적 비추는 성질을 말하고 있다는 점에서 서로 회통된다고 김만중은 생각한다.

그렇다면 불교와 유교를 회통시키고 있는 이 근본마음의 깨어 있는 활동, 자기자각성을 불교인과 유교인은 구체적으로 어떻게 이해하고 있었을까? 유교와 불교 모두 공유하고 있는, 거울로 비유되고 있는 이 마음 자체의 비추는 성질이라는 것은 구체적으로 무엇을 가리키는 것일까? 이제 공적영지 개념이 불교에서 어떻게 논의되고 있으며, 미발지각 개념이 유교에서 어떻게 논의되고 있는지 차례로 살펴보기로 하자.

불교에서의 공적영지는 지눌의 저술에서 잘 설명되어 있다. 지눌은『법집별행록절요병입사기』에서 다음과 같이 공적영지를 풀이한다.

하나인, 신령스러운 심성心性은 공空하고 적寂하면서도 언제나 알고 있으니 본래 일체의 분별도 없고 또한 일체의 선악도 없다. 그러나 그 체가 밝기 때문에 외부의 사물을 대하게 되면 능히 모든 구별되는 빛깔과 모양을 나타낼 수 있다. 또한 그 체가 알고 있기 때문에 인연을 대하게 되면 능히 모든 옳고 그름과 좋고 나쁨을 식별할 수 있다. 그러므로 마침내 세간과 출세간의 수많은 일들을 경영하고 성취하는 것까지 가능하게 되니 이 심성이 바로 수연隨緣하는 기준이 된다. 그 빛깔과 모양은 다채롭게 차이가 있어 구별되지만 그 밝은 심성의 구슬은 변하지 않는다…오직 공적지空寂知일 뿐이다. 만약 공적空寂만 말하고 그 신령한 지知를 드러내 보이지 않는다면 허공虛空과 무엇이 다르겠는가? 또한 둥글고 윤이 나며 깨끗한 그릇과 같은 것은 깨끗하기는 하지만 밝히 아는 성품은 없으니 어떻게 마니보주라는 이름으로 부를 수 있으며, 어떻게 그곳에 투영된 사물을 드러낼 수 있겠는가?[51]

　지눌은 공적영지가 허공과는 분명히 다르다고 강조한다. 마음이 공적하면서 밝게 알고 있는 것, 그것이 바로 마니보주(여의주)라고 부르는 심성인 것이다. 심성이 공적하다는 것은 무명으로 인해 생하고 멸하는 현상적인 온갖 덧없는 것들이 없어 텅 비어 공空하다는 것이다. 그렇게 비어 있지만 진실한 성품은 없지 않고 있어 항상 적寂하다는 것이다. 공적한 심성이 동시에 신령스러운 앎을 갖고 있다는 것은 그렇게 비어 있고 고요한 진실한 성품이 언제나 스스로 알고 있다는 것이다. 공적한 심성 자체의 앎은 일상적으로 이루어지는 분별적 앎과는 다르기 때문에 신령한 앎이라고 말한다.

　일상적인 분별적 앎과 신령스러운 마음 자체의 앎은 서로 별개로 분리되어 있는 것은 아니지만, 그렇다고 구분되지 않는 것은 아니다. 신령스러

---

51) 지눌, 『법집별행록절요병입사기』(『한국불교전서』 4), 743하, "一靈心性, 空寂常知, 本無一切分別, 亦無一切善惡也. 以體明, 故對外物時, 能現一切差別色相. 以體知, 故對諸緣時, 能分別一切是非好惡. 乃至經營造作世間出世間種種事數, 此是隨緣義也. 色相自由差別, 明珠不曾變易…唯空寂知也. 若但說空寂而不顯知, 則何異虛空? 亦如圓顆瑩淨之瓷團, 雖淨而無明性, 何名摩尼, 何能顯影?"

운 마음 자체의 앎을 가리켜 지눌은 '사물이나 인연을 대할 때 옳고 그름, 좋고 나쁨, 일체의 모든 일을 경영하고 성취해가도록 하는 힘, 즉 일상의 모든 삶과 활동의 기준이 되는 것'이라고 말한다. 마음 자체의 앎은 우리의 삶을 이끌고 가면서 모든 제반 일들을 성취해내도록 하는 진리의 등대와 같은 것이다. 그래서 지눌은 말하고 영지를 말하지 않으면, 그저 비어 있는 그릇에 불과하여 세상의 모든 일을 바르게 식별하고 올바르게 경영하는 것이 불가능하다고 말한다. 지눌은 공적과 영지, 이 두 가지가 동시에 있다고 말해야 참된 마음의 본체에 대한 올바른 설명이 된다고 강조한다.

그런데 지눌이 하나로서의 심성을 공적영지 개념으로 설명하는 방식은 원효가 일심一心을 성자신해性自神解 개념으로 설명하는 것과 다르지 않다.[52] 원효는 일심의 의미를 다음과 같이 설명한다.

> 무엇을 일심이라고 하는가. 염정染淨의 모든 법은 그 성性이 둘이 아니고 진망眞妄의 두 문門도 별개의 길로 얻는 것이 아니다. 그러므로 일一이라고 부른다. 염과 정, 진과 망 이 두 가지가 모두 없는 곳이 바로 모든 법 중의 실상이니 허공과는 같지 않다. 성性이 스스로 신령스럽게 알고 있기 때문에 심心이라고 부른다.[53]

---

52) 지눌의 공적영지 개념이 원효의 성자신해 정신과 관통된다는 것은 공적영지 개념이 유불회통의 핵심 개념일 뿐 아니라, 한국철학의 핵심 정신을 이해하는 데에도 중요하다는 것을 보여준다. 원효 연구자 김원명은 "원효의 근본경험은 그 자신의 경험이며 한국인의 경험이며 동시에 인류의 경험이다…자신이 살았던 시대의 고유한 시간과 고유한 말과 고유한 문화전통을 전제로 하면서 불교와 유가와 도가의 언어와 문화전통을 열린 자세로 포용하고 공유하게 되면서 성숙되어 불교적으로 승화된 것이다"라고 말한다. 김원명, 「원효의 비불교적 배경 시론」, 『철학논총』 58집, 새한철학회, 2009, 42~43쪽. 공적영지의 개념도 이와 같은 맥락으로 파악할 수 있다.
53) 원효, 『대승기신론소기회본』(『한국불교전서』 1), 741상, "何爲一心 謂染淨諸法, 其性無二, 眞妄二門, 不得有異, 故名爲一. 此無二處, 諸法中實, 不同虛空, 性自神解, 故名爲心."

성이 신령스럽게 알고 있는 것, 바로 그것이 심이다. 원효는 심을 이렇게 단적으로 말한다. 심은 하나이기에 일심이라고 부른다. 더러운 것과 깨끗한 것이 별개로 분리되어 있지 않고, 참된 것과 허망한 것 역시 따로따로 획득되는 것이 아니기에 하나인 것이다. 하나로서의 심, 하나인 심은 스스로 신령스럽게 알고 있다.[54] 원효가 성자신해로 드러내고자 한 심이 바로 지눌이 공적영지로 드러내고자 한 심이다. 원효나 지눌 모두 심이 스스로 신령스럽게 깨어 있고 알고 있음을 말하고 있는 것이다.

불교의 공적영지 개념과 마찬가지로 유교의 미발지각 개념 역시 심이 스스로 신령스럽게 깨어 있음을 말하고 있다. 흥미로운 점은 이 미발지각 개념이 불교를 그토록 배척하려고 애썼던 주희 자신으로부터 비롯되었다는 사실이다. 그는 불교를 배척하였지만, 오랜 동안의 끈질긴 수양과 이론적 탐구 끝에 결국 미발지각, 즉 근본마음의 자각활동성을 발견하고 인정하게 된다.

주희의 미발지각 개념은 성리학의 심성 논의에서 性과 구분되는 心의 위상을 거듭 숙고한 끝에 정립된 것이다. 주희는 애당초 근본마음은 심이 아닌 성이라고 생각했었다. 그의 이러한 생각을 중화구설中和舊說이라고 한다. 하지만 얼마 지나지 않아 그는 곧 중화신설中和新說로 자신의 생각을 바꾸게 된다. 중화구설에서는 심보다 성이 더 근본적 위상을 갖고

---

54) 원효는 이 하나로서의 심이 바로 아뢰야식이라고 말한다. 그는 "심생멸心生滅이라고 하는 것은 여래장 때문에 비로소 생멸심生滅心이 생겨나게 된다는 것이다. 이른바 불생불멸의 심이 생멸심과 함께 화합하여 같지도 않고 다르지도 않은 것을 가리켜 아뢰야식阿黎耶識이라고 부른다(心生滅者, 依如來藏, 故有生滅心. 所謂不生不滅, 與生滅和合, 非一非異, 名爲阿黎耶識),"(원효, 『대승기신론소기회본』, 744하)라고 말한다. 원효가 해석하고 있는 아뢰야식 개념은 생멸과 불생불멸의 화합식, 일심으로서의 아뢰야식이다. 이러한 그의 아뢰야식 개념은 유식불교의 관점과 긴밀하게 관련되어 있다.

있었지만, 중화신설에서는 심이 성과 정을 모두 총괄하고 있다고 보았다. 주희의 중화구설과 중화신설 두 견해는 각각 '성체심용性體心用'과 '심통성정心統性情'으로 요약된다. 주희는 미발지각의 의미를 다음과 같이 설명한다.

> 사려가 아직 싹트지 않고, 사물이 아직 이르지 않은 때를 희노애락미발未發이라고 한다. 이때는 심체心體가 유행하면서도 적연寂然하고 부동不動하여 천명天命의 성체性體가 거기에 갖추어져 있다. 과불급이 없고 치우침과 기울어짐이 없으므로 이를 중中이라고 한다.[55]

주희에 의하면 미발은 마음에 사려가 싹트지 않는 사려미맹思慮未萌의 층위이다. 또한 미발은 마음이 사물과 접하지 않는 사물미지事物未至의 층위이다. 그리고 미발은 희노애락의 감정도 일어나지 않는 희노애락미발喜怒哀樂未發의 층위이다. 사려가 싹트지 않아 사고활동이 일어나지 않으며, 사물과 접하지 않아 감각활동도 일어나지 않고, 희노애락의 감정도 생기지 않는 마음의 층위가 바로 미발의 층위인 것이다. 그런데 이러한 마음의 층위도 과연 마음이라고 할 수 있을까? 감각활동과 사고활동, 그리고 감정활동까지 없는데 어떻게 마음이 활동한다고 말할 수 있는가? 이러한 마음의 경지가 있다면, 그것은 주희 자신이 그토록 부정한 불교의 공허한 마음과 같은 것이 아니겠는가? 주희는 다음과 같이 말한다.

미발이면서도 지각이 어둡지 않은 것을 보면 어찌 심心이 성性을 주

---

55) 주희, 「이발미발설」(『주희집』 67), "思慮未萌, 事物未至之時, 爲喜怒哀樂之未發. 當此之時 卽是心體流行寂然不動之處, 而天命之性體段具焉, 以其無過不及不偏不倚, 故謂之中."

재하는 것이 아니라고 하겠는가?56)

　주희는 미발이면서도 지각이 어둡지 않은 층위의 마음을 인정한다. 이 층위의 마음에서 감각, 사고, 감정의 활동은 없지만, 그래도 여전히 지각 활동이 존재한다는 것이다. 이것이 미발지각이다. 미발지각활동의 층위에서 마음은 성을 주재한다. 심이 성과 정을 통괄하는 심통성정의 심이 바로 이 층위의 마음이다. 미발이면서도 지각이 어둡지 않다는 것은 불교에서 말하는 공적하면서도 신령스러운 앎이 존재한다는 것과 같은 의미이다.

　주희의 미발지각 개념은 조선 유교인들에게 적극적인 탐구의 대상이 되었고 특히 김창협에 의해 더욱 정교하게 논의되고 있다. 17세기의 조선의 유교인들은 허령지각이나 미발 등의 개념을 올바르게 이해하기 위해 심혈을 기울이고 있다. 이제 본격적으로 조선의 불교인들과 유교인들의 심성론과 상호인식을 통해 이들의 논의 속에서 불교의 공적영지 개념과 유교의 미발지각 개념이 어떻게 논해지고 있는지 구체적으로 확인해 보기로 한다.

---

56) 주희, 「답호광중 5」(『주희집』 42), "未發而知覺不昧者, 豈非心之主乎性者乎?"

제2부

불교 심성론과 유교인식

불교 심성론과 유교인식

제2부에서는 먼저 조선 초·중기 불교인들의 심성론과 유교인식에 대하여 알아보기로 하겠다. 불교인들은 이미 조선 초기부터 유교가 불교와 핵심 지점에서 다르지 않다는 것을 알고 있었다. 그들은 처음부터 유불회통을 주장하고 있는 것이다. 하지만 세부적으로 들어가면, 유불회통을 강조하는 측면이 시기와 내용에 따라 약간씩 차이를 보이고 있으므로 이하에서는 크게 두 단계로 나누어 살펴보도록 한다. 첫 번째 단계는 우주론적 유불회통이다. 기화와 휴정은 각각 불교의 심心을 유교『주역』의 태극무극太極無極과 『중용』의 천명天命을 중심으로 비교하면서 우주론적 차원으로 유불회통을 말하고 있다. 두 번째 단계는 심성론적 유불회통이다. 선수와 대지 그리고 처능은 불교의 심성과 유교의 심성을 내용적으로 비교하면서 심성론적 차원으로 유불회통을 말하고 있다.

제1장

불교와 유교의 우주론적 회통

15세기의 불교인 기화己和(1376~1431)는 국가의 불교 억제 정책과 유교인들의 불교 배척이 강했던 사회분위기에서도 유교가 불교와 다르지 않다는 것을 철학적으로 적극 해명하고 있다. 기화는『원각경』의 원각圓覺 개념,『능엄경』의 묘명진심妙明眞心 개념을『주역』의 적연부동-감이수통 개념과 비교하면서 우주론적 유불회통을 말한다. 그런가 하면『유석질의론』의 저자[1]는『능엄경』의 성각性覺과『주역』의 무극-태극 개념을 비교하면서 유불회통을 말하고 있다. 또한 휴정은 불교의 일물一物을 유교의『중용』의 천명 개념과 비교하면서 회통을 말하고 있다. 이하에서는 기화와『유석질의론』의 저자, 그리고 휴정의 논의를 차례로 살펴보기로 한다.

---

1)『유석질의론』의 저자는 기화로 추측되기도 하지만 분명히 신원이 밝혀지지 않고 있다.

1. 기화 : 묘명진심과 적연부동-감이수통

기화는 유교가 불교를 비판하고 비난하는 것은 유교와 불교가 핵심 근본 원리에서는 다르지 않다는 것을 잘 알지 못하기 때문이라고 본다. 특히 그는 유교가 불교의 적멸寂滅이나 허虛의 개념을 잘못 이해하고 있다고 주장한다. 기화는 유교의 오해를 다음과 같이 지적한다.

> 이른바 허원적멸이라는 말은 삼장三藏이나 12부경 가운데 어디에 전거를 두고 한 말인가?…『원각경』에서 말하기를, 원각의 마음은 밝아서 모든 곳을 밝게 비친다고 했으니 이래도 계속 불교를 적멸하기만 하다고 말하는 게 맞겠는가?…(『주역』에 이르기를, 적연부동寂然不動이면서도) 천하의 이치에 감이수통感而遂通한다고 하니 이것은 그 마음이 밝아 모든 곳을 밝게 비춘다고 한 말이 아니겠는가?[2]

기화에 의하면 유교는 불교가 허무적멸에 그친다고 말하지만 이것은 불교를 제대로 이해하는 것이 아니다. 그는 허원적멸이라는 말이 불교의 어느 경전에서 나온 말인지, 어떤 맥락에서 나온 용어인지 되묻는다. 불교가 허원적멸만 말하지는 않기 때문이다. 불교에서는 심체를 단지 적멸하다고만 하지 않는다. 기화는 『원각경』의 내용을 인용하면서 원각의 마음은 공적하면서도 그 자체로 신령하게 밝아서 모든 곳을 밝게 비춘다고 강조한다. 심체는 한결같이 공적하면서도 동시에 항상 밝아 신령하게 안다. 그래서 심체는 묘명진심妙明眞心이다. 기화는 심체가 적寂이면서 동시에 조

---

2) 기화, 『현정론』(한국불교전서 7), 224하~225상. "所謂虛遠寂滅之言, 三藏十二部中, 據何典而言歟?…圓覺云, 心花發明, 照十方刹, 一向謂之寂滅可乎?…感而遂通天下之故, 豈非明照之謂乎?"

照라는 것을 다음과 같이 설명한다.

　　묘명진심은 공적과 비춤이 동시에 있다. 비추면서 동시에 공적한 것
을 가리켜 법신法身이라고 하고, 공적하면서 동시에 비추는 것을 가리
켜 진지眞智라고 한다. 진지에는 사려분별이 끊어져 있으며 법신에는
그 형상이 없다…법신을 비유하면 무한한 허공과 같고 색色과 신身을
비유하면 그 허공에서 피어나는 꽃과도 같다. 진지를 비유하면 진짜 달
과 같고 인연심因緣心을 비유하면 제이월第二月과도 같다. 참된 몸은
형상이 없지만 색신을 몸으로 삼고, 참된 마음은 사려분별이 끊어져 있
지만 인연심을 마음으로 삼는다. 이것은 마치 허공 중에서 꽃을 보고
진짜 달 주변에서 제이월을 보는 것과도 같다.[3]

　　기화는 심체인 묘명진심을 법신과 진지 두 가지 차원으로 말한다. 이것
은 심체가 가진 공적함과 비춤을 각각 다른 용어로 드러내는 것이다. 묘
명진심은 공적함과 비춤을 동시에 품고 있다. 법신은 비춤이 형상이 없어
'공적한 비춤'이라는 것을 드러내는 것이며 진지는 공적함이 밝음을 갖고
있어 '비추는 공적함'이라는 것을 드러내는 것이다. 묘명진심의 비춤은
공적함 자체가 발휘하는 비춤이다. 비추되 그 자취와 모양이 없는 비춤이
어서 비추는 공적함이다. 기화는 이것을 법신이라고 부르고 있다. 밝게 비
출 수 있다는 것은 진지가 있다는 것이다. 이 진지는 일상적인 사려분별
과는 구분된다. 진지는 사려분별이 끊어진 경지에서 밝아지기에 공적한
지이다. 그래서 진지는 비춤이지만 공적한 비춤이다.

---

3) 기화, 『대방광원각수다라요의경설의』, 129중, "妙明眞心, 寂照同時, 卽照而寂, 名爲法身,
　　卽寂而照, 名爲眞智. 眞智絶慮, 法身無相…法身比之則如彼大虛, 色身比之則如彼空華, 眞智比
　　之則如彼眞月, 緣心比之則如第二月也. 眞身無相而以色身爲身, 眞心絶慮而以緣慮爲心, 如空
　　中見花, 月邊見月也"

법신이 무한한 공적함 그 자체를 드러낸다면 진지는 그 공적함이 죽어 있는 것이 아니라 스스로 밝게 비추고 있다는 것을 드러낸다. 진지는 광활한 천지 자체에 가득한 달빛과 같다. 우리가 일상적으로 몸과 마음으로 여기고 있는 것, 인연 따라 생긴 몸과 인연 따라 생긴 생각들은 이렇게 가득한 온 천지의 달빛 속에서 피어나는 꽃과도 같아서 허공 중의 꽃이라고도 하고, 진짜 달 주변의 제 2의 달이라고 한다. 그래서 기화는 이러한 허공 중의 꽃과 제 2의 달을 가리켜 환幻이라고 부른다.

> 환幻이 각覺을 따라 생겼다가 각을 따라 멸하는 것이 마치 불꽃이 허공에서 생겼다가 또한 허공으로 사라지는 것과 같다. 불꽃이 허공으로 사라지더라도 공성空性은 여전히 담연하고 환이 소멸하더라도 각성은 여전히 움직임이 없다.[4]

법신의 성품은 공적함, 즉 공성이다. 진지의 성품은 비춤, 즉 각성이다. 법신으로서의 공성은 그 본래의 텅 비어 있음, 즉 허공이어서 불꽃이 타올랐다가 소멸하여도 그 본래적 공성은 없어지지 않는다. 이와 마찬가지로 진지로서의 각성은 그 본래의 밝게 비춤이 있어서 허망하게 인연 따라 생기고 사라지는 환을 만들어내더라도 본래의 각성은 없어지지 않는다. 공성으로서의 법신과 각성으로서의 진지는 묘명진심의 두 모습인 것이다. 그러므로 기화는 이 묘명진심의 존재성을 단지 유有와 무無의 이분법적 논리로 '있는 것' 혹은 '없는 것'이라고 단순화할 수 없다고 강조한다.

---

4) 기화,『대방광원각수다라요의경설의』, 134상, "幻從覺生, 還從覺滅, 如火從空生, 還從空滅也, 火從空滅, 空性依舊湛然, 幻從覺滅, 覺性依舊不動."

이 물物(심체)은 깊고 현묘하여 텅 비어 있지만 밝고 신령하게 만사에 통하기 때문에 항상 있지만 단지 있다고만 규정지을 수 없으며 항상 공하기 때문에 항상 없지만 단지 없다고만 규정지을 수 없다.[5]

기화는 묘명진심인 심체의 존재방식을 단순히 있다 혹은 없다 이렇게 이분법적으로 규정지을 수 없다고 말한다. 심체는 밝게 통하기에 있는 것이지만 현상적인 형상으로 있는 것이 아니기에 '있다'고만 말할 수 없다. 또한 심체는 텅 비어 있기에 없는 것이지만 무無가 아니라 밝게 비추기에 '없다'고만 말할 수 없다. 그러므로 유교에서 오해하는 것처럼 불교의 묘명진심인 심체를 무無로 단순화시키면 안 된다.

기화는 이 점을 불교 자체의 이론을 통해서 해명하고 있을 뿐 아니라 유교 이론을 통해서도 해명하고 있다. 그는 불교인이면서도 유교 경전인 『주역』의 원리를 잘 알고 있었다. 그는 불교 논리를 주역에 비추어 재해석하기도 하고 주역의 논리가 곧 불교와 다르지 않다고 말하기도 한다. 기화는 다음과 같이 말한다.

유교의 명덕明德은 곧 불교의 묘정명심妙精明心이요 유교의 적연부동寂然不動과 감이수통感而遂通은 곧 불교의 적조寂照이다…(유교의) 적연부동이라는 것은 본래 감感하지 못하는 것이 없으므로 바로 (불교의) '공적한 비춤'이며 (유교의) 감이수통이라는 것은 본래 적寂하지 않는 것이 없으므로 바로 (불교의) '비추는 공적함'이다.[6]

---

5) 기화, 『금강반야바라밀경오가해설의』(한국불교전서 7), 10중, "物體深玄, 虛澈靈通, 有不定有, 無不定無."

6) 기화, 『현정론』, 225상~225중, "儒之所謂明德, 卽佛之所謂妙精明心也, 所謂寂然不動, 感而遂通, 卽佛之所謂寂照者也…夫寂然者, 未嘗無感, 卽寂而常照也, 感通者, 未嘗不寂, 卽照而常寂也."

기화는 유교의 『대학』에서 '명덕明德을 밝힌다'고 할 때의 명덕은 불교에서 말하는 묘정명심을 의미한다고 본다. 명덕은 마음의 밝은 덕, 하늘의 밝은 덕, 태극의 밝은 덕이므로 결국 불교에서 말하는 심체의 밝은 비춤과 다르지 않다. 또한 그는 『주역』에서 말하는 적연부동과 감이수통을 각각 묘정명심의 두 가지 존재방식과 연결시킨다. 유교에서 말하는 적연부동은 심체의 공적함을 드러내는 것이므로 불교에서 말하는 적조寂照의 적과 직결된다. 또한 감이수통은 심체의 밝고 신령한 지혜를 드러내는 것이므로 불교에서 말하는 적조寂照의 조과 직결된다. 적연하면서도 감통하고 감통하지만 동시에 항상 적연한 것이 주역에서 말하는 도체이고 심체이다. 이와 마찬가지로 불교의 심체인 묘명진심은 공적하면서도 비추고 비추면서도 동시에 공적하다. 유교는 불교와 이 지점에서 회통하고 있다.

그렇다면 기화는 유교의 또 다른 비판인 '불교는 수기修己에 치우쳐 치인治人을 도외시한다'는 점에 대해서는 어떻게 대답하고 있을까? 기화는 유교에서 말하는 '수기와 치인의 관계'는 곧 불교에서 '자리自利와 이타利他의 관계'와 같다고 주장한다. 그는 『원각경』의 전체 이름인 『대방광원각수다라요의경大方廣圓覺修多羅了義經』의 의미를 구체적으로 풀이하면서 원각圓覺 앞에 붙여진 대大, 방方, 광廣 세 글자에 주목한다. 특히 기화는 광廣의 의미를 풀이하면서 자리와 이타의 관계를 다음과 설명한다.

광廣 또한 세 가지 뜻이 있다. 첫째는 자리自利 활동이 넓다는 것이고 둘째는 이타利他 활동이 넓다는 것이며 셋째는 자타가 평등하여 원융무제圓融無際함이 넓다는 것이다. 수많은 종류와 단계의 수행을 모두 닦아 장애를 끊어버리고야 마는 것이 자리 활동의 넓음이다. 사물(중생)에 나아가 널리 이끌고 성취하여 해탈하도록 하는 것이 이타 활동의 넓음이다. 악업을 끊어도 끊었다는 의식이 없고 선업을 지어도 지었다는 의식이 없으며 일을 성취해도 성취했다는 의식이 없어서, 지키는 것과 어기는 것, 자와 타가 평등함은 이 원융무제한 넓음이다. (악업을) 끊어야 하는 것이 있다면 모두 끊어서 끊지 않음이 없고, (선업을) 지어야 하는 것이 있으면 모두 지어서 짓지 않음이 없고, (중생을) 제도해야 하는 것이 있으면 모두 제도해서 제도하지 않음이 없고, 나아가 삶과 죽음을 꺼리지도 않고 열반을 사랑하지도 않아서 생사와 열반에 머무르는 일에 장애를 받지 않아 무애無礙하니, 이것이 넓게 되는 이유다. 이른바 수행으로 계속 확충하고 나아가 중생을 성취시켜 준다는 말의 의미, 그리고 융통하여 무애하다는 말의 의미가 모두 여기에 포함된다.[7]

기화는 원각의 넓음을 자리와 이타 그리고 자타불이의 원융무애라는 세 가지 맥락으로 풀이한다. 수많은 종류와 단계의 수행을 닦아 마음의 장애와 악업을 끊어내는 것이 자리, 즉 자신을 이롭게 하는 일이다. 일체의 수행은 자신을 이롭게 하는 일이다. 욕망을 충족시키는 것이 아니라 때로는 욕망을 제어하는 것이 자리이다. 자신을 이롭게 하는 일이 넓고 깊을수록 그 힘과 공력이 남에게 미칠 수 있다. 그러므로 불교에서 이타, 즉 남을 이롭게 하는 일은 반드시 자신을 이롭게 하는 일인 자기수행의 힘에 근거하고 있다고 강조한다.

자신의 수행활동에만 머무르지 않고 널리 중생으로 하여금 해탈하게

---

7) 기화, 『대방광원각수다라요의경설의』, 123중, "廣亦有三義 一自利行之廣也, 二利他行之廣也, 三自他平等, 圓融無際之廣也. 備修萬行, 斷盡都障, 此自利行之廣也. 推以及物, 廣令度脫, 此利他行之廣也. 於惡斷, 斷而無斷, 於善作, 作而無作, 於物化, 化而無化, 持犯兩忘, 自他平等, 此圓融無際之廣也. 凡有所斷無不斷, 凡有所作無不作, 凡有所度無不度, 乃至不厭生死, 不愛涅槃, 生死涅槃, 去住無礙, 此所以爲廣也. 凡所謂擴而充之, 推以及物, 與所謂融通無礙之義, 皆攝於此也."

하는 것이 이타, 즉 중생을 이롭게 하는 일이다. 자기 자신에게 적용되는 수행의 내용들과 남에게 적용되는 수행의 내용은 결국 다른 것이 아니다. 남을 이롭게 한다는 것은 그들을 수행으로 이끌어 해탈하게 하는 것이기 때문이다. 자리와 이타의 과정이 같다는 것은 바로 그 두 가지 활동의 근거가 바로 자타불이, 즉 나와 남이 다르지 않은 존재라는 통찰에서 비롯된다. 자타불이의 깨달음이 곧 자리와 이타를 이끌어가는 근본 동력이 된다. 너와 내가 다른 존재가 아니라는 것, 너와 나의 경계와 차이는 근본적인 것이 아니라는 것, 근본적인 차원에서 우리는 모두가 하나이며 원융무애하다는 것을 통찰해야 자리와 이타가 온전하게 이루어질 수 있다.

자타불이 원융무애의 통찰은 자리와 이타에 힘쓰는 수행자로 하여금, 생사와 열반 어느 한편에 치우치는 일이 없게 해준다. 기화는 자타불이 원융무애의 넓음이 바로 원각의 넓음이며 이것이 자리와 이타라는 두 활동의 기반이 된다는 것을 강조하고 있는 것이다. 그래서 기화는 '악을 끊되 끊어도 끊음이 없고 선을 짓되 지음이 없고 일을 이루되 이루어도 이룬 것이 없어서 지키고 어기는 것 둘 다 잊어 자와 타가 평등함은 이 원융무제한 광이다'라고 말한다. 그러므로 기화가 보기에, 불교가 자기 수행(수기修己)에만 치우쳐 있고 남을 다스리는 일(치인治人)은 도외시한다는 유교의 비판은 불교를 온전히 이해하지 못하는 것이다.

이러한 방식으로 기화는 『원각경』을 해설하는 과정에서 유교 『주역』의 개념이나 원리, 혹은 유교의 수기치인의 도와 비교하면서 회통성을 논하고 있다. 그가 한쪽의 원리를 다른 쪽의 원리로 설명하는 것은 그 내용이 다르지 않다는 것을 통찰했기 때문이다. 그는 한쪽의 원리를 다른 쪽의 용어로 바꾸어 설명함으로써 그 내용을 더 명료하게 이해할 수 있다고 보앉다.

기화는 묘명진심이 곧 『대방광원각수다라요의경』에서 원각圓覺 앞에 붙여진 대大에도 주목하면서 심체가 우주론적 의미를 품고 있음을 알리고자 하였다. 심체로서의 묘명진심은 원각이며, 이 원각은 큰 것이다. 묘명진심으로서의 원각이 크다는 것은 무슨 뜻일까? 기화는 다음과 같이 대답한다.

대大는 세 가지 의미가 있다. 체體가 크다는 것, 상相이 크다는 것, 그리고 용用이 크다는 것이다. ①원각이라는 심체가 넓어 하늘과 땅 모든 곳의 허虛를 포괄하여 원융하고 변두리가 없으니 이것이 체가 크다는 것이다(경전에서 여래장, 구경각, 원만하다고 말할 때에는 이런 뜻이다). ②법신, 반야, 해탈이라는 삼덕三德을 품고 있어 법마다 갖추지 않음이 없어서 본래 항하의 모래를 능가하는 깨끗한 공덕의 상相이 있으니 이것이 상이 크다는 것이다. ③능히 범부도 되고 능히 성인도 되며 능히 더럽기도 하고 능히 깨끗하기도 하여 체가 연緣을 따라서 일체의 사事와 일체의 법法을 성취하니 이것이 용이 크다는 것이다.(경전에서 일체의 청정한 진眞을 유출한다고 한 것이 이런 뜻이다. 보리열반으로부터 바라밀, 법을 가르치는 보살, 일체중생이 갖가지 모습의 환화幻化를 빚어내지만 각 개인의 여래원각묘심은 항상 살아 있다고 한 것이 이런 뜻이다.) 체, 상, 용의 세 가지가 모두 존재하면서 서로 포함하고 받아들임이 무궁무진하다는 뜻이 있으니 이렇기 때문에 모두 대大라고 부르는 것이다. 모든 경經과 논論에 나오는 이른바 크다는 것과 무궁무진하다는 것은 모두 이 세 가지 의미를 근거로 말하는 것이다.[8]

---

8) 기화, 『대방광원각수다라요의경설의』(『한국불교전서』 7), 123상, "大有三義. 日體大, 日相大, 日用大. ① 圓覺體寬, 範圍天地, 囊括十虛, 圓無際涯, 此體之大也(經云如來藏究竟圓滿 等是也). ② 具足三德, 無法不備, 本有過恒沙淨功德相, 此相之大(所謂陀羅尼門, 與所謂三德 秘藏, 是也). ③ 能凡能聖, 能染能淨, 擧體隨緣, 成就一切事法, 此用之大也(經云流出一切清淨 眞如, 菩提涅槃及波羅蜜, 敎授菩薩. 又云一切衆生, 種種幻化, 皆生如來圓覺妙心, 是也). 體相

기화는 심체인 묘명진심, 원각이 크다는 것을 공간적 크기, 내용적 크기, 작용적 크기 이 세 가지 의미로 풀이한다. 묘명진심은 공간적으로 크다. 무한히 크고 커서 그 안에 담기지 않는 것이 없다. 또한 묘명진심은 내용적으로 크다. 온갖 밝은 지혜와 덕이 무한하며 그것이 드러내지 못하는 덕이나 지혜가 없다. 마지막으로 묘명진심은 작용이 크다. 온갖 종류의 인간군들과 생명체들, 더럽거나 깨끗하거나, 선이나 악이나 그것이 작용할 수 없는 활동은 존재하지 않는다. 묘명진심은 스스로 움직여 인연에 따라 일체의 사와 일체의 법을 만들어낸다. 갖가지 모습과 행위로 그 청정한 진의 작용을 빚어낸다. 그러므로 생멸의 인연의 세계에서 각종의 환화를 만들어내지만 각 개인 속에 존재하는 여래의 원각, 묘명진심은 없어지지 않고 항상 존재하고 있다고 말한다.

마치 바다가 본래는 고요하고 잔잔하지만 바람에 의해 파도가 일어나서 온갖 종류의 물살들과 물방울들이 피어났다가 사라지는 것과 같다. 물살과 물방울 속에, 파도 속에, 그 잔잔한 바다의 일체의 모습이 들어 있고, 그 물방울들과 파도가 사라져도 바다는 존재하는 것과 같다. 기화가 설명하는 심체인 묘명진심은 우주의 생성과 소멸을 주재하는 근본적인 심이다. 그것은 유교의 『주역』에서 적연부동하고 감이수통하는 태극, 무극의 존재와 같은 것이다.

기화는 묘명진심인 원각의 방方의 의미를 풀이할 때에도 유교 『주역』의 원리와 비교하여 설명한다.

대大를 먼저 놓고 방方을 다음으로 놓은 것은 해解가 원만해야 행行

用三, 皆有周徧含容, 無窮無盡之義. 此所以皆名爲大也. 諸經論中, 凡所謂大與無窮無盡之義, 皆根此而言也"

이 방정할 수 있기 때문이다. 이해가 원만하다는 것은 이해가 선과 악, 염과 정, 생과 사, 어둡고 밝은 이치에 모두 통하기 때문이니 (『주역』의) '지知가 만물에 두루하다'고 말하는 것과 같아서, 이른바 '(불교에서) 사事를 알지 못함이 없으며 리理를 통하지 못함이 없다'는 것이다. 행동이 방정하다는 것은 행동이 나아가고 멈추는 것과 취하고 버리는 것이 곧고 바르되 그에 매몰되지 않는다는 뜻이니 '(『주역』의) 바르게 행동하되 그에 매몰되지 않는다'와 또 '경敬으로써 안을 곧게 하고 의義로써 밖을 단정하게 한다'고 말하는 것과 같아서 이른바 '(불교에서) 악을 그치고 선에 나아가며 사邪를 버리고 정正으로 돌아간다'고 말하는 게 이것이다.[9]

기화는 묘명진심의 대大와 방方의 관계를, 이해하는 것과 행동하는 것, 즉 지知와 행行의 관계로 해석한다. 그리고 다시 지와 행의 관계를 유교의 안과 밖의 관계, 마음과 행동의 관계, 경과 의의 관계 등과 병치시키고 있다. 묘명진심의 공적하고 밝은 각성은 곧 밝은 이해력을 의미한다. 이때의 이해력이라는 것은 심체 자체가 발휘하는 공적한 비춤이고 공적한 앎이다. 심체의 밝은 앎과 비춤을 가리켜 이해의 원만함이라고 말한다.

공적한 이해력의 비춤인 대大가 행위로 드러나는 것이 방方이다. 대와 방의 관계를 한 개인의 차원에서 말하면, 지와 행 혹은 내면의 마음과 외면의 행동의 관계가 된다. 안이 밝으면 밖은 그 안의 힘으로 자연스럽게 바르게 된다. 밝은 이해가 갖춰지면 행동도 바르게 되며 일체의 일에 대해서도 올바르게 통하게 된다. 심체의 공적한 앎은 그 자체로 만물과 만

9) 기화, 『대방광원각수다라요의경설의』, 124중, "先大而次方者, 解圓而行方也. 解圓者, 解通善惡染淨死生幽明之理故也. 如云智周乎萬物者也. 所謂事無不知, 理無不通, 是也. 行方者, 行有進止取舍, 貞正不流之義故也. 如云旁行而不流. 又如敬以直內, 義以方外者也. 所謂止惡趣善, 舍邪歸正, 是也."

사에 두루 통하기 때문이다. 공적한 비춤으로서의 앎이 한 개인에게 있다
는 것은 그만큼 그 개인에게 모든 것과 통할 수 있는 넓은 이해와 행동력
이 본래 갖춰져 있다는 것을 의미한다. 넓은 이해는 일체 만물을 지혜롭
게 분별하도록 해준다. 이러한 지혜로운 분별의 힘은 악을 그치고 선을
택하며 삿된 것을 버리고 올바른 것을 취하게 만드는 행위로 드러난다.

기화는 묘명진심으로서의 원각의 대와 방의 관계를 유교의 용어로 나
란히 번역하면서 그 내용적 동일성을 말한다. 『주역』에서 말하는 '안과
밖의 관계'는 곧 불교의 대大와 방方의 관계에 상응한다. 유교에서 안과
밖의 관계는 내면의 심성과 외면의 행위의 관계를 의미한다. 안으로는 경
을 유지하고 밖으로는 의를 바르게 한다는 것은 내면의 심성을 크게 하고
외면의 행동을 방정하게 하는 것과 같다. 불교의 대大와 방方은 곧 유교의
경이직내敬以直內와 의이방외義以方外라고 할 수 있다. 불교의 용어를 유교
의 용어로 바꾸어 말한 것일 뿐 내용은 같다고 보는 것이다. 이와 같이
기화가 불교와 유교를 회통시키는 방식은 한 개인의 차원을 넘어 존재하
는 우주적 원리에 초점이 놓여 있다.

2. 『유석질의론』 : 성각과 무극·태극

조선 초기에 저술된 것으로 알려진 『유석질의론』 역시 불교와 유교의
회통을 우주론적 차원에서 다루고 있다. 이 책은 작자 미상으로 알려져
있지만 기화의 유불회통 정신과도 긴밀히 맞닿아 있다. 『유석질의론』에서
는 불교와 유교, 그리고 도교가 같은 점을 다음과 같이 말한다.

유교와 도교와 불교 이 세 가르침의 훌륭한 점은 그 모두가 각각 사람들의 병을 치유해 준다는 것이다.[10]

이 세 가르침은 모두 치유의 힘을 갖고 있다는 것이다. 의사가 몸의 병을 치유하듯이 유교와 불교 그리고 도교는 모두 마음의 병을 치유해준다는 점에서 다르지 않다고 저자는 말한다. 의사가 몸의 병을 치유할 때 병의 원인을 밝혀 그 원인을 제거하듯이, 마음의 병을 치유하고자 할 때에는 마음이 병드는 원인을 밝혀야 한다. 마음의 병은 마음이 장애에 의해 왜곡되어 고통을 당하는 병이다. 마음의 고통과 병의 원인을 찾기 위해 유교와 불교 그리고 도교는 인간과 세계에 대한 근본적 차원의 탐구를 보여준다. 마음의 고통과 병의 원인은, 근본적 차원에서 보면 우주 전체의 존재적 기원 및 활동과 관련되어 있기 때문이다. 그래서 『유석질의론』의 저자는 우주적 차원의 존재론을 설명하는 형이상학적 개념을 중심으로 유불회통을 시도하고 있다. 저자는 불교의 존재론을 가장 포괄적으로 담고 있는 『능엄경』의 성각性覺 개념과, 유교의 존재론을 압축하고 있는 핵심 개념인 무극·태극無極·太極 개념을 서로 비교하며 내용적 동일성을 논증한다.

『유석질의론』의 저자는 우선 『능엄경』과 『원각경』에서의 우주의 생성을 다음과 같이 말한다.

『능엄경』에서 말하기를, '공空이 대각大覺 가운데 생겨나서 바다에 물거품이 일어나는 것과 같이 작은 먼지 덩어리들이 생겨나는데 그 모든 것들은 이 공에 의지하여 생겨난다'고 했다. 『원각경』에서 말하기

10) 저자 미상, 『유석질의론』, 255중, "三教之聖者, 各醫其民之病者也"

를, '공空 중에 갠지즈강의 모래와 같이 수많은 불佛의 세계가 생겨나는 것이 마치 공空 중에 꽃이 현란하게 일어나고 현란하게 사라지는 것과 같다'고 했으니 바로 이것을 말하는 것이다.[11]

『능엄경』과 『원각경』에서는 모두 우주 만물이 생성하는 바탕으로서 공空을 언급한다. 텅 비어 있어 그 속에서 만물이 형성될 수 있는 곳이 공이다. 그런데 이 공은 또 어떻게 생겨났는가? 공은 대각大覺 가운데 생겨나는 것이다. 공과 대각 그리고 공과 먼지덩어리, 공과 불佛의 세계의 관계는 '바다에서 물거품이 생겨나는 것' 또는 '허공 속에 꽃이 생겼다가 사라지는 것'으로 비유된다. 『능엄경』에서 대각은 곧 성각性覺을 의미한다. 깨달음의 총체를 의미라는 각성, 즉 성각은 불교에서 말하는 궁극적 존재이며 이로부터 공이 만들어지고 이 공에 의해 우주 만물이 생성되는 것이다. 『능엄경』에서는 이 과정을 다음과 같이 설명한다.

> 어찌하여 홀연히 산하대지가 생겼겠는가?…성각性覺이 신묘하게 밝고 본각本覺의 밝음이 신묘하다…성각은 필히 밝은 것인데 허망하게도 성각의 밝음을 밝히려 한다…성각의 밝음과 공空의 어두움이 서로 상대하여 동요하여 풍륜이 생겨나 세계를 지탱한다…이와 같이 서로 엉켜 허망하게 발생하여 번갈아 서로 종자種子가 되니 이러한 인연으로 세계가 상속되는 것이다.[12]

---

11) 저자 미상, 『유석질의론』(『한국불교전서』7), 252하, "楞嚴曰, 空生大覺中, 如海一漚發, 有漏微塵國, 皆依空所生. 圓覺曰, 其中不可說恒河沙諸佛世界, 猶如空花, 亂起亂滅, 此之謂也."

12) 반라밀제(한역), 『대불정여래밀인수증요의제보살만행수능엄경』(대정신수대장경 19), "云何忽生, 山河大地?…性覺妙明, 本覺明妙…性覺必明, 妄爲明覺…覺明空昧, 相持成搖, 故有風輪, 執持世界,…交妄發生, 遞相爲種, 以是因緣世界相續."

조선의 불교인뿐 아니라 유교인들에게도 널리 읽힌『능엄경』에서는 우주 만물의 생성의 근본 바탕으로 성각의 본래적 밝음을 강조한다. 성각은 본래 밝은 것이다. 성각은 깨달음의 성품, 즉 각성의 총체를 가리킨다. 성각의 본래적 밝음이 궁극적이고 근본적 존재이다. 성각은 고요한 바다와 같고 드넓은 창공과도 같다. 그런데 이러한 성각의 밝음을 자각하지 못한 채 무명의 업의 바람에 의해 파도가 일어나기 시작하듯이, 허망하게도 이 성각을 밝히려는 움직임이 생긴다. 이 움직임에 의해서 덩어리가 생기고 풍륜이 일어나 인연의 종자들에 의한 인연화합의 세계가 계속되는 것이다.『능엄경』은 성각에 의해 공이 생기고 공에 의해 인연화합의 세계가 계속되는 과정을 이렇게 묘사하고 있다.

불교에서 마음의 병과 고통을 치유하는 과정은 이렇게 인연화합의 세계가 만들어지는 과정을 거꾸로 거슬러 올라가 존재의 근원을 깨닫는 과정이다.『능엄경』에서는 제자 수보리가 이러한 깨달음의 과정을 다음과 같이 말하고 있다.

> (저는) 처음 어머니의 태에 있을 때부터 공적空寂을 알았고, 이와 같이 더 나아가 시방에 이르기까지도 공적하였으며, 또한 모든 중생들에게 공성空性을 증득하게 하였습니다. 그러다가 여래께서 성각진공性覺眞空을 밝혀 공성空性을 원만하게 밝혀주셨으므로 공성이 원만하게 밝아져서 아라한을 증득하고 바로 여래의 보명한 공空의 바다에 들어가 부처님의 지견과 같아졌기에 부처님께서 무학을 이루었다 인가하시고 성공性空을 해탈함에는 저보다 더할 사람이 없다고 하였습니다.[13]

---

13) 반라밀제(한역),『대불정여래밀인수증요의제보살만행수능엄경』(대정신수대장경 19), "初在母 胎, 卽知空寂, 如是乃至十方成空, 亦今衆生, 證得空性, 蒙如來發, 性覺眞空, 空性圓明, 得阿羅漢, 頓入如來, 寶明空海, 同佛知見, 印成無學, 解脫性空, 我爲無上."

부처의 제자 수보리는 자신이 공성을 깨닫게 되고 부처로부터 성각의 진공에 대한 가르침을 밝아 깨달음을 원만하게 이룰 수 있게 되었다고 말한다. 공성을 깨닫는다는 것은 곧 세계 만물의 인연 화합성, 즉 현상성을 깨닫는다는 것을 의미한다. 공성의 깨달음을 얻은 마음은 그 자체로 현상 초월적 마음이 된다. 현상 초월적 마음은 곧 현상 속의 개인의 마음 차원을 넘어 우주만물의 궁극적 기원인 성각과 하나로 통하는 마음이다. 불교 수행에서 마음을 해탈하고 마음을 깨닫는 과정은 이와 같이 궁극적 존재와 하나가 되는 마음의 경지가 되는 과정이며, 이것이 곧 병을 치유하는 과정이 된다. 『유석질의론』의 저자는 유교의 『주역』에 나오는 역易의 원리를 다음과 같이 불교의 개념으로 재해석한다.

역易이라는 것은 연기緣起이니 성각性覺에서 근원하는 것이다.[14]

저자는 유교의 역의 원리는 불교의 연기의 원리와 같다고 말한다. 주역에서의 역의 원리는 만물이 생성하고 변화하는 원리를 가리킨다. 만물의 생성과 변화의 원리는 불교의 용어로 말하면 인연화합에 의해 생성하고 변화하는 연기의 원리인 것이다. 그런데 만물의 생성과 변화는 공에 의해 생기는 것이며 이 공은 앞에서 살펴보았듯이 성각을 근원으로 하는 것이다. 하지만 유교는 역의 원리가 태극과 무극에서 비롯되는 것이라고 본다. 『유석질의론』의 저자는 유교의 태극과 무극의 개념을 다음과 같이 분석한다.

---

14) 저자 미상, 『유석질의론』(『한국불교전서』 7), 268상, "易也者緣起, 原乎性覺之中."

역易의 도는 태극太極을 근원으로 하고 태극은 또 무극無極을 근본으로 한다. 무극은 맑고 고요하며 텅 비고 밝아 시방의 허공을 포괄한 것을 말한다. 곧 부처의 법신이 이것이다. 무극 가운데 극이 있어 신령하고 오묘한 것이 일어나는 것을 발견할 수 있는데 이것을 태극이라고 한다.15)

주역에서는 역의 원리가 태극에 근원한다고 말한다. 그런데 이 태극은 곧 무극이기도 하다. 태극과 무극의 관계는 그 자체로 유교인들에게 오랫동안 논쟁의 대상이 되어 온 문제이기도 하다. 유교에서 태극과 무극의 의미, 태극과 무극의 상호관계는 단일한 설로 합의되어 있지 않다. 역의 원리로 태극만 말하면 될 텐데 왜 무극도 말하고 있는가? 태극과 무극은 동일한 개념인가? 어떻게 구분되는가? 여기서 문제가 되는 것은 태극의 존재가 아니라 무극의 존재이다. 왜 무극을 따로 말해야 하는가? 태극이 곧 무극이라고 보기도 하고, 태극과 무극을 구분하기도 한다. 극이 너무나 커서 극이 없다고 볼 수도 있고, 극이 없기에 극이 너무나 크다고 볼 수도 있다. 극이 없는 무극에서 태극이 비롯되었다고 볼 수도 있고, 본래 태극밖에 없는데 무극은 이 태극의 성격을 묘사하는 것에 불과하다고 볼 수도 있다.16)

그런데 『유석질의론』의 저자는 태극과 무극의 관계를 공과 성각의 관

---

15) 저자 미상, 『유석질의론』(『한국불교전서』 7), 268상, "易之爲道, 原於大極, 而太極又本乎無極. 無極者, 湛寂虛明, 抱括十虛之謂也. 卽佛之法身, 是也. 極乎無極之中, 靈妙將發, 謂之太極."

16) 17세기 조선성리학자인 김창흡은 『태극문답』에서 태극의 근본을 무극으로 보고 있다. 하지만 김창흡의 견해가 일반적인 유교인들의 입장을 대변하는 것은 아니다. 오히려 적지 않은 유교인들은 태극에 비하여 무극은 태극을 설명하는 부차적 의미 정도로 생각하는 경향이 많았다.

계로 해석하고 있다. 저자가 보기에 유교의 태극은 불교의 공에 해당하며 유교의 무극은 불교의 성각에 해당한다. 불교의 성각은 곧 부처의 법신이다. 성각에 의해 공이 생기는 것과 같이, 무극에 의해 태극이 생기는 것이다. 저자는 이것을 '무극 가운데 극이 있음', '무극 가운데 신령하고 오묘한 것의 일어남'으로 표현하고 있다.

유교에서 논쟁의 대상이 되었던 무극 개념은 불교의 성각 개념에 비추어 보면 그 존재론적 지위가 명료해진다고 할 수 있다. 또한 유교의 태극 개념이 궁극적 지위를 갖고 있지 않으며 그것은 불교의 관점에서 보면 무극에 기초하여 일어나는 신령하고 오묘한 것, 또는 세상만물의 생성을 가능하게 하는 바탕으로서의 공의 지위와 같다고 볼 수 있다. 성각은 진공이므로 태극은 무극과 그 성품을 같이 하지만, 성각이 더 근본적인 존재이듯이 무극이 더 근본적인 존재가 된다.

이상에서 살펴본 바와 같이 『유석질의론』의 저자는 유교 『주역』의 태극·무극 개념과 『능엄경』의 성각 개념을 비교함으로써 유교와 불교의 회통성을 우주 존재론적 차원에서 설명하고 있다. 이를 통해 유교 내에서 논쟁의 여지가 있는 무극 개념을 불교의 성각 개념에 비추어 그 의미를 분명히 규정하였다.

3. 휴정 : 일물과 천명

15세기에는 기화와 『유석질의론』의 저자가 우주론적 차원에서 유불회통을 논했다면, 16세기에는 휴정이 그러한 유불회통의 정신을 계속 이어가고 있었다. 휴정이 살았던 당시의 조선 불교인들은 유교 서적들에 대해 관심이 많았으며 유교의 내용에 대해서도 학습하는 것을 좋아하였다. 하지만 불교 지도자였던 휴정에게는 유교에 많은 관심을 기울이는 당시의 불교인들의 모습이 무조건 환영할 만한 일은 아니었다. 불교는 통제되거나 폄훼되고 유교는 숭상되거나 존중되는 사회적 상황에서 혹시나 불교인들이 스스로 불교의 핵심을 외면하고 당시의 지배 담론인 유교에 과도하게 몰입하지나 않을까 우려했기 때문이다.

그래서 그는 불교와 유교, 도교의 핵심 가르침들을 모아『삼가귀감三家龜鑑』[17]이라는 책을 쓰고 서문에서 이렇게 말한다.

> 예전에 불교를 배우는 사람들은 부처의 말이 아니면 말하지 않았고, 부처의 행동이 아니면 행하지 않았다. 그러므로 그들이 보배로 여기는 것은 오직 패엽(불교경전)의 신령스러운 글뿐이었는데 지금 불교를 배우는 이들이 전해주면서 외우는 것은 사대부들의 글뿐이요, 요청하여 간직하는 것은 사대부들의 시뿐이다…아! 예전과 지금의 불교 배우는 이들이 보배로 삼는 것이 어찌 이렇게도 같지 않을까?[18]

휴정이 위의 서문을 쓴 해는 1564년이다. 이 시기의 조선 유교는 이황을 중심으로 하는 성리학 심성 논의가 심도 깊게 진행되었다. 사회 분위기 또한 유교적 제도화가 이뤄지고 있던 시기였다. 따라서 자연스럽게 유학자들과 유교관료들에 대한 불교인의 태도가 호의적으로 변화되고 있었으리라고 추측할 수 있다. 당시의 적지 않은 불교인들은 유교인들의 글과

---

17) 휴정의 삼가귀감은 두 종류가 전해지고 있다. 서문이 달린 삼가귀감은 이본異本으로 부른다.

18) 휴정,「선가귀감서禪家龜鑑序」,『삼가귀감이본三家龜鑑異本』(『한국불교전서』 7), 625중, "古之學佛者, 非佛之言, 不言, 非佛之行, 不行也. 故所寶者, 惟貝葉靈文而已, 今之學佛者, 傳而誦則士大夫之句一, 乞而持則士大夫之詩…吁何古今學佛者之不同寶也?"

시를 즐겨 읽었던 것으로 보인다. 하지만 불교지도자인 휴정이 보기에 이런 모습은 염려스러웠을 것이다. 휴정의 『삼가귀감』은 불교인들과 유교인들이 이 세 가르침을 함께 학습하고 비교해볼 수 있도록 구성되어 있다.[19] 휴정은 『삼가귀감』에서 다음과 같이 말한다.

> 여기에 일물一物이 있으니 이것은 본래 무한히 밝고 밝아서 신령하며 생겨서 많아지는 것도 멸하여 없어지는 것도 아니다. 이름을 붙일 수도 없고 형상화할 수도 없다…억지로 이런 저런 이름을 붙여서 혹은 심心이라고도 하고 혹은 부처라고도 하며 혹은 중생이라고 하며 이름을 붙이기도 하지만 이름에 집착해서 이해하려고 하면 안 된다.[20]

휴정은 '여기에 일물이 있다'고 말한다. 일물은 우주 만물의 가장 근본적 존재를 가리킨다. 일물은 수많은 다른 존재들 중의 하나가 아니다. 일물은 그들과 존재방식이 같지 않다. 일물은 우주 만물의 생성과 소멸을 초월하는 존재, 생성과 소멸, 즉 생멸을 넘어선 불생불멸의 존재이다. 이 불생불멸의 궁극적 존재는 특정한 이름을 붙이기가 어렵다. 특정한 이름을 붙이면 그 이름 이외의 것이 그 바깥에 남아 있게 되기 때문이다. 예를 들어, 심心라는 이름을 붙이면 심이 아닌 것이 연상되고 부처라는 이름을 붙이면 부처가 아닌 것이 연상되며, 중생이라는 이름을 붙이면 생명

---

19) 『삼가귀감』에 인용된 경전들을 문헌학적으로 추적한 송일기에 의하면, 휴정은 이 책의 편찬을 마친 직후, 책을 계속 간행하여 한편으로는 유불도 삼교의 일치를 내세우고, 다른 한편으로는 산중 불교인들을 위한 학습과 수행의 교재로 사용하여 불교인들의 각성을 높이고자 하였다. 삼가귀감에서는 유불도 삼교의 핵심을 심心으로 파악하면서 삼교 가운데 불교가 그 핵심 내용을 가장 잘 담고 있다고 보았다. 송일기, 「삼가귀감 편성고」, 『서지학연구』 9권, 서지학회, 1993, 25쪽.

20) 휴정, 『삼가귀감』(『한국불교전서』 7), 619상, "有一物於此, 從本以來, 昭昭靈靈, 不曾生, 不曾滅, 名不得, 狀不得…强立種種名字, 或心或佛或衆生, 不可守名而生解."

이 없는 것이 연상될 수밖에 없다. 하지만 일물은 그 바깥에 어떤 존재도 상정될 수 없는 우주 만물의 궁극적이고 포괄적인 근본 존재이다. 그러므로 불가피하게 이름을 붙이지만, 그 본래적 포괄성과 불생불멸성은 오인되어서는 안 된다. 그래서 휴정은 이름에 집착해서 이해하지 말라고 한다.

휴정이 말하는 일물은 생멸을 넘어선 불생불멸의 궁극적 존재이지만, 그렇다고 아무런 작용이나 활동이 없는 무기력한 존재, 죽은 존재가 아니다. 휴정은 이 일물이 한없이 밝고 밝으며, 한없이 신령하고 신령한 존재라고 말한다. 휴정에 의하면, 유교에서 말하는 우주만물의 원리를 의미하는 큰 도의 근본은 바로 이 존재이다.

> 큰 도道는 심心을 근본으로 하고 심법心法의 근본은 머무름이 없다는 데에 있다. 머무름이 없는 심체는 신령한 앎이어서 어둡지 않다. 성性과 상相은 적연하지만 덕의 작용을 포함하고 있다.[21]

세상 만물을 관장하는 도를 가리켜 큰 도라고 말한다. 휴정은 이 큰 도가 심, 심법, 심체를 근본으로 하고 있다고 본다. 심, 심법, 심체로서의 이 근본 존재는 곧 앞에서 말한 일물, 궁극적 존재로서의 일물이다. 그런데 이 심, 심법, 심체인 일물의 성품은 '머무름이 없다'는 것이다. 머무름이 없다는 것은 어느 특정한 시간과 공간, 시공간에 국한되고 제한된 존재가 아니라는 것이다. 시공간을 초월하면서도 신령하고 어둡지 않다는 것은 곧 그 신령한 존재인 심, 심법, 심체가 시공간의 세계에 작용을 하고 있다는 것을 의미한다. 현상세계 너머에 있으면서도, 현상세계에 밝은 작용을

---

21) 휴정, 『선가귀감』, 621상, "大道本乎其心, 心法本乎無住. 無住心體, 靈知不昧. 性相寂然, 包含德用."

미치고 있는 존재가 곧 일물로서의 심체이다. 휴정은 심체의 밝은 작용을 '덕의 작용'이라고 부른다.

불생불멸이면서도 밝고 신령하기에 일물로서의 심체는 진심眞心으로 이름 부를 수도 있다. 하지만 이때의 진심은 객관과 구분되는 주관, 대상과 구분되는 주체로서의 심의 차원을 넘어 있다. 그래서 심은 우주론적 근본 존재가 된다는 것을 휴정은 강조한다.

> 진심眞心은 상相이 없어서 가는 것도 아니며 오는 것도 아니다. 태어날 때에 성性이 생겨나는 것도 아니고 죽을 때에 성性도 없어지는 것도 아니다. 담연湛然하고 원적圓寂하여 심心과 경境은 하나이다.[22]

인간과 모든 생명체들은 태어나고 죽는 생멸의 과정을 겪는다. 하지만 심은 생멸을 초월해 있다. 진심으로서의 성은 생하거나 멸하는 것이 아니다. 불생불멸의 존재로서의 성은 주관과 객관, 주체와 대상이 구분된 상태에서의 주관이나 주체를 가리키는 것이 아니라 주객불이, 주객합일의 존재이며 하나의 존재인 것이다. 그래서 휴정은 우리가 일상적으로 감각하고 사고하며 느끼는 일상적 의미의 심과는 구분되는 진심, 성, 일물, 심체 등등의 용어를 번갈아가며 사용하는 것이다. 휴정이 말하고자 하는 것은 시공을 초월하고 현상을 초월하며 주객을 함께하는 하나의 궁극적 존재로서의 일물이다.

그렇다면 휴정은 유교에 대하여 어떤 인식을 갖고 있었을까? 휴정은 『유가귀감』[23]에서 다음과 같이 말한다.

---

22) 휴정, 『선가귀감』(한국불교전서 7), 624중. "眞心無相, 不去不來. 生時性亦不生, 死時性亦不去. 湛然圓寂, 心境一如."

공자는 '하늘이 무슨 말을 할 수 있겠는가?'라고 말하였고 동중서는 '도의 큰 근원은 하늘에서 나왔'고 말하였으며 채침은 '하늘을 말하는 것은 그 마음이 유래한 곳을 공경하는 것'이라고 말하였으니 이것은 주무숙(주돈이)이 이른바 '무극이면서 태극이다'라고 말한 것과 같다.[24]

유교에서 우주 만물의 궁극적 존재는 '하늘'과 관련되어 설명된다. 그것은 공맹유학에서부터 시작하여 성리학으로 체계화되기 시작하는 주무숙의 시대에 이르기까지 핵심적으로 이어지는 개념이다. 공자에게 하늘은 '말을 하는 존재'를 초월하는 더 높고 더 넓은 개념이다. 한나라의 유학자 동중서는 이 하늘을 큰 도가 나오는 근원이라고 말하였고, 주희의 정신을 계승하여 『서경집전書經集傳』을 저술했던 채침은 하늘을 근본마음을 공경하는 의미로 해석하였다. 하늘이 심과 관련되어 있다는 것이다. 휴정은 주돈이가 말한 무극과 태극 또한 바로 이 하늘이자 곧 근본마음이라고 말한다. 그는 유교에서 우주의 근본존재인 하늘이나 태극, 무극이 곧 근본마음으로서의 심이라고 해석하고 있는 것이다. 그리고 그 심은 곧 천명으로서의 성이다. 휴정은 유교 경전 『중용』에 주목한다. 유교에서 하늘은 곧 하늘의 명령, 즉 천명天命이다. 그리고 이 천명은 곧 성性이다. 휴정은 다음과 같이 말한다.

『중용』의 성性, 도道, 교敎라는 세 글자는 이름은 다르지만 내용은

---

23) 휴정의 『유가귀감』은 모두 64개 항목으로 구성되어 있다. 그 중 13개 항목이 태극太極과 중용中庸에 관한 내용이고 나머지는 윤리도덕적 내용을 장려하는 항목으로 이어지다가 말미에는 심통성정心統性情과 중中에 대한 내용으로 끝맺고 있다.
24) 휴정, 『유가귀감』(한국불교전서 7), 616상, "孔子曰, 天何言哉, 董仲舒曰, 道之大原出於天, 蔡沉曰, 天者嚴其心之所自出, 此卽周茂叔所謂無極而太極也."

같아서 모두 체(본체)와 용(작용)을 갖추고 있으니 이것은 공자와 맹자가 서로 전하고 받은 심법心法이다. 도는 성에서 나온 것인데 도만 말하고 성을 말하지 않으면 사람들이 그 도의 근본을 알지 못하게 되고, 도는 교에 의하여 밝혀지는 것인데 도만 말하고 교를 말하지 않으면 사람들이 도의 작용을 알지 못하게 된다. 그러므로 도라는 한 글자는 성과 교를 모두 간직하고 있기 때문에 그 근본을 따지고 보면 다시 천명天命으로 돌아가게 된다.[25]

『중용』 1장에서 성은 천명, 즉 하늘이 명한 것이라고 말한다. 성은 천명이다. 그리고 도는 성을 거느리는 것이다. 교는 성을 밝히는 것이다. 휴정은 성, 도, 교 이 세 가지 개념을 도를 중심으로 설명해내고 있다. 도의 근본은 성에 있다. 또한 도는 교에 의해 비로소 밝혀지는 것이다. 그러므로 유교에서 도를 닦아 수양한다는 것은 곧 도의 근본인 성과 맞닿는 것이며, 도를 밝히는 교의 활동에 참여하는 것이다. 유교에서 인간은 교를 통하여 도를 배우게 되고, 도를 통하여 천명으로서의 성이 존재한다는 것을 알게 된다. 유교에서 말하는 천명이 곧 성이라는 것, 이것이 『중용』의 핵심 가르침이다. 휴정은 불교에서도 유교에서도 우주 만물의 궁극적 존재가 심체, 즉 성이라는 것을 밝히면서 유불회통을 말하고 있는 것이다. 우주만물의 궁극적 존재, 성이자 천명은 곧 심체이고 휴정이 말한 일물이다. 일물로서의 성은 개인의 마음 바깥에 존재하는 실체가 아니라 개인의 마음 속에서 살아 움직이는 신령하고도 공적한 존재이다. 휴정은 이 점을 『중용』의 중中으로 다시 해석한다.

---

25) 휴정, 『유가귀감』(한국불교전서 7), 616상, "中庸性道教三句, 亦名異而實同, 體用備焉, 此乃孔孟傳授心法. 道由性而出, 言道而不言性, 則人不知道之本原, 道由教而明, 言道而不言教, 則人不知道之功用. 故道之一字, 包性包教, 推其本原, 必歸之天命."

옛 시인은 솔개와 물고기를 보고 도道의 광대하면서 은미한 것을 알았고, 성인은 냇물이 흐르는 것을 보고 도道의 쉬지 않음을 알았는데 지금의 학자들은 어찌 마음을 다하지 않는가? 문왕의 시에 '소리도 없고 냄새도 없는 하늘'이라 한 것을 자사가 이것을 인용하여 중용의 이치에 결부시켰으니 아, 이것을 나의 혼연한 미발未發의 중中이라고 하였다.26)

휴정은 유교에서 말하는 도의 광대함과 은미함 그리고 쉬지 않음을 한편으로는 우주 만물의 모습을 통해 드러내고, 다른 한편으로는 마음을 통해 드러낸다. 이것은 도가 한편으로 하늘의 명령이면서도 다른 한편으로 성을 거느리고 있기 때문이다. 휴정은 문왕의 시를 인용하면서 결국 하늘의 명령이나 하늘은 '소리도 없고 냄새도 없는' 존재의 궁극적 표준을 의미한다고 말한다. 휴정은 유교에서도 우주적 존재의 근본을 물질적인 것으로 보지 않았다고 생각했다. 존재의 궁극적 표준은 정신적인 것이며, 이때의 정신은 그 바깥에 물질을 배제시키는 정신이 아니라 물질을 낳는 근본으로서의 정신, 즉 심체이다. 휴정은 이러한 우주적 존재의 근본이 유교 『중용』에서 말하는 미발의 중이라고 해석한다.

휴정이 해석한 미발의 중은 허령지각으로서의 마음이다. 이것은 일상적 마음활동과 함께 있지만, 일상적 마음활동의 근저에서 주객불이主客不二의 허령성으로 작용하면서 우주만물 및 세상만사와 연관되는 힘을 갖는다. 일상적 마음활동과 허령지각으로서의 마음의 관계를 휴정은 다음과 같이 말한다.

26) 휴정, 『유가귀감』(한국불교전서 7), 617중, "古之詩人, 觀鳶魚而知道之費隱, 聖人觀川流而知道之不息, 今之學者, 其可不盡心乎? 文王之詩, 無聲無臭之天, 子思子亦引之, 以結中庸之義. 吁, 卽吾渾然未發之中也."

하나의 념念이 선하면 상서로운 구름이 모이고 좋은 별이 빛나며 하나의 념이 악하면 거센 바람이 불고 사나운 비가 내린다고 하였다. 요순과 걸주가 모두 이 한 글귀에 있다. 그러나 마음의 허령지각虛靈知覺은 하나일 뿐이다.[27]

휴정은 유교도 불교와 마찬가지로 우주심을 말하고 있다고 본다. 우주심으로서의 허령지각은 하나 하나의 념으로 표현되면서 우주 현상세계의 모습까지도 변화시킬 수 있는 심이다. 공맹유학이 성리학으로 체계화되고 이론화되는 과정에서 우주심, 허령지각, 미발의 중과 같은 개념들이 더욱 정밀하게 탐구되었는데, 휴정은 바로 조선성리학의 학문적 탐구를 불교와 회통시키며 그 의미를 수용하고 있음을 알 수 있다. 유교에서 심은 허령지각으로서의 심이다. 허령지각으로서의 우주심은 성과 대비되는 심이 아니라 성과 정을 모두 주재하는 심, 즉 심통성정의 심이다. 휴정은 인간의 마음에 이러한 우주심이 존재한다는 것을 유교도 알았다고 생각한다. 우주심 즉, 심통성정의 심은 어디에서 확인될 수 있는가? 각 개인의 마음에서 확인된다.

심心은 성性과 정情을 총괄한다. 군자는 마음을 지니되, 항상 거울이 비어 있고 저울이 공평하듯이 하여 천지와 더불어 그 덕을 같이 한다.[28]

---

27) 휴정, 『유가귀감』(한국불교전서 7), 616하 주석, "一念之善, 慶雲景星, 一念之惡, 烈風暴雨. 堯舜桀紂, 在此一句. 然心之虛靈知覺, 一而已矣."
28) 휴정, 『유가귀감』(한국불교전서 7), 617중, "心統性情. 君子存心, 恒若鑑空衡平, 與天地合其德."

유교에서는 수양을 완성한 이상적 경지의 인간형을 성인 또는 군자라고 한다. 군자는 우주심을 잃거나 망각하지 않고 항상 간직하여 모든 일에 임할 때에 공평한 저울과도 같은 표준과 모범을 드러낼 수 있으며, 천지의 모든 존재들과 서로 통하는 덕성을 갖는다. 군자의 우주심은 성이라는 표준과 모범을 담지하고 있을 뿐 아니라 정을 통해 일체의 삶의 현장에서 그 표준과 모범을 드러내고 표현할 수 있다. 군자는 성과 정을 총괄하는 심, 심통성정의 심이라는 주객불이의 우주심을 구현하고 있는 인간이다. 그런데 휴정이 보기에 유교의 군자가 지향하고 표방하는 이러한 마음의 경지는 불교에서 말하는 마음의 경지와 같다. 그래서 휴정은 다음과 같이 유교의 용어를 불교의 용어로 다시 해석한다.

> 심心의 청정함을 가리켜 불佛이라고 하고 심의 광명함을 가리켜 법法이라고 하며 심의 주객불이主客不二를 가리켜 승僧이라 한다. 또한 성性이 본래 갖추고 있는 지각활동을 불이라고 하며 성이 본래 갖추고 있는 적멸함을 법이라고 하며 성이 본래 갖추고 있는 신묘한 작용을 승이라고 한다.29)

불교에서 부처는 깨달은 존재를 가리킨다. 부처의 마음은 바로 유교의 심통성정의 심, 군자의 마음과 다른 것이 아니다. 이 심은 청정하다. 그리고 이 심은 본래 어둡지 않아 항상 밝은 지혜를 발휘한다. 그래서 휴정은 이 심을 가리켜 부처라고 말한다. 또한 이 심은 본래 적멸하면서도 광명한 밝음을 지니고 있는 존재이다. 그래서 휴정은 이 심을 법이라고 말한

---

29) 휴정, 『선가귀감』(한국불교전서 7), 621하, "心淸淨是佛, 心光明是法, 心不二是僧. 又性本知覺爲佛, 性本寂滅爲法, 性上妙用爲僧."

다. 그리고 이 심은 주체와 대상이 분리되어 있지 않으며 주관과 객관이 별개의 것으로 나뉘어 있는 존재가 아니어서 항상 그 자체로 신묘한 작용을 한다. 그래서 이 심을 가리켜 승이라고 한다.

휴정은 우주심을 중심으로 유교와 불교를 회통시키고 있다. 그는 유교에서 말하는 군자의 존재와 그를 통해 현현되는 우주심이나 불교에서 말하는 불, 법, 승의 존재와 그를 통해 현현되는 우주심이 본질적으로 다른 것이 아니라고 생각했음을 알 수 있다.

이상에서 살펴본 대로 조선 건국 직후의 기화와『유석질의론』의 저자, 그리고 16세기의 휴정은 모두 유교와 불교의 근본적 회통성을 알고 있었다. 이들은 존재론적으로 불교의 우주심과 유교의 우주심이 같은 것을 말하고 있다고 생각했다. 기화는 불교의 묘명진심과 유교 주역의 원리인 적연부동과 감이수통을 비교하며 유불회통을 밝혔고,『유석질의론』의 저자는『능엄경』의 성각 개념과 주역의 무극ㅡ태극 개념을 비교하며 유불회통을 밝혔다. 그리고 휴정은 유교『중용』의 심성 개념을 불교의 용어로 재해석하면서 유교와 불교가 모두 우주심을 근본 존재로 간주하고 있음을 밝혔다.

제 2 장

불교와 유교의 심성론적 회통

조선 건국 초기를 지나 16세기와 17세기에 이르면 조선 유교는 이황을 중심으로 심성 논의 탐구 내용이 심화된다. 태극과 심의 관계, 심과 성의 관계, 『중용』 1장에 나오는 미발과 이발의 개념, 이황이 주장한 리발理發의 의미, 허령지각의 의미 등을 둘러싼 논의들이 더욱 활발하게 이루어지게 된다. 이제 불교인들은 유교의 심성 논의의 심화 발전에 따라 불교와 유교의 우주론적 회통으로부터 심성론적 회통 논의를 다양하게 전개한다.

16세기와 17세기 불교인들은 유교인들과 학문적이고 인간적인 교류를 더욱 많이 하고 있다. 또한 사찰을 중심으로 이루어지는 강학과 수행의 규모와 수준도 더욱 넓고 깊게 체계화된다. 불교인들은 불교 서적 뿐 아니라 유교 서적들도 깊이 있게 학습한다. 이하에서는 불교와 유교를 심성론적 차원에서 회통시키고 있는 불교인들의 심성론과 유교인식을 선수와 대지, 그리고 처능을 중심으로 살펴보기로 한다.

선수善修(1543~1615)는 간화선 수행의 실천에 힘쓰면서도 유교인들과 격의없는 우정을 나눈다. 선수는 별도로 이론적인 논서를 저술하지 않았지만 철학적이고 수행적인 내용이 풍부하게 담긴 시를 통해 자신의 간화선 수행이나 유교인들의 삶에 대한 비평적 내용을 표현하고 있다. 대지大智(1606~1690)는 자신의 저서인 『심성론』에서 불교와 유교의 심성론을 비교하면서 불교의 진여와 아뢰야식의 관계에 비추어 유교의 무극과 태극의 관계를 논하고 있다. 처능處能(1619~1680)은 왕에게 불교를 통제하는 국가 정책이 부당하다는 것을 논증하는 긴 상소문을 작성하면서 그 논거를 자세하게 들고 있다. 이 과정에서 그의 유교인식이 펼쳐진다. 이하에서는 선수와 대지 그리고 처능의 심성론과 유교인식을 살펴보고 이들에게서 나타나는 유불회통의 내용을 알아보기로 하겠다.

1. 선수 : 영물의 무사심과 시비의 삶

선수의 행장을 썼던 처능은 스승이었던 선수의 삶에 대해 다음과 같이 말하고 있다.

(선수가) 불법을 터득한 후에는 재상 노수신 집의 장서를 빌려 7년 동안에 읽지 않은 책이 없었다…난리(임진왜란)가 평정된 뒤에 대사(선수)는 가야산으로 갔다. 마침 중국에서 우리나라를 도우러 온 장군 이종성이 중국 황제의 명을 받고 관백을 봉하려고 가던 도중에 해인사에 들렀는데 (선수) 대사를 한번 만나보고는 돌아갈 생각을 하지 않았다… 어느 날은 눈을 감고 『원각경』을 외웠다. 외우기를 다 끝내기 전에 부스럭거리는 소리가 나는 듯하였다. 대사는 외우기를 그치고 한 발을 들

어 그 구렁이의 꼬리를 밟았다. 구렁이는 머리를 숙이고 굼틀거리다가 달아났는데 쫓아갔으나 보이지 않았다. 그날 밤 꿈에 노인이 대사에게 절을 하고 '스님의 설법에 힘입어 이미 고통을 떠났습니다.'라고 하였다…광해군 때에 대사가 두류산에 머물고 있었을 때 미친 중의 모함을 입어 옥에 갇혔다. 사건을 조사하던 관리는 대사의 기개와 도량이 당당하고 말이 유창한 것을 보고 광해군에게 보고하였다. 광해군은 대사가 죄가 없음을 환하게 알았다. 다음날 아침에 대궐 안으로 불러 도道의 요점을 물어보고는 매우 기뻐하였다.30)

위의 행장에서 선수는 매우 화통하고 유창하여 유교인이든 불교인이든, 왕이든 외국인이든 격의 없이 상대하고 있는 모습을 보인다. 선수는 유교 관료 노수신과 오랜 동안 교유관계를 유지한다. 그는 노수신이 소장하고 있는 유교 서적들을 7년 동안 꾸준히 읽었으며, 『원각경』과 같은 불교 서적을 암송할 줄 안다. 같은 불교인에게 모함을 받아 시련을 겪어도 당당한 태도를 잃지 않아 왕에게까지 인정을 받게 된다. 선수의 이런 모습은 불교인 뿐 아니라 유교인들에게도 존경의 대상이 될 수 있게 하였다.

무엇보다 선수는 불교의 이치를 몸으로 직접 체험하는 선 수행, 특히 간화선 수행에 몰두한 불교인이다. 그는 언제나 간화선 수행의 중요성을 제자들에게 강조하였다. 그는 불교가 유교보다 더 우월하다고 강조하지 않았지만 유교인들의 삶을 연민의 마음으로 보았다. 선수는 불교와 유교에 관한 이론적 내용을 글로 남기지는 않았지만 그가 사람들과 주고받았던 시와 약간의 산문들 속에 자신의 성찰을 담고 있다. 선수는 다음과 같이 말한다.

---

30) 처능, 『대각등계집』 임재완(역), 동국대출판부, 2015, 305~307쪽.

중생의 오온화합물인 몸에 하나의 영물靈物이 있어 매우 은미하여 보고 들을 수는 없지만, 밝고 밝아서 마치 해와 달과 같다. 만 가지가 변함없이 훌륭한 이치들을 모두 갖추고 있으니 어찌 저것과 이것의 구별이 있겠는가? 미혹하여 굳이 이름을 붙여내지만 깨달으면 본래 아무 말이 없는 것이다.[31]

선수에 의하면 우리 각 개인의 몸에는 모두 하나의 신령스러운 것, 즉 영물靈物이 존재한다. 이 하나의 영물은 원래 이름을 붙일 수도, 보거나 들을 수 있는 것도 아니다. 이 영물은 가시적인 물건과 같은 것이 아니기 때문이다. 감각에 의해서 느껴지거나 만져지는 것도 아니고 분별적 사고에 의해 이런 저런 이름으로 규정될 수 있는 것도 아니다. 그래서 선수는 이 영물에 쉽사리 이름을 붙이는 것을 경계한다. 그런데 이 영물은 본래 밝아서 그 밝음이 해와 달과 같다. 이 영물이 밝다는 것은 그것이 무한히 훌륭한 이치들을 본래 갖추고 있어 일체의 구분과 차이를 넘어서 있다는 것을 의미한다. 영물의 밝은 지혜는 분별을 넘어서 있는 지혜이다.

선수가 말하는 영물의 밝은 지혜는 휴정이 말한 일물의 밝음과도 같고, 기화나 『유석질의론』의 저자가 말하는 원각의 밝음과 성각의 밝음과도 같은 것이다. 그것은 지눌이 말한 공적영지의 마음과도 같고, 원효가 말한 성자신해의 마음과도 같다. 이 영물의 밝음은 하나인 심, 즉 일심이 어둡지 않아 신령하게 깨어 있음을 가리키는 것이다. 일심이 신령하게 깨어 있기에 온갖 이치들을 분별없는 총체로 갖추고 있는 것이다. 선수는 영물의 존재를 간화선 수행을 통해 직접 깨닫는 것을 매우 중요하게 생각한

---

31) 선수, 「차해상물자次海商物字」, 『부휴당대사집』(『한국불교전서』 8), 8중하, "衆生五蘊身中, 有一靈物, 玄玄隱視聽, 赫赫明日月, 萬殊箇裡圓, 彼此何須別? 迷來强安名, 悟去元無說"

다. 그래서 그는 간화선 수행에 힘쓸 것을 권한다.

　　도道는 다른 곳에 있는 것이 아니고 다만 나에게 있는 것이니 부디
　　먼 곳에서 구하려 하거나 또 천天에서 구하려 하지 말아라. 내 마음을
　　거두어들이고 수렴하여 조용히 산으로 난 창문 아래 정좌하여 밤낮으
　　로 언제나 조주선 참구한다.32)

　선수는 도가 자신에게 있는 것이라고 강조한다. 도를 찾겠다고 자신의
바깥으로 내달리거나 자신과 무관한 외적 절대자, 즉 천에서 구하려 하지
말라고 말한다. 도는 나와는 별도로 떨어진 것이나 내가 도달하지 못하는
것이 아니다. 도는 모든 사람의 마음속에 존재하고 있기에 자기 마음을
수렴하여 거두어 정좌를 통해 간화선 수행을 하면서 발견하라고 말한다.
그가 간화선 수행을 통해 깨닫기를 바라는 것은 일체의 현상적 차이와 그
로 인한 분별의 마음, 시비의 마음에 갇혀 있지 않는 마음과 삶이다. 선수
는 간화선 수행과정을 다음과 같이 묘사한다.

　　조주趙州의 무자無字 화두에 의단을 일으켜서 24시간 내내 달라붙
　　어 집중하여 간看하라. 물이 다하고 구름도 다한 곳에 이르게 되면 홀
　　연히 조사의 관문을 깨부수게 된다.33)

　간화선은 아무 의미 없이, 혹은 모순적인 의미로 던져지는 화두를 붙잡
고 밤낮없이 그 답을 찾기 위해 의심과 의단을 형성해 마음이 현상세계에

---

32) 선수, 「차안사운권次眼師韻卷」, 『부휴당대사집』 18중, "道不在他唯在我, 不須求遠又求天
　　收心靜坐山窓下, 晝夜常叅趙州禪."
33) 선수, 「차송운운증정도인次松雲韻贈正道人」, 『부휴당대사집』 17하~18상, "趙州無字起
　　疑團, 十二時中着意看. 若到水窮雲盡處, 驀然撞破祖師關."

서 탈출하도록 돕는 선 수행이다. 선수가 말한 조주의 무자 화두는 조주 승려에게 제자가 '개에게도 불성이 있는가?'라고 질문했을 때 '없다'고 대답한 것을 두고, 이 '없다'는 것을 의심하는 것으로부터 출발하는 선 수행 방법이다. 없다는 것을 의미하는 무無자를 화두로 삼아 계속 의심을 일으키고 그 의심이 온 몸으로 번져 단단한 덩어리인 의단으로 되기까지 계속한다.

선수는 이러한 의단을 일으켜 내내 달라붙어 그 무자 화두를 놓지 말라고 말한다. 간화선 수행자는 답을 찾기 위해 마음을 쓰고 의심을 더해가는 과정에서 그 의심이 덩어리가 된다. 온갖 장애를 무릅쓰고 계속 그 의심덩어리를 키워가다 보면 마침내 화두가 타파되는 순간을 맞이하게 된다. 의심의 덩어리가 의단이 되어 온몸을 감싸면, 문자와 언어, 생각에 갇혀있던 것으로부터 탈피하여 그것들의 경계를 맞닥뜨리게 된다. 그것이 조사의 관문의 경계이다. 있음과 없음의 경계, 말과 언어, 그리고 사고의 경계의 문까지 이르러 그것을 타파하게 된다.

화두가 타파되는 경지에 이르면, 그때까지 언어의 분별에 의해 가로막혔던 일체의 현상적 경계들과 일체의 장애가 사라지면서 본래의 마음의 면모를 깨닫게 된다. 일체의 분별과 장애에도 불구하고 항상 그 자리에 있는 본래적 마음을 깨닫게 되는 것이다. 이와 같이 선수는 간화선 수행을 통해 영물로서의 근본마음이 곧 자신의 바깥에 존재하는 것이 아니라 자신의 마음에 바탕으로 존재하는 것임을 자각할 것을 권하고 있다. 간화선 수행을 통해 본래적 마음을 밖에서 찾지 않고 스스로의 마음 안으로 파고들어 현상적인 상념들을 헤치고 직접 체험하여 깨달으라고 했던 것이다.

선수는 간화선 수행을 통해 영물을 깨닫는 과정은 곧 자신의 마음이 무사심無事心의 경지가 되는 것을 확인하는 과정이기도 하다고 말한다. 만물과 만사를 대할 때 무사無事의 마음으로 대하게 되는 것이다. 이때 무사의 마음이 무엇을 의미하는 것인지 선수는 다음과 같이 시로 표현한다.

참문參問할 때에는 아만我慢을 없애야 하고 수행할 때에는 탐진貪瞋을 버려야 한다. 비방과 칭찬을 든더라도 바람이 지나가듯 하고 만사에 무심無心하면 도道가 절로 새로워질 것이다.[34]

간화선 수행에서 화두를 들고 참구할 때에는 당연히 수많은 의심과 질문이 생길 수밖에 없다. 선수는 아만, 즉 스스로를 높이려는 교만한 마음을 없애야 한다고 말한다. 불교에서 아만은 네 가지 자아에 대한 집착을 가리키는 아집의 하나이다. 자신을 사랑하는 아애我愛, 자신의 의견을 고집하는 아견我見, 자신에 대한 무지를 의미하는 아치我癡, 그리고 자신을 높이는 아만我慢, 이 4가지 아집은 좀처럼 극복하기 어려운 뿌리 깊은 번뇌와 장애이다. 대승불교인 유식에서는 이러한 아집이 말나식의 번뇌와 장애라고 말한다. 말나식은 아뢰야식을 자아로 잘못 알아 자아가 있다고 고집하여 이러한 아집들을 계속 유지하도록 만든다. 그러한 자아가 실체로서 존재하는 것이 아니라는 깨달음, 즉 무아의 깨달음은 이러한 아집을 타파하도록 해준다. 무아를 깨닫는 과정은 곧 아만을 없애는 과정이기도 하다.

또한 선수는 화두 참구를 할 때에는 탐진을 버려야 한다고도 말한다. 욕심을 의미하는 탐貪과 화를 내고 성내는 것을 의미하는 진瞋은 어리석

---

34) 선수, 「증준상인贈峻上人」, 『부휴당대사집』, 10중, "參問須宜除我慢, 修行只合去貪瞋. 雖聞毀譽如風過, 萬事無心道自新."

음을 의미하는 치癡와 함께 탐진치로 불리며, 이 탐진치는 불교에서 깨달음을 향한 수행 과정에서 가장 경계하고 극복해야 하는 것이다. 탐진치는 모두 무아를 깨닫지 못하는 데에서 비롯되는 것이다. 아집도 탐진치도 모두 자아가 실체로 존재한다고 집착하는 데에서 비롯되는 것이며 모든 인간은 이를 통해 업을 짓고 고통을 당하며 피해를 주고 피해를 받게 된다. 그러므로 무無를 깨닫는 과정은 탐진을 버리는 과정과 동일하다.

선수는 비방과 칭찬에 개의치 말라고 말한다. 특히 내가 중요하게 생각하는 사람들의 칭찬이나 비방은 나에게 매우 중요한 영향을 미칠 수밖에 없다. 하지만 선수는 그러한 비방이나 칭찬에 영향을 받지 말라고 강조한다. 그것을 바람이 지나가듯 하라는 것은, 바람과 같이 붙잡아 두지 말고 흘러가게, 지나가게 두라는 것이다, 이러한 태도는 남의 칭찬과 비방에 휘둘려 업을 짓지 말고, 그것을 모두 낯설게 보고, 객관적으로 대하여 자신과 남에게 모두 초연한 태도이다. 이러한 태도가 습관이 되고 품성이 되도록 한다면 무아의 마음이 곧 무사심無事心으로 표현될 것이라고 선수는 말한다. 무사심은 곧 만사를 무아의 마음으로 대하는 것을 의미한다. 무사심의 마음은 곧 그 마음이 영물의 마음이라는 것을 의미한다. 영물은 무사심으로 드러난다. 무사심은 마치 아무 일도 없는 듯이 무시하거나 외면하라는 것이 아니라 그 일들을 사사로운 차원을 넘어 크게 보고, 그 일들에 휘둘리지 말고, 그 일들의 본질과 핵심에 주목하며, 보다 큰 대의의 차원에서 원만하게 성취될 수 있도록 초연한 통찰력으로 넘어서라는 것이다. 무는 단지 없는 것이 아니라 그것의 현상성을 깨닫고 바람이 지나가듯이 대하는 것, 그것의 공성空性을 깨닫는 것이다. 조주의 무자 화두는 이렇게 타파된다. 무는 없는 것도 아니고 있는 것도 아니어서 유와 무를 넘어선다.

이와 같이 선수는 영물의 무사심이 곧 불교 간화선 수행이 지향하는 깨달음의 경지이고 깨달은 자의 마음이라고 보았다. 선수는 자신의 삶을 마무리하면서 남긴 임종게臨終偈에서 이렇게 말한다.

> 칠십여 년을 환幻의 바다에서 부유하다가 오늘 아침 껍데기를 벗고 처음 근원의 자리로 돌아간다. 확 트인 진성眞性은 본래 일체의 장애가 없는 것이니 어찌 보리와 생사의 근원이 따로 있는 것이겠는가?[35]

부유하는 환의 바다는 곧 이 현상 세계의 삶을 가리킨다. 선수는 자신의 삶이 끝나는 지점에서 드디어 껍데기를 벗고 처음 근원의 자리로 돌아간다고 고백한다. 처음 근원의 자리는 확 트여 있는 진성의 자리이다. 진실한 성품의 바다는 환의 바다와 별개로 떨어져 있는 시공간의 자리가 아니다. 진성의 바다는 환의 바다에서 맞닥뜨릴 수밖에 없는 장애가 존재하지 않는다. 진성의 바다에는 보리의 깨달음도 생사의 환도 하나로 존재한다. 이 두 가지의 근원이 따로 있는 것이 아니기 때문이다.

선수가 말한 진성은 인간과 삶의 일체의 근원으로서의 마음자리를 의미한다. 진성은 한 사람의 몸에서 영물의 무사심으로 만법의 이치를 품고 한 사람의 일생을 이끌어가는 근본 추동력이 되고, 죽음을 직면해 있어도 사라지는 것은 아니다. 진성은 유와 무의 경계와 장애를 넘어선다. 그러므로 보리와 생사의 근원도 따로 있는 것이 아니다.

그렇다면 선수는 유교에 대해 어떤 인식을 하고 있었을까? 선수는 유교

---

35) 선수, 「임종게臨終偈」, 『부휴당대사집』, 18하, "七十餘年遊幻海, 今朝脫殼返初源. 廓然眞性元無碍, 那有菩提生死根"

인들과 활발하게 교류하고 오랫동안 우정을 나누었다. 그는 유교와 불교가 근본적으로 다르지 않다고 생각하였다. 그는 다음과 같이 말한다.

> 자취를 감추고 빛을 숨기면 사람들은 알지 못한다. 어찌하여 직접 눈으로 보아야만 심통心通을 알 수 있다는 것인가? 유교의 갓과 불교의 옷이 비록 그 이름은 다르지만 말하는 바가 선풍禪風에 이르면 그 뜻도 역시 같게 된다.[36]

선수는 유교와 불교가 비록 그 이름은 다르지만 '말하는 바가 선풍에 이르면(語及禪風)' 그 뜻이 같아진다고 말한다. 말하는 바가 선풍에 이른다는 것은 무슨 뜻일까? 유교의 말과 불교의 말은 각각 다른 언어로 쓰이고 말해지지만, 유교가 궁극적으로 수양을 통해 도달하고자 하는 마음과 불교가 궁극적으로 수행을 통해 도달하고자 하는 마음은 다른 마음이 아니다. 그런데 이 마음을 실지로 깨닫는 과정은 선풍에 이르는 과정이다. 선풍에 이르게 되면 말이 서로 달라도 뜻이 같아지게 된다는 것이 선수의 생각이었다. 유교와 불교가 같아지는 것은 선 수행을 통해 실지로 도달하고자 하는 마음, 그 마음의 경지로 직접 나아가는 과정에서 발견되는 것이라고 선수는 생각한 것이다.

그렇기에 선수는 선 수행의 중요성을 항상 강조한다. 불교인으로서 선수가 보기에 유교인들은 이런 점에서 아쉬운 점이 있다. 선수가 보기에 유교인들은 한평생 시시비비 속에서 세월을 보내고 정작 자신의 마음을 수행하고 닦아 근본마음에 이르는 일을 소홀히 하는 경우가 적지 않은 것

---

36) 선수, 「차양생원次梁生員」, 『부휴당대사집』, 10중, "晦迹韜光, 人不識, 何緣目擊認心通? 儒冠釋服, 名雖異, 語及禪風, 意亦同."

이다. 그래서 선수는 다음과 같이 탄식한다.

> 세상 사람들은 시비 속에 부질없이 늙어가니, 방석 위에 단정히 앉
> 아 부지런히 공부하여 조사의 가풍을 이어가는 것보다 못하다.[37]

세상 사람들과 격의 없이 교류하면서도 선수가 중요하게 여긴 것은 세
상 사람들과 같이 시시비비를 주장하면서 서로 다투고 분별하며 세월을
헛되이 보내는 것이 아니라 간화선 수행을 하고 불교 공부를 하는 것이
다. 그것이 선수가 보기에 더욱 내실 있는 삶이기 때문이다.

> 인간의 뜬구름 같은 목숨이 마치 전광석화와 같이 짧은데 부질없이
> 정신 허비하면서 북으로 동으로 내달린다. 임천으로 와 조용히 살고 있
> 으니 빈한해도 즐거울 텐데 시비의 풍랑에 몸이 피로해지는 것도 알지
> 못하는구나.[38]

선수가 보기에 유교인들은 짧은 인생을 부질없이 시시비비에 온 정신
을 다 몰두하면서 살아간다. 그런데 시시비비는 풍랑과도 같아서 한번에
끝나는 법이 없다. 한 가지 시비 거리가 해결된다 싶으면 어김없이 또 다
른 시비 거리가 등장하기 때문이다. 유교인들은 이렇게 한 평생을 시비
거리에 파묻혀 살아가면서 이리 저리 휩쓸리고 있다. 이런 유교인들의 모
습을 연민의 눈으로 바라본다.[39] 불교인 선수는 유교인들을 연민으로 보

---

37) 선수, 「경세警世」, 『부휴당대사집』, 18중하, "世間人老是非中, 不如端坐蒲團上, 勤做功夫
繼祖風."
38) 선수, 「조사대부嘲士大夫」, 『부휴당대사집』, 18중하, "人間浮命電光中, 徒費精神走北東.
退隱林泉貧亦樂, 不知身困是非風."
39) 선수의 시를 연구한 김석태는 유교 사대부들에 대한 선수의 이러한 태도를 조롱이

지만, 적지 않은 유교인들은 선수와 같은 불교인들의 선 수행을 부질없는 것, 세상살이와 유리된 것, 세상에 영향력을 행사하지 못하는 것, 현실 도피적인 것이라고 폄훼했을 것이다. 하지만 불교인 선수는 오히려 유교인들의 모습을 연민의 눈으로 보고 있는 것이다. 선수는 유교인과 불교인 모두 간화선 수행의 선풍에 이르기를 진심으로 바랐던 것 같다. 이 길을 통해서만이 유교와 불교가 같다는 것을 깨달을 수 있다고 생각했기 때문이다.

2. 대지 : 일심의 아뢰야식과 각구무극태극

17세기에 이르러 불교 내에서는 한국 불교의 특징인 대승불교 정신을 보다 풍부하게 공부하고 이론적으로 논쟁을 벌이고 있을 뿐 아니라 유교와 불교를 심성론의 차원에서 종합적으로 논하는 경향이 커진다. 대지가 자신의 저술인 『심성론』을 통해 다루고 있는 불교와 유교의 논의들은 한층 더 폭넓고 깊어지고 있음을 알 수 있다. 특히 17세기 불교인 대지는 불교 심성론을 일심과 아뢰야식 개념을 중심으로 논하고 있다. 그의 심성 논의는 통일신라의 원효와 고려의 지눌, 그리고 조선의 기화와 『유석질의론』의 저자 및 선수의 논의까지도 포괄하고 있으며, 유식과 여래장을 중심으로 하는 대승불교의 경전들을 모두 포괄하고 있어 이 시기의 불교인들의 교육의 깊이와 지적 통찰의 정도를 가늠할 수 있게 한다. 또한 이를 바탕으로 불교와 유교의 심성 논의에서 나타나는 논쟁의 핵심들도 파악하

아닌 연민이라고 해석한다. 김석태, 「부휴 선수의 시에 나타난 선사상과 현실인식」, 한국고시가문학회, 『고시가연구』 12집, 2003, 32쪽.

고 있음을 보여준다. 대지는 개인 각자의 마음에 존재하는 근본마음인 심체에 대해 다음과 같이 말한다.

> 사람에게는 원만圓滿하고 공적空寂한 심체心體가 있다. 이 심체는 보고 들을 수 있는 것들이 끊어져 없어 태허太虛를 품고 있다. 사람에게는 넓고 크며 신령하게 통하는 성性의 작용이 있으며 이 성의 작용은 방향과 장소의 제한 없이 법계에 두루 가득하다. 심체는 공적空寂하고 깊고 그윽한 가운데 비어 있어서 붙일 수 있는 이름이 없고 볼 수 있을 만한 상이 없다. 심체의 앎은 한없이 넓고 무한하여 항하의 모래같이 수많은 성性의 덕德과 헤아릴 수 없는 신묘한 작용을 본래부터 완전히 갖추고 있다.[40]

대지는 심체를 두 가지 방식으로 설명한다. 하나는 심체의 공적함이고 다른 하나는 신령하게 통하고 작용함이다. 심체가 공적하다는 것은 일상적으로 보고 듣는 감각활동과 사고활동, 그리고 감정이 작용하는 차원을 넘어서 있다는 것을 의미하기에 그것은 태허를 품고 있다고 말한다. 태허는 단지 아무 것도 없는 상태가 아니다. 그것은 특정한 것으로 제한되어 있거나 특정한 것으로 국한될 수 없음을 가리킨다. 심체를 말할 때에는 이름을 붙일 수도 없고 자취를 확인할 수도 없어 모양과 상을 말할 수도 없는 것이다. 지극히 크고 지극히 깊고 넓어서 무한히 비어 있는 것이 심체의 공적함이다.

심체가 신령하게 통하고 작용한다는 것은 심이 본래 갖추고 있는 앎과

---

40) 대지, 『운봉선사심성론』(『한국불교전서』 9), 1중, "人有圓滿空寂之心體, 絶視聽而含太虛. 人有廣大靈通之性用, 離方處而周法界. 蕭焉空寂, 湛爾沖虛, 無名可名, 無相可覩, 體量恢恢, 恒沙性德, 無量妙用."

덕이 무궁무진하게 활동하고 있다는 것을 의미한다. 이 앎과 이 덕이 신령하게 통할 수 있는 것은 그 앎과 그 덕이 본래 주객불이의 앎, 자타불이의 원만한 덕이기 때문이다. 그래서 이 앎과 이 덕은 만사와 만물에 통하고 수많은 공덕을 성취해낼 수 있도록 한다. 그런데 대지는 이 공적하고 신령한 심체를 일상의 마음활동과 분리시켜 떨어져 생각하지 않도록 주의를 환기시킨다.

> 허공과 세계는 모두 대각本覺 안에 있고 삼계와 육도는 모두 진성眞性의 상相이다. 그것은 커서 능히 항하의 모래 같은 수많은 세계를 모두 갖추기도 하고 작아서 능히 한 티끌 안에 존재하기도 한다. 가는 것도 오는 것도 아니어서 천겁을 지나도 닳지 않고, 안도 바깥도 아니어서 시방에 두루 편재하여 끝이 없으니 강한 천둥이라 할지라도 어찌 이보다 더 빠를 수 있겠는가? 빛과 같이 빠른 번개도 이에 비하면 빛이 아니다. (하지만) 그것은 일상의 마음활동과 분리되어 있지 않아서 목마르면 물마시고 배고프면 밥 먹으면서도 늘 만나게 되며 움직이는 모든 활동 속에 존재하고 있어서 일어나고 앉아 있어도 함께 하면서 세월이 지나도 항상하는 것이다.[41]

대지는 허공과 세계, 그리고 삼계와 육도는 우리 바깥에서 우리 각자의 마음과 무관하게 별도로 존재하는 물질적 세계나 외적 환경에 그치는 것이 아니라고 말한다. 대각과 진공이라는, 심체의 크기는 그것을 넘어서 있을 뿐 아니라 이 심체로부터 바로 그 세계가 만들어지는 것이다. 그러므

---

41) 대지, 『운봉선사심성론』(『한국불교전서』 9), 1중, "虛空世界, 皆在本覺之內, 三界六道 悉是眞性之相, 能大而俱該沙界, 能少而在一微塵, 無去無來, 歷千劫而不古, 非中非外, 徧十方而無窮, 疾雷何大急, 迅電亦非光, 不離日用渴飮, 飢食常對面, 常在動用, 起坐相將歲月長."

로 대각과 진공으로서의 심체는 우리가 상상할 수 있는 시간과 공간을 뛰어넘어 무한자로 존재한다.

대각과 진성으로서의 심체는 공간적 무한자이기 때문에 항하의 모래와 같이 무한히 큰 존재를 품을 수도 있고 티끌과 같이 무한히 작은 존재 속에 있을 수도 있다. 심체는 물리적 존재가 존재하는 방식과는 다른 방식으로 존재하기 때문이다. 또한 대각과 진성으로서의 심체는 시간적 무한자이기 때문에 일상적 시간이 존재하는 흐름과 동일하지 않다. 지나갔다고 하여 없어지는 것도 아니고 앞으로 오는 것이라고 하여 새로운 것도 아니다.

하지만 대지는 이 심체가 일상적인 마음의 활동과 동떨어져서 존재하는 것이 아니라는 것을 분명히 강조한다. 일상적으로 먹고 마시며 눕고 앉아 있을 때에도 이 심체는 이 모든 활동 속에 항상적으로 존재하고 있는 것이다. 시간과 공간을 '넘어서는' 심체가 시간과 공간 '속에' 항상 존재한다. 심체는 내적 초월의 존재방식을 갖고 있는 것이다. 우리가 일상적으로 사용하는 마음 활동과 떨어져 존재하지 않지만, 그렇다고 해서 일상적인 마음 활동과 똑같은 마음도 아닌 이 심체의 내적 초월의 존재방식은 좀더 면밀히 고찰될 필요가 있다. 대지는 이 심체의 내적 초월을 일심―心으로 부르면서 다음과 같이 구체적으로 설명한다.

> 목우자(지눌)는 '이 마음이 바로 진여眞如와 생멸生滅이라는 두 가지 문門과 체體, 상相, 용用의 세 가지가 크다는 것의 근원이다'라고 말하였다…하택 신회는 '(일심이) 모든 부처의 본원이고 신회(자기 자신)의 불성이다'라고 말하였다. 규봉 종밀은 또 '이 마음이 중생이 미혹하기도 하고 깨닫기도 하는 근원이 되기 때문에 여래장如來藏이라고 한다'

고 말하였다. 그렇다면 미혹한 범부와 깨달은 성인 모두 각 개인마다 어찌 원만심성圓滿心性의 도道가 없겠는가?…고봉도 '이 불법佛法은 평등하기 때문에 계급의 높고 낮음도 없고, 남녀의 차별도 없으며, 노소의 차등도 없다'고 하였다. 이러한 말들은 모두 보통 사람들도 각 개인마다 본래 원만히 이루고 있음을 말한 것이다. 그러므로 옛 사람이 '부처는 모든 사람 각각마다 본성에 대영각大靈覺을 갖고 있어서 본래 생멸이 없으니 옛날이나 지금이나 항상 자재하다는 것을 깨달은 자이니 이 어찌 무량수불無量壽佛이 아니겠는가'라고 하였다.[42]

대지는 지눌의 저술인 『법집별행록절요병입사기』의 내용을 인용하면서 일심인 심체가 진여의 불생불멸심과 생멸이라는 두 문을 갖고 있다는 것, 그리고 심체가 체대와 상대와 용대의 세 가지 대를 갖는다고 말한다. 대지는 신회의 말을 인용하면서 일심이 곧 자신 바깥의 어떤 별도의 큰 절대자가 아니라 바로 자기 자신의 불성이라고 말한다. 하택 신회 자신의 불성이라는 말은, 곧 모든 개인 각자에게 존재하는 불성이 존재한다는 말이다. 또한 규봉 종밀이 일심을 가리켜 여래장이라고 말한 것은 그것이 생멸 가운데에서도 항상 존재하는 불생불멸심이기 때문이다. 불생불멸심이 생멸 속에 존재한다는 것은, 위에서 대지가 심체가 일상적으로 활동하는 마음과 동떨어져 있지 않다고 말한 것과 같다. 모두 심체의 내적 초월의 존재방식을 가리킨다.

대지는 이러한 일심으로서의 심체가 각 개인에게 온전하고 원만하게

---

42) 대지, 『운봉선사심성론』(『한국불교전서』 9), 3하, "牛子曰, 是心卽是眞如生滅二門三大之源…荷澤曰, 諸佛之本源, 神會之佛性. 圭山又曰, 是衆生迷悟之源, 故名如來藏. 然則迷悟凡聖, 豈無各各圓滿之心性道理也?…高峯云, 是法平等, 故無尊卑, 無男女, 無老少. 此等皆中間漢子, 人人介介之本來圓成者也. 是故古人曰, 佛者覺是, 人人介介之本性, 有大靈覺, 本無生滅. 亘古今而自在者, 此豈不是無量壽佛也?"

모두 갖춰져 있다고 말한다. 대지는 이 점을 강조하기 위해 각 개인들의 현상적 존재의 차이를 하나씩 거론한다. 그가 수양과 수행의 정도가 탁월한 성인이든, 평범한 사람이든, 이 심체는 모두 온전하게 갖추고 있다. 또한 그가 여자이든 남자이든 상관없이 일체의 차별이 없이 이 심체를 평등하게 갖추고 있다. 심지어 어린아이든 어른이든 노인이든, 나이가 많든 적든 하등의 상관이 없다. 대지는 이런 방식으로 하나씩, 흔히 우리가 현상세계에서 명백한 차이로 간주하는 것들을 부정한다. 남녀노소, 성인과 범인의 차이는 그저 현상적 차이일 뿐이다. 이 현상적 존재의 차이는 모든 인간 각자에게 존재하는 근본마음, 즉 심체의 존재방식에 하등의 영향을 주지 않는다. 대지는 각각의 개인에게 조금도 부족하거나 제한되어 있지 않은 채로 이미 불성이 있다고 말하는 것이다.

그런데 대지는 이 개인 각각의 마음에 원만하게 존재하고 있는 불성의 이해를 두고 당시 불교계 내에서 논란이 되었던 문제에 대해 자신의 생각을 밝히고 있다. 이것은 법신의 존재방식을 두고 벌어진 논쟁이었다.

> 성교性教에서 말하기를 '모든 중생은 각각 공적한 진심을 가지고 있다'고 하였다…그런데도 '자신의 법신法身 밖에 전체적으로 하나가 되는 법신이 있다'고 말하는 사람들이 있다면 논란이 될 것이다.[43]

대지는 불성의 존재방식을 둘러싸고 당시의 일부 사람들이 말하는 '하나의 법신' 논의에 대해 문제를 제기한다. 대지가 보기에 각 개인의 불성인 각각의 법신을 전체적으로 모으면 하나의 법신이 된다는 견해는 문제

---

43) 대지, 『운봉선사심성론』(『한국불교전서』 9), 4중하, "性教云, 一切衆生, 皆有空寂眞心…有都爲一法身者, 應有評論之勢."

가 있다. 불성인 일심의 일一은 개개의 법신을 모아서 전체적인 하나가 된다는 그런 의미가 아니라, 원효의 말하였듯이, 생멸과 진여가 별도로 분리되어 있는 두 가지 세계가 아니라는 의미이다. 각 개인의 법신인 불성은 그 자체로 온전한 하나의 법신이다. 개개인의 법신들을 전체로 총합하면 하나의 법신이 된다는 견해는 마치 각 개인 안에 존재하는 심체와 별도로 개인 밖에 어떤 외적 초월체가 있을 수 있다는 잘못된 연상을 불러일으킬 수 있다. 하지만 심체인 일심은 각 개인의 마음 밖에 존재하는 외적 절대자, 혹은 전체적인 하나의 법신이 아니라 각 개인의 마음 안에 자타평등하게 존재하는 법신이다.[44]

그렇다면 이렇게 모든 개인 안에 원만하고 신령하게 깨어 있는 대영각으로서의 심체를 왜 우리는 곧바로 알아차리지 못하는 것일까? 왜 모든 사람들의 현상적 존재의 차이가 모든 것을 절대적으로 결정해버리는 것으로 착각하게 되고, 또 그에 휘둘려 이런 저런 업을 짓고 괴로워하는 삶을 계속하는 것일까? 이미 모든 사람들에게 존재하는 심체는 우리가 한평생 수행하며 자신을 갈고 닦아 새로운 깨달음으로, 새로운 존재로 거듭나는 그런 활동과는 어떤 관계가 있는 것일까? 대지는 이와 관련하여 다음과 같이 말한다.

> 아我의 뜻에는 두 가지가 있다. 첫 번째는 가아假我이니 이것은 색신을 가리킨다. 두 번째는 진아眞我이니 이것은 법신을 가리킨다…경전 가운데 "부처는 다시 미혹하지 않는다"는 설이 많이 있다. 『원각경』

---

44) 대지가 이렇게 각 개인의 마음에 온전히 존재하는 법신을 강조하는 것은 수행의 처음부터 끝까지 전 과정을 이끌고 가는 근본적인 동력을 자기 자신 밖에서 찾지 말라는 의미라고 본다. 그리고 바로 이 점이야말로 불교가 '외적 초월'의 종교나 철학이 아닌 '내적 초월'의 종교나 철학임을 여실히 드러낸다.

과 『능엄경』에서만 "부처는 다시 미혹하지 않는다"는 뜻을 드러내고 있을 뿐 아니라 『기신론』에서도 "염법染法은 시작은 없지만 끝이 있고 정법淨法은 시작은 있지만 끝은 없다"고 말했으니 '미혹하지 않는다'는 뜻을 여기에서 알 수 있다…생사의 흐름에 있으면서 여의주처럼 푸른 바다에서 홀로 빛나고 열반의 언덕에 있으면서 달처럼 푸른 하늘에서 홀로 밝으니 크도다! 만법은 이를 토대로 시작된다.[45]

참된 자아는 눈에 보이는 색신으로서의 자아가 아니다. 이러이러한 몸과 이러이러한 마음활동을 하는 나는 가상적 자아, 현상적 자아일 뿐인데 그것을 나의 참된 진짜 자아라고 착각하지 말라는 것이다. 법신으로서의 자아가 참된 자아이다. 불교에서는 색신을 진짜 나, 참된 자아로 보지 않는다. 불교의 수행은 눈에 보이는 현상적 자아 너머 법신으로서의 자아를 발견하고 깨닫는 과정이다. 가짜를 진짜로 오인하는 일은 시작이 없는 무명으로 인해 계속되는 착각이지만 이 착각은 수행을 통해 극복될 수 있다. 그래서 미혹은 시작을 모르고 계속되지만 끝이 있다고 말한다. 그리고 착각을 끝내고 깨달음이 시작되면, 그 깨달음의 과정은 시작은 있지만 끝이 없다. 깨달음의 과정은 지칠 줄 모르고 언제까지나 계속되는 과정인 것이다. 그래서 깨달은 자는 다시는 착각으로 떨어지지 않으며 미혹되지 않는다고 말한다.

이와 같이 대지는 자기의 마음 밖에서 참된 자아를 찾으려 하지 말고 자기의 마음을 들여다보고 자기 마음속에서 찾으라고 한다. 이렇게 자기

45) 대지, 『운봉선사심성론』(『한국불교전서』 9), 4상중, 10하, "我義亦有二種 一假我. 是色身. 二眞我. 是法身也…經中多有佛不再迷之說. 非唯圓覺楞嚴示現佛不再迷之義. 起信論中, 染法則無始有終, 淨法則有始無終, 不迷之義, 於此可知矣…處生死流, 驪珠瞡曜於滄海, 踞涅槃岸, 桂輪孤朗於碧天, 大矣哉! 萬法資始也."

마음속에서 찾으면 자기 마음의 참된 자아가 곧 일체의 세계와 만 가지 법을 만들어내는 일심이라는 것을 깨닫게 된다. 대지는 심체를 공적하고 밝게 통하는 일심으로 보고 이 일심이 인연에 따라 업에 따라 발현하는 것이기에 여래장심이라고 말한다. 우리는 여기에서 대지의 일심과 중생심에 대한 설명이 원효의 성자신해의 일심과 지눌의 공적영지의 마음과 같다는 것을 알 수 있다. 또한 대지의 심체에 대한 생각은 기화의 묘명진심과도 회통되고 있다는 것을 알 수 있다. 대지는 지눌과 하택 신회의 말도 언급한다.

> 규봉 종밀이 여래장을 설명하면서 '이하부터는 모두 일심을 드러낸 것이다'라고 말하고 또 '대승기신론에서 일심을 가리켜 여래장이라고 하였다'라고 말한 대목을 보면 『원각경』과 『대승기신론』의 글이 이름은 다르지만 뜻은 같다. 왜냐하면 『대승기신론』에서는 '망상이 일어나는 것을 수행을 통해 끊는 것'을 일심법에 의거해서 말하였고 『원각경』에서는 '망상이 일어나는 것을 수행을 통해 끊는 것'을 여래장에 의거해서 말하였기 때문이다. 그러나 『대승기신론』과 『원각경』뿐만 아니라 성교性教 40여부도 이와 마찬가지로 말하였다. 그러므로 부처가 '온전한 하나의 여래장의 체가 업을 따라 발현한다'라고 말씀하신 것이다…이른바 법은 중생심이고 그 법의 체를 벗어난다는 것은 여래장심을 말한 것이니 화합과 불화합의 두 문門을 갖추고 있다. 그것(여래장심)이 중생의 지위에 있기 때문이다. 만약 부처의 지위에 있다면 화합의 뜻이 무의미하여 시각始覺이 본각本覺과 같아져서 오직 진여만 있을 뿐이다.46)

---

46) 대지, 『운봉선사심성론』(『한국불교전서』 9), 2상중, "圭峯大師, 至如來藏中云, 此下皆是現一心也, 又云論指一心, 云如來藏, 經與論文, 名別而義同. 何者? 論中生起修斷者, 依一心法而作也, 圓覺中生起修斷者, 依如來藏而作也. 然非徒起信圓覺, 性教四十餘部, 亦復如是. 故

일심은 수행의 차원에서도 매우 중요한 개념이다. 일심법에 의해 수행의 참된 의의가 설명될 수 있기 때문이다. 대지는 이 점을 밝히려고 한다. 그는 여래장심은 곧 중생심이라고 보았다. 중생심의 지위는 부처의 경지와는 다르다. 중생심으로서의 여래장심은 깨달음의 시작을 의미하는 시각과 깨달음의 궁극적 기준을 의미하는 본각을 모두 품고 있다. 여래장은 망상에 의해 업을 짓는 중생이 곧 그 망상을 깨닫고 본래적 마음자리로 돌아갈 수 있기에 화합과 불화합의 두 문을 갖추고 있다. 본각이 없으면 시각이 의미가 없고 시각이 있기에 본각이 밝혀질 수 있기에 본각과 시각은 서로가 서로의 의미를 밝히는 관계가 된다. 이와 마찬가지로 여래장심으로서의 일심은 업을 지어 윤회하는 업식과 업에서 벗어나 해탈하는 진여심이 화합되어 있는 것이다.

대지는 여래장과 일심이야말로 심체의 의미를 가장 명료하게 드러내어 준다고 생각한다. 그는 규봉 종밀의 저술인 『선원제전집도서』의 성교 40부에서도 모두 여래장을 말하고 있다고 말한다.[47] 대지는 여래장이 중생심 안에 있는 일심을 가리킨다고 보고 이것이 중생심을 화합과 불화합의 두 문이 되는 이유라고 보고 있다. 중생심은 여래장을 품고 있지만 중생심이 곧 여래장은 아니다. 중생심에는 인연에 따라 생멸하는 심도 있고

佛云, 全一如來藏體循業發現…所言法者, 謂衆生心, 出其法體, 謂如來藏心, 具和合不和合二門, 以其在於衆生位故. 若在佛地, 則無和合義, 以始覺同本. 唯是眞如."

[47] 규봉 종밀은 『선원제전집도서』의 「현시진심즉성교顯示眞心卽性敎」의 여래장 개념을 다음과 같이 설명한다. "이 가르침에서는 일체 중생이 모두 공적한 진심이 있어 시작이 없이 본래 그 성품이 청정하고, 밝고 밝아서 어둡지 않아 분명하게 항상 알며 미래제가 다하도록 상주불멸하므로 이를 불성이라 하고 또한 여래장이라 하며 심지心地라고 하기도 한다(此敎說, 一切衆生, 皆有空寂眞心, 無始本來, 性自淸淨, 明明不昧, 了了常知, 盡未來際, 常住不滅, 名爲佛性, 亦名如來藏, 亦名心地)." 성교性敎에서는 불성이 곧 여래장이며 여래장은 중생의 마음에 있는 공적하고 밝아 어둡지 않은 청정한 진심을 가리킨다. 규봉 종밀, 원순(역해), 『선원제전집도서』, 법공양, 2010, 92~93쪽.

청정한 진심도 있다. 그러므로 중생심을 말할 때에는 본각과 시각 모두를 말해야 한다.

그렇다면 대지는 유교에 관하여 어떤 인식을 갖고 있었을까? 대지는 자신의 책 『심성론』의 첫 부분을 『유석질의론』을 인용하는 것으로 시작한다.

> 역易이라는 것은 연기緣起이니 성각性覺에서 근원한 것이다…역의 도道는 태극太極을 근원으로 하고 태극은 또 무극無極을 근본으로 한다. 무극은 맑고 고요하며 텅 비고 밝아 시방의 허공을 포괄한 것을 말한다. 곧 부처의 법신이 이것이다.[48]

대지는 『유석질의론』의 관점을 수용한다. 『주역』에서 말하는 역은 만물의 존재적 근원 및 변화의 원리를 가리키는데 이것은 불교에서 연기의 원리, 즉 인연화합에 의해 일체의 현상세계가 만들어지는 원리와 같다. 그리고 대지 역시 『유석질의론』의 저자와 마찬가지로 태극과 무극의 관계에서 더 근본적인 것을 무극으로 규정하고 있다. 태극은 무극을 근본으로 하는 것이다. 무극은 부처의 법신과도 같으며 일체 존재의 가장 궁극적 근본에 해당한다. 태극에 의한 일체 세계의 형성과 변화는 『능엄경』에서 말한 대로 '공이 대각 가운데 생겨나는 것이 마치 바다에서 거품 하나가 생겨나는 것과 같다'[49]고 했을 때의 대각이 바로 성각이다.

앞에서 살펴본 대로, 이미 『유석질의론』의 저자 뿐 아니라 기화도 무극을 성각과 동일한 위상에 놓고 논의하였었다. 대지는 유교의 무극과 태극

---

48) 대지, 『운봉선사심성론』(『한국불교전서』 9), 3상, "易也者緣起, 原乎性覺之中…夫易之爲道原於太極, 而太極又本乎無極. 無極者, 湛寂虛明, 抱括十虛之謂也. 即佛之法身, 是也."
49) 반라밀제(한역), 『대불정여래밀인수증요의제보살만행수능엄경』(대정신수대장경 19) "空生大覺中, 如海一漚發."

의 관계를 『능엄경』의 개념인 성각과 명각의 관계로 재해석한다.

> 그렇다면 태극은 '성각性覺은 반드시 밝지만 망妄의 작용으로 명각
> 明覺이 된 것'이 확실하다. 어째서인가? '역이라는 것은 연기이니, 성각
> 에서 근원한 것이다'라고 한 것은 바로 명각을 말한 것이기 때문이다.
> 가령 칠대七大라는 것은 모두 식識을 원인으로 해서 변하기 때문에 식
> 으로써 총괄할 수 있다. 식은 성각에서 발생한 망의 작용으로 명각이
> 된 것이다.[50]

유교에서 태극과 무극의 관계는 논란의 여지가 많았고, 유학자들에 따
라 설명하고 이해하는 내용이 일치하지 않는다. 하지만 조선 전반기의 불
교인들은 대체적으로 태극과 무극의 관계에 대해 통일된 입장을 갖고 있
었다. 조선 초기의 기화나 『유석질의론』의 저자도 무극이 태극의 근본이
된다고 항상 말한다. 이 점은 대지도 마찬가지이다. 대지는 그렇게 보는
이유로 『능엄경』과 『성유식론』의 개념을 활용하고 있다. 『능엄경』에서
성각은 이미 필히 밝은 것, 즉 성각필명性覺必明이다. 이미 밝은 성각을,
그럼에도 불구하고, 무명에 의해 다시 밝히려고 하는 것이 명각이다. 명각
은 그렇게 해서 밝혀진 것, 즉 망위명각妄爲明覺이다.

대지는 성각필명의 성각이 바로 무극에 해당한다고 보며 망위명각의
명각이 바로 태극에 해당한다고 본다. 성각에서 공이 생겨나고 공에서 만
물이 생겨나듯이, 무극에서 태극이 생겨나고 태극에서 만물이 생겨난다.
그런데 대지는 이렇게 생겨난 일체의 만물생성의 과정을 다시 식이라는

---

50) 대지, 『운봉선사심성론』(『한국불교전서』 9), 4중, "然則太極者, 性覺必明, 妄爲明覺者也,
無疑矣. 何也. 易也者緣起, 原乎性覺之中, 正謂明覺也. 如所謂七大, 皆因識變故, 總之以識. 識
則性覺之中, 妄爲明覺者也."

개념으로 설명한다. 이때의 식은『성유식론』에서 말하는 아뢰야식阿賴耶識을 가리킨다.『성유식론』은 아뢰야식의 전변轉變으로 인해 주관과 객관, 자아와 세계가 생성되는 과정을 게송으로 압축해 놓은 세친의『유식 30송』을 다수의 학자들이 분석하고 해석하면서 면밀하게 설명해 놓은 불교 논서이다. 그런데 대지가 아뢰야식 개념을 동원한 이유는 무엇일까? 여래 장심에서 업이 생성되는 과정, 명각의 구체적 과정을 더욱 풍부하게 파악할 수 있기 때문이다.『능엄경』에서는 이 과정을 다음과 같이 말한다.

> 여래장 가운데 성품이 식識인 진공眞空의 밝은 지각과, 성품이 공空인 각명覺明의 진식眞識이 묘하게 깨어 있어 담연하고 법계에 두루한다…성각性覺의 신묘한 밝음은 곧 본각의 밝음의 신묘함이다…성각性覺은 반드시 밝은 것인데도 허망하게 이 각覺을 밝히려 한다…일어나서는 세계가 되고 고요하면 허공虛空이 되니 허공은 같고 세계는 다른 것이다. 본래 같고 다름이 없는 가운데 이와 같이 되었으니 참으로 이를 유위법有爲法이라고 한다…이와 같이 서로 엉켜 허망하게 발생하며 번갈아 서로 종자種子가 되니 이러한 인연으로 세계가 상속되는 것이다.[51]

대지는『능엄경』에서 말하는 진공의 지각이 성품이 식이라는 것, 밝은 지혜는 곧 참된 식이라는 것, 성각의 밝음은 곧 본각의 밝음이라는 것 등을 말하면서 초점을 아뢰야식으로서의 식에 두고 있다. 아뢰야식은 참된 지혜 속에서, 어떻게 세상이 펼쳐지는가를 알 수 있게 해주는 핵심 개념

---

51) 반라밀제(한역),『대불정여래밀인수증요의제보살만행수능엄경』(대정신수대장경 19), "如來藏中, 性識明知, 覺明眞識, 妙覺湛然, 遍周法界…性覺妙明, 本覺明妙…性覺必明, 妄爲明覺…起爲世界, 靜成虛空, 虛空爲同, 世界爲異. 彼無同異, 眞有爲法…交妄發生, 遞相爲種, 以是因緣世界相續."

이 된다. 각을 밝히는 것이 명각이다. 이렇게 각을 밝히는 과정에서 밝히려는 주체와 밝혀지는 대상의 구분이 생기게 된다. 그리고 일체의 구분과 분별하는 식이 생기고 그 식에 의하여 세계가 생겨난다. 그리고 그렇게 생겨나는 세계는 서로 인연화합의 작용으로 계속 이어진다. 대지가 언급하는 종자는 곧 아뢰야식의 종자를 가리킨다. 일체의 세계를 생성해내는 아뢰야식을 이해하면 곧 태극으로부터 일체의 세계가 생성되는 것을 이해할 수 있다고 대지는 생각하였다.

> 그러므로『대승기신론』에서 '마땅히 알라, 세간의 일체 경계는 모두 중생의 무명 망심에 의지하여 머무를 수 있다'고 하였고 (원효가 지은 『대승기신론』 주석서인) 소疏에서 '만약 무명이 아직 다 없어지지 않았다면, 이 식(아뢰야식)은 경계에 머무르기를 그치지 않는다'고 하였으니 태극의 도와 다르지 않음이 분명하다…규봉 종밀이 '원형이정은 하늘의 덕으로 일기一氣에서 시작하고 상락아정常樂我淨은 부처의 덕으로 일심을 근본으로 한다'고 하였으니, 바로 이것을 말한 것이다. 태극은 일기一氣이고 일심은 법신法身이다.52)

우리의 일상적 현상세계인 이 생멸의 세계는 중생의 무명망심에 의지하여 계속되는 것이라고 대지는 말한다. 무명망심이 더 이상 생기지 않는 진여심의 경지에서는 더 이상 생멸상도 생기지 않는다. 중생이 자신의 본래 마음을 진여심으로 자각하지 못하고 온갖 분별심을 내기 때문에 그와

---

52) 대지,『운봉선사심성론』(『한국불교전서』 9), 4중, "故論云, 當知世間一切境界, 皆依衆生無明妄心, 而得住持. 疏曰, 若無明未盡已還, 此識住持境界不息也. 可與太極之道, 無異也明矣…圭山曰, 元亨利貞, 乾之德也, 始於一氣, 常樂我淨, 佛之德也, 本乎一心, 正謂此也. 太極者一氣也, 一心者法身也."

제2부 불교 심성론과 유교인식 145

관련하여 인연화합의 생멸계가 계속되는 것이다. 또한 대지는 원효의『대
승기신론』의 주석 내용과 종밀의 말을 인용하면서 무명이 없어지지 않는
한, 아뢰야식이 계속 전변활동을 하여 주객 이분의 활동이 계속되고 경계
에 머물게 된다고 말한다. 무명이 없어지고 분별심이 사라지고 경계상이
없으면서도 여전히 마음이 깨어 있는 그것이 바로 상락아정의 부처의 덕
이고 일심이며 법신이라고 본다. 그래서 대지는 무극을 일심으로 보고 태
극은 일기로 본다. 그는 중생심을 오로지 태극과 관련짓는 것에 동의하지
않는 것이다.

> 어떤 사람은 '이 중생심이 저 태극과 일체이다'라고 하는데 이것은
> 아니다. 어째서인가? '성각은 반드시 밝지만 허망하게 각을 밝히려 한
> 다'고 말하기 때문이다. 명각은 업상業相이다. 예를 들어 계란이 혼합
> 되어 있는 것은 바로 하나의 태극이 아직 분화되기 전과 같다. 천지음
> 양은 태극을 근본으로 나누어지는 것이기 때문이다. 또한 우리 불교의
> 전상轉相과 현상現相 두 상은 모두 업상을 근본으로 삼으니 세계가 처
> 음 만들어지고 중생이 처음 시작할 적에 여기에서 생겨난다.[53]

대지는 중생심을 생멸심과 불생불멸심의 화합으로 본다. 그러므로 생멸
심과 관련된 태극으로 중생심을 모두 다 설명할 수는 없다. 유교에서 태
극이 무극을 근원으로 하듯이 생멸심은 불생불멸심인 진여를 바탕으로 한
다. 그러므로 중생심은 태극과 무극 두 가지를 모두 말해야 한다. 대지는

---

53) 대지, 『운봉선사심성론』(『한국불교전서』9), 4상중, "有人云, 此衆生心, 與彼太極一體,
非也. 何? 性覺必明, 妄爲明覺者, 是也. 明覺者, 業相也, 如雞子混合, 正同一太極未分之時也,
天地陰陽, 以太極爲本分之故也. 又吾家轉現二相者, 皆以業相爲本, 世界起始, 衆生起始生
焉."

원효가 『대승기신론』을 주석할 때에 적용한 유식불교의 용어인 전상과 현상, 업상이라는 개념을 끌어들인다. 성각에 의해 명각이 있는 것과 마찬가지로 무명업상에 의해 전상과 현상이 있게 된다. 태극에 해당하는 지점은 세계가 처음 만들어지는 지점인데 이것은 중생심에서 세 가지 상인 업상, 전상, 현상이 만들어지는 지점과 같다.[54]

대지는 유교의 우주론적 개념인 태극과 무극 개념을 개인 각자에게서 발견되는 심체로 재해석한다. 즉 태극과 무극은 각구무극태극인 것이다. 결국 대지가 보기에 불교와 유교가 회통되는 지점은 바로 각 개인의 마음에 존재하는 불생불멸심에 있다. 대지는 『유석질의론』의 내용을 환기시키면서 다음과 같이 말한다.

> 옛말에 "복희, 문왕, 주공, 공자 네 성인이 발휘한 것이 모두 일심에
> 서 나왔다"고 하였다…옛사람은 "사람 각각에게는 없어지지 않는 것이
> 있다."고 하였다. 이는 유교와 불교의 가르침이 같은 것이다.[55]

고대 유교 성인들이 발휘한 것, 성인들만이 아니라 모든 각 개인에게 있어서 없어지지 않는 것이 바로 일심이다. 대지가 보기에 일심의 차원에서 보면 유교는 불교와 그 가르침의 핵심은 같다. 대지가 유교와 불교의

---

54) 한자경에 의하면 아뢰야식의 이원화 활동은 견분과 상분으로의 이분화 활동을 가리킨다. 이 이분화활동에서 견분인 능견상을 만드는 식이 곧 전식轉識이다. 전식은 업식業識으로부터 전환하여 형성된 식이며 능히 상을 바라보는 주관으로 활동하는 식이다. 아뢰야식의 이원화 활동 결과 등장하는 견분과 상분 중 주관적 견분(능견상)을 만드는 식이 전식이고 객관적 상분(경계상)을 만드는 식이 현식現識이다. 한자경, 『대승기신론강해』, 불광출판사, 2013, 174~175쪽.
55) 대지, 『운봉선사심성론』(『한국불교전서』 9), 4중, "古語曰, 羲文周孔四聖人之發揮, 同出一心…古人曰, 人各有不亡者存焉, 是則儒釋同風"

심성 논의를 탐구한 결론은 바로 이것이었다.

3. 처능 : 수행과 인의 실천

선수의 제자로 스승의 행장을 쓰기도 했던 처능은 불교의 사회적 가치를 적극 옹호한 불교인이다. 그는 불교 심성론을 유교 심성론과 이론적으로 비교하여 회통성을 밝히는 것에 힘쓰는 한편, 한 권의 분량에 해당하는 긴 상소문인 『간폐석교소諫廢釋敎疏』를 작성하여 불교가 부당하게 오해되고 규제되는 것에 대해 강하게 문제를 제기하였다. 처능은 불교의 사회적 가치를 밝히는 데에 노력한 것이다. 17세기에 이르면 불교는 건국 초기에 비해 강압적 규제 조치가 다소 느슨해지거나 완화되어 유교인들의 불교인식이 극단적인 대립에서 다소 나아졌다고는 하지만 불교인 처능이볼 때에 국가가 불교와 승려에 대해 부과하는 각종 의무사항들은 여전히과도한 측면이 많았다. 처능의 『간폐석교소』에 나타난 승려들의 현실적처지에 대해 연구한 오경후는 당시의 승려들의 처지를 다음과 같이 말하고 있다.

> 백곡 처능이 지적한 당시 승려들의 국역 부담은 가혹하고도 다양했다. 첫째 임진왜란과 병자호란 당시 승군으로 참여하였다. 둘째 황해도와 평안도와 같은 국경 지역이나 남-북한산성을 축조하고 수비하였다. 식량과 경비를 스스로 부담하였다. 셋째 종이 공물을 생산하여 조정이나 지방관청의 수요를 해소하였다. 넷째 각 아문이나 관청에서 요구하는 잡물들을 만들어 상납하였다…결국 전란 이후 혼란한 사회 상황,자연 재해로 인한 토지의 황폐화, 그리고 가혹한 수취체제는 백성들이

피역避役하는 결과를 가져왔고 이것은 승려들의 국역 부담이 본격화되
는 계기가 되었다.[56]

당시 불교인들은 승군으로 참여하는 것이 의무였을 뿐 아니라 각종 국
가 건설 사업에도 노동력으로 동원되었다. 이들은 식사와 교통비를 국가
로부터 제공받지 못하였다. 불교인들은 전쟁으로 인해 사회적 피해를 복
구하거나 일반 백성들의 궁핍으로 인한 각종 부담들을 대신 짊어지고 있
었다. 이렇게 불교인들이 사회에 기여하는 바가 적지 않은데도, 불교와 불
교인에 대한 사회적 대우는 일부 소수의 불교지도자들이나 불교지식인들
을 제외하면 형편없었다고 볼 수 있다.

처능은 이러한 현실을 타개하고자 하였다. 정도전이 유교정치인의 입장
에서 불교의 사회정치적 폐단을 집중적으로 공격하였다면 처능은 불교지
식인의 입장에서 유교정치에 의해 실시된 정책적 통제와 제도적 탄압 및
사회문화적 폄훼 등을 집중적으로 공격하였다. 그는 상소문『간폐석교소』
에서 불교가 어떤 사회정치적 수난을 겪고 있는지 적나라하게 열거하고
거듭 유교정치에 의한 불교의 탄압의 부당함을 주장하고 있다.

처능의 상소문에서 주목할 만한 점은 그가 역사적으로 다양한 시대를
통틀어 불교와 유교의 공존 관계가 유익했다는 역사적 사실들을 많이 거
론하고 있다는 점이다. 유교에 의한 불교의 탄압 정책은 역사적으로 비추
어 보아도 결코 정당화될 수 없음을 증명하고 있는 것이다. 처능은 유교
정치가 불교를 탄압하는 논리를 모두 6가지로 분류한다. 그가 정리한 6가
지 불교 탄압의 논리는 다음과 같다.

---

56) 오경후, 「조선후기 불교정책과 대응론–백곡 처능의『간폐석교소』를 중심으로」, 『역
사민속학』, 32호, 143~144쪽.

1. 불교는 외래지역에서 수입된 것이므로 이질적이다(異邦域).
2. 시대가 단절되어 이질적이다(殊時代).
3. 거짓된 윤회설을 퍼뜨린다(誣輪回).
4. 일하지 않고 재화와 의복을 소모한다(耗財帛).
5. 유교 가르침을 훼손한다(傷政敎).
6. 국가 부역을 피하기 때문에 결원을 초래한다(失偏伍).

불교가 외래 종교이며 시대에 뒤떨어진 오래된 종교라는 것, 그리고 허무맹랑한 윤회설을 주장하고 생산 활동에 종사하지 않아 재화를 낭비한다는 것, 유교가 제시하는 현실적인 사회규범들을 소홀히 하거나 국가가 부여하는 노동력 제공의 의무를 피한다는 것 등이 처능이 정리한 6가지 불교 비판 논리의 내용이다. 하지만 이러한 내용들은 조선 전반기 내내 유교인들에 의해 반복적으로 주입되어 왔으며, 6가지 내용 중 일부는 이미 15세기 『유석질의론』의 저자도 반박했던 것들이다.

처능은 상소문에서 보다 구체적으로 반박을 시도한다. 그는 유교 경전이나 역사서에 기록되어 있는 내용을 논거로 삼아 반박하기도 하고 당시 불교인들이 실제로 어떠한 처지에 있는가를 객관적이고 적나라하게 드러내고 묘사함으로써 반박의 증거로 삼기도 한다. 먼저 처능은 불교가 시간과 공간상으로 이질적이라는 비판에 대하여 유교 경전인 『중용』과 『주역』의 내용을 들어 다음과 같이 반박한다.

> 시간은 달라도 일은 같으며 시대는 달라도 이치는 같습니다…『중용』에서는 '도는 함께 나란히 가더라도 서로 훼손하거나 망치지 않는다'고 하고 『주역』〈계사전〉에서는 '가는 길은 달라도 같은 곳으로 귀착된다'고 했으니 가히 (유교와 불교의) 성인의 길은 다르지 않다고 할 수

있습니다.[57]

시간이 오래되었어도 불교의 가르침은 결코 시대에 뒤떨어진 것이 아니다. 동일한 일들이 계속 반복해서 일어나기 때문이다. 이것이 바로『중용』이나『주역』에서 말하는 이치이다. 처능이 보기에 불교의 도는 유교의 도와 나란히 갈 수 있으며 이렇게 병존하더라도 서로를 훼손하거나 망치지 않는다고 말한다.『중용』의 말은 그대로 유교와 불교의 관계에도 적용된다고 본다. 또한『주역』에서도 서로 다른 길을 가더라도 같은 곳으로 귀착된다고 말했는데, 처능에게는 이것이 불교와 유교에 대해서도 적절하게 적용된다고 보았다. 불교의 길과 유교의 길은 비록 가는 길의 모습과 언어는 다른 것 같아도 결국 하나의 동일한 목적인 성인이 되는 것으로 귀착되기 때문이다.

세 번째 비판 논리에 대해, 처능은 불교의 윤회설이 결코 허무맹랑한 거짓이 아니라고 반박한다. 윤회라는 것이 존재한다는 것이다. 무엇이 윤회인가? 처능은 윤회를 다음과 같이 해석한다.

> 윤회를 믿지 않고 폐하신다면…그것은 석양의 노을이 강에 잠기어 사라지고 나서 다음날에는 다시 해가 뜨지 않는다고 생각하는 것과 같고, 꽃이 시들어 꽃이 바위 아래로 떨어지고 나서 다음해에는 다시 꽃이 피지 않는다고 생각하는 것과 같습니다.[58]

---

57) 처능,『간폐석교소』,『대각등계집』(『한국불교전서』 8), 336하, "時異而事同, 代殊而理一…中庸所謂道并行而不相悖, 繫辭所謂殊途而同歸者, 可謂聖之不殊"
58) 처능,『간폐석교소』,『대각등계집』(『한국불교전서』 8), 337상, "殿下若曰, 有誣輪回而廢之…其猶落暉沉江, 應無來日之再繼, 殘花墜岸, 必無明春之重敷."

처능에게 윤회는 우주 만물과 뭇 생명들이 1회적인 것이 아니라 끊임 없이 반복하여 생하고 멸하는, 생멸의 과정 전체를 의미한다. 해가 뜨고 지고 겨울이 가고 봄이 와서 꽃이 다시 피고 만물이 소생하는 것이 바로 윤회이다. 삶과 일체 존재가 하나의 커다란 수레바퀴와 같이 계속 원 운 동을 하듯이 반복되지만 구체적으로 그 모든 존재는 새롭게 변화하는 것이 윤회의 과정이다. 하나의 생명이 죽으면 다른 생명이 태어나고 이 생 명은 전적으로 같은 것도 아니지만 완전히 다른 것도 아니다. 불교 경전 중에는 이러한 윤회의 과정을 마치 하나의 촛불이 밤새도록 타는데 저녁 의 불빛과 한밤의 불빛, 그리고 새벽녘의 불빛이 모두 같지는 않지만 하 나의 촛불이기에 전적으로 다른 불빛도 아니라는 비유를 들어 설명하기도 한다.

네 번째 비판논리에 대해 처능은 '불교인들이 생산 활동에 종사하지 않 고 재화만 낭비하거나 부역을 기피한다'는 비판에 대해서도 다음과 같이 반박한다.

> 도심지에 나와 사는 사람들은 구태여 모두가 농사를 지으면서 생활 을 할 필요가 없으며 안방 깊숙이 사는 여인들도 반드시 길쌈을 하여 옷을 직접 지어 몸을 가릴 필요는 없는데 하물며 세상을 다스리는 임 금과 나라를 다스리는 군주는 덕을 근본으로 삼고 재물을 지엽적인 것 으로 삼음은 말할 것도 없습니다.59)

한 사회의 모든 구성원들이 모두 물질적 생산 활동에만 종사할 필요도

---

59) 처능, 『간폐석교소』, 『대각등계집』(『한국불교전서』 8), 337상, "出遊闤者, 不必皆耘耔而 餬口, 深居閨室者, 不必皆績紡而遮身, 況經世之君治國之主, 以德爲本, 以財爲末"

없고 그래서도 안 된다. 공자나 맹자와 같은 지도자들은 모두 직접적으로 물질적 생산 활동에 종사하지 않았다. 직접 물질적 생산 활동에 종사하지 않았다고 해서 공자나 맹자를 무위도식자, 재화만 소모하는 자라고 말하지 않는다. 유교 정치인이 생산 활동 종사자가 아니지만, 정치에 전념하여 세상과 국가를 다스리는 활동을 하는 것처럼, 불교인들 역시 직접적인 생산 활동에 종사하지 않지만 종교 활동에 전념하여 국가와 백성들로 하여금 유익하고 올바른 삶의 길로 이끄는 활동을 하고 있는 것이다. 특히 종교인들과 정치인들 스스로는 물질적 재화를 최우선 순위로 놓아서는 안 되며 가장 중심적인 관심사는 덕을 함양하고 그것을 실현하는 일이라고 강조한다.

처능은 유교인들에게 오히려 질문을 던지고 있다. '우리 불교인들에게 생산 활동에 참여하지 않는 무위도식자라고 말하지만 그 논리가 맞다면 그렇게 말하고 있는 당신 유교인들도 역시 무위도식자가 아닌가?' 사회정치적 맥락에서 볼 때 종교와 정치 그리고 교육활동에 종사하는 사람들은 맹자의 용어로 말하면 노력자勞力者가 아니라 노심자勞心者에 해당한다.[60] 노심자는 물질적 재화를 직접 생산하지 않고 학문과 종교와 정치, 도덕과 예술과 같은 정신문화의 영역에서 개인과 공동체가 잘 살 수 있도록 이끄는 일을 한다. 이것을 전적으로 담당하는 것이 마치 직업과 같이 보이지만 이들이 담당하는 일은 직업이기 이전에 막중한 공적 소명을 받은 사람들이다. 그래서 처능이 보기에 이들이 물질적 이익을 직접 적극적으로 추구하는 일은 경계되어야 한다고 본다.

---

60) 맹자는 노심勞心과 노력勞力에 종사하는 사람들의 협력 및 상호관계를 "노심자勞心者는 노력자勞力者를 다스리고 노력자勞力者는 노심자勞心者를 먹여살린다(勞心者治人, 勞力者治於人)"는 식으로 표현하고 있다.

마지막으로 불교의 사회적 가치에 대해, 처능은 거듭 유교정치 못지않게 불교의 존재와 제반 활동이 국가와 사회에 유익과 발전을 가져오며 사회적 가치를 갖는다는 점을 강조한다. 종교와 정치, 학문과 예술 및 교육활동은 모두 직접적으로 물질적 생산 활동을 하는 것이 아니면서도 개인과 공동체에 문화적이고 공적으로 유익한 일을 하는 활동이다. 그러므로사찰을 철폐시키며 불교의 가르침을 폄훼하는 일은 중지되어야 한다.

> 사찰의 존재는 국가에 유익을 주며 통치의 도에 아무런 손해를 주지않습니다…나라의 스승은 군주를 보좌하는 사람을 가리키므로 그의 도가 가장 높으면 반드시 '나라가 장차 흥성할 때 신령스러운 승려가 출현한다'고 기록합니다…신령스러운 승려가 출현하면 국가에 유익을 주며 통치의 도에 아무런 손해가 되지 않는다는 것은 명백합니다…사찰이 존재하는 것이 나라에 유익이 되며, 승려가 없는 것이 나라에 손해를 가져옵니다…사원이 있으면 순리에 따르는 것이요 비구니를 추방함은 순리에 위배됩니다. 정치가 순리적으로 되어 나갈 것인가 혹은 잘못되어 나갈 것인가의 여부도 이 사이에 있는데 어째서 굳이 절을 없애고 승려를 쫓아낸 뒤에야 어진 정치를 할 수 있다고 말하십니까?[61]

처능은 불교와 사찰 및 승려의 존재가 국가에 이로우며 결코 손해를 가져오지 않는다고 말한다. 종교지도자는 국가 사회의 발전을 함께 이끌어가는 존재이다. 종교도 정치와 함께 백성들을 다스리는 활동을 한다. 삼국

---

61) 처능,『간폐석교소』,『대각등계집』(『한국불교전서』8), 341중~342상, "寺宇之瓶, 有益於國家, 無損於治道者…國師者, 師補國君之謂也. 其道望取高, 則必記云, 國之將興, 神僧出…則神僧之出有益於國家, 無損於治道者, 亦明矣…有寺則在所益矣, 無僧則在所損矣…存院則在所順矣, 放尼則在所背矣. 政體之順背, 亦與乎其間, 而何必曰罷院黜尼, 然後爲仁政者哉"

시대에 불교가 정치에 미친 영향은 해로운 것이 아니었음을 역사가 증명하고 있다고 그는 말한다. 처능의 반박 논리에는 규범적 당위나 이론적 정당성이 아니라 역사와 사회적 현실에서 불교의 존재가 실질적으로 이익이 되며 손해가 되는 것이 아니라는 점이 강조된다. 불교가 유교와 공존하는 것이 나라를 위해 이롭다는 것이다. 처능은 유교의 논리를 직접 차용하여 불교와 유교의 사회정치적 이로움을 부각시킨다.

그렇다면 처능은 이론적인 차원에서 유교와 불교의 회통성을 어떻게 보고 있었을까? 처능은 유교와 불교의 성性과 명命에 대해 다음과 같이 말한다.

> 하늘이 인간에게 준 것이 명命이다. 자사는 '천명은 성이다'라고 말했는데 이때의 천명이 바로 이 명이다. 인간이 하늘에서 받은 것이 성性이다. 우왕은 '나는 하늘에서 명을 받았다'라고 말했는데 이때의 명이 바로 이 성이다. 그러므로 성과 명은 하나이지만 다만 주는 것과 받는 것으로 나뉜 것일 뿐이다…불교에서 혹은 성명性命이라고 하고 혹은 신명身命이라고도 하는 것들은 모두 성과 명을 나누지 않고 합쳐 말한 것이다. 이것은 성이 바로 명이고 명이 바로 성이라는 것을 말하는 것이다.[62]

유교에서 말하는 성과 명은 불교에서 말하는 성과 명과 다르지 않다. 다만 말하는 방식이 다를 뿐이다. 유교에서는 천명이 곧 하늘로부터 부여

---

62) 처능, 「성명설性命說」, 『대각등계집』(『한국불교전서』 8), 327중, "天授之於人曰命, 子思之所謂天命之謂性者, 是也. 人受之於天曰性, 大禹之所謂吾受命於天者, 是也. 故性與命, 盖一也, 而特授受之分耳…佛家或云性命, 或云身命等者, 性與命, 不分而合言. 其性卽命, 命卽性而稱也."

받은 성을 의미한다. 하늘의 편에서 보면 천명은 하늘이 주는 것이므로 명인 것이지만 인간의 편에서 보면 이것은 성이 되는 것이다. 하늘이 주기에 명이고 인간이 받기에 성이므로 명과 성은 내용으로 보면 같은 것이다. 불교에서도 성과 명은 다뤄지지만 하늘의 편이나 인간의 편을 구분하지 않는다. 그래서 불교에서는 성명이라고 하기도 하고 신명이라고 하기도 한다. 성명과 신명 모두 성과 명의 내용적 동일성을 의미하는 용어이다. 또한 처능은 불교의 자비와 유교의 인이 같은 의미를 지닌다고 말한다.

> 사람을 사랑하고 만물을 이롭게 하는 것을 가리켜 인이라고 한다. 제도와 만사를 올바르게 처리하는 것을 가리켜 의라고 한다. 인과 의 모두가 나의 성이고 리이다. 대개 인은 사랑이 주가 되어 사랑하게 되고 의는 의리가 주가 되어 의롭게 되는 것이지만 경중이 없을 수 없다. 무엇 때문인가? 인은 의의 머리가 되며 의는 인으로부터 나오는 것이기 때문이다…불교에서는 자비를 인이라 하고 희사를 의라고 하는데, 이것은 인과 의가 모두 내 안에 있음을 가리킨다.[63]

유교에서 인은 사람을 사랑하고 만물을 이롭게 하는 것을 가리킨다. 인은 나의 성이다. 인의예지의 덕 중의 하나이며 인간이 본래 하늘로부터 부여받은 성품인 것이다. 맹자는 인이 누구에게나 본래적으로 존재한다는 것을 측은지심이라는 실마리를 통해 증명했다. 처능 역시 사랑의 마음인 인이 가장 기본적인 중심이 된다고 말한다. 인과 더불어 의는 제도와 만사를 올바르게 이끌고 나가는 기준이 되는 마음이다. 의로운 마음 역시

---

63) 처능, 「인의설仁義說」, 『대각등계집』327중~328상, "愛人利物之謂仁, 隨宜制事之謂義, 皆在我之性, 而當然之理也, 盖仁主於愛, 義主於義, 而不無輕重焉, 何者? 仁爲義之首, 義從仁而生者也…佛氏以慈悲爲仁, 喜捨爲義, 此是仁義皆在我之謂也"

인의예지의 덕 중의 하나이다. 처능은 인과 의의 관계에서 인이 더 근본적인 것이라고 설명한다. 사랑하고 이롭게 하려는 마음으로부터 만사를 올바르게 처리하는 것이 가능하기 때문일 것이다.

처능은 유교에서의 인과 의가 곧 불교에서의 자비와 희사와 같다고 말한다. 자비와 희사는 만물과 사람을 대하는 한량없는 4가지 마음, 즉 사무량심四無量心에 해당한다.[64] 처능은 자비와 희사의 실천이 곧 인과 의의 실천과 같다고 생각한다. 인과 의의 덕이 모두 내 안에 있는 성에서 비롯되는 것과 마찬가지로 자비와 희사의 마음도 불성에서 비롯되는 것이다. 처능은 유교나 불교나 성과 명을 자비와 인의 실천으로 구체화하는 점에서는 모두 같다고 보았다. 그리고 바로 이 지점에서 유교와 불교의 회통을 밝혀내고 있다. 처능이 불교의 사회적 가치를 옹호하려고 했던 것은 바로 이러한 회통성을 알고 있었기 때문이다.

---

64) 자慈는 일체의 존재에게 즐거움을 주려는 마음, 비悲는 괴로움을 덜어 주려는 마음, 희喜는 함께 즐거움을 나누는 마음, 사捨는 차별 없이 평등한 마음을 가리킨다. 이 4가지 마음은 한량이 없다는 의미에서 사무량심이라고 한다.

제 3 부

유교 심성론과 불교인식

유교 심성론과 불교인식

    우리는 제2부에서 불교인들의 심성 논의와 그들이 유교에 대한 인식을 집중적으로 살펴보았다. 15세기의 기화와『유석질의론』의 저자, 16세기의 휴정과 선수, 그리고 17세기의 대지와 처능을 중심으로 약 3세기 동안 불교인들의 심성 논의를 우주론적으로, 심성론적으로 확인하면서 이들의 유교 인식도 함께 알아보았다. 이들의 논의를 통해 알 수 있는 것은, 불교인들은 시대의 변화에도 불구하고 큰 차이 없이 불교와 유교의 회통을 말하고 있다는 점이다. 유교와 불교가 근본적으로는 회통하고 있다는 것을 이들 불교인들은 강조하고 있다.

    그러나 유교 측에서는 달랐다. 불교와의 차별성을 강조하며 조선을 건국하는 데에 앞장 선 유교인의 입장에서 보면 유교는 불교와는 다른 새로운 사회정치적 이념이며 철학이어야 했다. 유교는 특히 조선 건국 초기에 불교와의 대립적 측면을 부각시켰다. 유교가 불교의 대안이 되기 위해서는 유교와 불교의 회통 보다는 대립이 두드러진 것이다. 그러나 시간이 흘러 유교 내부에서 조선성리학의 심성 논의가 심화되고 사회적으로 불교와의 교류가 자유로워지면서 이러한 유교의 태도는 점차 변화하게 된다.

제2부에 이어 제3부에서는 유교인의 심성론과 불교인식의 변화과정을 세 단계로 나누어 살펴보기로 한다. 첫 번째 단계는 15세기를 중심으로 유교와 불교의 대립이 부각되는 단계이다. 이 시기는 정도전과 권근의 심성론과 불교에 대한 인식을 주로 살펴본다. 두 번째 단계는 16세기를 중심으로 유교와 불교의 접근이 모색되는 단계이다. 이 시기는 이황과 송시열의 심성론과 불교 인식을 주로 살펴본다. 이와 함께 16세기 유교인들의 입장의 변화는 갑작스러운 것은 아니며, 불교와의 대립이 강조되었던 15세기의 유교인들의 심성 논의에서도 이미 잠재적으로 확인되고 있다는 점도 논할 것이다.

마지막으로 세 번째 단계는 17세기를 중심으로 유교인들이 불교와의 회통을 스스로 발견하고 확인하는 단계이다. 이 시기는 김만중과 김창협-김창흡 형제의 심성론과 불교 인식을 주로 살펴보기로 한다. 이들은 본격적으로 유교와 불교의 심성 논의를 비교하고 그 회통성을 이론적으로 밝혀낸 사람들이다. 김만중은 유교와 불교를 역사적이고 구조적인 맥락에서 회통시키고 있으며 김창협-김창흡 형제는 유교의 미발지각 개념과 무극태극 개념을 중심으로 불교 심성론 내용을 철학적 맥락에서 회통시키고 있다.

제 1 장

유교와 불교의 대립

15세기 유교인 정도전鄭道傳(1342~1398)과 권근權近(1352~1409)은 조선 초기 사회질서가 유교적으로 구축되는 데에 중요한 역할을 한 성리학자들이다. 이 두 사람 모두 새로운 사회를 이념적으로 뒷받침할 수 있는 사상이 성리학이라고 생각하였고 특히 주희에 의해 체계화된 성리학인 주자학을 적극 수용하였다. 정도전과 권근은 모두 성性을 심心보다 우위에 놓고 불교의 심心도 이 도식에 의해 이해하고자 한다.[1]

---

[1] 권근은 정도전의 불교비판 책에 주석을 달 정도로 불교 비판에 대해서는 정도전과 공통점이 적지 않았다. 하지만 그러나 이 두 사람의 심성론은 서로 차이가 있었으며 그런 만큼 불교에 대한 태도도 완전히 같지는 않다. 권근과 정도전은 모두 불교와 유교의 대립점을 말하지만 실제로 권근은 정도전과는 달리 불교를 신앙적으로 수용하며 불교의 존재 가치를 자신의 삶 속에서 인정하고 있는 모습을 보인다. 권근과 정도전은 모두 관료로서 조선이 불교의 지배로부터 벗어나 성리학의 이념으로 새롭게 건국되는 것을 중시하였지만, 학자였던 권근과 정치가였던 정도전은 불교의 정치-사회적 차원과는 달리 불교의 철학-종교적 차원에서는 상이하게 수용하고 있음을 알 수 있다. 권근과 정도전의 차이에 관해서는 한자경, 『한국철학의 맥』, 이화여자대학교출판부, 2008,

정도전은 불교를 비판할 때 주희의 불교비판 논리였던 작용시성作用是性 논리에 주목한다. 정도전은 불교 심성론 중에서도 특히 선불교의 주장 중의 하나인 작용시성 논리를 집중적으로 비판하면서 불교를 이론적으로 공격하였다. 정도전이 보기에 선불교의 작용시성 논리는 현실 세계의 인륜을 무시할 위험이 있다.[2] 정도전이 비판하는 작용시성 논리의 이론적 타당성과는 별도로 정도전이 왜 이토록 불교를 철저히 배격하고자 했는지 생각해볼 필요가 있다. 정치가 정도전이 현실적으로 주목하고 있는 것은 불교 이론 자체와 함께 불교가 갖고 있는 막강한 사회정치적 영향력이었다. 불교의 사회정치적 영향력을 약화시키고 유교의 이념을 높이기 위해서 정도전은 유교와 불교가 각각 중심으로 내세우는 개념을 성과 심으로 압축시키고 성이 심보다 더 근본적인 것이라고 논한다.

이하에서는 먼저 정도전의 심성론과 불교비판 내용을 구체적으로 살펴보기로 하겠다.

159~160쪽 참조

2) 작용시성은 '일상적으로 작용하는 모든 마음활동이 곧 불성의 표현이 아닌 것이 없다' 라는 의미로 주로 선불교 중에서도 홍주종에 속한 불교인들에 의해 주장되었다. 선불교에서 작용시성은 불성의 표현으로서의 일상적 마음작용을 긍정하는 의미에서 사용되는 말이지만, 유교인의 입장에서 볼 때에는 현실에 대한 무조건적 긍정 혹은 현실에 대한 무비판적 인정과 유사하게 해석되었다. 정도전은 선불교인들이 이 현상세계를 떠나는 것, 즉 출세간에만 관심이 있을 뿐이어서 이 현실세계를 올바르게 살아가기 위한 이치를 탐구하고 세우거나 그에 부합하는 현실적 삶을 살지 않는 이유로 작용시성 논리를 근거로 내세운다.

1. 정도전 : 유교의 성과 불교의 심

정도전은 유교가 불교에 비하여 우월한 지위에 있다고 본다. 왜냐하면 유교가 중시하는 리理, 즉 성은 불교가 중시하는 심心보다 더 근본적인 것이기 때문이다. 정도전은 다음과 같이 말한다.

> 심만 있고 내(理)가 없으면 이해관계만 따라갈 것이요…돌과 같이 움직이지 않고 앉아 있으면 흙이나 나무와 같은 형해일 뿐이다. 내(理)가 네 마음(心)에 있어야 통철하고 밝아질 것이다.[3]

위의 내용이 실려 있는 글의 제목은 『리유심기理諭心氣』이다. 제목의 의미를 풀이하면 리인 유교가 심인 불교와 기인 도교를 '일깨워 가르친다'는 뜻이다. 제목에서 알 수 있듯이 정도전에게 리는 곧 천명이나 천리인 성과 같아서 모든 가르침의 최상위에 있고 가장 근본적인 지위를 지닌다. 성으로서의 리는 천지만물을 만들어내고 주재하는 이치이다. 그러므로 정도전은 인간을 포함하여 그 어떤 존재나 법칙도 천지를 생성하고 이끌어 가는 이치인 리보다 중요한 것은 아니라고 생각한다. 그가 보기에 인간의 마음에서 리가 없으면 사사로운 이해관계만 치중하고 사적인 이익만 추구하는 존재로 전락하게 된다. 심 안에 리가 갖추어져 있을 때 비로소 그 심도 통철하고 밝아질 수 있는 것이다. 이와 같이 심 안에 갖추어져 있는 리가 바로 성이다. 유교에서 성을 심보다 중시하는 이유는 바로 성이 심 안에 갖추어진 리이기 때문이다. 정도전에게 성은 심이 따라야 할 궁극적

---

3) 정도전, 「심기리편心氣理篇」, 『리유심기理諭心氣』(『삼봉집』 10), "心無我. 利害之趨. 磕然而坐. 土木形骸. 我存爾心. 瑩徹虛明."

표준이 된다. 따라서 불교의 심은 유교의 성의 가르침을 받아야 완전해질 수 있는 것이 된다.

정도전은 위의 인용문에서 불교를 두 가지 양 극단으로 묘사하여 비판하고 있다. 하나는 '심에 리가 없어 이해관계만 따라다니는' 모습이다. 이것은 주희가 작용시성의 논리로 선불교를 비판했던 것과 유사하다. 마음에 리가 표준으로 작용하지 않을 때, 일상의 모든 마음작용이 인정되고 수용되어 일상적 이해관계를 좇기만 하는 모습을 막을 수 없게 된다. 다른 하나는 '돌과 같이 움직이지 않고 앉아 있는' 모습은 정신이 빠진 물질과 같이 아무런 힘을 발휘하지 못한다. 정도전은 선불교인들의 참선 모습을 염두에 두고 비판하고 있다.

앞의 구절에서는 성이 빠진 심이 규범적 표준이 없어 '하지 못할 것이 없는' 것이 문제된다면 이 구절에서는 '아무 것도 하는 것이 없는' 것이 문제된다. 정도전은 선불교의 정좌 수행을 마치 생명이 없는 흙이나 나무와 같이 묘사한다. 정도전에게는 외적으로 활동하고 행동하는 것, 외적 사물과 사태를 변화시키는 것이 가장 중요하며 순전히 내적 마음의 차원에서 이뤄지는 것은 무용한 것, 쓸모없는 것, 아무것도 하는 일이 없는 것 등으로 간주된다. 유교인인 그에게 리는 천지만물의 생성과 변화를 관통하는 천지만물의 이치이며 적극적으로 탐구되고 밝혀내어 현실 속에서 실현시켜 내야 하는 것들이다. 그런데 선불교의 정좌 수행은 잘못을 바로잡을 수도 없고 옳은 것을 적극적으로 실현하지도 못하기 때문에 사실상 아무것도 하지 않는 것과 같다. 정도전은 불교에 대해 다음과 같이 말한다.

달마가 중국에 들어와서…그 설이 얕고 좁아…선善을 권장하고 악

惡을 징계하는 도를 끊었으며…계율로써 심신信心을 지키는 도道가 상
실되었다.[4]

달마는 중국에 선불교를 창시한 인도 불교인으로서, 마음을 깨닫는 것
을 중시하였다. 정도전은 유교적 전통이 강한 중국에 달마의 선불교가 들
어와서 오히려 권선징악의 유교적 실천이 경시되고 계율이나 행위를 통한
수양이 없어졌다고 한탄한다. 행동이나 계율을 지키는 것보다 마음을 직
접 깨달아 그 마음을 변화시키는 것을 중시하는 달마의 선불교 수행은 정
도전이 보기에 얕고 좁은 설에 불과하다. 유교는 천리와 성명의 이치의
존재를 인정하고 이를 기준으로 일상에서 선과 악을 분별하여 선을 권장
하고 악을 징계하는 제도적 장치를 중시한다. 그런데 달마의 선불교는 이
모든 사회적 장치들을 일격에 부정하는 것이다. 정도전에게 이것은 위험
한 것으로 간주된다.

> 우리(유교)의 앎은 만물의 이치가 내 마음에 구비되어 있다는 앎이
> 지만 저들(불교)의 깨달음은 심心이라는 것은 본래 공空하여 하나의 사
> 물도 없음을 깨닫는 것이다.[5]

정도전은 유교와 불교에서 각각 마음과 앎의 차이를 극명하게 드러낸
다. 유교의 마음은 만물의 이치가 모두 마음에 구비되어 있는 구중리具衆
理의 마음이다. 그래서 유교의 앎은 곧 구중리를 아는 앎을 의미한다. 하

---

4) 정도전, 『불씨잡변』, 『삼봉집』 9권(한국문집총간 5), "至達摩入中國…其說浸西…善惡懲勸
之道絶矣…戒律持身之道失矣."
5) 정도전, 『불씨잡변』, 『삼봉집』 9권(한국문집총간 5), "此之知, 知萬物之理具於吾心也, 彼
之悟, 悟此心本空無一物也."

지만 불교의 마음은 오히려 만물의 이치를 지워버리고 비워버리는 마음이다. 그 마음은 본래 공하여 단 하나의 사물도 없는 마음, 즉 본공무일물本空無一物의 마음이다.

유교의 구중리의 마음과 불교의 본공무일물의 마음은 그렇게도 다른 것일까? 불교인들의 통찰에서는 그렇지 않았다. 대부분의 불교인들은 구중리의 마음의 바탕에 본공무일물의 마음이 존재하고 있다는 것을 알고 있었다. 불교인들이 유교의 태극과 무극을 해석하면서 태극보다 무극을 더 근본적인 것으로 간주했던 것은 이 때문이다. 하지만 정도전은 본공무일물의 마음보다 구중리의 마음을 더 중요하게 부각시키고 있는 것이다.

정도전이 보기에 유교는 천지만물의 이치를 알기 위해 탐구하고 노력한다. 왜냐하면 그 이치를 널리 세상에 드러내어 실현하기 위해서이다. 유교가 마음공부에 매진하는 것은 단지 마음공부에서 끝나지 않고 이것을 현실을 다스리는 기반으로 삼기 위해서이다. 그래서 정도전은 불교의 마음공부를 비판한다. 정도전은 불교의 공空을 무無와 다르지 않다고 생각하기 때문에 불교가 리를 모르고 성을 모른다고 비판하는 것이다. 그저 아무것도 없는 마음이 어떻게 세상만물의 온갖 이치들을 표준에 맞게 적용할 수 있겠는가? 정도전은 이런 방식으로 불교, 특히 선불교의 마음공부를 비판하고 있다.

정도전의 심성론에서는 성性은 곧 리理이고 심心은 곧 그 리理의 규제를 받아야 하는 것이다. 왜냐하면 심은 사사로운 욕망에 의해 잘못될 가능성이 있기 때문이다. 그래서 정도전은 유교가 불교와 대립되는 점으로 리를 강조한다.

우리(유교)는 리가 진실로 있다고 하는데 저들(불교)은 법이 연기로 인해 일어난다고 하니 어쩌면 그 말은 같은데 일은 이렇게도 다른가?…저들은 마음이 공하여 이치가 없다고 보는데 우리는 마음이 비록 공하지만 만물의 이치를 모두 갖추고 있다고 본다.[6]

유교는 리가 실재함을 믿는다. 이 리가 마음에 있는 것이 곧 성이다. 정도전은 마음의 리, 즉 성을 굳게 믿는다. 이 리는 마음이 갖추고 있는 만물의 이치인 것이다. 그러나 불교는 유교가 중시하는 리를 그저 연기에 의한 산물이라고 본다. 유교에서 리는 절대적 표준인데 불교에서 리는 상대적인 것, 생멸적인 것일 뿐이다. 유교인 정도전에게 이것은 도저히 납득될 수 없는 것이다.

여기서 한 가지 흥미로운 점은, 정도전도 마음의 공空을 인정하고 있다는 점이다. 마음의 공空은 유교나 불교나 모두 인정한다. 정도전은 이 점에서는 유교와 불교가 같다고 본다. 비록 유교가 성과 리를 중심에 놓고 있지만 마음의 공空까지 부정하는 것은 아니다. 이때 정도전이 생각한 유교의 마음의 공空은 『주역』에서의 적연부동을 의미한다. 하지만 유교에서의 마음의 공은 그것에 멈추는 것이 아니라 주역의 감이수통과 같이 만사에 응하고 만물의 이치를 품고 있는 공이다. 적연부동과 감이수통은 서로를 요청하는 개념이다. 적연부동하기에 감이수통할 수 있는 것이다. 태극이 무극이기에 태극일 수 있는 것과 같다. 정도전은 이런 맥락으로 마음의 공空을 말하고 있다.

하지만 정도전은 유교와 불교가 모두 마음의 공空을 말하지만 그 실질

---

6) 정도전, 『유석동이지변』, 『삼봉집』 9권, "此以理爲固有, 彼以法爲緣起, 何其語之同而事之異如是耶…彼見得心空而無理, 此見得心雖空而萬物威備也"

적 일은 다르다고 생각한다. 실질적 일에서 유교의 마음의 공은 곧바로 구중리의 마음으로 이어지지만 불교의 마음의 공은 본공무일물의 마음에서 그친다는 것이 정도전의 주장이다. 유교인인 정도전에게 절대적 표준과도 같은 리, 마음의 성과 그에 따른 세상 만물의 이치들이 불교에서는 세간의 이치, 세간법인 연기의 산물에 불과하다. 불교에서는 세간법과 출세간법 모두 공空이다. 일체법이 연기의 산물이며 공이라는 것을 깨닫는 것이 곧 현상적 법이나 이치에 집착하지 않는 바른 수행의 길이다. 정도전에게는 이것이 용납될 수 없었던 것이다. 정도전은 이 때문에 유교가 불교와 대립된다고 보았다.

그러나, 정도전은 과연 불교를 충분히 이해하고 있었던 것일까? 정도전은 특히 선불교의 공 사상에 초점을 맞추어 불교를 이론적으로 비판하였지만, 그의 불교 비판은 불교의 핵심 심성론이 단지 공 사상에 머무르지 않는다는 점을 충분히 통찰하지 못한 것으로 보인다. 불교 공 사상의 핵심은 진공묘유, 공적영지, 성자신해의 마음이다. 이 마음은 공이지만 신묘한 유를 지니고 있는 마음, 공적하지만 신령하게 알고 있는 마음, 성 스스로 신령스러운 앎을 갖고 있는 마음이다. 하지만 정도전은 불교와 유교의 대립을 공에 그치는가의 여부로 대립각을 내세웠고 그의 불교인식의 한계로 인해 유교와 불교의 대립이 부각되었다.

2. 권근 : 유교의 천리와 불교의 공적

권근權近(1352~1409)은 정도전의 저술인 『심기리편心氣理篇』과 『심문천답心問天答』에 주석을 달고 풀이하였을 뿐 아니라 『정삼봉도전문집鄭三峯道

傳文集』에 서문을 쓰기도 하였다. 하지만 정치가였던 정도전과는 달리 학자였던 권근은 유교 뿐 아니라 불교에 적대적이기만 한 것은 아니었다. 오히려 권근의 삶에서 불교는 친근하고 가까운 환경이었다. 권근은 자식들을 교육시키기 위해 사찰에 유학보내기도 했으며, 불교 경전인『묘법연화경』의 간행을 기념하는 발문을 작성하기도 하였다. 권근의 불교관을 재검토하고 있는 이정주의 연구에서는 권근이 "이론적으로는 유교와 불교를 비교하면서 유교를 중심으로 불교와의 차이를 밝히면서도『법화경』의 발문을 쓰고 각종 불사에 소蔬를 지을 정도로 불교에 대해 종교적이고 신앙적인 우호감을 보였다"[7]고 말한다. 이정주는 권근이 성리학자이면서도 때로 유교의 현세주의적 태도의 한계를 피력하고 있었다고 말한다. 표면적으로 보면 권근은 불교에 대해 양면적인 태도를 보이고 있는 셈이다.

그렇다면 권근의 심성론에서는 어떤 점이 주로 논의되고 있을까? 권근은『입학도설』의 첫 장인「천인심성합일지도天人心性合一之圖」에서 다음과 같이 말한다.

마음의 허령지각은 오직 하나일 뿐이다. 그러나 그 허령함이 마음의 체가 되는 이유는, 오로지 그것이 5가지 오상五常(인의예지신)의 성性일 뿐이지만 만 가지 일과 만 가지 사물의 리理를 거느리지 않음이 없기 때문이다…심체心體가 단지 정허靜虛라는 것만을 알고 오상의 성이 체가 되고 있다는 것을 모른다면 그 마음이 막연하고 실實이 없어서 노자의 허무虛無나 불교의 공적空寂에 빠지게 되어 큰 근본이 확립되지 못할 것이다…그러므로 반드시 배우는 자들로 하여금 이 체가 지정至靜 속에 머물러 마음 본연의 바름을 지키고 있음을 알도록 해야 한다.[8]

---

7) 이정주,「권근의 불교관에 대한 재검토」,『역사학보』131집, 역사학회, 1992년, 67~69쪽.
8) 권근,『입학도설』, "心之虛靈知覺, 則一而已矣. 然語其虛靈之所以爲體, 則不過五常之性, 而

권근은 마음의 허령함이 인의예지신을 갖추고 있기에 마음의 체가 될 수 있는 것이라고 강조한다. 유교도 불교와 마찬가지로 마음의 허령함을 인정한다. 하지만 유교에서 마음의 허령함은 마음 본연의 바름, 즉 인의예지신의 성과 떼어놓고 생각할 수 없다. 이 점이 바로 불교의 마음의 허령함과의 차이라고 권근은 생각한다. 불교에서 마음의 허령은 이 점을 강조하지 않기 때문에 공적空寂과 다르지 않지만 유교에서 마음의 허령은 이 성 때문에 공적과는 다른 것이다.

인의예지신의 성은 마음에 머물지 않고 세상의 모든 이치와 사태의 표준으로 작용한다. 구중리를 갖추고 있기 때문이다. 이런 맥락으로 권근은 정도전의 구중리의 마음과 의견을 같이한다. 마음의 본체는 허령함이지만 그것이 허령한 까닭은 온갖 리理를 갖추고 있기 때문이다. 권근은 유교와 불교의 차이를 이 허령지각의 마음이 오상의 성과 구중리를 갖추고 있는 것으로 보는가의 여부로 본다. 유교의 심心은 고요하고 허하면서도 리와 오상의 성을 갖추고 있지만 불교는 고요하고 허하지만 아무런 물物이 없어 막연하여 공적空寂에 그친다. 권근이 보기에 유교는 천리天理를 강조하지만 불교는 허적虛寂을 강조하기 때문에 유교와 불교는 대립된다.

하지만 불교에서 허적은 불교의 심체를 온전하게 설명할 수 없다. 불교의 심체는 허적이면서 동시에 신령하게 비추는 앎의 활동을 갖추고 있다. 불교의 여래장과 원각, 묘명진심, 공적영지의 마음, 성자신해의 마음은 바로 공적과 영지라는 심체의 두 모습을 보여주는 개념인 것이다. 하지만 권근은 불교를 비판하면서 공적의 차원만 부각하여 유교와 대립시키고 있

萬事萬物之理, 無不統…知其爲靜虛, 而不知五常之性爲之體, 則其爲心也, 漠然無物淪於老氏之虛無佛氏之空寂, 而大本有所不立矣…故必使學者, 知有是體而存之於至靜之中, 以守其本然之正"

다. 이 점에서 권근의 불교인식은 정도전의 불교인식과 다르지 않은 듯이 보인다. 권근은 정도전의 불교비판서인 『심기리삼편心氣理三篇』에 서문을 붙이면서 다음과 같이 말한다.

> 사람이 태어나 천지의 리理를 받은 것을 성性이라 하고 그 형체가 만들어진 것을 기氣라고 하며 리와 기가 합하여 신명하게 된 것을 심心이라고 한다. 유교는 리를 중심으로 하여 심과 기를 다스리니 하나를 근본으로 해서 두 가지를 다스리는 것이다…불교는 무념無念을 이루고자 하여 그 념念이 선한지 악한지를 막론하고 모두 없애버린다.9)

권근이 보기에 불교는 선악의 표준이 없는 무념의 마음을 지향한다. 무념과 무상의 마음에서 선과 악을 분별하는 일체의 활동은 없어지기 때문이다. 하지만 유교인 권근에게 이것은 수용하기 어려운 것이다. 유교의 마음은 천리인 인의예지신의 성을 갖추고 만물과 만사에 응할 수 있는 표준을 갖추고 있는 구중리의 마음이기에 세상 만사에 응할 때 선과 악의 기준을 제공할 수 있는 것이다. 선악의 기준으로 제시되지 않는 마음은 마음의 핵심 활동의 의미를 잃어버린다.

권근이 보기에 불교는 인의예지신이라는 항구적 가치와 선에 관하여 명시적으로 말하지 않는 것이 문제이다. 일상생활에서 변함없이 지켜져야 마땅한 도덕적 덕목의 가치가 이론적으로 명시화되고 정당화되지 않는다면 인륜을 지키려는 노력이 점차 사라지게 될 것이다. 세상 사람들에게 선악의 기준을 제시하지 않는다면 그들은 점차 선악에 관심을 갖지 않게

---

9) 권근, 『심기리삼편 서序』, 『양촌선생문집』 16권, "人之生也, 受天地之理以爲性, 而其所以成形者氣也, 合理與氣, 能神明者心也. 儒主乎理而治心氣. 本其一而養其二…釋欲無念, 不論念之善惡而皆遺之."

되어 인간 삶과 사회질서에 위험을 초래할 수 있다. 권근의 불교비판의 핵심은 바로 이 지점에 있다.

하지만 불교의 입장에서 보면 권근의 불교인식 역시 불충분한 점이 존재한다. 불교의 공적영지의 마음, 원각, 성자신해의 마음은 선과 악의 구분이 분별적 차원으로 존재하는 것이 아니라 무분별적 차원으로, 일체가 선이 아닌 것이 없는, 무불선無不善의 선으로 존재한다. 하지만 권근에게는 이러한 무불선의 마음이 아닌, 현실 세계에서 구체적으로 선의 내용으로 제시되는 구중리具衆理의 선이 더 강조된다. 왜냐하면 그것은 그가 현실세계에서 언제든지 도道에서 멀어질 수 있는 위험이 내재한 현실의 인간 마음에 주목하고 있기 때문이다.

> 지각이 작용이 되는 까닭을 말하면 사단과 칠정을 알아차리는 것일 뿐이니 수만 가지 사물의 온갖 변화를 관할하지 않음이 없다…지각이 있다는 것만 알고 사단과 칠정이 발할 때 그 기미에 선과 악의 구분이 있어 자세히 살펴야 한다는 것을 알지 못하면 마음은 사물의 부림을 당하게 되고 욕망이 일어나고 정情이 이겨서 달도達道가 행해지지 못할 것이다.10)

허령지각으로서의 마음의 허령성은 천리인 성을 갖추고 현실에서 도심과 인심, 사단과 칠정의 갈래에서 악이 아닌 선으로 가도록 관할하는 지각작용으로 구체화된다. 권근에게 마음의 허령지각은 허령성이라는 본체와 지각활동이라는 작용의 결합체인 것이다. 그런데 인의예지신의 성은

---

10) 권근, 『입학도설』, "語其知覺之所以爲用, 則不過四端七情之感, 而萬事萬物之變, 無不管… 知其有知覺, 而不知四端七情之發, 其幾有善惡之殊而致察焉, 則心爲物役, 欲動情勝, 而達道有所不行矣."

사단으로 드러나고 지각활동으로서의 마음은 현실에서 사단이 칠정의 방해를 받지 않고 오롯이 작용하도록 한다. 유학자 권근에게 마음은 이와 같이 도심과 인심, 사단과 칠정의 갈래에서 표준과 중심의 역할을 하는 매우 중요한 것이다.

그렇기에 권근은 선과 악의 갈래에서 악을 취하지 않고 선을 취하도록 이끄는 역할과 작용에 대해 특히 주목하면서 유교를 이론적이고 학문적으로 정립해갔던 것이다. 그는 심을 말할 때 반드시 천리를 말하지 않으면 안 되고, 사단과 칠정의 구분을 말하지 않으면 안 된다고 보았다. 하지만 권근은 자신이 정립시킨 심성 논의가 표면적으로는 불교와 대립되지만 실질적으로는 상통하고 있었다는 것을 충분히 간파하지 못했던 것으로 보인다. 그는 건국 초기의 유학자로서 불교의 영향력으로부터 벗어나 유교 성리학의 이론적 정립과 사회적 제도화를 위해 애써 불교와 선을 긋고 있음을 알 수 있다.

비록 권근이 정도전과 마찬가지로 유교적 의미의 심으로 불교의 심을 비판하고는 있지만 권근 자신은 독실한 불교 신자 집안 출신이었다. 권근의 형은 승려로서 고위직을 지냈으며 광범위한 불사佛事에 직접 참여하기도 하였다. 권근 역시 교육을 위해 자녀들을 일정 기간 사찰에서 지내도록 하였다. 권근은 불교인들과 일상적으로 가까이 하면서 항상 교류하였다.[11] 유학자 권근의 심성 논의에서 항상 핵심은 심心이었다. 사단과 칠정이라는 심의 두 지각작용의 원천을 규명하고 사단을 칠정과 독립시켜 그 작용을 설명하는 조선성리학의 심학心學 전통은 이황 이전에 이미 권근에

---

11) 김윤섭, 「조선 전기 관료문인들의 불교적 내면의식에 관한 연구」, 『선문화연구』 20권, 한국불교선리연구원, 2016, 191쪽.

서부터 시작되고 있음을 알 수 있다.

심을 강조하면서 천리와 관련지으면서 심의 지위를 입체적으로 해명하는 그의 성리학자로서의 활동은 비록 표면적으로는 불교의 심과 대립되는 듯이 보이지만 실질적으로는 이후 유교와 불교의 심성론이 철학적으로 접근하고 회통할 수 있는 길을 열어주고 있다고 할 수 있다. 정도전과 권근이 비록 유교와 불교의 대립을 부각시킨 것은 공통적이지만, 불교와의 접근 가능성을 시작하고 있다는 점에서 권근은 정도전과 차이를 보인다. 권근의 심성론이 정도전과는 차이를 보이는 데에는 불교와 친숙한 그의 집안 환경과도 무관하지 않을 것이다.

권근은 죽은 가족의 명복을 빌기 위해 불교 경전을 간행하여 절에 공양하기도 하는데 이것은 권근 자신이 불교를 종교적 신앙으로 받아들이고 있다는 것을 보여준다. 그가 쓴 『묘법연화경』 간행기념 발문跋文에는 백형의 죽음을 애통해하며 백형의 소망을 이행하며 불경 발문에 명복을 기원하는 내용이 들어 있다.[12] 권근은 단지 자신의 가족의 명복을 위해서만이 아니라 태조와 다른 불교 승려의 명복을 위해서도 『묘법연화경』의 발문을 쓰기도 한다.[13] 이 발문들에서 권근은 다음과 같이 말한다.

---

12) 권근, 「묘법연화경 발跋」, 『양촌선생문집』 22권, "영락 2년(1404, 태종4) 여름에, 나의 백형 우사공이 병들어 그해 가을에 더욱 위독해지자 도인 지선志先에게 이르기를 "내가 만약 일어나지 못하면 『묘법연화경』을 만들어 명복을 빌어달라"고 말하고 겨울 10월 17일에 돌아가셨다…5~6일 사이에 이 경을 박아 장정이 끝나자 드디어 빈소에 나아가 승僧을 맞이하여 전독轉讀하였다. 아, 우리 백형은 성품이 강직하고 현명하며 일을 처리함이 정밀하고 자상하여…다만 한스러운 것은 지위가 그 덕에 비해 만족하지 못하였고 연세가 그 상수를 누리지 못하였으므로 쌓은 것은 많되 베푼 것이 적은 채 갑자기 이에 이르니 얼마나 통탄할 일이랴(永樂二年夏, 吾伯兄右使公遘疾, 其秋轉篤, 謂道人志先曰, 若吾不起, 爲成妙法華經以資冥福, 冬十月十有七日乃卒…於五七日間, 印成此經, 粧背已訖, 遂就殯則, 邀僧轉讀. 嗚呼, 吾兄稟性剛明, 處事精詳…但恨夫位不滿其德, 年未享其壽, 積者多而施者少, 遽至於斯, 可勝慟哉)"

사람의 도리는 효孝보다 앞서는 것이 없으니 유·불·도 세 가르침
이 비록 다르긴 하지만 이것을 중시하지 않은 것이 없다.[14]

부모에게 효도하는 마음을 중시하는 점은 유교나 불교의 차이가 없다
고 권근은 말한다. 수많은 유교인들은 불교가 '인륜을 무시하고 부정한다'
고 비난하였지만 이것은 매우 피상적인 비판이었음을 알 수 있다. 서양이
나 동양이나 종교적 수행자로서의 삶을 살기 위해 속세적 삶과 차별을 갖
는 것을 두고 '인륜을 부정한다'고 비난하는 것은 타당하지 않다. 불교에
대한 유교의 통상적 비난과는 달리, 유학자 권근과 같은 유교인들은 불교
나 유교가 모두 효와 같은 인륜을 중시하고 있음을 인정하고 있었던 것이
다. 권근은 또 다음과 같이 말한다.

(우리 임금께서는) 필히 정성을 다하고 필히 믿음을 다하여 진심으
로 예를 다하여 불교의 가르침을 따라 복을 구하는 일에 이르러서도
성심을 다하지 않은 적이 없으셨습니다…신이 생각하기에 성인의 덕은
효도보다 더 큰 것이 없고 효도를 다하는 도는 그 마음(효심)을 끝없이
하는 것입니다.[15]

권근은 부모에게 효도하는 마음과 불교 경전을 필사하며 온갖 정성과
마음을 다하는 종교적 신앙 행위는 모두 높이 평가할 만한 행위라고 말한
다. 이것은 부모에게 효도하는 마음이 종교성을 띤다는 의미이다. 권근은

---

13) 이정주, 「권근의 불교관에 대한 재검토」, 『역사학보』 131집, 역사학회, 1992년, 40쪽.
14) 권근, 「금서묘법연화경 발跋」, 『양촌선생문집』 22권, "人道之大, 莫先於孝, 三敎雖殊, 莫
    不以此爲重."
15) 권근, 「금서묘법연화경 발跋」, 『양촌선생문집』 22권, "必誠必信, 以盡其禮, 至於釋敎追
    福之事, 亦無不盡其誠心…臣竊惟聖人之德, 莫大於孝, 而致孝之道, 其心無窮."

천리와 사단은 효의 마음과 동떨어져 있지 않다고 보았다. 그는 불교의 신심과 효의 마음을 이렇게 상통시켰던 것이다. 유교에서 인륜은 종교적 행위와 다르지 않다. 유교가 종교성이 없는 현세적 정치이념만이 아닌 것이다. 이 점을 유학자 권근은 그의 심성 논의와 삶을 통해 보여주고 있다. 정도전과는 달리 권근으로부터 우리는 이후에 불교와 유교를 서로 접근시키는 조선 성리학의 심성 논의와 조선 불교의 심성 논의의 실마리를 확인할 수 있게 된다.

제 2 장

유교와 불교의 접근

16세기에서 17세기는 유교 사대부층이 증가하고 이들의 학문적, 정치적 활동도 활발해지는 시기이다. 특히 조선성리학계는 이황李滉(1502~1571)의 심성 논의에 힘입어 심성론의 수준이 심화된다. 이황은 유학 논의 중에서 심과 관련된 내용을 집중적으로 다루고 있는 『심경心經』을 필수 학습 내용으로 삼아 공부할 것을 강조한다. 심경은 필수 교과로 제도화되었으며 유교인들은 『심경』 학습에 매진한다. 이에 따라 유교인들은 주자학을 단순 수용하는 차원을 넘어 한국의 심학 전통과 맞물려 주체적으로 재해석하기 시작한다. 이러한 심에 대한 유교의 탐구의 심화는 불교 심성 논의와 상호 접근할 수 있는 계기가 된다.

이황은 심의 위상을 태극과 동일한 차원으로 끌어올려 '심위태극心謂太極'의 관점을 일관되게 견지하였다. 그는 심이 단순히 작용의 차원을 넘어서 심체의 차원을 갖고 있다고 본 것이다. 이황은 이것을 자신의 저술인

『심무체용변心無體用辨』을 통해 논증하고 있다. 또한 그는 『사단칠정논변四端七情論辨』을 통해 사단이 정情이 아니라 성性이며 리理가 발한 것, 즉 리발理發임을 분명히 밝히고 있다. 이와 같이 이황을 중심으로 하는 조선성리학자들은 심의 위상에 대해 이전보다 한층 심화된 통찰을 할 수 있게 된다. 그리고 심에 대한 그의 통찰은 내용적으로 불교와 접근하는 모습을 보인다.

송시열宋時烈(1607~1689)은 주희와 이이의 관점을 계승한 율곡학파의 수장으로서 일개 학파를 이룬 성리학자이면서 막강한 정치적 영향력을 행사한 정치가였다. 그는 주자성리학의 이론적 내용을 조선 내에서 더욱 심화 발전시킨다. 송시열은 주희의 저술과 관련된 질문들과 해석들을 집대성하여 『주자대전차의朱子大全箚疑』를 저술하여 간행하였을 뿐 아니라 당시 유교인들의 필독서였던 『심경』을 주석하고 이황의 『성학십도』의 내용까지 섭렵하여 『심경석의心經釋疑』를 저술한다. 송시열의 심성 논의에서 특히 주목할 만한 점은 주희의 지知의 개념을 허령지각虛靈知覺이나 미발未發 개념 등과 내적으로 관련지어 이해했다는 것이다.

이황과 송시열이 주도한 유교의 심성 논의는 유교인들로 하여금 지각활동으로서의 심, 미발심체 등 『중용』의 중화논변中和論辨과 지각논변知覺論辨 및 미발논변未發論辨 등으로 논의가 진전되는 계기가 된다. 이하에서는 이황과 송시열의 논의를 차례로 살펴보면서 이들의 심성론이 어째서 불교와 접근의 문을 여는 통로가 되는지 살펴본다.

1. 이황 : 리발과 심위태극

이황은 우리 각 개인의 마음에 태극의 차원, 리의 차원이 존재한다는 것을 해명하는 데에 심혈을 기울인다. 이 마음은 개개인의 기질과 성품의 차이에 의해 훼손되지 않으며 기의 영향에 의해 달라지지 않는 마음이다. 이황은 그런 마음이 존재한다는 것을 확신한다. 그는 이 마음이야말로 천지만물의 근본이 되고 온갖 현상 작용의 근거가 된다는 것을 드러내고자 한다. 리를 주로 하여 마음의 본체와 작용, 그리고 마음에 의해 천지만물이 주재되는 것이라고 이황은 생각하였다.

리를 중심으로 사고한다는 점에서 이황은 '주리主理'의 관점에서 심의 근본을 탐구한다고 말할 수 있다. 그렇다면 주리의 관점에서 볼 때 심은 어떤 존재적 위상을 갖는가? 이황은 선조에게 올리는 『성학십도』의 「심통성정도설心統性情圖說」에서 심에 대해 다음과 같이 말한다.

> (임은 정씨는) "성性과 정情을 통괄하는 것이 심이다. 그러므로 심의 적연부동함이 성이 되는 것은 심의 본체인 것이고, 감이수통하여 정이 되는 것은 심의 작용인 것이다…심이 성을 통괄하고 있기 때문에 인의 예지가 성이 되고 또 인의仁義의 마음이라는 말이 있게 된다. 심이 정을 통괄하고 있기 때문에 측은, 수오, 사양, 시비가 정이 되고 또 측은 지심이라는 말이 있고 수오지심과 사양지심, 시비지심도 있게 된다"고 말했습니다…둘째 그림(심통성정도)은 기질과 성품 가운데에 나아가도 그 본연의 성性이 기품에 섞이지 않는 것을 가리켜 말한 것입니다. 이 마음이 곧 자사가 말했던 '천명의 성'이고 맹자가 말했던 '성선의 성' 이며 정자가 말했던 '성즉리의 성'이고 장자가 말한 '천지의 성'입니다. 그 성을 말한 것이 이와 같으므로 그것이 발하여 정이 되는 것도 그

선善한 것을 가리켜 말했으니 이것이 곧 자사가 말한 '중절中節한 정'
이고 맹자가 말한 '사단四端의 정'입니다.16)

이황은 먼저 임은 정씨의 말을 인용한다. 임은 정씨는 심이 성과 정을
통괄하고 있다는 것을 주로 리를 중심으로 설명한다. 인의예지의 리가 존
재한다는 것, 그리고 그것이 사단으로 발현되고 있다는 것을 보면, 심은
단지 정의 작용에 그치는 것이 아니다. 심은 정 뿐만 아니라 성도 통괄한
다. 사단이 정으로 표현될 수 있는 것은 모두 인의예지의 성이 심에 이미
갖추어져 있기 때문이다. 이황은 이 견해에 동의한다. 그는 『성학십도』의
두 번째 그림에 해당하는 「심통성정도」에서 심이 갖추고 있는 리와 그 자
발적 표현에 대해 집중적으로 논한다. 심은 체와 용을 함께 갖추고 있으
며 성과 정을 함께 거느리고 있다. 심이 체를 갖추고 있기에 인의예지의
성이 존재하는 것이다. 또한 심이 용을 갖추고 있기에 측은, 수오, 사양,
시비라는 사단의 정으로 드러나 표현되는 것이다.

여기에서 한 가지 의문이 제기될 수 있다. 그렇다면 사단은 정인가? 성
인가? 사단은 정이기도 하지만 성이기도 하기 때문이다. 하지만 이황이
보기에 사단은 다른 칠정과 동일한 정이 아니다. 이황은 사단이 비록 '표
현된 것'이라는 점에서 정이라고 말하고 있지만, 실지로 그는 사단을 성
으로 보고 있다. 왜냐하면 사단은 개개인의 기질과 성품의 차이에 따라

---

16) 이황, 「진성학십도차進聖學十圖箚」, 『퇴계선생문집』 7권, "凡所以統會其性情者則心也, 故
其心寂然不動爲性, 心之體也, 感而遂通爲情, 心之用也…心統性, 故仁義禮智爲性, 而又有言
仁義之心者. 心統情, 故惻隱羞惡辭讓是非爲情, 而又有言惻隱之心、羞惡辭讓是非之心者…其
中圖者, 就氣稟中指出本然之性不雜乎氣稟而爲言. 子思所謂天命之性, 孟子所謂性善之性, 程
子所謂即理之性, 張子所謂天地之性, 是也. 其言性旣如此, 故其發而爲情, 亦皆指其善者而言,
如子思所謂中節之情, 孟子所謂四端之情."

그 맑고 탁함의 차이가 달라지는 것이 아니기 때문이다. 사단은 기질과 성품으로부터 비롯된 마음이 아니다. 인의예지의 성이 정으로 현현된 것, 그것이 사단이다. 그러므로 사단은 성이다. 표현된 성, 현현된 성, 구현된 성은 정의 차원에 있어도 여전히 성이다. 사단은 리가 발한 것이다. 이와 같이 이황은 사단이 리발理發이라는 것을 강조한다.

이황은 자사, 맹자, 정자, 장자가 각각 말한 천명, 성선, 성즉리, 천지지성 등이 모두 일관되게 이 성을 지목하고 있었던 것이라고 말한다. 이 성은 천명이고 선하며 리이며 천지와 하나인 성이다. 이 성은 바로 마음의 본체인 것이다. 이황의 심성 논의에서 우리는 유교의 성이 심과 구분된 객관주의적 본질, 혹은 객관적 실재가 아니라 '심의 본체로서의 성'이라는 말의 생생한 의미를 발견하게 된다. 우주만물의 근본은 마음과 동떨어진 외부 세계 어딘가에 있는 것이 아니라, 마음의 근본적 체인 성으로부터 비롯되는 것이다. 모든 생명체의 심에는 이러한 성이 존재한다. 이황은 다음과 같이 말한다.

> 기氣가 존재하지 않더라도 성性은 항상 존재하고 있으며 비록 성이
> 기 가운데 있을지라도 기는 기고 성은 성이어서 서로 섞이지 않는다.[17]

이황은 리가 단지 기의 세계를 설명하는 추상적 원리나 이치 정도에 그치는 것이 아니라고 생각한다. 기의 세계를 사고의 중심에 놓고 리와 기의 관계를 설명하고자 하는 일부 유교인들의 주기主氣적 견해에서는 성의 존재적 위상이 충분히 드러나 있지 않다.[18] 하지만 리는 결코 기와 일물

---

17) 李滉,「비리기위일물변증非理氣爲一物辨證」,『퇴계선생문집』41권, "氣有不存, 性却常在. 雖其方在氣中, 然氣自氣性自性, 亦自不相夾雜."

一物이 될 수 없다. 이황은 기 이전에 이미 성이 존재한다고 말한다. 그것은 마치, 마음이 작용하기 이전에 그 본체가 본래 존재하고 있는 것과 마찬가지이다. 기가 존재하지 않더라도 리인 성은 언제나 존재한다. 그리고 성이 기 가운데 있다 하더라도 성과 기는 결코 뒤섞일 수 없다. 그렇다면 기보다 리가 먼저 존재한다는 것은 무슨 뜻인가? 마음의 본체로서의 인의예지의 성, 천명과 성선의 성이 사단이나 칠정 보다 앞서 존재한다는 것은 무슨 뜻인가? 이황은 다음과 같이 말한다.

> 연평은 주희에게 '복괘復卦에서 천지지심을 볼 수 있으니 이것이 바로 동하여 양을 낳는 리이다'라고 말했습니다…'허虛가 기氣를 낳을 수 있다'고 할 때의 허虛는 리氣로 보아도 무방합니다.[19]

연평은 주희의 스승이었다. 이황은 연평이 주희에게 한 말을 인용하면서 천지지심으로서의 리의 존재와 그 성격을 말한다. 천지지심으로서의 리는 그 자체로는 아무 움직임이 없지만, 움직임을 통해 양을 낳는 복괘이다. 아무 움직임이 없으면서도 일체의 움직임을 품고 있어 세상 만물의 움직임으로 낳는 것, 그것이 바로 리이다. 이 때의 리는 아무 움직임이 없어 허虛이지만 이 허는 단순히 아무것도 없는 무無가 결코 아니다. 이러한 허는 기를 낳을 수 있는 허이다. 그래서 이황은 허를 리로 보아도 무방하

---

18) 기를 중심으로 사고하는 주기적 견해를 가진 유교인 기대승奇大升(1527~1572)은 리가 언제나 만물 속에서 기와 하나로 섞여 있으며 서로 분리될 수 없다는 것만을 부각시킨다. 기대승은 기와 분리되지 않는 리가 어떻게 기보다 먼저 존재할 수 있는가에 대해 의문을 제기한다. 그는 허虛의 의미를 리理에 대응시키는 것에 대해서도 문제를 제기한다. 기대승에게 리는 허가 아니라 실實이기 때문이다.
19) 이황, 「여정자중별지與鄭子中別紙」, 『퇴계선생문집』 25권, "延平答朱子曰, 復見天地之心, 此便是動而生陽之理…虛能生氣之虛, 若作理字看則無害."

다고 말한다.

리는 지극히 허한 것이다. 텅 비어 지극히 허하기 때문에 지극히 실할 수 있다. 무한히 비어 있기 때문에 무한한 작용을 할 수 있다는 것이다. 이것이 이황이 깨달은 리이다. 이황은 구중리를 만들어내는 리, 천지지심으로서의 리, 텅 비어 있지만 만물의 이치를 구비하고 있는 리, 그렇기에 허인 리를 말하고 있는 것이다. 이러한 리를 우리 마음이 갖추고 있다는 것이다. 정도전이 불교의 허 개념을 무와 관련지어 이해하고 있다면 이황은 허 개념을 형이상학적 리 개념과 관련짓고 또 근본마음과 관련짓고 있다는 점에서 이황의 심성 논의는 불교 심성 논의와 접근하고 있다고 볼 수 있다. 또한 이황은 일심을 다음과 같이 말하고 있다.

> 사람의 일심一心은 천지와 사방에 가득하고 고금古今에 뻗치며 유명幽明을 꿰뚫고 온갖 만미萬微에 투철하다 하더라도 요약하면 체體와 용用 두 글자에서 벗어나지 않는다…아, 충막무짐자여! 건곤에 있어서는 무극태극의 체가 되어서 만상이 이미 갖추어져 있고 사람의 마음에 있어서는 지허지정至虛至靜의 체가 되어서 만 가지 용이 모두 갖추어져 있으며 사물에 있어서는 발현하고 유행하는 용이 되어서 때와 장소에 따라 있지 않은 데가 없다.[20]

일심은 충막무짐자이다. 일심은 건곤의 차원, 사람의 마음의 차원, 사물의 차원에서 각각 그 모습을 드러낸다. 건곤의 차원은 우주만물의 근본적

---

20) 이황, 「심무체용변心無體用辨」, 『퇴계선생문집』 41권, "人之一心, 强爾六合, 亘古今, 貫幽明, 徹萬微, 而其要不出乎此二字, 故體用之名…嗚呼! 沖莫無朕者! 在乾坤, 則爲無極太極之體, 而萬象已具. 在人心, 則爲至虛至靜之體, 而萬用畢備. 其在事物也, 則却爲發見流 行之用, 而隨時隨處無不在"

지위가 되는 차원이다. 이 차원에서 일심은 무극태극의 체가 된다. 무극태극의 체에는 이미 만상이 모두 빠짐없이 갖추어져 있다. 사람의 마음의 차원에서 일심은 지극히 고요한 체, 지허지정의 체가 된다. 지허지정의 체에는 이미 만 가지 마음의 작용이 모두 빠짐없이 갖추어져 있다. 사물의 차원에서 일심은 발현되고 유행하는 용이 된다.

이황은 우주만물의 근본 본체와 사람의 마음의 근본 본체를 동일한 일심으로 보았던 것이다. 이 본체로서의 일심은 사물에 나아가 온갖 형태로 발현되는 용으로 된다. 이전의 유교인들이 우주만물의 근본 본체만을 수용했다면, 이황은 일심이 사람의 마음의 근본 본체로도 존재한다는 것을 분명히 강조하였던 것이다. 사람의 마음의 근본 본체로서의 일심은 지극히 허하고 지극히 정한 마음이지만 그 안에 온갖 작용을 갖추고 있다. 이와 같이 그는 사람의 마음을 체와 용을 모두 갖추고 있는 것으로 보고 있다. 심은 단지 작용만으로 볼 수 없는 것이다. 이황은 『성학십도』를 지어 선조에게 올리면서 이렇게 말한다.

> 대저 심이라는 것은 가슴에 갖추어져 있으면서 지극히 텅 비고 신령한 것입니다…지극히 텅 비고 신령한 마음으로 지극히 뚜렷하고 진실한 이치를 구하면 마땅히 얻지 못함이 없을 것입니다. 그러니 생각하면 얻고 슬기로우면 성인이 되는 것이 어찌 오늘날이라고 징험할 수가 없겠습니까?[21]

텅 비고 신령한 마음의 본체는 그대로 우주만물의 태극무극의 본체와

---

21) 이황, 「진성학십도차병도進聖學十圖箚幷圖」, 『퇴계선생문집』 7권, "夫心具於方寸, 而至虛至靈…以至虛至靈之心, 求至顯至實之理, 宜無有不得者. 則思而得之, 睿而作聖. 豈不足以有徵於今日乎?"

다른 것이 아니다, 그렇기에 이황은 지극히 텅 비어 있으면서도 지극히 신령한 이 마음으로 사물의 이치를 궁구하여 그 다르지 않음을 깨닫고 하나로 통하면 성인이 될 수 있다고 말한다. 우리는 이황이 말하는 텅 비어 있으면서도 신령한 마음에서 불교에서 말하는 공적영지의 마음, 성자신해의 마음, 묘명진심의 마음, 원각의 마음과 접근되는 점을 확인할 수 있게 된다. 이황은 이러한 마음의 본체가 현상적 기질의 방해를 받거나 제한을 받지 않고 드러난다는 것을 이미 사단을 통하여 설명한 바 있다. 이황에게 천지지심으로서의 마음, 태극무극의 마음은 지극히 텅 비어 있지만 스스로 그 존재를 드러낸다. 이황은 다음과 같이 말한다.

> 태극에 동정이 있다는 말은 태극이 스스로 동정한다는 뜻이다. 천명
> 이 유행한다는 말은 천명이 스스로 유행한다는 뜻이다.[22]

태극이 움직임과 고요함이 동시에 있다는 것은 태극이 본래 고요하지만 단지 고요함만이 있지 않고 태극 자체가 움직임이 있다는 것을 의미한다. 이황은 태극 스스로 움직인다는 것을 매우 강조한다. 기를 중심으로 사고하는 주기적 입장의 일부 유교인들은 태극이나 천명은 스스로 움직이거나 유행할 수 없고 기氣의 도움을 받아야만 움직인다고 주장하였다. 기 차원에서 비로소 태극은 움직일 수 있다는 것이다. 하지만 이황의 생각은 다르다. 태극은 기의 도움을 받지 않고도 스스로 움직인다. 천명은 누군가 어떤 다른 것에 의존해야만 비로소 유행하는 것이 아니다. 천명은 스스로 유행한다. 이것이 이황이 말하는 리발理發이고 리동理動의 의미이다. 이황

---

22) 이황, 「답이달이천기答李達李天機」, 『퇴계선생문집』 13권, "太極之有動靜, 太極自動靜也, 天命之流行, 天命之自流行也."

은 허령지각의 의미에 대해서도 다음과 같이 두 가지 차원으로 구분하고
있다.

　　사려가 싹트기 전의 허령지각은 적연부동하다. 사물이 접하여 사려
　가 싹트게 되면 허령지각은 감이수통한다.[23]

　　허령지각은 마음을 가리킨다. 하나로서의 마음인 허령지각은 두 차원의
위상을 갖는다. 적연부동의 차원과 감이수통의 차원이다. 적연부동의 차
원은 사려가 싹트기 이전의 차원이고 감이수통의 차원은 사물과 접하여
사려가 싹트는 차원이다. 이황이 강조하는 것은, 우리 마음이 사물과 접하
여 사려가 싹트기 이전에도 본래적으로 마음활동이 있다는 점이다. 적연
부동의 차원에서도 마음은 존재한다, 이 차원에서의 적연부동은 감이수통
의 능력을 이미 본래적으로 갖추고 있는 상태이다. 그러다가 사물에 접하
고 사려가 생기면 그 적연부동의 마음은 감이수통의 활동으로 나타나게
된다. 적연부동과 감이수통이라는 이 두 가지 차원은 허령지각으로서의
마음이 본래 갖추고 있는 것이다.
　　이황이 마음을 허령지각으로 보고 있다는 것도 주목할 만하다. 허령지
각으로서의 마음은 지극히 허하면서도 지극히 신령한 것이다. 이황이 주
목하고 있는 태극으로서의 마음, 허령지각으로서의 마음은 체와 용을 모
두 갖추고 있는 천명으로서의 마음이며 이 마음은 기질의 제한을 받지 않
고 항상 스스로 움직이고 드러난다. 사단이 그 대표적인 예가 된다.
　　그렇다면 이황은 불교에 관해 어떤 인식을 하고 있었을까? 이황은 명시

---

23) 이황, 「답박택지答朴澤之」, 『퇴계선생속집』 3권, "思慮未萌, 虛靈知覺者, 寂然不動. 事物
　　既接, 思慮方萌, 虛靈知覺者, 感而遂通."

적으로 불교의 철학적 체계에 대하여 이론적으로 자세히 분석하고 있지 않으며 불교에 대해서 적극적인 배척이나 옹호 어느 한편에 서지 않았다. 하지만 이황은 공부과정에서 재빨리 목표에 도달하고자 하는 일부 양명학자들의 모습을 선 수행과 비교하여 지적하곤 하였다. 이황이 보기에 그들 양명학자들 중에는 스스로 활연관통하였다고 자부하여 계속적인 공부를 게을리하고 행동을 함부로 하곤 한다. 또한 그들 중에는 섣불리 깨닫고 환히 알게 되었다고 곧장 기이한 것을 즐기거나 세속적인 규범을 가볍게 보기도 한다. 그런데도 그러한 행동들을 오히려 '세속을 초탈한 모습'으로 합리화한다.

이황의 불교관에 관해 연구한 서수행에 의하면 이황은 양명학자였던 노수신과 편지를 주고받으면서 노수신이 선학禪學과 유사한 사고를 보인 점에 대해 주의를 주고 있다. 또한 율곡에게 보낸 편지에서도 선학에 기울어진 유교인들이 섣불리 깨달아 모두 환히 알게 되었다고 스스로 자부하며 더 이상의 학습과 수양에 힘을 쓰지 않는 모습에 대해 경계할 것을 강조한다.[24]

양명학이 선불교의 영향을 받은 것이라 하여 경계하는 것이 당시 유교인들의 일반적인 태도였지만 이황은 불교나 양명학 자체를 이론적으로 비판하기 보다는 그들의 공부 태도를 문제 삼고 있다. 이것은 주자학이 양명학을 경계했던 이유들 중 하나이기도 하다. 일정한 수준에서 무엇인가를 진정으로 깨달아 알게 되었다는 것은 공부의 필요성을 자각하고 공부에 매진하게 하는 실질적인 추동력이 된다. 하지만 이황이 보기에 일부 선불교 수행자들이나 양명학자들 중에는 한번 깨달았다고 해서 그것이 마

---

24) 서수생, 「퇴율의 불교관」, 『퇴계학과 유교문학』 15권, 1987, 36~38쪽.

치 궁극적 지점에 도달한 것처럼 스스로 자부하고 더 이상 스스로의 수행이나 수양에는 게을리 하면서 개혁이라는 명분으로 선대의 유학자들을 쉽사리 비판하거나 남을 쉽사리 비판하는 사람들이 있다. 이황이 문제 삼았던 것은 이 과정에서 정작 유교가 가장 경계하는 사사로운 욕망들이 합리화될 수 있다는 것이다.

그러나 이와는 달리, 이황은 시를 지으면서 불교 승려들의 청정한 삶의 모습에 개인적인 호감을 표현하기도 하였으며 그 자신이 불교인에 대해 호감을 갖게 된 이유를 직접 기록하기도 하였다. 그는 불교 승려에 대한 호감을 다음과 같이 표현한다.

> 보통 사람들이 세상을 처신하는 데에는 속된 것에 골몰하고 명예에 급급하며 바깥만 보고 안은 들여다보지 못한다. 궁窮과 달達로써 높고 낮음을 결정하고 벼슬과 지위로써 귀하고 천함을 나눈다. 그들의 가슴속은 한참 후끈거리면서 막혀 있다. 이와 같은 사람은 비록 높은 재주와 밝은 지식이 있다고 한들 마음을 터놓고 말할 수 있겠는가? 비록 더불어 이야기한다고 하더라도 반드시 의사소통이 되지 않을 것이다…불교를 위하는 이들은 이와는 달라서 반드시 세상에서 구하는 것이 없으며 자기 자신에게 사사로움이 없으며 사물의 이해관계 때문에 유혹되거나 정신을 빼앗김이 없으니 이렇게 되면 그 마음과 생각이 반드시 고요하며 그 지혜와 깨닫는 것을 높이고 밝히는 데에 전념할 수 있을 것이니 그것은 우리의 마음에서 대개 말을 하지 않아도 먼저 터득함이 있을 것이다.[25]

---

25) 이황, 『도산전집(遺集)』 4책, 한국정신문화연구원, 1980, 169쪽. 이장우, 「퇴계시와 승려」, 『퇴계학보』 68집, 퇴계학연구원, 1990, 133쪽에서 재인용함.

비록 유교인들이 수양을 통하여 성인이 되고자 하지만 그들에게도 세속적 지위와 명예 및 권력을 추구하는 모습이 적지 않다. 이황은 그들의 가슴이 욕망으로 한참 후끈거리고 막혀 있어서 마음을 터놓기가 쉽지 않다고 말한다. 그런데 이황이 보기에 불교 승려 중에 진정 깨달은 자는 이러한 사사로운 이해에 집착하지 않기 때문에 마음과 생각이 고요하여 그 지혜와 깨닫는 것을 높이고 밝히는 데에 전념할 수 있게 된다고 말한다.

이것은 앞에서 이황이 선학이나 양명학에 물든 자들이 섣불리 깨달았다고 자만하여 행동에 거침이 없다고 경계하는 모습과는 대조적이다. 이황은 선불교 이론 자체를 비판한 것이 아니라 그 이론을 빙자하여 진정한 수양과 깨달음을 남용하는 모습을 비판한 것이다. 이황은 불교인들 중에서 참뇐 성품을 지닌 자와 그들의 불교 정신은 인정하고 포용하고 있음을 알 수 있다. 그는 진정으로 깨달은 지혜를 자신의 삶으로 직접 구현하고 있는 일부 불교 승려들의 모습에서 자신이 추구하는 유학의 도와 상통하는 지점을 찾았던 것이다. 그러나 무엇보다 이황의 심성 논의 자체에서 우리는 유교와 불교가 접근할 수 있는 길이 열리고 있음을 알게 된다.

2. 송시열 : 미발과 허령지각

송시열宋時烈(1607~1689)은 『주자대전朱子大全』과 『심경心經』을 주석하고 수많은 질문들을 정리하면서 성리학의 핵심 개념들의 의미를 분석하는 작업에 몰두하였다. 송시열의 심성 논의에서 특히 주목할 점은 심체 개념을 미발 및 허령지각의 개념과 내적으로 관련지어 이해하려고 시도하는 것이다. 그는 마음의 본체를 '미발'로 보았는데 이 미발은 죽어 있는 것이 아니라 '허령'한 것이다. 미발이면서도 허령하다는 것이 심체의 특징이다. 송시열은 다음과 같이 말한다.

> 심心이 만약 시끄럽고 움직인다면 어떻게 허虛가 되겠는가? 『주역』에 '생각도 없고 행동도 없어 고요하여 움직이지 않는다'라고 하였다. 정자程子는 '심체心體를 가리켜 말한 것이 있으니 고요하여 움직이지 않는다는 것이 바로 이것이다'라고 하였다. 심체에 대하여 적寂을 말한 사람은 노씨만이 아니다.26)

송시열에 의하면 마음의 본체는 허이다. 마음의 본체가 허라는 것은 일상적 차원의 생각이나 활동이 없다는 의미이다. 마음이 객관적 대상에 상대하여 이런 저런 분별적 의식 활동으로 규정되거나 제한된 상태가 아니라는 뜻이다. 마음의 본체는 일체의 제한된 규정을 벗어나 있다는 점에서 미발未發, 즉 발현되지 않은 경지, 발發하지 않은 경지이다. 심체는 미발이기에 생각도 행위도 없어 고요하여 움직이지 않는다. 송시열은 심체가 미발이기에 허적虛寂하다고 말한다. 그는 심체를 허적으로 본 사람이 적지 않다고 강조한다. 이황이 심체를 허와 리, 령과 기로 설명하고 있다면, 송시열은 심체를 허적과 미발로 설명하고 있다고 볼 수 있다. 이들은 모두 리理와 허虛, 적寂과 허령虛靈 및 미발未發의 개념을 마음의 본체를 설명하는 데에 적절한 것으로 본다.

하지만 송시열의 문인 김직경은 질문한다. 미발심체가 허적虛寂하면서도 어떻게 신령할 수가 있는가? 신령하다면 이미 생각이나 모종의 활동이

---

26) 송시열, 「답정경유答鄭景由」, 『송자대전』 101권, "心若紛華波動, 則豈得爲虛乎? 盖易曰, 無思也, 無爲也, 寂然不動. 程子曰, 心有指體而言, 寂然不動, 是也. 於心體言寂字, 不但盧氏而已."

있는 것이고 이미 기氣의 차원이 되는 것이 아닌가? 허적하면서도 신령한
데도 여전히 미발未發일 수가 있는가? 송시열은 이러한 의문에 대하여 다
음과 같이 대답한다.

> 진씨陳氏가 "허령虛靈은 리理이다"라고 한 것은 리의 한계를 지나치
> 게 벗어난 것이고, 자네가 "기氣가 맑기 때문에 허령虛靈할 수 있다"고
> 한 것은 형形의 부분을 빠뜨린 것이다. 한 사람은 너무 만연시켰고 다
> 른 한 사람은 한 부분을 너무 경솔히 다루었으니 이 점을 몰라서는 안
> 된다…『중용』 서문에 의하면, "허령은 심의 체이고 지각은 심의 용이
> 다"라고 하였다. 노씨盧氏가 허령을 각각 적寂과 감感에 나누어 붙인
> 것도 옳지 않지만 자네가 허령을 이미 발한 것이라고 말한 것은 더욱
> 옳지 않다.[27]

허령은 리인가? 기인가? 송시열이 보기에 허령은 전적으로 리라고 할
수도 없고 전적으로 기라고 할 수도 없다 허령은 리 스스로가 발휘하는
기이기 때문에 리와 기가 동시에 존재하는 것이기 때문이다. 그러나 이
때의 기는 기질의 기가 아니라 심 자체가 발휘하는 심기이기에 기질의 기
와 동급의 기로 볼 수 없다. 심체는 허령성을 스스로 발휘한다. 송시열은
허령을 리나 기 어느 하나로만 설명할 수 없다고 생각하는 것이다.

또한 송시열은 허령을 각각 적연부동의 적과 감이수통의 감으로 나누
어 설명하는 것에도 동의하지 않는다. 송시열의 이런 생각은 이황의 견해

---

27) 송시열, 「답김직경答金直卿」, 『송자대전』 104권, "陳氏以虛靈爲理者, 侵過理之界分, 來示
以氣淸, 故能虛靈云者, 遺却形之一邊. 一則失於蔓延, 一則病於輕忽, 此不可不知也…據中庸
序, 則虛靈心之體, 知覺心之用. 盧氏以虛靈分屬寂感, 固未安, 而來諭以虛靈謂之旣發, 則尤未
安矣."

와는 다소 차이가 있는 것이다. 송시열에게는 허령이 리와 기의 결합 그 자체이고, 적과 감의 결합 그 자체로 이해되기 때문에 어느 하나로 각각 구별짓는 것을 옳지 못하다고 본다. 뿐만 아니라 송시열은 김직경의 견해처럼 허령을 이미 발한 것, 즉 기발旣發이라고 보면 안 된다고 더욱 강조한다. 허령은 이미 발한 것이 아니라 발하기 이전의 미발이기 때문이다.

송시열은 허와 령을 떨어져 있는 것으로 보지 않는다. 허이지만 동시에 령한 것, 그것이 심체로서의 허령이다. 송시열은 허령이 미발 심체의 활동이라고 보았다. 송시열에게 심체는 미발이면서도 허령한 것이다. 그렇지만 송시열이 김직경의 질문에 명쾌하게 대답을 하고 있다고 보기는 어렵다.[28]

그렇다면 미발심체인 허령의 핵심은 무엇인가? 허령을 리와 기, 적과 감의 개념으로 대답하는 대신 송시열은 마음이 본래 갖추고 있는 지각의 개념으로 설명을 시도한다. 마음의 허령함은 마음의 지각을 의미한다. 송시열은 다음과 같이 말한다.

'이미 알고 있는 앎'은 '격물을 통해 이미 알게 되었다'라고 할 때의 앎이고 '사람의 마음은 지극히 신령하여 알지 못함이 없다'고 할 때의 앎은 지각知覺이라고 할 때의 앎이니 두 앎은 본래 다른 것이다. 이 지

---

28) 이선열에 의하면, 송시열의 미발심체로서의 허령은 외부 대상과 접촉하기 이전부터 언제든지 활성화 될 수 있도록 잠재되어 있는 능력이다. 이 잠재적 능력 때문에 마음은 대상 사물과 접촉할 때 능동적인 지각활동으로 표출될 수 있게 된다. 허령은 대상 사물을 받아들여 감응할 수 있게 하는 근거가 된다. 이선열, 「17세기 우암 학단의 허령 개념 논변」, 『동양철학연구』 58권, 동양철학연구회, 2009, 38쪽. 그런데 이 잠재적 능력이 능동적 지각활동으로 표출되기 위해서는 이미 그 능력 자체가 지각활동이라고 말할 수 있어야 한다. 지각활동을 미발의 차원에서도 존재하는 것으로 보아야 한다. 그리하여 이발의 차원과 구분되는 미발의 차원에서의 지각활동의 의미에 대한 논의가 송시열 이후에 계속되는 것이다.

각의 앎을 통해 우리는 사물의 이치를 알게 되고, 이미 알고 난 다음에는 '이미 알고 있는 앎'에 의하여 이치를 더욱 탐구하게 되는 것이다.[29]

격물을 통해 우리는 지식을 획득한다. 격물을 통해 알게 되는 앎으로서의 지知는 사물의 시시비비를 가릴 수 있게 하는 지식이다. 하지만 송시열이 보기에 이러한 지식과는 구분되는 앎이 있다. 이것을 송시열은 지각知覺으로서의 앎이라고 말한다. 지각으로서의 앎은 심체가 본래 갖추고 있는 앎이다. 이 앎이 있기에 심이 허령한 것이다. 심의 허령함은 곧 허령지각을 의미한다. 지각활동, 즉 알고 깨닫는 활동이 있기에 격물치지로 획득되는 지식으로서의 앎이 가능한 것이라고 송시열은 말한다. '인심지령人心之靈 막불유지莫不有知'라고 할 때의 사람의 마음의 지극한 신령함은 곧 마음이 본래 갖추고 있는 지각활동성을 가리킨다.

송시열은 심체의 허령을 미발과 관련지을 뿐 아니라 심체의 허령을 지각과 관련지음으로써 일상적 지식활동과 구분되는 심체의 지각활동, 즉 미발지각에 대한 유교인들의 심성 논의가 더욱 심화될 수 있는 기반을 마련해주고 있다. 이미 권근과 이황을 통해 심체가 갖추고 있는 태극과 리, 천지의 마음이라는 위상 변화와 함께 송시열은 허령지각의 의미를 더욱 주목하게 만들었으며 이러한 조선성리학의 심성 논의는 중국 성리학과는 구분되는 모습을 보여주고 있는 것이다. 그리고 이러한 심성 논의가 한국의 불교 심성 논의와 서로 접근되는 기반이 되고 있는 것이다. 마음 본래

---

29) 송시열, 「답이군보答李君輔」, 『송자대전』 104권, "所謂已知者, 盖因格物而已知之知字. 所謂人心之靈, 莫不有知, 卽知覺之知也. 兩知字, 自不同. 盖以此知覺之知而知事物之理, 旣有所知, 然後因此已知之知, 而益窮之也."

의 허적함과 동시에 지각이라는 신령한 앎을 갖추고 있다는 통찰은 유교나 불교나 서로 다르지 않은 것이며, 이러한 통찰은 17세기에 이르러 유불회통으로 나아갈 수 있게 하였다.

송시열은 심체의 허령지각에 의한 앎과 격물치지에 의해 획득되고 쌓여가는 지식으로서의 앎을 구분한다. 격물치지에 의해 획득되고 쌓여가는 지식으로서의 앎은, 앎의 주체와 앎의 대상이 구분되어 있어 시비를 가릴 수 있고 분별이 가능한 앎이다. 송시열은 이러한 지식을 지지智知라고 보았다. 지智로서의 지知는 시시비비를 가릴 수 있는 시비지심의 발현으로서의 지식이다. 그러나 마음 본래의 허령지각에 의한 앎은 마음 자체가 발휘하는 앎이다. 송시열은 이러한 앎을 심지心知라고 보았다. 이와 같이 송시열은 지지와 심지를 구분하여 허령지각을 설명하고자 하였다.[30]

송시열이 마음의 허령지각을 격물치지와 시비지심의 지식과 구분한 것은 17세기 유교인 김창협이 미발지각 개념을 확립하는 데에 중요한 발판이 되고 있다. 허령지각은 미발에서도 마음이 본래적 앎의 활동을 하고 있다는 미발지각 개념으로 해석되기에 이르는 것이다. 주희가 심통성정을 말했을 때의 심, 권근이 천리와 관련지어 이해했던 심, 이황이 태극과 관련지어 이해했던 심이 허령지각과 미발지각으로 그 실상을 이해하게 되면서 유교의 심성 논의는 불교의 심성 논의와 철학적으로 회통되는 지점을 보여주게 되는 것이다.

---

30) 17세기 유교인 김창협은 송시열의 심지心知와 지지智知의 구분에 대하여 다음과 같이 해석한다. "심心의 용용이라는 것은 전적으로 '심의 신묘한 작용'을 가리키는 것이다. 지智의 용용이라고 말한 것은 지智의 단서인 시비지심是非之心을 가리키는 것이다. 시비지심은 진정 심 밖에 있을 수 없지만 '심의 묘용'으로 말하면 어찌 智에만 속하겠는가?(心之用者, 專一心之妙用而言也, 曰智之用者, 偏以智之端緖而言也. 智之端緖, 則固不能外於心, 而若心之妙用, 則豈可偏屬於智哉", 김창협, 「여이동보與李同甫」, 『농암집』 13권.)

그렇다면 송시열은 불교에 대해 어떠한 인식을 하고 있었을까? 이황과 마찬가지로 송시열도 불교는 자연스러운 환경이자 종교 신앙이었으며 유교에 대립되는 철학적 이론이 되지 않았다. 그런 만큼 치열하게 불교와 맞붙어 싸우면서 불교를 철학적으로 연구하지도 않았다. 불교는 송시열에게 종교적 배경이 되고 있다. 송시열의 집안 사람들은 불교 승려 학조에게 부탁하여 불교 암자를 세우고 법당 이름을 비래암飛來庵이라고 이름 붙인다. 송시열은 법당의 현판을 직접 쓰기도 하였다. 송시열을 비롯한 많은 유생들은 비래암에 자주 머물면서 함께 공부하였으며 송시열의 집안 사람들은 이 곳을 기도하는 곳으로도 이용한다.[31] 송시열에게 불교는 철학적 통찰의 대상은 아니었고 종교였다. 송시열의 가문은 불교 암자를 짓고 그 속에서 노닐고 공부하였으며 가족의 복을 위해 기도하였다.

15세기 권근은 불교 의례로부터 벗어나기 위해 애써 노력하고 불교로부터 유교를 구분하고 유교를 중심적으로 드러내는 것을 중요시한 시대를 살아야 했다. 그러나 16세기의 송시열은 그럴 필요가 없었다. 이미 사회적으로 유교는 지배적인 통치세력이 되었으며 불교는 유교의 대척점이 되지 않았다. 16세기에 이르러 이황과 송시열은 불교에 대해 노골적으로 적대적인 태도를 보이지 않았다. 그렇다고 불교이론 자체를 본격적으로 분석하고 이론적으로 유교와 대비하여 연구하지도 않았다. 오히려 이황이나 송시열의 불교인식은 외적인 행동에서 찾아보기 보다는 그들의 유교 심성론 자체로부터 발견할 수 있다. 이황이나 송시열의 심성 논의에서 심은 이제 성리학 내에서 가장 중요한 개념이 되고 있다. 심체 논의와 관련하여 조선성리학자들이 보여준 치열한 질의응답과 논쟁과정에서 우리는 이

---

31) 이지관 편저, 『가산불교대사림』 11권, 가산불교문화연구원, 2009, 980쪽.

들이 심의 위상을 본체와 작용이라는 입체적이고 이중 층위적인 것으로 바라보고 있다는 것을 알게 된다. 심이 단지 현상적 작용 정도를 넘어서 있다는 것을 통찰하고 있는 것이다.

이황과 송시열의 심성 논의는 그 자체로 불교의 심성 논의와 내용적으로 접근되는 부분을 포함하고 있다. 심을 작용 너머 본체적 위상을 가진 것으로 이해하는 것, 심체를 허적하면서도 신령한 허령성으로 파악하는 것, 그리고 이 심체의 허령성을 지각활동, 즉 알고 깨닫는 신령한 앎의 활동으로 이해하기 시작하는 것이 대표적이다. 이제 15세기의 유교와 불교의 대립에서 16세기의 유교와 불교의 접근을 지나 17세기의 유교와 불교의 회통의 모습으로 나아가고 있는 것이다.

제 3 장

유교와 불교의 회통

이황과 송시열과 같은 16세기 유교인들이 심성 논의 속에서 불교과의 내용적 접근에 도달하고 있었지만, 불교 심성론을 직접 이론적으로 비교하고 분석한 것은 아니었다. 그에 비하여 17세기 유교인들은 불교서적을 광범위하게 읽고 직접 유교와 불교를 비교하여 고찰하는 이론적 시도를 하고 있다. 특히 17세기 중반 이후로 접어들면서 조선 유교인들의 학문 풍토는 더욱 개방적이고 이론적 수준도 넓고 깊어진다. 유교인들은 주희 성리학 이외에도 광범위한 철학적, 역사적 지식을 쌓으며 논쟁들을 활발히 주고받는다. 김만중金萬重(1637~1692)은 주희가 불교에 대해 갖고 있었던 배척의 태도가 지나치다고 보고 역사적이고 구조적으로 유교와 불교가 회통되는 면을 찾아내어 재해석을 시도하였다.

또한 김만중과 동시대에 살았던 성리학자 김창협-김창흡 형제는 본격적으로 유교와 불교를 철학적으로 비교하고 분석하여 유불회통의 지점을 발견하고 있다. 김창협金昌協(1651~1708)은 주희가 심통성정 개념을 설명하면서 포착한 미발지각 개념을 더욱 명료하게 확립시킨다. 김창협은 자신의 미발지각 논의를 정립하는 과정에서 적지 않은 성리학자들과 논쟁을 벌였는데 특히 그가『중용』의 계신공구戒愼恐懼와 신독愼獨의 차이를 밝힌 점은 주목할 만하다. 유교 공부와 수양의 과정에서 계신공구의 중요성은 그가 미발지각 개념을 정립해내는 것과 불가분의 관련을 갖는다. 김창협은 불교 경전들을 읽고 분석하면서 불교의 공적영지 개념과 미발지각 개념을 비교하기도 한다.

김창협의 동생인 김창흡金昌翕(1653~1722)은 수많은 연행을 통하여 불교인들과 깊은 우정을 맺고 수행 공부와 관련된 의견을 주고받는다. 형인 김창협이 철학적이고 학문적인 측면에서 유교와 불교를 비교 분석하고 있다면, 동생인 김창흡은 우주론적-예술적이고 수행론적인 측면에서 유교와 불교의 회통을 발견하고 있다. 김창흡은 태극과 무극의 관계를 규명하면서 태극의 근본을 무극에 두는 견해를 보이고 있다. 이러한 그의 견해는 불교인들의 태극무극 논의와 상통한다. 또한 김창흡은 불교인들과 일상적으로 불교 수행 방법인 적성등지법寂惺等持法을 논하고 직접 실천하기도 한다. 이하에서는 김만중과 김창협-김창흡 형제의 심성론과 불교인식을 차례로 살펴보기로 하겠다.

1. 김만중 : 역사-구조적인 유불회통

김만중은 성리학자였지만 불교에 해박한 지식과 통찰을 갖고 있었다. 그는 유교와 불교의 사상을 역사적으로 비교 분석하면서 유교 심성론의 구조와 불교 심성론의 구조를 근본적으로 다르지 않은 것으로 파악한다. 특히 그는 주희의 불교 비판과 배척이 역설적으로 유교와 불교의 유사성을 반증하는 것이라고 보기도 한다. 김만중은 유교인이면서도 불교에 감정적인 적의가 없었으며, 불교에 대해 이론적으로 접근하는 태도를 갖고 있었다는 점에서 이전의 유교인들과는 차별적인 모습을 보인다.

김만중은 자신의 산문집인 『서포만필』에서 불교 경전 『능엄경』 초반부에 나오는 '마음은 어디에 있는가?'라는 문제를 둘러싼 송나라 성리학자들의 다양한 의견들을 소개하고 자신의 비평을 곁들이고 있다. 김만중은 다음과 같이 말한다.

> 송나라 범조우의 딸은 '마음은 출입하지 않는다'고 말했다. 곧 『능엄경』에서 '마음은 안에 있지도 않고 밖에 있지도 않다[32]고 한 말과 같은 뜻이다.[33]

범조우의 딸은 『맹자』에서 맹자가 '마음을 잃어버리지 않도록 조심하고 나가버린 마음을 구해 찾으라'는 내용을 읽고 나서 맹자가 마치 마음

---

32) 『능엄경』 초반부에서 아난은 '마음은 어디에 있는가?'라는 부처의 질문을 받고 7차례에 걸쳐 대답을 시도하지만 부처에 의해 논파되고 만다. 아난이 부처에게 대답한 7가지 대답은 각각 다음과 같다. (1)마음은 몸 안에 있다, (2)마음은 몸 밖에 있다. (3)감각기관과 바깥 대상의 중간에 있다, (4)어디에도 있는 곳이 없다, (5)마음은 추측하고 헤아리는 곳에 있다. (6)마음은 반연하는 곳에 있다 (7)마음은 보는 일(견)에 있다. 이후 부처는 묘명진심은 시공간을 넘어서 있지만, 그것과 분리되어 있지 않다는 것을 논증하고 있다. 왜냐하면 묘명진심은 우주만물을 생성하는 존재론적 바탕이 되는 심이기 때문이다. 그러므로 부처는 아난에게 마음은 '안에 있지도 않고 밖에 있지도 않다'고 말한다. 그러나 동시에 부처는 마음은 '안에도 있고 밖에도 있다'고 말한 것이다. 일체의 존재가 있는 곳에 이 심이 함께 있기 때문이다.
33) 김만중, 『서포만필西浦漫筆』, 『서포선생문집』, "范女心無出入之說, 卽楞嚴心不在內, 亦不在外之意."

을 이 공간에서 저 공간으로 이동할 수 있는 것처럼 표현하고 있다고 생각하여 이의를 제기한다. 그녀는 마음이라는 것은 이리저리 왔다 갔다 하는 것, 나가고 들어오는 것이 아니라고 말한다. 마음은 출입하는 존재가 아니다. 김만중은 범조우의 딸이 마음의 형이상학적 존재방식을 이해하고 있었기에 이와 같이 말한 것이라고 생각한다. 그래서 그는 범조우의 딸의 말을 『능엄경』의 내용을 통해 풀이하고 있다.

『능엄경』에서 부처는 아난과 마음의 존재방식에 관한 긴 문답을 마치고, 묘명진심은 우주 만물 생성의 근원이며 생성된 일체의 사물과 동떨어져 존재하는 것이 아니기에 마음은 '안에 있지도 않고 밖에 있지도 않다'고 말한다. 김만중은 계속 말한다.

> 그녀가 마음의 본체를 이해하지 못했다고 할 수는 없다. 그러므로 정이천은 그녀를 인정했으나 『맹자』를 (충분히) 알지 못하는 사람으로 평가했다. 범조우의 딸은 (『맹자』에서 말한) '출입'이라는 것을, 아난이 마음을 방소方所에서 찾은 것과 같이, '마음이 들어갔다 나왔다 하는 것'을 의미한다고 오해한 것 같다. 그래서 정이천은 또 '마음이 어찌 출입이 있겠는가? (『맹자』는) 마음의 출입 역시 다잡거나 놓아버리는 의미로 말한 것이다'라고 말했다.34)

김만중이 보기에 범조우의 딸은 맹자가 말한 마음의 출입 개념을 '은유적'으로 이해하지 않고 '사실적'으로 이해했다고 생각한다. 그래서 『능엄경』에서 아난이 처음에 부처의 질문을 받고 마음이 '어디에' 있는지 '사

---

34) 김만중, 『서포만필』, 『서포선생문집』, "其於心之本體, 不爲無見, 故程子許之 而以爲不識孟子者. 范女蓋誤認孟子所謂出入, 亦如阿難之以方所求之也. 故程子又曰, 心豈有出入, 亦以操捨言之"

실적'으로 이 공간, 저 공간으로 바꾸어 가며 대답한 것과 나란히 배대한 다. 김만중이 보기에 『맹자』에서 말한 마음의 '출입'의 의미는 정이천의 해석처럼 '마음을 바짝 다잡아 항상 경계하고 조심하는가 아닌가'의 여부 로 이해해야 한다. 그래서 마음에는 또한 '출입'이 있다고 말할 수 있는 것 이다.

『맹자』의 말에 담긴 형이상학적이고 은유적인 의미를 놓치지 않아야 한다는 것이 김만중의 생각이다. 그래서 본래 마음에는 출입이 없는 것이 맞지만, 올바른 수양공부의 과정에서 흩어지고 산란해진 마음을 다잡아 경계하기 위해 출입이 있는 것으로 간주할 수 있는 것이다. 김만중은 다 음과 같이 말한다.

> 주자는 '출입이 없다고 하는 것도 한 의미를 품고 있고, 출입이 있다 고 하는 것도 한 의미를 품고 있다'고 말하였다. 내 생각에 주자의 이 말이 가장 마음을 여실하게 표현한 것이다. 범조우의 딸은 (마음의 이 두 의미 중에서) 다만 하나의 의미만 파악했을 뿐이다.[35]

김만중은 마음에 관하여 이중적 해석을 하고 있는 주희의 견해가 가장 적실하다고 말한다. 마음에는 '출입이 없는' 차원과 '출입이 있는' 차원 모두 존재한다. '출입이 없는' 마음의 차원은 본래적-형이상학적 차원으 로서의 마음이고 '출입이 있는' 마음의 차원은 공부와 수양의 대상이 되 는 일상적 차원으로서의 마음이다. 김만중이 보기에 주희는 『맹자』에서 말한 마음에 함의되어 있는 두 가지 차원을 모두 간파하고 있다. 그래서

---

35) 김만중, 『서포만필』, 『서포선생문집』, "朱子曰, 言無出入也, 是一箇意思, 言有出入也, 是 一箇意思. 竊謂此言最爲盡之. 梵女盖只見得一邊意思耳."

김만중은 범조우의 딸의 말을 하나의 차원만 말한 것이라고 평가한다.

그러나 마음의 일상적 차원보다 마음의 본래적 차원을 꿰뚫어보는 일이 어찌 같은 비중으로 간주될 수 있겠는가? 비록 마음의 한 차원만 말한 것이라 해도 그것을 간파하고 꿰뚫는 통찰력은 결코 쉬운 것이 아니다. 김만중은 이러한 통찰력이 선불교 공부와 관련이 있다고 판단한다. 김만중은 다음과 같이 말한다.

> 송나라 사대부 가운데에는 선학禪學을 숭상하는 자들이 있었으므로 부녀자들 중에도 왕왕 지혜로운 자가 있었다. 정이천의 집안에도 지혜로운 여자가 많았으니 아마도 선문禪門에서 터득한 자들일 것이다.[36]

마음의 본래적 차원을 파악하는 일은 지혜로운 일이다. 이러한 지혜는 저절로 얻어지기 어려운 까닭이다. 김만중은 범조우의 딸이 『맹자』를 읽고서 마음의 형이상학적 차원을 발견하고 말한 데에는 선불교적인 통찰 능력이 바탕이 되었을 것이라고 본다. 범조우는 송나라 유교 관료였다. 하지만 김만중은 송나라 성리학자들이 선불교와 사상적으로 밀접한 관련이 있다는 것을 알고 있었다. 오히려 너무 밀접한 영향을 주고받기 때문에 불교로부터 성리학을 지켜내기 위해 유교인들이 극도로 경계했다는 사실에 그는 주목한다.

> 정명도와 정이천 문하의 사람들 중에 선학禪學의 영향을 받지 않은 사람은 거의 없었다. 주희는 여여숙(여대림)의 학문을 가장 높이 평가

---

36) 김만중, 『서포만필』, 『서포선생문집』, "有宋士大夫, 崇尙禪學, 故婦女往往有慧解者. 程子家中, 亦多慧女. 蓋有得於禪門者也"

했지만 그에 대해서도 일찍이 '선학을 배웠을 것'이라고 의심을 품었으니, 하물며 다른 사람들에 대해서는 어떠했을지 잘 알 수 있다. 유광평(유작)은 스스로 말하기를 "만년에 불교에서 비로소 얻은 바가 있었다. 이에 정명도와 정이천에게서 배운 학문이 지극한 경지에 이른 것이 아님을 알게 되었다"고 했다. 이 때문에 유광평은 주희에게 가장 심하게 미움을 받았다.[37]

김만중은 송나라 성리학자들의 학문생활과 관련된 광범위하고 심화된 역사적 배경들을 알고 있었다. 그는 정명도(정호)와 정이천(정이), 그리고 주희에 의해 확립된 성리학이 선불교의 형이상학적 내용과 크게 다르지 않을 뿐 아니라 오히려 선불교에 미치지 못하는 면이 있다는 것을 고백한 유교인들이 있었던 사실을 밝혀낸다. 그리고 주희가 이들의 태도를 매우 비판했다는 것도 말한다. 주희가 불교를 비판하는 것에 대해 이전의 조선 성리학자들은 크게 이견을 드러내거나 명확하게 재반박한 경우가 많지 않았다. 오히려 대부분의 조선 유교인들은 주희의 불교 비판을 거의 수용했던 것이다. 하지만 김만중은 달랐다. 그는 계속 말한다.

그러나 지금 다시 생각해보면, 유광평(유작)은 진실해서 속이지 않았으니 어찌 다른 이들보다 낫다고 하지 않을 수 있겠는가? 주희는 정호와 정이의 『어록』에서 선학이 뒤섞인 곳은 번번이 유광평이 잘못 기록했다고 책임을 돌렸다. 하지만 『이정유서二程遺書』 중에 '경이직내敬而直內'와 같이 불교에 대해 논한 것은 그 수가 매우 많은데, 어찌 이 모두가 유광평 한 사람의 잘못일 수 있겠는가?[38]

37) 김만중, 『서포만필』, 『서포선생문집』, "程門諸公, 無不染禪. 朱子最許呂與叔, 亦疑其嘗擧禪. 餘可知也. 游廣平自言, 晩於佛學, 始有所得. 乃知學於二程者, 爲未至云. 故得罪於朱子尤深."

김만중은 '유광평은 진실해서 속이지 않았다'고 말한다. 일반적으로 유교인으로서 불교에 호감을 보이거나 유교보다 불교가 더 근본적인 가르침을 갖추고 있다는 것은 공공연하게 말할 수 있는 내용이 아니었다. 유교인의 입장에서 볼 때, 유교는 불교를 극복하고 나온 더욱 진보적인 학문 체계인 성리학으로 재탄생되었으니 불교에 미치지 못한다고 말할 수 없는 것이다. 정명도와 정이천, 그리고 주희는 한평생 성리학을 체계적으로 정립하고 불교로부터 유교를 구분해내는 작업에 헌신한 유교인이었다. 그러므로 이들의 학문을 기록하면서 선불교의 관점을 뒤섞거나 오히려 선불교의 관점을 옹호하는 것은 주희에게는 인정할 수 없는 것이었다. 주희는 유광평과 같이 유교보다 불교를 더 근본적 학문으로 간주하고 그것을 적극적으로 성리학 내에 반영하려는 태도를 강하게 경계하고 비판한다.

하지만 김만중이 보기에 유광평의 태도는 떳떳하며 오히려 사실을 있는 그대로 말한 것이다. 17세기 조선 성리학자 김만중의 관점에서 보면 선학禪學에 대해 매우 비판적이었던 주희의 태도는 분명 지나치다. 주희는 선학과의 대결을 마치 오랑캐와 싸우는 것과 같이 생각한다. 그렇지만 김만중은 불교는 성리학의 오랑캐도 아니며 유광평의 고백은 진실한 태도라고 그를 옹호한다. 김만중은 주희가 선학에 과도할 만큼 비판적인 이유를 다음과 같이 분석한다.

내가 생각하기에 낙학(정호와 정이의 학문)은 아마도 처음에는 선학을 바탕으로 삼지 않을 수 없었을 것이다. 나중에는 선학이 낙학에 크

---

38) 김만중, 『서포만필』, 『서포선생문집』, "然自今觀之, 則游之眞實不欺, 豈不勝於諸子乎? 朱子於兩程語錄, 雜禪處, 輒歸之廣平之誤錄. 遺書中論佛氏, 如敬以直內之類, 其數甚多, 豈皆廣平一人之誤耶?"

게 범람할까 염려한 나머지 '음탕한 목소리와 아름다운 여색과 같다'고 비판하는 경계를 만들어 선학을 막고자 했다…유학자가 이단을 물리치는 것은 항상 제왕이 오랑캐를 물리치는 것에 비유해왔다.[39)]

정호와 정이의 학문인 낙학은 곧 성리학을 가리킨다. 유학이 성리학으로 체계화될 수 있었던 데에는 선불교의 사유가 결정적 역할을 한다. 마음을 일상적인 차원이 아니라 본래적이고 형이상학적인 차원으로 사유할 수 있게 된 것은 불교의 사유방식에 기인한다. 김만중은 이러한 사실을 꿰뚫고 있다. 성리학과 선불교는 떼려야 뗄 수 없는 관계인 것이다.

그런데 선학이 낙학에 크게 범람한다는 것은 무엇을 가리키는 것일까? 성리학에서는 마음을 이중 층위로 규정한다. 곧 현재의 일상적 마음의 층위와 본래의 형이상학적 마음의 층위라는 이중 층위이다. 이 두 층위의 구분은 성리학에서의 마음공부의 기본 출발점이 된다. 일상적 마음은 형이상학적 마음을 표준으로 삼아 수양을 통해 이상적 마음과 합일되도록 한다. 이것이 유교에서의 수양과정이며 또 공부과정이 된다. 그런데 주희는 선불교가 '작용시성作用是性' 논리에 기초하고 있다고 생각하여 비판하였다. '작용시성'은 일상의 모든 마음 작용이 곧 불성의 발현이라고 보는 선불교의 통찰이다. 일상의 모든 마음작용에 불성과 분리되어 있는 것은 존재하지 않는다는 것이다. 하지만 성리학자 주희의 관점에서 작용시성 논리는 일상의 마음 작용 '그대로가 모두' 불성의 표현이므로 별도의 공부가 필요하지 않다는 의미로 해석된다. 그렇다면 성리학이 중시하는 일상적 공부의 의미가 퇴색될 우려가 있다. 주희는 작용시성의 논리를 근거

---

39) 김만중, 『서포만필』, 『서포선생문집』, "竊謂洛學之初, 恐不能無資於禪. 後慮此洛太濫. 始設淫聲美色之誡以杜之…常以儒者之闢異端, 此之帝王之攘夷狄."

로 선불교와 선을 긋고 성리학 공부와 대립되는 것으로 강조한다.

그러나 과연 선불교의 '작용시성'의 통찰이 일체의 수행이나 공부를 부정하거나 불필요하다고 보는 것일까? 김만중은 불교를 작용시성의 측면으로만 파악하는 것이 옳지 않다고 생각한다. 김만중은 불교에서 공부와 수행을 중시하지 않은 게 아니며, 오히려 성리학의 수양 공부가 불교의 수행 공부와 다르지 않다고 본다. 특히 그는 불교 수행에서 선정禪定과 지혜智慧, 즉 정혜 개념에 주목한다. 김만중은 다음과 같이 말한다.

> 불교의 정혜定慧 법문은 그 정확함과 오묘함이 유학의 서적에서 유래를 찾아볼 수 없을 정도이지만 낙건 학자들의 함양치지涵養致知 공부가 실은 이와 비슷하다. 그러나 『시경』, 『서경』, 『논어』, 『맹자』만으로는 함양치지가 유학에 있었다고 증명할 수가 없다. 만약 『중용』의 계신공구戒愼恐懼와 신독愼獨이나 『대학』의 격물치지格物致知를 합한다면 이에 해당할 만하겠다. 하지만 격물의 글자 뜻이 명확하지 않았으므로 주자는 평생의 정력을 들여 터진 곳을 깁고 새는 곳을 틀어막아 겨우 그 문호를 성립시켰던 것이다.[40]

김만중은 불교의 정혜 수행이 매우 정확하고 오묘하다고 높이 평가한다. 이러한 평가는 불교를 외부자의 관점에서 피상적으로 이해하는 사람에게서는 찾아볼 수 없는 것이다. 이를 보면, 김만중은 이미 불교의 정혜 수행에 대해 잘 알고 있는 사람이다. 잘 알고 있되, 단지 지식으로만 아는 것이 아니라, 스스로 불교의 정혜 수행을 체험한 사람이라고 볼 수 있다.

---

[40] 김만중, 『서포만필』, 『서포선생문집』, "釋家定慧法門, 正確散妙, 儒書所未有. 洛建涵養致知工夫, 實似之. 顧詩書語孟, 無可以證之者. 如合中庸之戒愼, 大學之格致, 則有足當之. 而格物字義不明, 故朱文公費盡一生精力, 補綻塞漏, 董得成立門戶耳."

불교의 정혜 수행은 선정과 지혜 수행으로 구분된다. 선정은 사마타 수행이라고도 하며, 본래적 마음, 즉 진여와 공적영지, 묘명진심, 여래장으로서의 심체를 직접 깨닫기 위하여 마음을 수렴하고 비워 일상적 망념을 그치는 수행이다. 그렇게 일상적 망념과 집착의 마음을 지우고 비우면 참된 본래적 마음을 직관하게 된다. 이것이 사마타 수행, 선정 공부이다. 이러한 선정을 바탕으로 하여 세상의 실상을 바르게 통찰할 수 있는 바른 분별력이 생기는데 이것이 바로 지혜 수행이다. 선정과 지혜는 서로 분리된 수행이 아니다. 선정의 힘에 의해 지혜가 얻어질 수 있는 것이다.

　김만중은 정혜 법문으로 대표되는 불교의 수행을 송나라 성리학자들이 중시한 함양과 치지 공부와 나란히 비교한다. 함양은 경을 통해 성인의 마음, 즉 심성을 기르는 공부이며 치지는 이러한 함양 능력을 통해 세상 만물의 이치를 올바로 분별하고 이해하는 공부이다. 성리학 공부의 핵심은 바로 이 함양치지 공부에 있다고 할 수 있다. 불교에서 지혜가 선정의 힘을 기반으로 얻어질 수 있는 것과 마찬가지로 유교에서 치지는 함양의 힘을 기반으로 얻어질 수 있는 것이다.

　김만중은 세상 만물의 참된 이치를 아는 치지 공부와 그 치지 공부의 기반이 되는 함양 공부의 의미를 제대로 파악하기 위해서 선진유학의 경전들 중 특히『중용』과『대학』에 주목한다. 이 내용이야말로 심체의 형이상학적 의미를 여실하게 보여주고 있기 때문이다.『중용』1장에서 다뤄지고 있는 천명天命, 계신공구戒愼恐懼와 신독愼獨, 중中과 화和의 개념은 유교 형이상학적 차원, 곧 유교의 종교성을 이해하는 데에 중요한 핵심이 된다. 김만중은 유교의 계신공구와 신독을 불교의 정혜 개념과 비교하고 있다.

　김만중은 불교의 선정과 지혜 수행을 온전히 이해하기 위해서는『중용』

의 계신공구와 신독 공부, 그리고 대학의 격물치지 공부를 합하여 생각해야 한다고 본다. 『중용』의 계신공구와 신독은 모두 경敬 공부에 해당한다. 함양 공부가 경에 집중하는 공부이고 치지 공부가 지식을 얻는 격물치지 공부이기에 김만중은 『대학』의 격물치지 공부도 함께 생각해야 한다고 말한 것이다. 그리고 그는 '격물格物' 개념 속에 함축되어 있는 형이상학적-종교적 차원을 드러내기 위해 주희가 애쓴 것을 잊지 않는다.

김만중이 불교와 유교의 공부를 비교하면서 말하고 싶었던 것은 무엇일까? 불교의 정혜 수행과 유교의 함양치지 공부에는 각각 심체에 대한 형이상학적-종교적 차원의 깨달음과 그에 근거한 세상의 지혜의 획득이라는 내용이 들어 있다. 그리고 이 점에서 불교와 유교는 내용적으로 회통한다. 김만중에 이르러 조선 유교인은 더 이상 주희와 같이 작용시성을 내세워 불교와 유교의 대립과 차이만을 부각시키지 않는다. 김만중은 유교와 불교의 내용적 회통성을 그 두 사상의 역사적 관계를 통해 확인한다.

> 하택신회荷澤神會는 조계 문하의 지해종知解宗이다. 그는 "지知 한 글자는 온갖 신비스럽고 묘한 것들의 출발문이다"라고 말했다. 주희는 일찍이 말하기를 "하택신회로부터 여러 사람을 거쳐 전하여 규봉종밀圭峰宗密을 얻었는데 규봉종밀은 본연의 정혜定慧를 마음의 체용으로 삼았다"고 했다. 그리고 주희는 지와 정혜를 『주역』의 적감寂感이라는 두 글자로 대체하여 드디어 그것이 마음에 대하여 논할 때 영원히 준거가 될 묘전으로 되었다. 그러므로 규봉종밀이 유학에 끼친 공적이 적지 않다고 할 만하다.[41]

---

41) 김만중, 『서포만필』, 『서포선생문집』, "荷澤神會, 曹溪門下知解宗. 其言曰, 知之一字, 衆妙之門. 朱文公嘗稱, 荷澤數傳而得圭峰宗密, 以本然之定慧爲心體用. 文公代以周易寂感二語, 遂爲千古說心之妙詮, 密之有功於儒門, 亦可謂不淺"

김만중은 주희가 성리학 공부론을 정립하기 위해 중시했던 두 개념이 바로 중용의 지知 개념과 주역의 적연부동-감이수통 개념이라고 보았다. 이 두 개념 모두 심체의 실상과 고유의 활동을 가리키는 개념이다. 『중용』에서의 지는 허령지각을 의미하며 주역의 적연부동-감이수통은 우주심의 적연한 본성과 신령한 작용을 의미한다. 그런데 유교의 허령지각과 적감 개념은 사실 불교에서 먼저 통찰한 것이다. 조계 문하의 지해종 불교인이었던 하택신회, 그리고 그를 계승한 규봉종밀은 심체의 실상을 공적영지로 보았다.

김만중은 규봉종밀이 선정과 지혜를 마음의 체와 용으로 삼았다는 점을 환기시킨다. 결국 주희가 체계화시킨 주자성리학의 공부론은 내용적으로 불교로부터 영향을 받은 것일 뿐 아니라, 명명하는 이름만 다를 뿐, 내용적으로도 같다는 것이다. 주희가 비록 선불교를 경계하고 '작용시성'의 논리를 비판하면서 불교를 강하게 비판하였지만, 다른 한편으로 하택신회와 규봉종밀의 지해종 전통에서의 심성 논의와 수행론은 전폭적으로 수용하고 그 내용을 바탕으로 성리학의 공부론을 정립했다고 김만중은 주장한다.

김만중이 불교에 대해 논한 말들을 보면, 불교 심성론에 대해 상당한 깊이의 이해를 하고 있음을 알 수 있다. 김만중은 불교 심성론이 역사적으로 변화되어 온 과정을 다음과 같이 파악하고 있다.

석가가 살아 있을 때 40여 년을 설법했는데 오로지 계율만을 간절히 말하다가 가장 마지막에 비로소 일승一乘의 법을 말했고 입적할 때 가르침을 남기면서 또 다시 계율을 말했으니 단계를 뛰어 넘지 않음이 이와 같았다. 달마에 이르러서는 직지인심直指人心이라 했으니 곧바로 견성見性하여 성불成佛한다는 것이다. 그러나 달마는 오히려 선정禪定

수행을 가르쳤으며 9년 동안 스스로 면벽 수행을 했다. 제4조 도신은 30여 년 동안이나 눕지 않고 앉아서 수행하였다.[42]

김만중은 먼저 석가가 살아 있던 시기의 근본불교와 인도 승려 달마가 중국에 들어와 창시한 선불교로 대비시켜 역사적 흐름을 살핀다. 석가시대의 근본불교와 달마의 선불교의 차이는 무엇인가? 표면적으로 볼 때 석가는 계율을 중시했고 달마는 곧바로 마음을 깨닫는 것을 중시했으니 서로 다른 것으로 보인다. 하지만 김만중에게 이 차이는 오로지 불교에서 중시하는 '불성의 깨달음'을 위한 현실적 방편의 차이일 뿐이다. 근본불교에서는 불성을 깨닫기 위해 계율을 지키는 것을 핵심 방편으로 강조하였다. 불교 수행에서는 무릇 3학의 수행의 단계를 거치게 되는데 이것은 계戒, 정定 혜慧를 가리킨다. 계는 계율을 지키는 단계이며, 정은 선정을 닦는 단계이고, 혜는 지혜를 통찰하는 단계이다. 앞의 단계가 충분히 무르익어야 다음 단계가 온전히 잘 성취될 수 있다. 그래서 단계를 충실히 지키는 것이 중요하다. 김만중은 석가 시대의 근본불교에서 계율을 닦는 것을 중시한 것을 두고 수행의 기본 단계를 지킨 것이라고 해석한다. 함부로 단계를 뛰어넘지 않도록 경계한 것이다.

그러나 오랜 세월이 지나 선불교에 이르면 계율 지키기의 형식주의적 폐단이 많아졌다. 그래서 선불교의 창시자인 달마는 면벽 정좌 수행을 통해 외면적인 계율보다 내면적인 마음의 직접적 통찰을 중시하게 되었던 것이다. 하지만 이러한 면벽 정좌 수행 역시 외면적 형식주의로 흐를 수

---

42) 김만중, 『서포만필』, 『서포선생문집』, "釋迦在世, 說法四十餘年, 唯諄諄於戒律, 最後始說一乘之法. 而臨滅遺教. 又復說戒. 其不躐等如此. 至於達摩, 便直指人心, 見性成佛, 然達摩猶以禪定說教, 九年面壁, 四祖道信, 三十餘年, 脇不至席."

있는 위험을 안게 된다. 김만중은 조계 6조 혜능의 출현을 이러한 맥락으로 설명하고 있다.

> 제6조 혜능에 이르러서는 사람들이 결가부좌한 것을 보고 지팡이로 톡톡 치면서 말렸다. 제6조 혜능이 사람들을 가르친 것은 마치 이치를 들어 깨닫게 하듯이 했는데, 예컨대 선善도 생각하지 말고 악惡도 생각하지 말라고 한 것이 이것이다. 그러다가 마조 이후에 이르러서는 이와 같은 것들이 좁은 길로 떨어져 바른 견해를 방해한다고 생각하여, 오직 특정한 의미가 없는 화두를 들어 수행하라고 가르치면서 삼장(경, 율, 논)의 책들을 모두 특별한 행사를 치른 후 버려지는 것 정도로 만들었다. 이 또한 어쩔 수 없어서 그런 것이 아니겠는가?[43]

6조 혜능의 시대에 이르러, 결가부좌 중심의 수행 역시 타성적으로 흐르게 되었기 때문에 새로운 방식의 수행 방편이 혜능에 의해 강조되었다고 김만중은 분석한다. 혜능은 결가부좌라는 외면적 형식에 얽매이지 말라고 말하고 이치를 직접 깨달으라고 가르쳤다. 이치를 직접 깨닫는다는 것은 불성을 선과 악과 같이 분별적 지식으로 파악하려 하지 않고 선악의 분별지 너머 본래 존재하고 있는 불성, 즉 무분별적 마음을 곧바로 통찰하고 깨닫는다는 것을 의미한다. 혜능 시대에 이르러 또 어쩔 수 없이 한쪽으로 치우친 수행의 방향을 바로잡기 위해 방편으로 제시된 것이 혜능의 가르침인 것이다.

그러나 김만중은 8조 마조도일 시대에 이르면 또 혜능의 가르침이 극

43) 김만중, 『서포만필』, 『서포선생문집』, "至六祖, 見人結趺, 以杖叩之. 六祖之教人, 猶說義理, 如不思善不思惡之類, 是也. 及至馬祖以後, 則以此等爲落蹊蹊碍正見, 唯以無意味話頭說教而三藏經論, 盡成芻狗矣. 此亦有不得已者耶"

단적으로 되어, 불교 교학에서 중시하는 것들이 지나치게 경시되는 경향
으로 되었다고 평가한다. 적지 않은 유교인들이 불교의 한쪽의 극단적 모
습만을 보고 비판하거나 비난하고 있지만, 김만중은 그러한 불교의 극단
적 모습을 폭넓은 역사적 사상적 변천과정을 통해 살펴보고 있음을 알 수
있다. 이러한 역사적 사상적 변천과정 속에서 불교를 살펴보면 주희가 선
불교의 '작용시성'의 논리를 비판하는 것은 일면적인 측면만 보고 비판하
는 것이다.

　김만중의 이러한 역사적 통찰 능력은 단지 불교를 옹호하기 위한 것만
은 아니다. 김만중은 유학 사상의 변천을 불교와 비교해서 고찰하고 있다.
그는 다음과 같이 말한다.

　　일찍이 나는 유교와 불교를 비교해 논한 적이 있다. 달마는 맹자이
　　고 승찬과 혜가 그리고 홍인과 도신은 각각 주렴계와 장횡거, 정명도와
　　정이천이며 6조 조계대사 혜능은 고형학파 주희이며, 마조와 임제는
　　육상산과 왕양명이다. 석가에서부터 변하여 마조와 임제로 되었으니,
　　그 변천의 유래는 점진적 양상을 띠었다.[44]

　김만중은 불교의 달마를 유교의 맹자와 비교한다. 그의 생각으로는, 맹
자가 공자의 핵심 정신과 가르침을 '잃어버린 마음을 되찾으라'는 요지로
새롭게 강조한 것과 같이 달마는 '자신의 마음을 곧바로 깨달으라'는 석
가의 핵심 정신과 가르침을 새롭게 강조하였다. 또한 조계 2조 혜가와 3
조 승찬, 4조 도신과 5조 홍인의 흐름으로 불교의 핵심 정신이 계승되는

---

44) 김만중, 『서포만필』, 『서포선생문집』, "嘗以儒釋兩家, 比幷而論. 達摩孟子也, 璨可忍信,
　　周張兩程也, 曹溪考亭也, 馬祖臨濟, 象山陽明也, 自釋迦變爲馬祖臨濟, 所由來者漸矣."

흐름을 주렴계와 장횡거, 정명도와 정이천에 의해 유교의 핵심 정신이 계승되는 흐름과 유사하게 나란히 대응시키고 있다. 김만중은 6조 혜능을 주희와 대비시키는데 이것은 그가 조계대사 혜능과 고형학파 주희를 각각 불교와 유교의 전체적 핵심을 다시 종합하여 드러냄으로써 한쪽으로 치우치거나 과도한 것으로부터 본래의 표준으로 재정립시키고 있다고 생각하기 때문이다.

그 다음으로, 김만중은 마조도일과 임제의현을 육상산과 왕양명에 비교하여 혜능 이후의 불교와 주희 이후의 유교가 종합적 균형으로부터 약간 벗어나 또 다른 한쪽으로 치우쳐가고 있다는 것을 암시하고 있다. 김만중이 보기에, 사상의 역사의 추는 이와 같이 평평하고 고정불변의 것으로 존재하지 않으며 그것을 이어가고 계승하는 사람들의 사상 속에서 다소 한쪽으로 치우치기도 하다가 본래의 균형을 회복하는 끊임없는 노력의 과정으로 볼 수 있다. 김만중이 불교와 유교를 비교하면서 그 역사적-구조적 회통을 시도하는 것은 이전과는 달리 한층 진일보된 불교인식을 보여주고 있다고 볼 수 있다. 김만중은 유교에 대해서도 그 역사적 변천 과정을 전체적으로 조망하고 있는데 그는 다음과 같이 말한다.

> 성현이 가르침을 세우는 것은 시대에 따라 같지 않다. 맹자가 성性의 선함을 말한 것은 공자가 이利, 명命, 인仁에 대해 드물게만 말했던 것과는 다르고, 맹자의 호연지기설도 공자의 문하에서는 미처 드러내지 않은 것이다. 주자는 『중용』의 성, 도, 교를 깨우치고 가르치는 책의 첫머리에 내세웠다. 또 『근사록』 제1장은 정이천이 일찍이 으뜸가는 제자에게도 보이지 않았던 것이다. 무릇 앞 시대의 사람이 은밀히 부탁하고 이심전심으로 전하는 것은 후세 사람에게는 진부한 말과 일

상적인 법이 된다. 그러니 이것이 어찌 고의로 서로 다른 가르침을 세운 것이겠는가? 아마도 어쩔 수 없이 그렇게 되었을 뿐인 듯하다.[45]

유교에서도 시대의 변천과정에 따라 그 강조하는 내용에서 차이를 보이고 있다고 김만중은 말한다. 공자 시대에는 이익, 천명, 인, 성 등의 철학적 개념들이 전면에 등장하지 않았다가 맹자 시대에 이르러 본격적으로 논의되었다. 또한 성리학이 정립된 주희 시대에 와서『중용』1장에서 다루고 있는 유교의 형이상학적-종교적 차원의 논의는『소학』과 같은 행위 중심의 대중 교육 서적의 내용에서도 가장 먼저 강조되고 있다. 그러다가『근사록』의 시대가 되면 심을 강조하는 내용이 부각된다.

이와 같이 유학의 사상적 변천도 그 내용이 서로 본질적으로 달라진 것이 아니라 근본유학의 내용을 점차 형이상학적-철학적 차원으로 정교하게 확립시켜가고, 다시 그렇게 정립된 유학의 내용을 심을 주체로 하여 실천하는 일을 중시하는 흐름으로 이어져 왔던 것이다. 그러므로 근본유학과 성리학 그리고 심학이나 양명학 사이에서 나타나는 차이들은 고의로 다른 가르침으로 바뀐 것이 아니다. 유교의 핵심 정신을 계승하고 이어가는 과정에서 부득이하게 강조점이 달라진 것일 뿐이다.

유교와 불교의 사상에 대한 역사적 변천과정에 대한 김만중의 이러한 '불가피성'과 '부득이함'의 인식은 17세기 유교인들이 그들 스스로를 성찰하는 방식 뿐 아니라 불교에 대한 인식에도 깊이 있는 이해를 보여준다. 김만중은 주희의 불교비판이 유교를 지키기 위해 과도하게 부각된 면

---

45) 김만중,『서포만필』,『서포선생문집』, "聖賢立教, 隨時不同. 孟子之遺性善, 異於孔子之罕言, 而其說氣, 又孔門之所未發也. 朱子以中庸性道教, 首揭於訓蒙之書. 而近思錄第一章, 又程子之未嘗示諸大弟子者也. 大抵前人之密付單傳, 在後人, 便成陳談常法. 此豈故相立異哉? 殆有不得不爾者耳."

이 있음을 알고 있었다. 그래서 그는 주희의 불교비판 논리였던 작용시성의 논리에 주목하기 보다는 불교와 유교가 핵심적으로 중시하고 있는 심체에 관한 이해와 그 심체와 합일하기 위한 수행으로서의 정혜와 지, 함양치지 등의 개념에 더 관심을 기울였다.

김만중의 불교인식에서 우리는 조선 유교인이 불교의 심성론 및 수행론의 내용을 이미 잘 알고 있었으며 그것을 유교의 심성론 및 수행론과 내용적으로 회통시키고 있음을 알 수 있다. 그리고 이러한 유불 회통의식은 김창협과 김창흡 형제의 심성 논의에서 더 본격적으로 나타난다.

2. 김창협 : 미발지각과 철학적 유불회통

김창협은 학문적으로 사승관계에 있었던 송시열과 함께 주희의 저서들을 종합 정리하는 과정에서 주희의 중화논변과 송시열의 허령지각, 미발에 관한 개념들을 스스로 철학적으로 분석하며 자신의 심성 논의를 심화시킨 17세기 유교인이다. 김창협의 심성 논의는 이후 조선 성리학계의 대표적 논쟁인 호락 논쟁과 인물성 동이 논쟁으로 풍부하게 계승되고 논의되었다. 김창협의 심성 논의에서 가장 핵심적인 것은 바로 미발지각 논의이다.

김창협이 의문을 가진 것은 『중용』의 중화中和 개념의 이해와 관련하여 주희 자신의 서로 일치하지 않는 견해들이었다. 주희는 심心의 위상을 둘러싸고 모순된 것으로 보이는 의견들을 표명하고 있었던 것이다. 김창협은 주희에게서 나타나는 이런 견해의 불일치를 어떻게 해석해야 하는지, 어떤 것이 주희의 참된 입장인가를 둘러싸고 탐구를 지속하였다. 김창협은 이 과정에서 마침내 그 자신의 심성론을 정립하게 된다. 그것은 바로 미발지각 논의이다. 김창협은 주희의 심성론에서 미발지각 논의를 끌어내고 그것이 주희의 심성론의 핵심이라고 보았다.

김창협의 미발지각 논의는 송시열의 허령지각과 미발 논의를 한층 더 발전시켜낸 것이기도 하다. 그는 자신이 속해 있던 율곡학파의 정통적 견해로부터도 독립하여 이황의 사단칠정 논의를 수용하여 그 자신의 사단칠정논변을 정립하기도 하였다. 또한 김창협의 미발지각 논의는 미발공부의 의미를 해명하는 데에도 중요하다. 김창협은 미발지각 개념과 함께 미발공부의 핵심으로서 계신공구의 의미를 더욱 부각시키는 데에 심혈을 기울인다. 김창협은 미발지각을 다음과 같이 설명한다.

> 지각이라는 것은 본래 전체로서의 마음이 소소령령昭昭靈靈하다는 것을 가리키는 말이다. 지각이 소소령령하다는 것은 사물과 접하지 않고 사려가 싹트기 전인 미발에서도 우리 각자의 마음에서 확실히 언제나 밝고 밝아 어둡지 않은 것을 의미한다.[46]

김창협이 지각을 정의한 내용을 보면 우리들의 통념적 상식을 깨뜨린다. 우리들의 통념적 상식에서 지각은 어떤 대상을 감각기관을 통해 받아들여 그 대상에 대한 특정한 상을 만드는 것과 관련된다. 지각한다는 것은 항상 '어떤 무엇인가를' 지각하는 것이다. 사과가 내 책상 앞에 있다는 것을 '지각하고', 오늘 날씨가 따뜻하다는 것을 '지각하며', 내가 두려움을 느낀다는 것을 '지각한다.'

---

46) 김창협, 「답도이答道以」, 『농암집』 9권(『한국문집총간』 161~162), "知覺, 本亦指此心全體昭昭靈靈者而爲言. 是雖事物未至, 思慮未萌, 而方寸之中, 固常了然不昧."

하지만 김창협은 지각이라는 말의 핵심 의미를 '마음 전체의 소소령령'으로 규정한다. 지각은 마음 전체가 소소령령하여 밝고 밝아 어둡지 않은 실상을 말하는 개념이다. 마음 자체가 항상 어둡지 않다는 것은 마음이 그 본래적 실상인 지각활동을 멈춘 적이 없다는 것을 의미한다. 마음의 실상은 바로 지각활동 자체인 것이다. 마음의 지각활동은 사물과 접하지 않고 사려가 싹트기 전인 미발에서도 멈춘 적이 없다. 마음은 미발에서도 본래적 지각활동을 한다. 마음 자체의 소소령령이 지각이다.[47] 그렇기에 김창협은 다음과 같이 강조한다.

> 눈과 귀의 총명함, 그리고 몸의 용모와 행동 이 모든 것을 주재하고 다스려 혼미하지도 않고 산란하지도 않게 하는 것이 지각이다. 그런데도 지금 지각을 단지 '마음이 사물에 감응하여 움직이는 것'이라고만 말했으니 어찌 지각의 의미를 모두 드러냈다고 할 수 있겠는가?[48]

김창협은 마음의 활동을 가리키는 지각을 협소하게 이해하면 안 된다고 말한다. 지각은 단지 마음이 외부 사물이 다가오면 비로소 작용하기 시작하는 수동적인 반응 존재 이상의 활동이다. 마음의 지각활동이라는 것은 한 사람의 몸과 마음 일체의 주인으로 존재한다. 우리가 감각활동으로 알고 있는 보고 듣는 활동, 그리고 우리가 몸의 활동으로 알고 있는

---

47) 이것은 앞에서 김만중이 구리거울의 비유에서 거울에 사물이 비춰지기 이전에도 거울 자체의 비추는 성질이 없지 않다고 말한 것과 같다. 마음이 거울 자체라고 한다면 지각은 거울 자체의 비추는 성질이다. 거울 앞에 어떤 형상이 다가오면 거울은 그 형상을 비추어낸다. 하지만 아무런 형상이 다가오지 않았을 때에도 거울 자체의 비추는 성질이 사라지는 것은 아니다. 지각은 마음 자체의 비추는 성질이기 때문이다.
48) 김창협, 「답도이」, 『농암집』 9권, "凡其耳目之聰明, 身體之容儀, 皆有以主宰管攝, 而不昏不亂者, 皆是物也. 今說知覺, 專以此心感物, 而動者言之, 則又豈足以盡知覺之義哉?"

것에 이르기까지 지각은 영향을 행사한다. 우리 마음과 몸의 주인으로 존재하면서 우리 마음과 몸의 모든 활동을 이끌고 나가는 것, 그것이 바로 지각이다. 김창협은 계속 말한다.

> 지각은 사람 마음 전체의 신묘한 작용을 가리킨다. 지각은 항상 소소령령하여 적寂과 감感에 모두 두루 통하고, 성性과 정情을 모두 주재한다.[49]

김창협은 지각이 소소령령하다는 것을 적과 감, 성과 정 어느 한 차원에만 해당되는 것이 아니라고 분명히 말한다. 성리학에서 미발의 본체 차원과 이발의 현상 차원은 각각 적연부동과 감이수통의 차원, 성과 정의 차원으로 표현된다. 미발의 본체 차원, 즉 적연부동의 성의 차원은 형이상학적 차원이며 이발의 현상 차원, 즉 감이수통의 정의 차원은 형이하적 차원이다. 그렇다면 심의 지각은 이 두 차원 중에서 이발의 현상 차원에만 적용되는 것이 아닌가? 주희의 중화구설의 규정대로라면 성은 본체의 차원이며 아무런 조짐도 움직임도 없는 차원이므로 일체의 지각활동도 존재하지 않는 것으로 된다. 중화구설에서 심은 작용의 차원이고 성은 본체의 차원이기 때문이다.

하지만 김창협은 주희의 중화구설, 즉 성체심용性體心用이 주희의 참된 견해가 아니라고 생각한다. 주희의 참된 견해는 곧이어 등장한 중화신설, 즉 심통성정心統性情에서 찾을 수 있다고 생각한다. 심이 성과 정을 통괄한다는 주희의 견해야말로 그의 미발지각 개념을 뒷받침하는 근거가 된

---

49) 김창협, 「답도이」, 『농암집』 19권, "知覺, 乃是人心全體妙用. 昭昭靈靈, 不昏不昧, 通寂感而主性情者也."

다. 김창협이 보기에 지각의 소소령령한 활동은 미발과 이발의 차원, 적과 감의 차원, 성과 정의 차원 모두에 통하고 두루 주재한다. 김창협은 박세당의 견해를 언급하면서 다음과 같이 비판한다.

'만약 하나의 사려도 생기지 않아 만사萬事가 싹트지 않으면 또 그 힘을 쓸 곳이 없으니 마른 나무 그루터기처럼 지각이 거의 없다고 봐야 하지 않는가'라는 말이 있는데, 이것은 사람 마음에 한 순간도 이러한 때가 있을 수 없다는 말이다. 그러나 사람의 마음은 지극히 령靈하기 때문에 하나의 사려가 싹트기 전(미발)에도 지각知覺은 밝다. 비유로 말한다면, 마치 물과 거울이 비록 사물을 비추기 전에도 그 광명한 본체가 어둡지 않은 것과 같다. 그러니 어찌 고목처럼 무디고 깜깜하여 아무 지각도 없는 것이겠는가?[50]

박세당은 미발지각의 존재를 인정하지 않는다. 박세당은 지각을 오직 이발의 마음작용으로 간주한다. 이발의 마음작용, 즉 사려가 생겨서 만사가 싹트는 활동이다. 사려와 만사가 하나도 생기지 않는다면 그 경지를 마음활동이 있다고 볼 수 없다는 것이다. 마치 마른 고목 그루터기처럼 어떠한 능동적이고 주체적인 활동도 없는 상태가 되어 버린다.

그러나 김창협은 그의 견해에 찬성하지 않는다. 사람의 마음이 지극히 신령하다는 것은 마음의 실상과 본체가 신령하여 본래적 지각활동이 존재한다는 것을 의미한다. 마음의 실상과 본체는 마른 고목 그루터기가 아니

---

50) 김창협, 「여권유도재논사변록변與權有道再論思辨錄辨」, 『농암집』 15권, "蓋其言有曰, 若其一念不動, 萬事未萌, 則又無所用其力, 不幾於枯槁之無知乎, 此以爲人心不容有如此時節也, 然而人心至靈, 故雖一念未萌, 而知覺炯然. 譬如水鏡, 雖未照物, 而光明之體, 固自不昧. 夫豈頑然冥然, 都無知識, 如枯槁者然哉"

라 물과 거울과 같다. 물과 거울에 사물에 다가와 그 모습을 비춰내지만 사물이 하나도 다가오지 않더라도 물과 거울의 본래적 비추는 성질은 존재한다. 마음도 이와 같다. 마음에 하나의 사려와 생각이 싹트기 이전인 미발에서도 우리 마음은 본래적 지각활동이 존재한다. 이것이 미발지각이다. 김창협은 다음과 같이 말한다.

> 지각이라는 말은 본래 『맹자』에서 나온 말이다. 그러나 『맹자』에서는 다만 학문이 지극하여 이치가 밝아지는 것을 말했을 뿐, 심체를 논하면서 말한 것은 아니었다. 횡거 장재에 이르러 '성性과 지각知覺을 합하여 심心이라는 이름이 있게 되었다'고 말한 뒤에 비로소 영각靈覺을 말하기 시작했고, 주희가 허령지각虛靈知覺이라고 말한 것도 이를 바탕으로 한 것이다.[51]

김창협은 유교에서 지각의 개념이 역사적으로 어떻게 이해되어 왔는가를 살피고 있다. 지각이라는 말이 『맹자』에서는 학문이 지극한 사람에게 사용되었다. 지식이 넓고 깊어 이치를 꿰뚫어 밝게 알고 깨달아 지혜로운 것을 가리키는 것이었다. 그러나 『맹자』에서 말한 지각은 심체와 직접 관련하여 논한 것이 아니었다. 지각을 심체와 직접 관련지어 논한 사람은 장재張載(1020~1077)이다. 장재는 지각을 심체, 즉 성과 관련지어 말하고 있다. 심은 지각이지만 이때의 지각은 밝게 알고 깨닫는 것을 가리키는 만큼 심체인 성의 발현이다. 장재는 심체인 성과 지각이 결합되어 비로소 심이라고 할 수 있다고 말했다.

---

51) 김창협, 「잡식雜識」, 『농암집』 32권, "知覺二字, 雖本出於孟子. 此特學至理明之謂, 未是就心體說. 至橫渠云合性與知覺有心之名, 方是 說靈覺意思, 朱子說虛靈知覺, 實本於此"

김창협은 미발지각을 허령지각과 동일하게 이해한다. 성리학자들이 허령지각을 말할 때에는 모두 미발지각을 말하는 것이다. 주희가 언급한 허령지각도 이러한 맥락에서 이해해야 한다고 그는 강조한다. 특히 김창협은 허령지각의 개념을 바르게 이해하기 위해 수없이 많은 유교인들이 논의를 해왔다는 점을 환기시키며 자신의 생각도 다음과 같이 분명히 말한다.

> 허령지각은 선유先儒들도 모두 동動과 정靜, 체體와 용用으로 나누어 둘로 보아 왔지만 나는 그렇지 않다고 생각한다…내가 생각해볼 때 심이라는 것은 본래 모습도 질감도 방향도 장소도 없는 것이고 또 본래 신묘하게 밝아 헤아릴 수 없는 것이다. 이 때문에 허령 두 글자가 성립하게 된 것이지 처음부터 동정과 체용으로 나뉘어 있는 것이 아니다…지각이라고 말한 것은 심의 실상을 지적한 것이다…허와 령, 이 두 글자만으로도 심의 체와 용의 덕이 다 드러난다…심이 심이 되는 까닭은 오직 지각 때문이다.[52]

허령지각에 대하여 선유들은 허령과 지각, 또는 허와 령을 각각 구분하여 허령 혹은 허를 체와 성으로, 지각 혹은 령은 용과 정으로 배대하여 이해하는 경우가 많았다. 그러나 김창협이 보기에 허령지각은 그 자체가 심을 곧바로 가리키는 말이다. 허령하다고 말하는 것은 심의 형이상학적 존재성, 곧 심의 신묘한 밝음을 가리키는 것이다. 또한 지각이라고 말하는 것은 심의 실상, 즉 심의 활동내용을 가리킨다. 심은 허령하며 지각활동을 하는 존재이다. 김창협은 심의 허령함이 곧 심의 지각활동성을 가리키는

---

52) 김창협, 「답도이」, 『농암집』 19권, "虛靈知覺, 自先儒已皆分動靜體用而二之, 竊獨妄意其未然矣…竊嘗謂心之爲物, 本無體質方所, 而又自神明不測. 此虛靈二字之所以立, 而初非有動靜體用之殊者也…知覺云者, 指其實也…只虛靈二字, 盡此心體用之德…心之所以爲心者, 只是一箇知覺而已."

말이라고 생각하는 것이다. 그래서 그는 허령이라는 말만으로도 심의 체와 용의 덕이 모두 드러난다고 말한다.

선유들이 허와 령, 또는 허령과 지각을 구분해서 말한 데에는 나름의 이유가 있을 것이다. 허 또는 허령의 의미를 공허하게 해석하는 것을 경계하고 심체의 형이상학적 존재성을 분명히 강조하기 위해서인 것이다. 그에 비하여 김창협은 허령 그 자체, 지각 자체가 심의 체와 용 모두에 걸쳐 통하는 총체적 개념이라는 것을 강조한다. 지각은 심체와 무관한 것이 아니다. 심을 심이라고 말할 수 있는 핵심 내용이 바로 허령이고 지각인 것이다. 허령지각이 바로 심이다.

김창협은 심으로서의 미발지각이 단지 용의 차원에 국한된 개념이 아니라 체와 용에 걸쳐 있다는 것, 성과 정을 모두 통괄한다는 것을 주희도 이미 알고 있었다고 본다. 김창협은 다음과 같이 말한다.

> 예를 들면 (주희는) 『대학장구』에서 "허령하고 어둡지 않아서 온갖 리를 다 갖추고 만사에 응한다"라고 말했고, 반겸지에게 답한 편지에서는 "심의 지각은 곧 이 리理를 갖추고 이 정情을 행한다"고 말하였다. 이것은 모두 심통성정心統性情의 뜻을 말한 것이다.[53]

오늘날 심에 관한 주희의 견해는 '성체심용性體心用'의 중화구설과 '심통성정'의 중화신설로 구분하여 파악하고 있지만, 김창협이 살고 있었던 17세기 조선에서는 주희의 견해가 다소 일치하지 않은 형태 그대로 전해지고 있었다. 그래서 김창협은 주희의 견해가 일관적이지 않은 점을 지적

---

53) 김창협, 「답도이」, 『농암집』 19권, "如大學章句, 虛靈不昧, 以具衆理而應萬事, 答潘謙之書, 心之知覺, 卽所以具此理而行此情, 是皆言心統性情之義"

하기도 한다.[54] 하지만 김창협이 보기에 심에 관한 주희의 견해는 심통성정이 정설이다. 주희는 잠시 심을 심체와 구분하여 용으로 생각한 적이 있지만, 얼마 되지 않아 자신의 견해를 정정했던 것이다. 주희는 심이 성과 정을 통괄한다는 심통성정을 항상 강조했다. 김창협은 주희가 말한 이 심통성정이 바로 허령지각으로서의 심, 미발지각으로서의 심을 잘 드러낸 것이라고 본다.

> 허령하고 어둡지 않다는 것은 바로 심을 말하는 것이다. 그래서 그 아래에 온갖 리를 갖추고 만사에 응한다고 말할 수 있는 것이다. 만약 허령하고 어둡지 않다는 것이 성을 직접적으로 말한 것이라면 어떻게 온갖 리를 갖추었다고 다시 말할 수 있겠는가?[55]

허령은 성인가? 심인가? 김창협은 허령을 심으로 보았다. 허령하다는 것은 바로 심을 가리키는 말인 것이다. 심이 허령하다는 것은, 심이 허적하면서도 신령한 밝음을 갖추고 있다는 것이다. 심이 허적하면서도 신령하기에 성을 갖추고 정을 행사할 수 있는 것이다. 만약 허령이 성을 직접 가리킨다면, 즉 성과 같다면, 성을 갖추고 정을 행사한다는 말을 할 수가 없다. 성을 갖추고 있기에 심은 본체의 영역을 갖추고 있으며, 정으로 행사하고 있기에 심은 작용의 영역으로 드러난다. 이렇게 심은 체와 용 모두를 주재한다. 이것이 심통성정의 의미이다. 김창협은 '심이 성을 갖추고

---

54) 하지만 김창협은 "주자의 몇몇 글이 반겸지에게 보낸 편지에 논한 것과 차이가 있는 것은 단지 초년과 만년에 견해가 확정되지 않은 차이로 인한 것이라고 판단해야 하지 두 가지 지각의 구분이 있다고 판단해서는 안 된다 "盖朱子數書, 與潘書所論, 只當以初晚定未定判斷, 不當有兩知覺之分也(김창협, 『농암집』 14권)"고 말한다.
55) 김창협, 『농암집』 14권, "蓋虛靈不昧, 正是語心. 故其下可言具衆理應萬事. 若其直說性, 則何得更言具衆理耶?"

있다'는 말의 의미, 즉 미발에서 심이 성을 갖추고 있다는 말의 뜻을 다음과 같이 풀이한다.

> 미발에서는 하나의 성性이 혼연하니…혼연한 가운데에 찬연자가 존재하여 텅 비고 고요하면서도 만상萬象이 갖추어져 있으니 그렇다면 의리의 근원이 여기에 있는 것이다…(이것을 부정한다면)『악기樂記』의 '사람은 태어날 때에 정靜하다'라는 말과『주역』의 '정靜하여 동動하지 않는다'는 말은 모두 공허한 말이 될 것이다…그리고 마음의 사려와 헤아림은 한 순간도 중단될 때가 없을 것이다. 이와 같다면 마음 속이 또 어찌 깨끗하게 텅 비고 고요하여 천리의 본체를 보존하고 수양할 수 있겠는가? 본체가 확립되지 못하면 아무 일마다 계신공구戒愼恐懼하여 잘못되지 않으려 해도 무엇을 근본으로 하여 그 도를 다할 수 있겠는가?56)

마음은 미발에서도 그 본연의 허령성이 존재한다. 미발에서 심이 허령하다는 것은 심이 미발에서 성을 구분되지 않은 총체로 갖추고 있다는 것, 즉 고요하면서도 만상을 다 갖추고 있다는 것을 의미한다. 그렇기 때문에 심은 미발에서 다만 고요할 뿐, 아무것도 없는 것이 아니다. 마음이 구체적 대상과 만나는 이발已發에서는 총체로서의 인의예지가 구체적인 덕목과 의리로 드러난다. 그러나 외부의 대상과 만나지 않는 미발未發에서도 이 총체는 미분화된 상태로, 총체 그 자체로서 존재한다. 마음이 미발에서 허령하다는 말의 의미가 바로 이것이다. 이것이 미발심체의 실상이

---

56) 김창협,『농암집』14권, "未發之時, 一性渾然…渾然之中, 粲然者存, 冲漠無朕, 而萬象具焉, 則義理之原, 固是乎在矣…樂記所謂人生而靜, 大易所謂寂然不動者, 皆爲虛語…如此則方寸之間, 又何能湛然虛靜, 而有以存養其天理之本體哉? 體旣不立, 則雖欲隨事戒懼, 不致放失, 而亦將何所本而盡其道哉"

다. 마음은 미발에서도 본래적 지각활동, 허령지각활동을 하고 있다. 미발
지각이 존재하기에 성을 갖추고 정을 행사할 수 있다. 김창협은 미발지각
의 활동 모습을 『악기』와 『주역』에서 말하는 정靜의 의미와 관련짓고 있다.

김창협은 미발심체에서 성이 혼연한 총체로 존재하는 것을 찬연자라고
부른다. 미발에서도 허령하게 밝아 지각이 어둡지 않기에 미발지각이다.
김창협의 말하는 미발심체의 찬연한 모습, 즉 미발지각은 이황이 강조한
태극으로서의 마음, 충막무짐의 마음, 리발의 마음과도 상통한다. 이황의
리발 개념이 성으로서의 사단이 기질의 방해와 제한 없이 스스로 발동하
는 것을 강조하는 것이라면, 김창협의 미발지각 개념은 사단으로 발동되
는 그 리理는 바로 심이 본래 갖추고 있는 미발지각활동에 의한 것임을
강조하는 것이다. 이와 같이 김창협은 미발지각 개념을 중심으로 자신의
심성론을 전개하고 있다.

그렇다면 김창협은 불교에 대하여 어떻게 이해하고 있을까? 김창협도
김만중과 마찬가지로 불교 서적들을 읽고 역사적 변천과정을 연구했으며
불교와 유교를 비교하여 그 이론적 차이와 공통점을 탐구하였다. 김창협
은 불교를 제대로 알지도 못하고 피상적으로 비난하는 유교인들의 태도를
다음과 같이 지적한다.

> 유교인들은 모두 불교를 배척하지만 불교의 학문을 진정으로 아는
> 사람은 드물다. 한유와 구양수 같은 사람들은 단지 그 드러난 일부 자
> 취를 근거로 공격하여 '인륜을 도외시하고 사물을 망각하여 자신을 사
> 사롭게 여기고 자신을 이롭게 할 뿐이다'고만 했을 뿐이고 그 본원의
> 실질적 견해에 대한 차이 같은 것은 깊이 이해해서 분명하게 말한 적
> 이 없다. 정호와 정이 두 분과 장재에 이르러 비로소 이에 대해 논하긴

했지만 기미와 곡절에 대해서는 여전히 깊이 연구하여 분석하는 것이 미진했다. 불교에서는 달마 이래로 '자신의 마음을 직관하여 본성을 깨달음으로써 성불할 수 있다'고 했으니 그 설의 정밀하고 오묘함이 우리 유교와 매우 가깝다.[57]

김창협이 보기에 유교인들의 불교에 대한 인식은 매우 피상적이다. 불교에 대해 제대로 알지도 못하고 비난하는 데에 익숙한 것이다. 가장 흔한 불교 비판의 논거로 거론되는 '불교는 인륜을 무시한다'는 말을 한 중국 시인 한유나 구양수도 불교를 깊게 공부하여 유교와 불교의 같은 점과 차이를 파악한 것은 아니었다. 성리학을 정립시킨 정명도와 정이천, 장재가 본격적으로 선불교와 성리학을 비교하여 논하기는 했지만 김창협이 보기에는 그것도 충분한 탐구와 연구의 결실이라고 보기 어렵다. 인도의 왕자였던 달마가 중국에서 선불교를 창시한 이후 선불교는 자신의 불성을 직접 통찰하는 것을 그 핵심 가르침으로 삼고 있다. 김창협이 보기에 이러한 선불교의 핵심은 성리학에서 심성을 함양하는 것을 중시하는 것과 매우 비슷하다. 그는 선불교의 심성 논의가 매우 정밀하고 오묘하다고 생각한다.

(불교에서) '천지만물 이전에 어떤 존재가 있는데, 그 어떤 존재는 형체가 없고 본래 고요하면서도 텅 비어 있지만 능히 만물을 주재하여, 사계절을 쫓아가며 시들어버리는 그런 것이 아니다'라고 말한 것은 우

---

57) 김창협, 「잡식雜識」, 『농암집』 32권, "儒者類皆闢佛, 而眞知佛學者亦少. 如韓歐諸公, 只據其跡而攻之, 不過曰外人倫道事物, 自私自利而已, 若其本原實見之差, 則未有能深知, 而明言之也. 至程張始論及此, 然於幾微曲折之際, 猶未盡究極辨析. 蓋自達磨以來, 直指人心, 見性成佛, 其說精微要眇, 與吾儒絶相近."

리 유교에서 태극을 논하는 말과 털끝만치도 다른 점이 없는 것 같다.[58]

김창협은 불교의 심체 개념을 설명하는 불교서적을 광범위하게 읽고 있었다. 그는 불교에서 천지만물 이전에 존재하면서 천지만물을 생성하고 주재하는 어떤 존재가 있다는 것, 그리고 그 존재는 형체가 없고 텅 비어 있는 것이라고 말한 대목을 지적하면서, 그런 존재는 바로 유교에서 태극의 존재를 설명하는 것과 똑같다고 말한다. 천지만물은 본래부터 그 자체로 존재하는 것이 아니다. 천지만물을 생성하게 하는 무형의 근본적 존재가 있다. 이것은 불교와 유교 모두 인정하는 것이다. 그렇다면 유교의 태극에 해당하는 이 어떤 존재는 불교에서 무엇이라고 부르는가? 김창협은 그것을 마음의 지각활동이라고 말한다.

> 달마가 제자에게 면벽 수행으로 마음을 직관하는 법을 가르치는 대목을 인용한 것을 보면 달마가 여러 인연을 끊게 하고 묻기를 "마음이 끊겨 없어졌느냐?"라고 하자 제자가 대답하기를 "비록 여러 가지 생각을 끊기는 하였으나 마음이 완전히 끊겨 없어지지는 않았습니다"라고 하였다. 또 묻기를 "무엇으로 증험하여 마음이 완전히 끊겨 없어지지는 않았다고 한 것이냐"고 하자 답하기를 "또렷하게 스스로 알지만 말로 표현할 수는 없습니다"라고 하였다. 이에 스승이 즉시 인가하여 이르기를 "바로 그것이 너의 자성청정심自性淸淨心이니 더 이상 의심하지 말라"고 하였다. 이 대화를 근거로 말한다면 불교에서 말하는 진여와 법성이 비록 지극히 광대하고 현묘하기는 하나 핵심은 오로지 마음의 지

---

58) 김창협, 「잡식」, 『농암집』 32권, "有物先天地, 無形本寂寥, 能爲萬物主, 不逐四時凋, 此言與吾儒之論太極, 殆無毫髮之不似矣."

각知覺임을 알 수 있다.59)

선불교의 창시자 달마 대사는 벽을 마주보고 조용히 앉아 온갖 외부의 감각적, 지각적, 감정적 상념들과 느낌을 일으키는 일체의 인연들을 일시적으로 끊는 수행방법을 가르쳤다. 이렇게 외부 자극들을 일체 끊고 나면 마음은 본래적 지각활동을 확연히 드러낸다. 김창협은 달마는 면벽 수행을 가르치면서 그에 따라 수행하던 제자가 마음을 직관하고 그에 대해 스승과 대담을 나누는 내용을 자세히 분석한다. 제자는 스승에게 모든 마음의 외부적 인연이 끊겨도 여전히 끊어지지 않는 마음이 있다고 말한다. 스승 달마는 그것이 끊어지지 않았다는 것을 어떻게 말할 수 있겠느냐고 되묻자, 제자는 그 마음의 존재는 분명하지만 그것을 언설로 표현할 수는 없다고 대답한다. 스승 달마는 바로 그 마음의 존재가 자신의 청정한 마음의 본성인 진여심이고 법성이며 불성이라고 인가를 해준다. 김창협은 다음과 같이 말한다.

요즈음 당나라의 고승 규봉종밀이 지은 『선원제전집도서』를 읽어 보니 '영지靈知가 곧 진성眞性'이라고 강조하면서 불교의 경經과 논論들을 다양하게 인용하여 증명하고 있다. 거기에 이르기를 "공적空寂한 심은 영지불매靈知不昧이고 이 공적한 영지가 곧 너의 진성이니, 지知라는 이 한 글자는 천지만물의 오묘한 이치가 모두 나오는 문이다"라고 하고 또 말하기를 "밝고 밝아 어둡지 않고 또렷하여 늘 아는 앎이 무한한 미래까지 언제나 존재하며 없어지지 않는 것, 이것을 가리켜 불

---

59) 김창협, 「잡식」, 『농암집』 32권, "達摩敎弟子壁觀, 令絶諸緣, 問斷滅否, 答雖絶諸念, 亦不斷滅, 問以何證驗云不斷滅, 答了了自知, 言不可及, 師卽印云只此是自性淸淨心, 更勿疑也, 據此知其所說眞如法性, 雖極其廣大玄妙, 要不過此心之知覺耳."

성佛性이라고 한다"고 한다. 또 말하기를 "진여眞如라는 것은 그 자체
가 진실한 식識, 진실한 앎이다"라고 하는데 이와 같은 류의 말이 하나
둘이 아니다.[60]

　김창협은 규봉종밀의 『선원제전집도서』를 읽었다. 유교인으로서 규봉
종밀의 책을 읽고 분석하는 일은 흔한 일이 아니다. 규봉종밀의 책은 선
불교의 여러 종파들의 견해들의 핵심을 분석하고 전체적으로 종합한 불교
의 이론서이다. 김창협은 이 책을 읽으면서 특히 하택신회의 지해종知解宗
에서 강조하고 있는 공적영지空寂靈知 개념에 주목한다. 주희가 중화신설
에서 지각불매와 심통성정를 말한 것, 김창협 자신이 허령지각을 미발지
각으로 재정립하고 있는 것을 염두에 둔다면 그가 규봉종밀에 의해 정리
된 불교의 공적영지 개념에 주목하는 것은 자연스러운 것이다.

　김창협은 불교에서 말하는 불성이나 진여, 진성 등의 실상은 바로 공적
한 지, 공적하지만 밝게 알고 있는 앎, 곧 공적영지를 가리킨다. 불교에서
도 지知는 모든 것을 꿰뚫어 통찰할 수 있는 핵심적인 개념인 것이다. 이
것이 심의 본래적 모습이다. 불교에서 이 마음은 공적한 앎을 의미하는
공적영지인 것이고 유교에서 이 마음은 허령한 지각을 의미하는 미발지각
인 것이다. 김창협은 미발지각과 공적영지가 같은 것을 말하고 있다는 것
을 발견하고 있다. 주희가 중화신설에서 심통성정과 지각불매를 말한 것
은 하택신회가 공적영지를 말한 것과 다른 것이 아니다.

　김창협은 불교와 유교의 심성론이 철학적으로 회통되고 있음을 그 스

---

60) 김창협, 「잡식」, 『농암집』 32권, "近觀唐僧宗密所撰都序一書, 極言靈知卽是眞性, 而雜引
經論以證之. 其曰, 空寂之心, 靈知不昧, 卽此空寂之知, 是汝眞性, 知之一字, 衆妙之門. 又曰,
明明不昧, 了了常知, 盡未來際, 常住不滅, 名爲佛性. 又曰, 眞如者, 自體眞實識知, 若此類不
一."

스로 알고 있었다. 이전의 유교인들이 불교와 유교의 유사점을 확인한 것이라면, 김창협이 확인한 것은 유교와 불교의 철학적 회통성, 내용적 동일성이다. 김창협은 유교인으로서, 유교적 가치가 지배적이고 표준적인 시대에 살고 있었지만, 불교와 유교의 관계를 역사적으로 비교하며 오히려 유교가 불교에 미치지 못한 점을 지적하기도 한다.

> 맹자 이후로 소위 유학을 공부한다는 사람들은 단지 훈고학을 전문으로 할 뿐이었다. 그 중에 자질이 훌륭한 이들은 품행을 돈독히 닦고 재주가 뛰어난 자들은 문장을 잘 지었지만 그 정도에 그칠 뿐이었다. 천 수백 년 동안 한 사람도 자기 자신의 본래적 마음을 이해한 자가 없었다. 비유하면, 마치 각자의 집에 각각 빛나는 보배가 있으면서도 진토 속에 버려두고 찾는 사람이 없는 것과 같았으니 어찌 가엾지 않은가? 오직 불교인들만이 먼저 이러한 뜻을 깨달아 알고 곧장 본심을 가리켜 사람들로 하여금 스스로 찾도록 하였다.[61]

김창협이 보기에 유교는 맹자 이후에 오랜 동안 그 학풍이 훈고학으로 치우쳤다. 경전을 읽고 분석하되 도덕적 품성과 예의를 갖추거나 글을 잘 짓는 것이 유행하였지만 송나라 성리학자들이 출현하여 유교의 '철학적-형이상학적' 의미를 재발견하기까지 매우 훈고적 경향에 매몰되어 있었다. 이 때문에 유교는 존재론적이고 형이상학적인 논의에 기반하여 실천적으로 자신의 마음을 깨닫는 일에는 어두웠던 것이다. 김창협은 유교의

---

61) 김창협, 「잡식」, 『농암집』 32권, "盖自孟子以來, 所謂儒學者, 不過專門訓詁之業. 而其間質美者敦行義, 才高者善詞章, 止此而已. 千數百年間, 無一人就自身上理會本心. 譬如人家各有箇光明寶藏, 而棄在塵土中, 沒人尋覓. 豈不可惜? 佛氏之徒, 獨先窺見此意, 直指本心, 敎人自求, 雖其所求者."

이러한 사정을 비유로 설명한다. 마치 자기 집에 훌륭한 보배를 가지고 있는데도 미처 그것을 알지 못하고 찾지 않아서 버려지고 방치되고 있는 상태라는 것이다. 유교의 훈고적 경향은 유교를 탈형이상학화하고, 본심을 외면하고 방치하는 경향을 낳았다.

하지만 이 시기에 불교는 유교와 달랐다. 불교에서는 대승불교의 이론적 논의들을 통해 존재론적이고 형이상학적인 심성론을 더욱 발전시켜가는 한편, 선불교의 수행활동을 통해 실천적으로 자신의 마음을 곧바로 깨달아 아는 것에 충실했던 것이다. 김창협은 이 점에서 불교가 유교보다 자신의 마음을 직접 깨달아 아는 일에 앞섰다고 말한다. 그는 계속 다음과 같이 말한다.

> 이 마음은 사람마다 본래 갖추고 있는 것이지만 이전에는 가르쳐 주는 사람이 없어 오랫동안 매몰되어 있었던 것인데, 이제 저들 불교인들에 의해 명백하게 말해졌으니 어찌 깜짝 놀라 경각심을 가지고 반성하여 돌이켜 찾으려는 뜻이 없을 수 있었겠는가? 이 때문에 감복하여 믿고 따르는 자가 많았던 것이다.[62)]

김창협은 많은 유교인들이 선불교에 감복하고 믿고 따르게 되었던 역사적 사실들을 이러한 맥락에서 분석한다. 송나라의 성리학자들은 유교인들이 선불교에 경도되는 것을 매우 경계하였다. 특히 주희는 선불교에 빠진 유교인들을 병든 사람으로까지 규정하면서 유교를 불교로부터 구분지으려 애썼던 것이다. 주희가 비록 하택신회의 영지불매 개념을 지각불매

---

62) 김창협, 「잡식」, 『농암집』 32권, "況此心是人人所固有底物事, 向來只爲無人指示, 埋沒多時, 今被他分明說出, 豈不惕然警省, 有反求之意? 此所以悅服信從者多也."

개념으로 수용하였지만, 그가 불교를 경계한 것은 이후 수많은 유교인들에게도 큰 영향을 미쳤던 것이다.

하지만 김창협이 보기에 유교인, 특히 성리학자들이 선불교에 경도되지 않을 수 없는 이유가 있다. 성리학에서는 심성을 함양하는 일이 무엇보다 중요하기 때문이다. 성리학 이전에는 자신 속에 갖추고 있는 마음을 직접 깨달아 아는 것을 좀처럼 볼 수 없었는데 선불교에 의해 명쾌하게 말해졌기 때문에 그 심성론과 수행론에 경도될 수밖에 없다. 유교인 김만중도 이 점을 간파하고 있었다. 김만중은 주희가 선불교를 경계하는 것이 지나치다고 말하면서, 그것은 역설적으로 선불교가 성리학자들에게 매우 강한 영향력을 미치고 있기 때문이라고 말하였다. 김창협도 김만중의 생각과 다르지 않다. 선불교에서 마음을 직접 깨닫는 일은 이전의 유교에서는 충분히 주목하지 않았던 것이기에 유교인들이 그 내용에 관심을 기울이는 것은 자연스러운 것이다. 김창협은 일부 유교인들이 역사적 사실과 부합하지 않는 것을 주장하는 것에도 이의를 제기하고 있다. 김창협은 다음과 같이 말한다.

세상 사람들은 '심心과 성性에 관한 불교의 학설은 모두 유교의 학설을 도용한 것이다'라고 말하는데 이는 꼭 그렇지만은 않다. 지금 불교의 경經과 논論 그리고 소疏와 초鈔를 살펴보면 대체로 모두 당나라 이전의 글로서 당시에는 정자와 주자의 성리학 학설이 아직 세상에 나오지 않았었다. 그런데도 심과 성에 관한 불교의 학설은 이미 대부분 이치에 부합한 데다 이따금 지극히 정미하고 지극히 절실한 부분도 있다. 한나라 이후의 유교인들이 어찌 꿈에라도 이런 말을 했겠는가?…성명의 이치가 『역전』과 『중용』에 드러나 있고 심학의 방법이 『대학』과

『논어』 그리고 『맹자』에 갖추어져 있음에도 불구하고 한나라와 당나라의 유교인들은 평생 그 학문에 종사하면서도 (심성 논의는) 면전에서 지나쳐 버렸다.[63]

김창협은 불교의 경과 논, 소와 초 등을 광범위하게 읽으면서 불교의 심성 논의를 이해하였다. 그렇기 때문에 세상 사람들이 잘 알지도 못하면서 유교 심성 논의의 우월성을 주장하는 것, 심지어 불교의 심성 논의가 유교의 심성 논의를 도용한 것이라는 생각은 잘못된 것이라고 지적한다. 비록 초기 유교 경전인 사서삼경에 성명과 심학의 내용이 들어 있었지만 그 내용을 철학적이고 형이상학적 이론으로 정립한 것은 송나라 성리학자들에 의해 체계화되면서 비로소 가능해진 것이다. 그 이전의 유교인들은 훈고학에 매달려 제대로 된 심성 논의를 전개한 적이 없었다고 김창협은 말한다. 오히려 성리학의 심성논의가 나오기 이전에 불교의 심성 논의가 체계화되어 그 내용이 매우 정미하고 절실하여 이치에 부합된다고 말한다.

김창협은 불교 심성 논의와 유교 심성 논의를 서로 세밀하게 비교하면서 심의 의미가 어떻게 다뤄지고 있는지 분석한다. 그는 다음과 같이 말한다.

심心을 설명하면서 영명불매靈明不昧하다고 말하고 성성적적惺惺寂寂하다고 말하는 것은 모두 불교에서 먼저 말한 것이다. 그런데도 우리 유교에서도 그렇게 말하는 것을 낯설게 여기지 않는 것은 그 이치가

---

63) 김창협, 「잡식」, 『농암집』 32권, "世謂佛氏心性之說 皆竊取儒家緒餘 此未必然也 今考其經論疏鈔, 大抵皆唐以前書, 於時程朱性理之說, 未出於世. 而其說心說性, 已多近理, 往往有極精微極親切處. 漢以來, 諸儒何曾夢道此等語?…性命之理, 著於易傳中庸, 心學之方, 備於大學語孟, 而漢唐諸儒, 沒身從事, 當面蹉過."

같기 때문이다.[64)

심이 영명불매하다는 것은 심의 앎의 활동, 지각활동이 한시도 멈춘 적이 없어 항상 신령하고 허령하게 밝아 어둡지 않은 것을 의미한다. 또한 심이 성성적적하다는 것은 마음을 심체의 경지와 합일하도록 하는 수행의 과정에서 동시에 견지해야 할 두 가지 모습을 가리킨다. 성성하다는 것은 마음이 어둡지 않고 밝아 뭇 이치를 꿰뚫고 통찰할 줄 아는 것을 가리키며, 적적하다는 것은 마음이 특정한 대상에 집착함이 없어 텅 비고 고요하다는 것을 가리킨다. 김창협은 불교에서 말하는 심의 영명불매와 성성적적을 유교에서도 낯설지 않게 이야기한다고 말한다. 그것이 낯설지 않은 이유는 그 실질적 이치가 같기 때문이다.

김창협은 불교에서 심과 성의 개념이 구체적으로 여러 맥락에서 사용되고 있다는 것을 알아낸다.

불교에서는 본래 심과 성을 별개의 것으로 여기지 않지만 구분해서 말할 때가 있는 것 같다. 예를 들면, '이 심은 비록 자성自性이 청정하지만', '진여심은 성性의 체이고 생멸심은 상相의 용이다', '성에 의지하여 상을 일으키고, 상을 수렴하여 성으로 돌아간다', '성과 상이 서로 장애가 없으니 오로지 일심一心일 뿐이다'라고 하였는데 이들은 모두 심 밖에 별도로 성이 있는 것이 아니라 진심眞心이 곧 성性이다.[65)

---

64) 김창협, 「잡식」, 『농암집』 32권, "說心而曰靈明不昧, 曰惺惺寂寂, 皆佛氏之所先道, 而吾儒不嫌於言之者, 以其理同也"
65) 김창협, 「잡식」, 『농암집』 32권, "佛氏本不以心性爲二物, 而其言時若有分別處, 如云是心雖自性淸淨, 如云心眞如是性體, 心生滅是相用, 如云依性起相, 會相歸性, 性相無碍, 都是一心, 凡此皆非於心外別有性, 只眞心卽是性"

불교에서 심은 진여심과 생멸심으로 나뉘기도 하며 일심으로 합해지기도 한다. 또한 심은 자성정정심인 체와 수연응용심인 용으로 나뉘기도 한다. 진여심은 자성청정심이고 생멸심은 수연응용심이다. 자성청정심으로서의 진여심은 심체가 곧 성체인 경지, 불성으로서의 성체가 곧 진심인 경지를 의미한다. 그러므로 심과 성은 그 지위와 위상이 서로 완전히 다른 것이 아니다. 궁극적이고 본래적 마음의 경지에서 보면 심이 곧 성이고 성이 곧 심인 것이다. 이 경우의 심은 진여심, 자성청정심의 심이고 성 역시 불성, 성체, 청정한 자성의 성이다. 그래서 심체가 곧 성체이고 성체가 곧 심체가 된다. 결국 본체의 차원에서 심과 성은 다른 것이 아니다.

김창협이 불교의 심과 성 개념을 자세히 분석하는 것은 주희의 심성 논의에서 논란의 여지가 있었던 심과 성의 위상과 관계를 분명히 하려는 그 자신의 관심사와도 관련이 있다. 그의 미발지각 논의에서 확인한 것과 같이 그는 심을 미발지각과 이발지각 모두를 통괄하는 것, 성과 정을 모두 통괄하는 것으로 보았다. 심통성정으로서의 심을 말하고 있는 것이다. 그러므로 그가 생각하는 심은 본체의 차원에서 성을 갖추고 있는 심이고 작용의 차원에서 정을 행사하는 심이다. 불교에서 자성청정심으로의 심, 진여심이 곧 성체라고 말할 때의 심의 본체적 성격은 김창협의 미발지각으로서의 심의 본체적 성격과 다르지 않다고 볼 수 있다. 불교에서 말하는 심과 유교에서 말하는 심통성정의 심은 그 위상이 같다고 보는 것이다. 그는 계속 다음과 같이 말한다.

다만 때 묻은 심, 생멸하는 심, 허망한 상으로서의 심 등과 대비되기 때문에 이와 같이 말하는 것 뿐이니 심을 전체적으로 말하면 심이고 그 본체를 말하면 성인 것이다. 주희의 문인 중에 "불교에서 말하는 성은 곧 유교의 심이고 불교에서 말하는 심은 유교의 정이니 그 말이 한 등급씩 내려간다"라고 말한 사람이 있는데 이는 그들 스스로 말하는 심성 내용과는 합치하지 않는 듯 보인다.[66]

김창협이 보기에 불교에서 심과 성을 구분해서 사용하는 때가 있는 것은 망심이나 염심, 생멸심과 구분되는 심이 있다는 것을 말하기 위해서이다. 망심이 아닌 진심, 염심이 아닌 정심, 생멸심이 아닌 불생불멸심은 곧 불성으로서의 성과 같은 것이다. 그러므로 김창협은 주희의 문하에서 공부하는 성리학자들이 성리학과 불교를 비교하면서 성리학에서 말하는 성을 가장 근본적이고 궁극적인 지위에 놓고 불교에서 말하는 심이나 성을 각각 한 등급씩 격하시켜 버리는 것은 잘못된 견해라고 생각한다. 왜냐하면 성리학 자체의 심성 논의에 비추어 보더라도 그러한 생각은 틀린 것이기 때문이다. 성리학에서 심은 성에 비하여 그 위상이 한 등급 낮은 것이 아니다. 즉 성은 형이상학적 본체의 위상을 갖고 있고 심은 형이하학적 작용의 위상을 갖고 있는 것이 아니다. 심은 성과 정을 통괄한다. 심은 본체의 차원에서는 성과 동일한 위상을 갖는다. 그런데도 불교의 심을 유교의 성과 같지 않다고 보는 것은 잘못된 견해이다.

이와 같이 김창협은 유교인들이 불교의 심성론을 깊이 공부하지 않으면서 섣불리 폄훼하거나 피상적으로 비판하는 것이 옳지 않다고 말한다. 김창협 스스로 불교에 대한 공부가 깊고 넓었기에 가능한 일이다. 김창협은 불교의 개념을 차용하여 성리학의 심성 논의를 설명하기도 하는데 그

---

66) 김창협, 「잡식」, 『농암집』 32권, "但爲與埴染生滅妄相等心相對, 故須著如此說, 盖心是統言卽心, 而言其本體則曰性耳. 朱門人有謂佛氏之性, 卽儒家之心, 佛氏之心, 卽儒家之情, 其言遞降一等, 此似與渠所自言者不合."

는 특히 불교의 능소能所 개념을 주목한다.

불교에는 능소能所에 관한 학설이 있는데 만약 사물의 선과 악을 소所라고 한다면 내 마음이 그것을 좋아하고 싫어하는 것은 그것이 정情이든 의意든 상관없이 모두 능能이라고 할 수 있다. 그러나 만약 정情의 선과 악을 소라고 한다면 의意를 능이라 하지 않고 무엇을 능이라 하겠는가? 그러나 내 마음과 사물은 그 능소의 구분이 분명하여 알기가 쉬운데 정과 의는 모두 내 마음 속에 있기 때문에 그 능소를 구분하기가 매우 어렵다. 그 때문에 예전에 강론할 적에 내가 이 부분에 대해 말한 것이 많았던 것이다.[67]

불교에서 능과 소는 인식론적 개념이다. 능은 인식 주관이며 소는 인식 대상을 가리킨다. 무엇인가를 인식한다는 것은 인식의 주체와 인식의 대상의 구분을 전제로 하여 이루어지는 활동이다. 불교 인식론에서는 능소 개념을 통하여 개인의 마음 작용을 표층의 가시적인 차원으로부터 점차 심층의 비가시적인 차원으로 계속 분석해 들어간다. 감각활동인 전5식, 분별적 지각활동인 제6식에 이어, 그러한 분별적 지각활동을 가능하게 하는 자의식인 제7말나식, 그리고 그보다 더 깊고 넓은 차원에서 활동하는 제8아뢰야식이 존재한다.[68]

---

67) 김창협, 「답어유봉答魚有鳳」, 『농암집』 20권, "佛家盖有能所之說, 今以事物之善惡爲所, 則吾心之好惡, 無論是情是意, 皆可謂之能也. 若以情之善惡爲所, 則不以意爲能而何以哉? 然吾心之與事物, 其能所之辨, 了然易見, 而情之與意, 則同在吾心中, 故其爲能所, 却甚難辨. 所以前此講論, 多就此處爲言."

68) 유식 불교에서는 능과 소의 개념이 더욱 정교하게 이론화되어 있다. 유식 불교는 우리 마음의 작용을 표층으로부터 심층에 이르기까지 8층위로 세분하여 그 능소의 관계를 세밀하게 논증하고 있다. 감각작용은 '전5식,' 의식분별작용은 제6식인 '의식'이며, 제7식은 자의식으로서의 '말나식'이다. 이들 식들은 모두 표층의 마음작용에 해당한다. 심층식인 제8식은 '아뢰야식'이다. 유식 불교에서 제8아뢰야식은 몸을 가진 개

김창협은 불교의 인식론적 개념인 능과 소를 차용하여 성리학의 심성론 개념인 정과 의를 구분한다. 개인의 마음과 사물은 인식 주관과 인식 대상으로 명확히 구분되어 있기 때문에 비교적 능과 소로 식별하기가 어렵지 않다. 하지만 인식의 주관과 대상 모두가 개인의 마음 내부에서 이루어지는 것이라면 그 식별이 쉽지 않다. 정과 의의 구분이 그러하다. 성리학에서 정은 마음의 작용이 가시화된 것이다. 하지만 의는 정과 분리되지 않지만 정과는 구분된다. 정 또한 인식의 대상이 될 수 있는 것이다. 그런데 만약 인식의 대상이 없으면 인식 주관도 없는 것일까? 김창협에 의하면 그렇지 않다.

　　　『중용혹문』의 "지극히 고요한 경지에서는 능지각能知覺만 있고 소
　　　지각所知覺은 없다"는 (주희의) 말은 비록 능소의 구분은 있으나 지각

개의 생명체들인 유정有情과 그 생명체들이 의지하여 살아가는 세상인 기세간器世間을 모두 만들어내는 근본식이라고 말한다. 아뢰야식은 인식 주관인 견분과 상相으로 이원화되는데 이 때 이원화되는 두 식을 각각 전식轉識과 현식現識이라고 한다. 전식은 현상을 만들어내는 식이므로 능能이고 그렇게 해서 만들어진 현상화된 산물인 생명체(유근신)들과 이 세상(기세간)은 모두 아뢰야식의 소所가 된다. 일상적으로 우리 각자는 개별적 자아가 능能이 되어 세상 만물을 소所로 삼아 인식활동을 한다고 생각한다. 하지만 자아와 세계는 모두 심층의 식인 제8아뢰야식(장식藏識 또는 종자식種子識)이 견분과 상분으로 이원화된 결과로 만들어진 현상이다. 이 아뢰야식의 견분을 '자아'로 알게 만드는 식이 말나식이고 이 말나식에 의해 우리는 자아와 세계를 서로 별개의 것으로 삼아 자아가 세계를 인식하는 것으로 생각하게 된다. 유식 불교의 가르침은 말나식에 의해 자아와 세계가 분리된 것으로 간주된 표층의 마음자리를 넘어 우리 마음의 본체인 심층 아뢰야식의 활동을 자각하라는 것이다. 아뢰야식의 능과 소로의 이원화가 바로 말나식의 능과 소의 분화를 만들어내는 것이라는 것을 자각하는 것이다. 자아와 세계에 대한 능소 분별이 가능한 것은 심층 제8식인 아뢰야식의 이원적 분화 때문이지만 정작 이 분화를 만들어내는 아뢰야식 자체는 능소의 구별이 없는 식이다. 김창협이 포착하고 있는 미발지각은 바로 제8식 아뢰야식의 지각활동이다. 아뢰야식의 개념과 활동에 관한 자세한 내용에 대해서는 한자경, 『심층마음의 연구 -자아와 세계의 근원으로서의 아뢰야식』, 서광사, 2016, 참조.

이라는 점은 차이가 없다. 사람의 마음에 비록 지각이 있기는 하지만 그 용用은 일에 따라 나타나는 것이다. 예를 들면 추위와 더위를 알고 배고픔과 배부름을 느낄 적에 추위와 따뜻함 배고픔과 배부름은 소이고 지각은 능이다. 소가 없으면 능이 붙을 곳이 없다. 따라서 지각의 용은 반드시 이러한 것들을 통하여 볼 수 있는 것이다. 만약 추위와 더위, 배고픔과 배부름이 있기 이전이라고 한다면 지각이 있기는 하지만 자동적으로 발용되지 않고 있을 뿐이지 그 지각의 능능까지 없는 것은 아니다. 『중용혹문』에서 말한 능지각과 소지각은 그 구분이 이와 같을 뿐이니 어찌 능지각자가 지각이 아니고 반드시 소지각이 있어야 비로소 지각이라고 말할 수 있겠는가?[69]

배고픔과 추위, 배부름과 따뜻함을 인식하는 것이 내 마음이라고 한다면 내 마음은 능이고 배고픔과 추위, 배부름과 따뜻함은 내 마음이 인식하는 대상으로서의 몸의 상태일 것이다. 그런데 만약 내 마음에 어떠한 인식의 대상도 없다면, 내 마음도 아예 존재하지 않는 것일까? 김창협에 의하면 결코 그렇지 않다. 내 마음은 거울이나 물과 같아서 그 앞에 어떤 대상이 비춰지지 않는다고 해도 거울의 본래 비추는 성질이나 물의 젖는 성질이 없어지는 것이 아니기 때문이다. 그러므로 능지각이 비록 소지각이 없어도 그 자체의 지각활동성은 본래 존재한다. 소지각이 없는 능지각, 소지각과 대대하지 않은 능지각은 지각이 아니라고 주장하는 것은 옳지 않다.

---

69) 김창협, 『농암집』 13권, "中庸或問, 所云至靜之時, 有能知覺者, 而未有所知覺, 此雖有能所之分, 而其爲知覺, 則一而已矣. 盖人心雖有知覺, 而其用則因事而見, 如知寒暖覺飢飽, 寒暖飢飽者, 所也, 知覺者, 能也. 非所則能無所省, 故知覺之用, 必因此等而見. 若未有寒暖飢飽之前, 則雖有知覺, 而亦無自以發用矣. 非立與知覺之能而無之也. 或問所謂能知覺所知覺, 其分盖如此而已. 何嘗謂能知覺者非知覺, 而必待有所知覺, 然後乃可謂知覺也哉?"

김창협은 심의 실상을 허령지각이라고 하였다. 허령지각으로서의 심은 인식의 대상이 없어도 본래적 지각활동성이 없어지지 않고 존재한다. 김창협이 강조한 미발지각 개념은 바로 이 심이 인식 대상과 마주하기 이전인 미발에도, 본래적 지각활동성이 없어지지 않는 것을 의미한다. 지각으로서의 심은 미발에서나 이발에서나 그 지각활동성이 없었던 적이 없다. 이발에서는 능과 소가 분명히 구분된 상태로 지각활동을 하지만 미발에서는 소가 없어도 능 자체가 없어지는 것은 아니다. 미발지각의 경지에서는 지각의 주체와 지각의 대상이 구분되지 않는다. 미발지각은 능과 소로 분화되기 이전의 능소합일 차원의 지각이다. 김창협은 이러한 주객미분과 주객불이의 미발지각을 가리켜 '능히 알고', '능히 깨닫고' 있는 식이라고 표현한다.

> 미발에서는 소지소각은 없어도 능지능각은 애당초 요연了然하지 않은 적이 없다."70)

미발에서는 지각, 즉 알고 깨닫는 활동이 그 대상 만나 구체적으로 이렇게 저렇게 알고 이것저것을 깨닫는 방식으로 드러나는 것은 아니다. 하지만, 그러한 대상이 없어도 심의 본래적 실상인 능히 아는 능지와 능히 깨닫는 능각이 요연하게 밝지 않은 적이 없다. 김창협은 주희가 말한 능지각과 소지각의 구분을 이와 같이 해석하고 있다.

김창협은 이런 방식으로 불교 심성론과 유교 심성론이 철학적으로 회통된다는 것을 밝힐 수 있었다.71) 김창협은 불교 경전의 내용을 유교의

---

70) 김창협, 『농암집』 19권, "此時, 雖未有所知所覺, 而若其能知能覺者, 則未始不了然."
71) 능소의 개념은 동양 뿐 아니라 서양의 철학자들의 논의에서도 발견된다. 근대 철학자

내용과 직접 비교하면서 그 동일성을 말하기도 한다. 그는 다음과 같이
말한다.

> (불교 경전인)『반야경』의 주석에서 단시端視를 '눈이 만약 특정한
> 것을 보면 마음이 그를 연하여 달라지게 되니 본래의 마음을 다스리고
> 자 하면 우선 눈으로 하여금 바르게 보게 하라'고 해석했다. 이는 (유
> 교의) 시잠視箴의 '눈앞에서 외물이 가리면 마음도 옮겨가는 법이니 밖
> 에서 제재하여 안을 편안하게 하라'는 뜻과 같으니 그 내용이 정밀하
> 여 참 좋다.[72]

김창협이 불교 경전을 읽을 때에는 본문 뿐 아니라 주석까지 세세하게
읽었던 것으로 보인다. 그는 불교 경전『반야경』에 나오는 단시의 수행론
적 의미를 유교의 심성 함양 공부와 비교하며 그 내용이 같다는 것을 알
고 있었다. 보는 일에도 외물의 유혹에 따라 마음이 흔들리거나 어지러워
망심이나 망념으로 흐를 수 있으니 절제가 필요하다는 것이다. 불교와 유
교 모두 심성을 올바르게 기르기 위해서는 외부 사물을 보고 듣는 감각활

스피노자(1632~1677)는 자연을 능산자能産者과 소산자所産者로 구분한다. 능산자로
서의 자연은 가시적 자연물의 존재를 형성해내는 능동적 주체를 가리키며 소산자로
서의 자연은 그렇게 해서 형성된 수동적 산물을 가리킨다. 또한 현대 철학자 오우크
쇼트(1901~1990)도 지知를 정보와 판단이라는 두 차원으로 구분한다. 정보가 양상이
라면 판단은 보다 근원적인 것과 관련된 것을 일깨우는 역할을 한다. 판단은 정보 이
면에서 정보의 실질적 의미를 형성해내는 능能의 역할을 한다. 동시대 철학자인 마이
클 폴라니(1891~1976)도 지식을 명시적 지식과 암묵적 지식으로 구분한다. 암묵적
지식은 명시적 지식과 별개로 떨어져 있지 않고 명시적 지식의 의미를 생생하게 되
살려내는 지식에 해당한다. 능산적 자연과 판단, 그리고 암묵적 지식 모두 가시적으
로 드러나지 않지만 소산적 자연과 정보, 명시적 지식의 능동적 주체의 역할을 하면
서 가시적 존재물의 존재를 가능하게 하고 온전하게 한다.

72) 김창협, 「잡식」,『농암집』 32권, "般若經註釋端視云. 目若別視, 心則異緣, 本欲制心, 且令
端視. 此視箴敝交於前, 其中則遷, 制之於外, 以安其內之意, 而立語精切可喜."

동도 적절히 규제하여 내부 마음을 바르게 보존하는 것을 중요하게 여긴다. 이와 같이 김창협은 직접 경전들을 자세히 읽으면서 유교와 불교의 회통성을 발견하고 확인하였던 것이다.

3. 김창흡 : 무극태극과 우주론적-공부론적 유불회통

17세기 조선 성리학자들은 우주론에 관심이 많았다. 그들에게 우주론과 심성론은 불가분의 관련을 갖기 때문이다. '성즉리性卽理'를 핵심 가르침으로 삼는 성리학은 바로 우주만물의 원리와 마음의 원리의 동일성을 탐구하고 그를 여실하게 이해하는 공부를 중요하게 여겼다. 특히 조선 성리학자들은 『주역』에 나타나 있는 태극太極과 무극無極의 개념, 그리고 주돈이周敦頤(1017~1073)의 『태극도설太極圖說』을 올바로 이해하고자 노력하였다. 태극과 무극은 우주와 만물 그리고 인간과 마음의 근원이기 때문이다. 그들에게 논의의 쟁점이 되었던 것들 중 하나는 태극과 별도로 왜 무극을 또 말해야 하는가의 문제였다. 김창흡은 문인의 질문을 받고 다음과 같이 대답한다.

> (문인이) 질문하였다. "무극의 무無가 일이나 사물이 없는 것을 특정하여 말하는 것이라면 태극은 무극의 극極을 반복해서 말한 것인가?" (김창흡이) 대답하였다. "쌍봉 요씨의 견해를 꼭 주목해 보아야 한다. 그가 말한 '근원적 중심도 없고 근본도 없는 형形이 실제로는 천하의 큰 근본이 되고 큰 근원적 중심이 된다'는 이 말이 바로 '무극이면서 태극이다'라는 말의 의미다. 주희가 '형形은 없지만 리理는 있다'고 말한 것은 정밀하지 않은 것은 아니지만 잘못 보면 무극은 오로지 형이

없는 것으로 이름 붙이고 태극은 이치가 있는 것으로 이름 붙인 것으로 단정해버려 결국은 형과 리 두 글자를 각각 앞의 '없음의 극(무극)'과 뒤의 '있음의 극(태극)'에 따로 배속시키게 된다. 이 어찌 바른 뜻을 상실해버린 게 아니겠는가? 쌍봉 요씨의 해석에서 '유극의 리理가 있으면서도 무극의 형形이 있다'고 말한 내용이 매우 명료하다."[73]

김창흡은 송나라 유학자 쌍봉 요씨의 견해를 추천하며 그의 견해가 무극과 태극의 의미를 가장 명료하게 설명하고 있다고 말한다. 무극에서 중요한 것은 '없음' 자체가 아니다. 무엇이 없다는 것인지 바르게 이해하는 것이 중요하다. 무극에서는 개별적 사물, 개별적 사태가 없다는 것이다. 일상적 차원에서 인식의 주체가 인식하는 활동을 전개할 수 있는 구체적이고 개별적인 인식대상으로서의 사물이 없다는 것이다. 무극을 형이상의 차원, 즉 '미발'의 차원이다. 무극은 미발의 차원에서 일체의 사물이 그 개체성이 사라진 것을 의미한다. 태극도 마찬가지이다. 태극의 차원에서는 일체의 구체적 사물의 개체성은 존재하지 않는다. 그럼에도 태극은 그 모든 사물을 만들어내고 그 사물로 전화될 것들이 미분화된 상태로 존재한다. 주희는 이것을 가리켜 태극이 리가 존재하는 있음의 극이라고 표현한 것이다.

그러나 무극의 경우는 어떠한가? 개체적 사물이나 사태가 없는 것은 태극과 마찬가지이지만, 왜 태극과 함께 또 무극을 말하고 있는가? 무극은

---

73) 김창흡, 「태극문답太極問答」, 『삼연집습유三淵集拾遺』 23권 (『한국문집총간』 165~167), "問無極之無, 特以無物事言之, 太極又重言無極之極字者乎? 曰, 雙峰饒說, 當着眼看. 以其無樞紐根柢之形, 而實爲天下之大根柢大樞紐一句. 正是無極而太極之意. 若朱子所謂無形而有理者, 非不精矣. 而若誤看則將以爲無極但無形之名, 太極是有理之名, 遂以理形二字. 分貼於上下極上, 豈不失眞乎. 雙峰之解, 蓋曰有極之理而無極之形則大煞分明."

태극을 설명하는 보조적 의미에 불과한가? 김창흡은 주희의 말을 잘못 이해하지 않아야 한다고 강조한다. 태극은 있음의 극이고 무극은 없음의 극이라고 이분화시켜 이해해서는 안되는 것이다. 쌍봉 요씨의 해석대로 태극은 이치가 있는 것이지만, 무극은 무극의 형이 있다는 것이다. 즉, 무극 역시 무엇인가 존재하고 있다. 김창흡은 다음과 같이 말한다.

> '태극이자 곧 무극'이라는 말은 수만 가지의 일체 존재들이 하나로 귀일한다는 뜻이다.74)

태극을 말하면서 또 무극을 말하는 것은, 일체의 존재를 생성해내는 그 태극이 바로 하나로 귀일하고 있다는 것을 의미한다. 하나로 귀일한다는 뜻을 가진 무극은 아무것도 존재하지 않는 것으로 허망하게 사라진다는 것을 가리키는 것이 결코 아니다. 김창흡은 태극의 의미를 리와 기의 개념을 중심으로 설명하는데 그에 의해 설명되는 태극의 존재방식은 흥미롭게도 매우 다층적이다. 그는 다음과 같이 말한다.

> 리와 기는 선과 후가 있다고 말하기도 어려우며, 서로 동떨어져 있다고 말하기도 어렵다. 그러나 (태극을) 따로 떼어 내어 위로 올려서, 그렇게 추출하여 위에 올려 두는 이유는 그렇게 추출된 태극을 통해 그것이 본체라는 것, 즉 통체라는 것을 명백히 하고자 해서이다. 이렇게 본체 또는 통체로 추출된 태극을 '형기와 섞이지 않는 태극'이라고 한다. 태극이 유행하여 사물에 이르면, 곧 음양에 즉하여 음양을 떠나지 않는 태극이 되고, 오행에 즉해서 오행을 떠나지 않는 태극이 된다.75)

---

74) 김창흡, 「태극문답」, 『삼연집습유』 23권, "太極無極, 所謂會萬歸一也."

김창흡은 태극과 우주만물, 음양오행을 리와 기로 각각 배치시켜 이해하는 것을 경계한다. 리가 기보다 먼저 있다고 말하기도 어렵다. 또한 리와 기는 서로 별개의 것으로 떨어져 있는 것도 아니다. 그런데도 불구하고 굳이 떼려야 떼기 어려운 것을 일부러 떼어내어 형이상의 차원인 위로 올리고, 일체의 존재의 근원과 근본이라는 차원으로 간주하는 데에는 이유가 있다. 기보다 리가 근본이 된다는 것, 태극이 우주 만물의 근본이 된다는 것을 분명히 하기 위해서이다.

김창흡은 이렇게 형이상자의 위치로 추출해낸 태극을 통체태극이라고 부른다. 통체태극은 형기와 섞이지 않는 태극을 가리킨다. 하지만 통체태극이, 마치 어떤 별개의 실체라도 되듯이, 우주 만물 외부에 별도로 존재하는 것으로 보면 안 된다. 태극은 우주 만물과 동떨어져 존재하지 않는다. 음양과 분리되지 않은 태극, 오행과 분리되지 않은 태극이 존재하는 것이다.

통체태극과는 별도로 우주만물과 동떨어져 있지 않은 태극, 그러나 우주만물과 섞여 희석되지도 않는 태극을 말해야 하는 이유는 무엇인가? 김창흡에게는 이 점이 태극 논의에서 매우 중요한 포인트라고 생각했다. 우주만물 하나하나와 동떨어져 있지 않지만 그것에 의해 방해되거나 뒤섞여 버리지도 않는 태극이 있다는 것이다. 그렇기에 태극의 존재방식에는 신묘함이 있다고 김창흡은 말한다. 그는 태극의 신묘함을 세 가지 맥락에서 말한다.

---

75) 김창흡, 「답졸수재조공答拙修齋趙公」, 『삼연집』 18권, "大抵理之與氣, 難言先後, 而裁斷而上之, 挑出而外之者, 所以明爲本體也, 爲統體也. 此之謂不雜形氣之太極. 及其流行在物, 則卽陰陽而爲不雜陰陽之太極, 卽五行而爲不離五行之太極."

태극에는 본래적인 신묘함이 있다…신묘하다는 말에는 여러 가지 뜻이 있다. 지극히 작고 지극히 감추어져 있어서 그로부터 무수히 많은 물物과 사事를 허락하기 때문에 '신묘하다'고 말한다. 이것이 '신묘하다'는 말의 한 가지 의미이다. 형태가 없고 자취가 없으면서도 능能히 이루어 내고 주재하며 온갖 세계를 가능하게 하여 마침내 각종의 형상을 나타나게 하기 때문에 '신묘하다'고 말한다. 이것이 '신묘하다'는 말의 또 다른 의미이다. 지극히 작아서 더 이상 분해되지 않으면서도 지극히 커서 그 이상의 큰 것이 그 바깥에 없고 더할 수도 줄어들 수도 없는 것, 이것 역시 '신묘하다'고 말하는 의미이다.[76]

태극 자체가 신묘한 것이다. 무엇이 신묘한가? 김창흡은 태극의 신묘함을 상식적이고 물질적인 법칙의 범위 안에서 파악할 수 없다는 점을 강조한다. 지극히 작고 은미하지만 무수히 많은 사물과 사태를 생성해내는 것이 태극이다. 형태와 자취가 없는데도 능히 모든 것을 이루고 주재하고 다스릴 수 있는 것이 태극이다, 지극히 극미하면서도 지극히 극대한 것, 그 바깥을 상상할 수 없는 것, 그것이 태극이다. 태극의 신묘함과 무극의 신묘함은 서로 내적으로 관련된다. 그렇다면 무극의 신묘함은 무엇을 가리키는가? 김창흡은 다음과 같이 말한다.

'혼연한 하나의 본체가 무극의 신묘함이 아님이 없다'는 말은 합쳐서 말한 것이고 '무극의 묘함이 한 사물 속에 구비되지 않은 적 없다'는 말은 나눠서 말한 것이다. 한 가지 근본이 만 가지로 나누어지니 (만물이) 비록 다르긴 하지만 만 가지로 나누어진 것들이 각각 하나의

---

76) 김창흡, 「태극문답」, 『삼연집습유』 23권, "太極者, 本然之妙…妙字有數段義, 盖極微極玄, 而自有含許多物事, 故曰妙, 是一義, 無形無迹, 而能成主宰, 畢竟使至刑象之著顯, 故曰妙, 又是一義也, 又微細無內而不少不減, 廣大無外而不加不溢者, 亦是妙也."

본체를 구비하고 있으니 같지 않은 적이 없다. 그러므로 태극은 본래 하나의 근본이고 음양오행에 이르러서도 모두 태극을 가지고 있으니 이것이 만물 중에도 본래 그 하나의 본체가 갖추어져 있다는 것이다.[77]

혼연한 하나의 본체는 통체태극을 가리킨다. 통체태극이 그 자체로 무극의 신묘함이라고 말할 때에는 통체태극과 무극을 합쳐서 말한 것이다. 그러나 무극이 각각의 모든 우주 만물 속에 그 자체로 온전한 태극으로 갖춰져 있다고 말할 때에는 통체태극이 각각의 사물 속에서도 그 존재가 조금도 훼손되거나 방해받지 않은 방식으로 함께 하고 있다는 것을 의미한다. 김창흡은 이러한 태극의 존재방식이 곧 무극의 신묘함이라고 생각한다. 하나하나의 사물에 태극이 함께 존재한다는 것, 그것이 바로 하나하나의 사물에 담겨 있는 무극의 신묘함인 것이다.

그런데 우주만물의 근원이자 근본인 이 무극의 신묘함이 바로 그에 의해 생성된 우주만물 각각의 모든 존재와 동떨어져 존재하는 것이 아니라면, 변화 속의 불변, 생멸 속의 불생불멸이 함께 하고 있는 것이라면, 불변의 그것, 불생불멸의 그것은 결코 우주 만물 그 자체는 아니며, 사물이나 사태 그 자체는 더욱 아니다. 무극태극의 신묘함은 바로 이 불변의 신묘함이고 이 불생불멸의 신묘함이다. 그것은 무엇이며 그것의 존재를 어떻게 확인할 수 있는 것일까? 김창흡에게 그것은 바로 성이고 심이다.

'천하에 어찌 성性 밖의 물건이 있겠는가?'라는 말은 바로 '혼연한 하나의 본체가 무극의 신묘함이 아님이 없다'는 것을 말한다.[78]

---

77) 김창흡, 「태극문답」, 『삼연집습유』 23권, "渾然一體, 莫非無極之妙者, 合而言之者也, 無極之妙, 亦未嘗不各具於一物之中者, 分而言之者也. 一本萬殊之雖異, 而萬殊之中, 各具一本, 則未嘗不同也. 故太極固一本, 而至於陰陽五行中, 皆有太極, 則是萬殊中亦各自具一本也."

일체의 우주만물의 근본이 되고 그것을 생성해내면서도 그 자체는 불변이고 불생불멸인 존재, 그것은 유교인 김창흡에게 있어 성이다. 그런데 김창흡에게 성은 김창협과 마찬가지로 심과 불가분의 관련을 가진 것이다. 성에 비하여 심이 한 차원 낮은 것도 아니다. 김창흡은 성과 심의 관련을 다음과 같이 설명한다.

> 마음에 미발과 이발이 있기에 성과 정으로 나눌 수 있다…성과 정의 구별은 말하기 쉬운데 심과 정의 구별은 살피기 어렵다. 오직 주희만이 명확하게 구별해서 다음과 같이 말했다. "시비하는 이치는 성이다. 시비를 알고 실제로 시비하는 것은 정이다. 시비를 깨닫는 것은 심이다." …안다는 것은 정에 속하고 깨닫는다는 것은 심에 속한다. 하지만 지각이라고 할 때에는 심에 속하는 것으로 본다.[79]

김창흡은 김창협과 마찬가지로 주희의 심 개념을 수용하고 있다. 김창협이 심과 성의 구분을 위해 애를 썼다면, 김창흡은 심과 정의 구분을 위해 애를 쓰고 있다. 김창흡은 주희의 심, 성, 정의 구분을 예로 든다. 옳고 그른 것을 분별하는 마음활동인 시시비비 활동을 예로 들어보는 것이다. 옳고 그른 것의 이치를 가리켜 성이라고 말한다. 옳고 그른 것을 분별하고 파악하는 활동은 정이다. 옳고 그른 것을 그런 것으로 깨달아 아는 것은 심이다. 김창흡은 지각활동을 총괄적으로 심의 활동으로 보고 있다.

알고 깨닫는 활동인 심의 활동은 미발에서나 이발에서나 본래적인 지

---

78) 김창흡, 「태극문답」, 『삼연집습유』 23권, "天下豈有性外之物者, 是渾然一體, 莫非無極謂也."

79) 김창흡, 『삼연집』 25권, "蓋有心之有未發已發, 而性情分焉…性情之分, 言之似易, 而心情之析, 斯得較難. 惟朱子所以劈割曰, 所以是非者, 性也, 知是非而是非之者, 情也, 覺其爲是非者, 心也…知是情之知也, 覺是心之覺也, 而知覺之稱, 例屬乎心者."

각활동을 갖추고 있다는 것을 밝혀낸 것이 김창협이라면, 지각활동으로서의 심의 활동력을 미발과 이발에 걸쳐 온전히 다하는 것, 즉 수양과 수행, 공부론의 차원에서 심의 지각활동을 주목하고 있는 것이 김창흡이다. 김창흡에게 공부론은 그의 학문적 활동 뿐 아니라 시인으로서의 문예활동과 불교인식을 이해하는 데에 핵심 열쇠가 된다. 김창흡은 당시 조선성리학자들 사이에서 활발하게 벌어지고 있었던 미발 공부론에 대해 다음과 같이 자신의 생각을 표명한다.

> 성은 심과 통하고 있으며, 심은 스스로 활동하고 있는 것이다. 『주자어류』에서 주희는 "심이 미발일 때에는 중中이라 하고 발(이발)하게 되면 화和라고 한다, 마음은 공부를 하는 터가 된다."라고 말했다. 그렇다면 어찌 마음공부에 발(이발)과 미발 사이에 막힌 곳이 있겠는가?…미발공부가 참으로 어찌 말로 설명할 수 없는 것이겠는가? 초기인 시작 단계에서는 방만하게 흩어져 있는 마음을 수렴시켜 심층 깊숙이 감추어진 곳으로 모으는 것이고, 중기인 그 다음 단계에서는 당체當體를 조관照管하는 것이며, 마지막 최종 단계에서는 그 경지를 곧고 바르게 오랫동안 은미하고 확실하게 보존하는 것이다.[80]

김창흡의 핵심 관심은 마음공부이며, 이때의 마음공부는 단지 이발에 국한되는 것이 아니다. 마음의 가장 근본 경지에서 성이 심과 합일되어 있다면, 주희가 말한 대로 마음이 중과 화, 미발과 이발을 통괄하고 있는 심통성정의 심이라면, 이발에 국한되는 심이 아니라 미발에도 통하는 심

---

[80] 김창흡, 「답이현익별지答李顯益別紙」, 『삼연집』 21권, "夫性通乎心, 心自有事. 語類曰, 未發謂之中, 發則謂之和, 心是做工夫處. 以此觀之, 則心之做工夫, 果何間於發未發乎?…未發工夫, 豈眞有不可形言者乎? 始則收放藏密, 中則當體照管, 終則保有貞久隱約."

이라면, 그러한 심을 진정으로 깨달아 알 수 있어야 하는 것이 아닌가? 성리학의 마음공부가 오로지 이발의 차원에서만 가능한 것이라고 한다면, 그것은 심을 온전히 이해하는 것이 아니다. 물론 미발의 경지는 본래 공부로 획득되는 게 아니다. 그렇다고 하여 전혀 무의미하거나 미발 공부가 쓸데없는 것은 아니다. 그것은 이발에서의 일상적 공부와는 다른 차원의 공부인 것이다.[81]

김창흡에 의하면 미발 공부는 미발의 경지와 합일되는 공부이다. 미발의 경지와 합일된다는 것은 마음이 본래적 무극태극성, 허령지각성을 갖고 있다는 것을 깨닫고 그와 하나가 되는 것을 의미한다. 마음 본래의 무극태극성, 허령지각성은 일체의 모든 개인의 마음에 이미 존재하고 있는 것이다. 그러므로 개인의 마음 안에서 그것을 깨달아 알 수 있고 그것과 합일되는 공부를 할 수 있다. 무극태극의 신묘함이라는 것은 우리 각자의 마음이 곧 그러한 무극태극의 활동성을 갖추고 있다는 것을 의미한다. 미발의 차원, 형이상학적 차원에서의 정신활동성, 즉 미발지각의 허령한 활동이 가능하기에 무극태극이 신묘하다고 말하는 것이다.

김창흡은 마음의 허령한 지각활동을 직접 깨닫는 공부가 바로 미발 공부라고 생각했다. 그는 미발 공부를 언어로 표현하는 것이 불가능하다는 의견에 동의하지 않는다. 미발 공부는 전혀 설명 불가능한 것인가? 그렇

---

81) 김창흡의 형인 김창협은 미발의 경지에서는 본래 순선하여 무엇인가를 배우고 알고 익히는 것과 같은 일상적 의미의 공부가 가능하지 않다고 말하였다. 미발의 경지를 깨닫고 그를 함양하는 미발 공부는 일상적인 공부(이발 공부)의 방식과는 차이가 있을 수밖에 없다. 김창협은 미발공부를 '계신공구戒愼恐懼'라는 경敬 공부로 설명한다. 김창흡은 이의 연장선에서 미발 공부를 보다 구체적이고 생생하게 설명하고자 한다. 김창흡의 심성 논의가 한편으로는 무극태극 개념과 관련된 우주론적 논의이기도 하지만, 동시에 그러한 관심은 그로 하여금 각각의 존재 일체에 깃들어 있는 무극태극의 신묘함을 깨닫는 공부인 미발 공부론으로 표출되도록 하였던 것이다.

지 않다. 김창흡은 미발 공부를 초기와 중기, 최종기라는 3단계로 구분하여 우리의 마음이 본래적 미발의 경지와 합일하는 과정을 설명한다.

시작 단계에서의 우리의 마음은 본래의 무극태극의 신묘한 마음을 갖추고 있지만, 마음의 외부로 향하기만 하여 항상 산란해 있어 이 존재를 온전히 깨닫고 있지 못하다. 따라서 미발 공부의 초기에는 우선 외부로 향해 있는 마음을 수렴하고 거두어들여 바깥으로 향하던 마음을 오로지 마음 자체의 심층으로 향하게 해야 한다.

두번째 단계에는 하나로 온전히 집중되고 텅 비어 허령해진 마음이 드디어 심체의 실상, 본래적 면목인 당체를 밝히 통찰하게 된다. 그러나 이 단계가 최종 단계는 아니다. 일시적으로 심체와 합일된 체험을 했다고 해도 여전히 일상적 활동을 하기도 하는 마음은 예전과 같이 산란하여 본래적 면목을 잃을 가능성이 항상 있기 때문이다. 그래서 김창흡은 중간 단계를 말한다.

최종 단계에 이르면 마음은 본래적 면목과 항상 합일되어 있으면서도 일상적 마음활동이 그 경지를 방해하지 못한다. 그것에 휘둘리지 않게 되는 것이다. 그래서 이렇게 함양된 경지를 바르고 오랜 동안 확실하게 보존할 수 있게 된다.

김창흡은 어떻게 이와 같이 미발 공부를 구체적인 단계로 나누어 설명할 수 있었을까? 그 자신이 직접 미발의 경지를 체득하는 공부를 소홀히 하지 않았기 때문일 것이다. 이론적인 차원에서가 아니라, 실지로 스스로 수양하는 사람, 수행하는 사람으로서 당사자적인 태도로 미발 공부에 직접 힘쓰고, 그 공부의 실상을 탐구하는 과정이 아니었다면 불가능한 것이다. 김창흡의 불교인식은 바로 이러한 배경에서 형성된 것이다.

김창흡이 논한 무극태극 논변은 불교인 대지의 무극태극 논변과 상통된다.82) 또한 김창흡의 미발공부 3단계설은 불교에서의 적적성성법, 공적영지에의 깨달음을 위한 돈오점수 수행, 자신의 본래적 면모인 심을 곧바로 깨달아 아는 간화선 수행법 등과 내적으로 회통된다. 그렇다면 김창흡은 실제로 불교에 대해 어떤 인식을 하고 있었을까? 이제, 김창흡의 불교인식에 관해 구체적으로 살펴보기로 하자.

김창흡은 당대의 유명한 불교인들과 오랫동안 다양한 방식으로 교류하였다. 감창흡 스스로 수많은 불교서적들을 섭렵하였으나 그에게 불교는 단순한 학문적 호기심 이상의 것이었다. 김창흡은 성리학자로서 미발공부의 실제적 과정을 스스로 체험하는 삶을 살고자 하였다. 또한 그 자신의 무극태극이론에 의하면, 무극태극은 각 개인의 마음 안에서 확인되는 것이었다. 그런 만큼, 김창흡에게 당시 불교인들의 수행모습은 각별히 중요한 것이었다. 당시에는 불교 승려들이 수행하는 사찰에 유교 지식인들이 체류하여 유교와 불교의 교류가 활발한 시대였으며, 김창흡 역시 불교 승려들과 긴밀한 교제를 주고받은 유교인이었다.

김창흡이 지은 다음의 시에는 유불 지식인들이 함께 공부하고 수행하는 모습이 자연스럽게 나타나 있다.

유교 선비 한 사람은 냉철하게 분별하는 마음으로 암자에 그 자취를

---

82) 김창흡이 논하고 있는 무극태극개념은 불교의 심 개념과 회통된다. 김창흡과 동시대를 살았던 불교인 대지는 자신의 심성론에서 무극과 태극의 관계를 불교와 비교하여 해석한다. 대지는 『유석질의론』의 내용을 인용하면서 "주역의 도는 태극을 근원으로 하고 태극은 또 무극을 근본으로 한다.((夫易之爲道原於太極, 而太極又本乎無極. 無極者心寂虛明, 包括十虛之謂也. 卽佛之法身是也)" 대지, 『운봉선사심성론』, 3상)고 말하고 있다. 김창흡의 무극태극 개념은 불교인 대지의 태극과 무극의 관계에 대한 생각과 내용적으로 회통된다.

스며들게 하고, 불교 승려 한 사람은 따스하게 만나고 도와주는 마음을 갖고 있다. 사찰의 방을 허락하여 담연하게 서로 얼굴 마주하며 조용히 (간화선) 참구를 하고 있다. 유교나 불교의 형태가 함께 어우러져 사그러지니, 원만한 둥근 달이 두 사람의 마음에 비춘다. 불교 승려는 남화경(장자)으로, 유교 선비는 화엄경으로, 서로 공부를 바꾸어 아침과 저녁에 글 읽고 있다.[83]

위의 시에서 김창흡은 유교 선비와 불교 승려가 서로 만나서 각각의 학문적 특징을 십분 발휘하면서도 서로의 경전들을 바꾸어 읽고 한 자리에 모여 간화선 수행을 하는 모습을 수채화 같이 그려내고 있다. 유교 선비는 사물의 이치를 따지고 강론하기를 좋아하므로 '냉철하게 분별하는 마음'이라는 말로 그 장점이 압축될 수 있다. 불교 승려는 포용하고 통찰하기를 좋아하므로 '따스하게 만나고 도와주는 마음'이라는 말로 그 장점이 요약될 수 있다. 이렇게 유교인과 불교인은 사찰의 방에 함께 모여 앉아 있다. 한 방에 앉아 있는 이들은 두 가지 종류의 수행을 같이 하고 있다.

하나는 간화선 수행을 함께 하는 것이다. 간화선 수행을 함께 하면서 이들은 분별심을 지우고 하나의 근본 마음의 경지를 곧바로 깨달아 알게 하는 수행의 힘으로 무분별심을 갖게 된다. 간화선 수행을 통해 유교인과 불교인은 각각 자신의 학문적 정체성을 넘어서며 자유자재할 수 있게 된다. 그래서 김창흡은 두 사람이 무분별심으로 하나가 된 모습을 '원만한 둥근 달이 뜨는 것'으로 비유한다. 다른 하나는 서로의 학문을 바꾸어 배우고 익히는 것이다. 불교 승려는 유교인들이 즐겨 읽었던 『장자남화경』

---

83) 김창흡, 「증치웅상인贈致雄上人」, 『삼연집』 11권, "有士涼涼, 寄迹于菴, 有釋醞醞, 逢掖之心, 分其丈室, 淡對默參, 形迹旣泯, 圓月雙襟. 釋則南華, 士也華嚴, 互換功課, 晨夕喃喃."

을 읽고, 유교 선비는 불교 경전인 『화엄경』을 열심히 읽는다. 열심히 읽기에 밤이 새는 줄 모르고 새벽이고 저녁이고 글 읽는 소리가 끊이지 않는다.

김창흡의 시에 담긴 철학적 성격을 분석한 최유진[84]은 김창흡의 사유가 불교의 논리와 상통하는 측면이 있다고 보았는데, 그 이유는 김창흡이 각 개체적 존재 속에 있는 동일성, 동일한 무극태극, 동일한 미발지각활동성에 더욱 주목하고 있기 때문이다. 김창흡은 각 개체는 수없이 다양한 차별적 모습을 갖고 있지만, 그러한 수많은 차별성을 넘어서는 보편적 마음, 동일한 하나의 마음을 공유하고 있다는 것을 강조한다. 김창흡의 다음의 시에서는 유교인들의 심성 함양공부에 불교의 사마타 수행, 즉 마음을 수렴시키는 선정禪定 수행이 중요한 지침이 될 수 있다는 생각이 들어 있다.

> 마음속에 몇 백 권이나 되는 책을 넓고 깊게 담으면, (지혜의) 초목이 자랄 무성한 자양분이 되지만, 마땅히 수많은 것들을 덜어내고 돌이켜보고 핵심을 추려내어야 한다. 불교의 연장자들이 강조한, 열두 가지 병기를 자랑하는 것은 한 치의 단검으로 사람을 죽이느니만 못하다는 말이 어찌 간절하고 경계로 삼을 만하지 않겠는가?[85]

유교에서는 격물치지 공부를 중요하게 생각하기 때문에 심성 함양 공부를 할 때에도 널리 많은 책들을 읽고 탐구하는 것을 권장한다. 하지만 김창흡에 의하면, 그와 같은 박학다식 위주의 글공부는 참된 진리와 지혜를 얻기 위한 자양분일 뿐이며 그러한 글공부 자체가 진리와 지혜를 보장하는 것이 아니다. 그 다음 단계로 김창흡은 그러한 공부 내용을 반드시

---

84) 최유진, 『삼연 김창흡의 철학적 시세계 연구』, 고려대 박사학위 논문, 2015, 133쪽.
85) 김창흡, 「답유숙기答兪肅基」, 『삼연집』 20권, "博洽胷中幾百卷, 易滋草木, 宜在刊落而反約. 禪老所謂誇示, 十二兵器, 不如寸鐵殺人者, 豈不切緊乎?"

되돌아보고 덜어내고 핵심을 요약하는 수렴 공부가 필요하다고 말한다. 이러한 수렴 공부는 선불교에서 선 수행을 할 때의 과정과 다르지 않다.

사마타(선정) 수행은 잡다한 망상들이나 의견들, 상념들, 자신이 옳다고 고집하는 수많은 정견들로부터 자유로이 마음을 비워내는 수행이다. 그렇게 비우고 비워내어 상념으로부터 자유로워진 마음은 본래적 마음을 통찰할 수 있는 바탕이 된다. 김창흡은 유교인들이 불교의 사마타 수행에서 배워야 한다고 생각한다. 유교인들은 불교의 사마타 수행과 같은, 마음을 수렴하는 공부가 절실한 것이다. 마음을 수렴하는 사마타 수행의 힘은, 마치 잡다한 병기들을 휘두르지 않고도, 정확하고 간략한 공격만으로도 사람을 무찌를 수 있는 공력으로 드러날 수 있다.

김창흡은 일상생활에서나 학문에서나 불교와 매우 가까운 환경에서 살았다. 그가 지은 다음의 시들에서도 불교에 대한 그의 태도가 잘 드러난다.

> 18세 소년 시절 절에서 글을 읽었는데 30년이 지난 지금에야 다시 찾았구나…뜰 앞의 늙은 잣나무 몇 가지나 꺾였던가. 난간 너머 푸른 바다가 만고에 깊다…『능가경楞伽經』을 가지고 절로 들어가 오랜 동안 8가지 식을 공空으로 만들고자 한다.[86]

김창흡은 어린 시절 공부했던 절에 30년 후에 다시 방문한다. 마당에 심어져 있는 잣나무는 이미 늙어 있다. 하지만 가지가 몇 번이고 꺾였어도 여전히 변치 않고 그 자리에 서 있는 것을 본다. 김창흡은 난간 너머로 보이는 푸른 바다의 넓고 깊음을 통해 변하는 가운데에서도 변하지 않

---

86) 김창흡, 「우부又賦」, 『삼연집』 7권, "小年十八讀書寺, 三十年久今又至…庭前老栢幾枝摧, 檻外滄溟萬古深", 김창흡, 「중백운中白雲」, 『삼연집』 9권, "欲把楞伽入, 長敎八識空."

는 것을 통찰하고 있다. 나이가 든 김창흡은 여전히 절에 들어가 공부하고 싶어한다. 그는 대승불교 유식철학 경전 중의 하나인『능가경』을 독파하기 위해 절에 가고자 하는 것이다. 공부와 수행을 통해 8가지 식을 공으로 만들고 싶어한다.

유식불교에서는 우리 마음의 가장 깊은 바탕에 제8아뢰야식이 존재한다고 본다. 제8아뢰야식은 우주 현상계를 창출해내는 근본식이다. 유식불교에서는 아뢰야식의 존재를 깨달아 자아와 세계의 공성空性을 깨닫는 것을 진여심의 회복이자 불성의 획득으로 본다. 자아가 공임을 아는 아공我空과 세계가 공임을 아는 법공法空, 이 두 가지의 공을 모두 획득하면 비로소 진여를 볼 수 있는 것이다. 이 경지를 유식불교의 용어로 말하면 '이공소현진여二空所現眞如'가 된다. 김창흡이『능가경』을 들고 절에서 공부하여 8가지 식을 공으로 만들고자 한다는 것은, 그가 유식불교의 가르침에 대해서도 잘 알고 있을 뿐 아니라, 스스로 그러한 가르침대로 아공과 법공의 경지가 될 때까지 여실히 수행하고 싶다는 마음인 것이다.

김창흡의 시에서는 그의 불교적 수행과 불교적 용어로 표현된 깨달음의 내용과 관련된 것이 많다.[87] 이미 앞에서 언급한 바 있듯이 김창흡은 그와 교유하였던 불교 승려 해기를 그리워하며 함께 '적적성성寂寂惺惺을

---

87) 김창흡의 시에 나타난 불교적 사유를 분석한 유호선의 연구에 의하면, 김창흡의 시에는 "인생은 진실로 물거품이며 환이다(人生信泡幻)", "뭇 하늘에 달이 떠 있어 달빛이 마음자리 밝혀준다. 홀로 서니 분별심 없어지고 초연히 불이문不二門을 생각한다(諸天連有月, 月彩甚心源, 獨立無分慮, 超懷不二門)", "적막한 것이 진제眞諦일 텐데 어찌 종소리 목탁소리를 필요로 할까?(闃爾爲眞諦, 何須鐘鐸宣?)", "진여眞如는 정정淨과 염染을 지니고 있어 만법이 애초엔 공空이 아니다(眞如帶淨染, 萬法未始空)", "허虛를 극진히 해서야 본래 진여임을 알겠다(致虛方見本來眞)" 등과 같이 불교철학의 내용을 담고 있는 부분이 많다. 유호선, 「김창흡의 불교적 사유와 불교시」, 『한국인물사연구』 2호, 2004, 96~108쪽.

누리고 싶다'는 편지를 쓰기도 했다. 김창흡에게 이러한 불교 용어들은 주로 마음 공부, 마음 수행과 관련된 내용이 대부분이다.

김창흡의 불교인식은 성리학자이자 심성함양 공부의 참된 길을 진지하게 모색한 그 자신의 삶과 학문의 궤적과 동떨어져 생각하기 어렵다. 김창흡은 참된 성리학자로 사는 과정에서 불교를 만난 것이다. 그러므로 김창흡의 마음 수행에 관한 불교인식은 곧 마음공부에 관한 유교인식과 다르지 않다. 이와 같이 김창흡에게 유불회통은 학문적인 차원을 넘어 삶과 공부의 차원에서 이루어지고 있다. 다음의 시에서 김창흡은 유교인으로서 참된 마음 공부의 방향을 드러내고 있다.

> 심의深衣를 입고 복건幅巾을 쓴 수많은 높은 지위의 선비들 가운데 누가 존심存心하여 본래의 진眞을 보았던가? 불교 공안公案에서 나오는 개들은 한가롭게 짖고 있고 송낙松鉻을 쓴 스님들은 바위 곁에 만명이 앉아 있구나. 높은 서재에서 음양의 이치를 강론하노라니 창밖으로 하늘 가득 새벽 눈이 많이 내린다. 저 강 가운데 맑은 달을 보고 배워 본래의 마음을 어둡게 만들지 말지어다.[88]

김창흡은 자문한다. 높은 지위에서 유교의 이치를 논하며 잘 알고 있다고 자부하는 수많은 유교인들 가운데 과연 참된 마음을 깨달아 보존하는 사람이 얼마나 될까? 그리고 그의 상념은 곧바로 불교에서 공안을 내걸고 참선 수행을 하는 수많은 불교인들의 모습으로 이어진다. 불교 참선 수행자들만큼 우리 유교인들은 과연 참된 마음을 깨닫고자 노력하며 그 마음

---

88) 김창흡, 「우음시제생-기삼偶吟示諸生-其三」, 『삼연집』 6권, "多少深衣與幅巾, 存心誰覿本來眞? 空門狗子多閒吠, 松鉻巖間列萬人. 高齋細講極陽陰, 牕外漫天曉雪深, 看取半江淸月在, 莫敎昧却本來心."

을 잃지 않고 보존하려 애쓰고 있는 것일까? 태극과 음양의 이치를 탐구하며 논하는 김창흡 자신도 그에 대해서는 예외일 수가 없다. 그는 하늘에서 내리는 새벽 눈과 강 가운에 오롯이 창연하게 떠 있는 밝은 달을 보고 배우자고 말한다. 마음의 본래적 밝음을 잃지 않고 그것을 어둡게 하지 말자고 다짐한다.

이상에서 살펴본 대로 김창흡은 성리학자로서의 그의 마음공부가 절실했던 만큼, 또 무극태극에 관한 그의 우주론적 관점이 분명할수록, 불교의 우주론 그리고 수행론과 철학적으로 회통하고 있었음을 알 수 있다.[89]

---

89) 김창흡의 예술론을 칸트의 미학론과 비교해서 분석하고 있는 이병찬에 의하면, 김창흡은 김만중의 책에 다음과 같이 서문을 쓰고 있다. "지금 부귀를 누리며 살지만 그 부귀에 사로잡히지 않고, 환난 속에 지내지만 그 환난에 질식되지 않으며 텅 비어서 가득 차지 않고 유연하게 더불어 흘러가는데 이것으로써 그 몸을 마치면서도 얽매임이 없다면 어찌 천지의 맑고 뚫린 기운을 얻은 사람이 아니겠는가? 만약 그러한 사람이라면 성령性靈이 쌓인 바가 반드시 영롱하여 혈을 뚫어 사물과 간극이 없어지니 그 문사로 표현함에 장차 움직여 천진天眞에 맞닿게 되니 공교로움을 기대하지 않아도 저절로 공교롭게 된다. 공교로움을 기대하지 않아도 저절로 공교로워지니 이에 그 맑게 통하는 것이 묘하게 되는 바이다." 김창흡이 지향했던 완성된 인간형이 바로 이런 인간이었을 것이다. 이병찬, 「조선후기 시학담론과 칸트의 미학론 비교 연구-성령론과 천재론을 중심으로-」, 『인문학연구』 97집, 2014, 241쪽.

제 4 부

유불회통 심성 논의의 철학적 함의

유불회통 심성 논의의 철학적 함의

제2부와 제3부에서 살펴본 철학적 유불회통의 흐름을 정리해보면 다음과 같다.

제2부에서는 불교인의 심성론과 유교인식을 우주론적 회통과 심성론적 회통이라는 두 흐름으로 살펴보았다. 유교인들과는 달리 불교인들은 처음부터 유교와의 회통을 주장하고 있다. 기화와 『유석질의론』의 저자 그리고 휴정은 불교의 묘명진심妙明眞心과 성각圓覺 그리고 일물一物을 각각 유교의 적연부동-감이수통과 무극태극無極太極 그리고 천명天命 개념과 비교하면서 불교와 유교를 우주론적 관점에서 회통시키고 있다. 또한 선수와 대지는 불교의 영물靈物의 무사심無事心과 일심一心의 아뢰야식阿賴耶識 개념을 각각 유교의 시비是非의 삶과 각구무극태극各具無極太極과 비교하면서 심성론적 관점에서 유불회통을 논하고 있다.

그리고 처능은 불교와 유교의 심성론을 바탕으로 불교의 '자비'와 유교의 '인의 실천'으로 불교와 유교의 수행론적 회통을 논하고 있다. 이들 불교인들의 유불회통 논의를 통해 본 연구에서는 불교인들이 그들의 심성론에서 원효의 일심 개념과 지눌의 공적영지 개념을 정신적으로 계승하고 있다는 것, 그리고 일심과 공적영지 개념을 중심으로 유교와 철학적 회통을 하고 있다는 것을 확인하였다.

제3부에서는 유교인의 심성론과 불교인식을 대립과 접근 그리고 회통이라는 세 단계의 흐름으로 살펴보았다. 조선 건국 초기에는 유교와 불교의 대립점이 부각되지만 이후 유교 심성론에서 심心에 대한 관심이 깊어짐에 따라 불교에 대한 인식이 변화하고 있다. 조선 유교인들은 심을 성을 갖추고 정을 행사하는 심통성정心統性情의 심, 사물미지事物未至와 사려미맹思慮未萌 그리고 희노애락미발喜怒哀樂未發에서도 지각불매인 미발지각未發知覺의 심으로 이해하게 된다.

유교인들의 심에 대한 심화된 이해는 그들의 불교인식에도 반영이 되어 초기와는 달리 불교와의 내용적 접근점을 갖게 된다. 조선 초기의 정도전과 권근은 유교의 성性이나 천리天理 개념을 불교의 심心이나 공적空寂 개념과 대비시키며 그 차이를 부각시킨다. 그러나 이황의 리발理發과 송시열의 허령지각에 대한 탐구는 그 자체로 유교와 불교가 서로 철학적으로 접근하는 길을 열어놓게 된다. 그리고 이들의 탐구를 계승한 김만중과 김창협-김창흡 형제는 역사-구조적 차원과 철학적 차원 그리고 우주론적 차원과 공부론적 차원에서 유교와 불교의 회통을 발견하고 있다. 특히 본고에서는 김창협이 강조한 미발지각 개념이 불교의 공적영지 개념과 내용적으로 동일하다는 것을 확인하였다.

그렇다면 제2부와 제3부에서 논한 유불회통의 철학적 함의는 무엇일까? 이제부터는 유불회통의 철학적 함의를 크게 두 가지 영역으로 압축하여 살펴보고자 한다. 첫째로, 공부와 교육의 본질적 의미에 관한 것이다.

그 동안 유교의 불교의 공부론은 별도로 각각 논의되어 왔다. 하지만 유불회통의 내용에 의하면, 불교와 유교의 공부론은 그 내용적 동일성이 보다 여실히 드러난다. 특히 불교 내부에서 진행되는 돈오와 점수의 관계를 둘러싼 논쟁이나 유교 내부에서 진행되는 미발공부의 구체적 과정, 계신 공구와 신독의 관계를 둘러싼 논쟁의 의미를 더욱 명료하게 파악할 수 있게 된다. 유불회통의 관점에서 바라보면 불교와 유교의 공부론에서 제기된 논쟁들의 의의를 잘 이해할 수 있게 되는 것이다.

둘째로, 종교와 정치의 본질과 상호 관계에 대한 것이다. 한국의 불교와 유교는 종교와 정치의 의미를 근본마음으로서의 영성과 그를 바탕으로 하는 공심으로 파악하고자 했다. 근본마음으로서의 영성에 대한 자각이 바탕이 되지 않는 정치적 실천, 공심의 실천은 불완전할 수밖에 없다는 것이다. 한국의 불교와 유교가 종교와 정치에 대해 갖고 있었던 생각들을 유불회통의 관점에 비추어보면 그 본질적 의미와 상호관계를 더욱 생생하게 파악할 수 있게 된다. 불교와 유교가 공부를 통해 계합 내지 합일하고자 했던 것은 곧 참된 종교성과 관련된다. 그들은 이러한 종교성을 획득한 자, 즉 깨달은 자 혹은 성인이야말로 남을 다스리거나 중생을 구제하는 일의 실질적 성공을 보장할 수 있다고 생각하였다.

제1장

공부론 : 교육

불교와 유교의 심성논의에서는 모두 우리 마음의 근본 바탕에 자아와 세계의 구분이 적용되지 않는 주객불이의 마음활동의 차원, 자아와 세계를 만들어내는 현상초월적 마음활동의 차원이 존재한다고 말한다. 그리고 이 점이 유불회통의 핵심 내용이 된다. 이러한 마음의 차원을 가리켜 불교에서는 공적영지라고 했고 유교에서는 미발지각이라고 했다. 그런데 그들은 이러한 마음의 차원이 존재한다는 것을 어떻게 알게 되었을까?

불교와 유교는 모두 공적영지와 미발지각의 존재를 깨닫기 위해서는 일상적인 방식의 공부와는 구분되는 수양과 수행이 필요하다고 말한다. 일상적인 방식의 공부는 주체가 대상에 대한 지식을 획득하는 방식으로 이루어진다. 하지만 공적영지와 미발지각활동의 존재를 깨닫는 마음은 그러한 방식의 공부로 도달되는 것이 아니다. 불교와 유교는 모두 공부를 단일한 차원이 아니라 이중적 차원으로 이해하고 있었던 것이다. 공적영지나 미발지각의 존재를 깨닫기 위해서 불교는 정혜쌍수定慧雙修와 돈오점수頓悟漸修, 그리고 선교겸수禪敎兼修 수행을 말하고 유교는 리발理發, 미발함양未發涵養, 계신공구戒愼恐懼를 통한 심성함양을 말하고 있다.

이하에서는 불교와 유교의 공부론에 담겨 있는 특징을 차례로 살펴보면서 그들의 유불회통의식이 공부론에서부터 시작되고 있다는 것을 확인해볼 것이다. 먼저 조선의 불교인들에게 불교 공부론의 이론적-실천적 내용을 제공하고 있는 정혜쌍수론과 돈오점수론을 살펴본 후, 조선의 불교인들이 선정과 지혜, 그리고 돈오와 점수의 관계를 어떻게 생각하고 있는지 논해보도록 하겠다.

1. 불교 공부론

정과 혜 : 돈오와 점수

남송의 성리학자 주희는 성리학에 대한 선불교의 영향력을 경계하면서 이론적으로 선불교의 문제점 일부분을 부각시켰다. 그는 유교와 불교의 차이를 강조하면서 중국 선불교의 여러 종파들 중 특히 작용시성作用是性을 강조하는 홍주종洪州宗을 비판하고 있다. 주희에 의하면 홍주종은 단박에 깨치는 돈오의 깨달음만 높이 평가하고 점진적 수행활동인 점수는 과소평가한다. 단박에 깨친 눈으로 세상 만물을 바라보면, 그 모든 것이 불성의 발현이 아닐 수 없으니 홍주종은 일상을 긍정한다는 의미에서 작용시성을 말하였다. 하지만 유교인 주희가 보기에 이러한 주장은 공부의 의미를 무시해버리게 되며 결과적으로 선악과 상관없이 모든 일상을 인정해버리는 상황을 초래한다. 주희는 홍주종의 작용시성 논리는 현실 사회에서 도덕적 폐단을 초래할 수 있다고 보았다. 주희 이해 수많은 유교인들이 불교의 윤리적 태도를 문제삼을 때에는 여지없이 이러한 논리가 적용되었던 것이다.

하지만 돈오와 점수를 모두 필요한 것으로 보았던 고려 선종 불교인 지눌은 홍주종의 작용시성의 논리에 대해서도 다음과 같이 평가한다.

> 홍주(종)은 "탐욕을 부리는 것과 성내는 것, 자비를 베풀고 선을 행하는 것, 이 모든 것이 불성이니 무슨 구별이 있겠는가?"라고 항상 말한다. 하지만 이것은 마치 어떤 사람이 물을 보고 그 젖는 성질만 있는 것을 볼 줄 알고 그 물을 건너게 해 주는 배와 뒤집어 버리는 배의 공과 허물이 다르다는 것은 알지 못하는 것이다.[1]

지눌에 의하면 마음의 근본 성품인 불성은 물의 '젖는 성질'과도 같다. 그러므로 일체의 마음작용은 좋은 것이든 나쁜 것이든 불성과 별도로 동떨어진 것이 아니다. 지눌이 보기에 홍주종은 이 점을 말하고 있다. 그는 홍주종의 작용시성 논리를 무조건 부정하지 않는다. 지눌은 홍주종이 작용시성을 내세우고 허무공적을 강조하는 것은 그 이면에 나름대로의 의미가 있다고 생각한다. 홍주종은 수행하는 사람들로 하여금 독단적인 선악의 논리에 대한 집착들을 깨뜨리기 위해 이러한 방편을 제시한 것이다.[2]

---

1) 지눌, 『법집별행록절요병입사기法集別行錄節要幷入私記』(『한국불교전서』 4), "洪州常云 貪嗔慈善, 皆是佛性, 有何別者? 如人但觀濕性始終無異, 不知濟舟覆舟, 功過懸殊"
2) 홍주종의 '작용시성' 논리의 함의를 연구한 윤영해는 다음과 같이 말한다. "마조의 작용시성은 다름 아닌 일상성의 찬미이다…홍주종의 작용시성은 초월이나 절대를 향한 집착을 떨치는 방편으로 읽어야 한다…조사선은 분별과 무분별을 자유롭게 넘나든다. 그러나 이 자유로움이 아무런 규준 없이 허랑방탕하거나 주관적 독단에 빠진다는 뜻

그러나 사납게 날뛰고 뒤흔들며 결국 그 물에 빠져버리게 하는 배와 물을 잘 건너 목적지에 도달하도록 도와주는 방편이 되는 배가 구분되듯이, 탐진치의 악행과 보살행의 선행은 엄연히 구분되는 것이다. 악행을 버리고 선행을 통해 성불을 하도록 하는 것이 불교의 참된 가르침이다. 그래서 지눌은 홍주종의 작용시성의 논리만으로는 충분하지 않다고 말한다.

그렇다면 탐진치의 악행에서 허우적댈 수 있는 배가 아니라 보살행의 선행이라는 안전한 배를 타고 성불이라는 목적지에 도달하기 위해서는 어떤 수행이 필요한가? 지눌은 우주심, 우주정신, 묘정명심, 공적영지를 바르게 깨닫는 수행의 길을 다른 곳이 아니라 바로 자기 마음에서 찾으라고 말한다.

> 마음을 어찌 멀리서 찾을 것인가? 내 몸을 떠나 있지 않다. 나의 육신과 같은 색신은 가상적 존재이어서 생겨나기도 하고 없어지기도 하지만 진심眞心은 공空과 같아 단절되지도 않고 변하지도 않는다…부디 자신의 마음 밖에서 찾지 말아라. 심성心性은 오염되어 있지 않아 본래 스스로 원만하게 성취되어 있으니 다만 망연妄緣만 끊으면 곧 부처와 같게 된다.[3]

지눌은 내 몸 안에서 진심을 찾으라고 말한다. 이것이 지눌이 말하는

이 결코 아니다…다만 어느 쪽에도 집착하지 않으려 할 뿐, 선과 악, 참과 거짓, 범속함과 거룩함 등의 철저한 차별적 선택의 양방을 동시에 지향한다는 점에 유념해야 한다. 전자 만을 주목하는 데서 조사선의 몰윤리성에 대한 오해가 있는 것이다." 윤영해, 「조사선의 전수문, 그리고 윤리적 정향; 홍주종의 '작용시성'을 중심으로」, 『종교연구』 18집, 2002, 181~194쪽. 지눌 역시 불교 본래의 정신에 대한 바른 이해를 한 후에는 홍주종과 같은 종파에서 강조하는 내용도 받아들일 수 있다고 말한다.
3) 지눌, 『목우자수심결牧牛子修心訣』(『한국불교전서』 4), 708중하, "心何遠覓? 不離身中. 色身是假, 有生有滅. 眞心如空, 不斷不變…切莫外求. 心性無染, 本自圓成, 但離妄緣, 卽如如佛."

불교 공부론의 핵심이다. 불생불멸의 부처의 마음을 자신의 마음 밖에서 찾지 말라는 것이다. 나의 몸은 생기고 사라지며 끊임없이 변화하는 생멸의 법칙 속에 놓여 있지만, 나의 몸과 떨어져 있지 않은 참된 마음의 본체인 심성은 이러한 생멸의 법칙을 초월해 있기에 오염되지 않아 항상하다는 것이다.

이렇게 항상 내 마음에 이미 온전하게 성취되어 있는 모습으로 존재하고 있는데 우리는 진심을 찾아 헤매며 이리저리 밖으로 내달린다. 그러나 지눌은 내 마음 바깥으로 이리저리 찾아 헤매지 말라고 말한다. 곧바로 내 마음 속에서 진심을 찾아 깨달으라는 것이다. 내가 내 마음 안에 이미 존재하는 이것을 깨닫지 못하는 이유는 뭔가 다른 것들에 붙들려 있기 때문이다. 지눌은 그것을 망연, 즉 허망한 인연이라고 말한다. 우리 마음이 온갖 허망한 인연들에 집착해 있기 때문에 그 바탕에 항상 존재하고 있는 진심을 깨닫지 못한다는 것이다.

그러므로 허망한 인연심 이면에, 망연들로 가려져 있는 바탕에 항상하는 진심을 곧바로 깨달아 아는 수행이 필요하다. 이것이 돈오頓悟이다. 온갖 허망한 생멸심 너머로, 욕탐과 성냄과 어리석음을 가리키는 탐진치의 오염된 마음 너머로 항상 청정하게 존재하는 나의 진심, 나와 너의 구분이 없는 하나의 진심, 인간과 자연, 인간과 우주만물을 포괄하는 하나의 우주정신의 존재를 단박 깨닫는 것이 돈오이다. 이러한 단박의 깨달음이 가능한 것은 진심이 언제나 우리의 일상적 마음활동과 동떨어져 있지 않기 때문이다. 지눌은 돈오의 깨달음을 다음과 같이 말한다.

　　돈오頓悟의 깨달음이라는 것은 보통 사람들이 미혹해서 사대四大를 몸으로 간주하고 망상妄想을 마음으로 간주하며 자신의 본성本性이 참된 법신法身이라는 것을 알지 못하고 자신의 영지靈知가 곧 참된 부처임을 알지 못하여 마음 밖에서 부처를 찾아 허덕이며 헤매다가 홀연히 저 선지식의 가르침에 따라 길에 들어서서 일념회광一念回光하여 자기 본성本性을 바로 직면하면 이 마음의 경지에서는 본래 아무런 번뇌도 없고 무루無漏의 지혜가 본래 다 갖추어져 있어 모든 부처들과 털끝 만큼도 차이가 없다는 것을 알게 되는데 이것을 돈오頓悟의 깨달음이라고 한다.[4]

돈오는 선지식의 도움을 받아 일념회광하여 자기의 본래적 마음을 단박에 깨닫는 것을 가리킨다. 갑작스런 깨달음이라는 뜻에서 돈오라고 말한다. 돈오에 의해 깨닫게 되는 것은 자신 안에 있는 참된 본성, 자신 안에 있는 신령한 앎의 활동, 자신 안에 아무런 번뇌도 없고 오염도 없어 무수한 부처들의 마음과 다르지 않은 마음이다. 그동안 나의 몸이라고 생각했던 것, 나의 마음이라고 생각했던 것들로부터 홀연히 벗어나 그것들이 진짜 나의 몸과 마음이 아니었음을 깨닫는 것이다. 참된 몸으로서의 법신, 참된 마음으로서의 부처를 홀연히 깨닫게 되는 것이 돈오의 깨달음이다.

그동안 내가 잘못 알고 있었던 것으로부터 갑자기 돌이켜 단박에 깨닫는 것이 돈오이다. 상식적으로 우리는 내 눈에 보이는 이 몸이 자신의 진짜 몸이라고 알고 이 몸 속에 남과 구별되는 마음의 작용이 자신의 진짜 마음이라고 알고 있다. 그리고 이것이 미혹에 의한 것이라는 사실도 모르

---

4) 지눌, 『목우자수심결』, 709하~710상, "頓悟者, 凡夫迷時, 四大爲身, 妄想爲心, 不知自性是眞法身, 不知自己靈知是眞佛, 心外覓佛, 波波浪走, 忽被善知識指示入路, 一念廻光, 見自本性, 而此性地, 元無煩惱, 無漏智性本自具足, 卽與諸佛, 分毫不殊, 故云頓悟也."

고 있다. 그래서 참된 몸으로서의 법신과 참된 마음으로서의 부처를 자기와 동떨어진 절대적 존재, 자신의 몸과 마음 바깥에 존재하는 외적인 존재로 간주하고 그를 따른다고 하면서도 이리저리 헛된 것들을 찾아 헤매고 있다. 그러다가 올바른 부처의 지혜를 가진 스승인 선지식을 만나 그가 일러주는 대로 바깥으로만 내달리고 밖으로 향하던 것을 홀연히 돌이켜 자신을 향하여 자신의 마음을 찾다 보면 어느 순간 단박에 자신의 본래적 면목인 공적영지를 깨닫게 되는 것이다. 이것이 바로 돈오이다.

그러나 돈오의 핵심인 내 마음의 공적영지를 단박에 깨닫는다고 해도 곧장 모든 것이 해결되는 것은 아니다. 일시적으로 돈오의 깨달음이 가능하더라도 이제까지 축적되어 있는 내 몸과 마음의 습관이 하루아침에 사라지는 것은 아니기 때문이다. 그러므로 점수, 즉 점진적인 수행이 본격적으로 시작되어야 한다. 지눌은 점수의 의미를 다음과 같이 말한다.

점수漸修의 닦음이라는 것은 비록 나의 본성이 부처와 다르지 않음을 깨달았으나 시작이 없는 오랜 동안 쌓여 온 습기習氣는 깨달았다고 해서 갑자기 없애기는 어렵기 때문에 깨달음의 힘을 바탕으로 하여 닦고 닦아서 차츰 훈습熏習으로 공功을 이루어 가면 성인聖人의 태胎가 길러져 오랜 기간을 지나면 비로소 성인이 되는 것이므로 점수라고 말한다.[5]

돈오에 의해 곧바로 내 마음의 본체를 깨달았다고 해도 남아 있는 오랜 습기를 점차적으로 없애 나가는 수행이 필요하다. 그러나 지눌이 말하는

5) 지눌, 『목우자수심결』, 709하~710상, "漸修者, 雖悟本性與佛無殊, 無始習氣, 難卒頓除故, 依悟而修, 漸熏功成, 長養聖胎, 久久成聖故, 云漸修也."

점수, 즉 점진적 수행은 돈오의 깨달음이 밑바탕이 되는 수행이다. 깨달음이 없이 그저 닦기만 하는 것은 진정한 의미의 수행이라고 할 수 없다. 그래서 지눌의 수행론은 언제나 돈오가 중심이 된다. 돈오하고 나서 점수해야 한다는 것이다. 돈오점수론의 의미가 바로 이것이다.

점차적 수행은 단박에 견성하는 돈오와는 달리 일시적인 깨달음에 의해 제거되지 않으므로 오랜 기간에 걸쳐 장애를 없애나가는 수행이다. 그러나 이 오랜 기간의 점수 과정에서도 돈오의 깨달음의 힘은 없어지지 않고 점수를 이끌어가는 동력이 된다. 지눌은 점수 과정에서 돈오의 힘이 작용하는 기제로 정定과 혜慧를 논하고 있다.

> 만약 탁거(망상이 들끓는 것)가 많아지면, 먼저 정定의 가르침에 따르면서 여러 가지 이치들로 인해 산만해진 마음을 꽉 잡아 마음이 더 이상 연緣을 따라 움직이지 않도록 하고 마음 본래의 적寂에 계합되도록 한다. 만약 혼침(어두워 흐리멍텅해지는 것)이 많아지면, 그 다음으로 혜慧의 가르침에 따르면서 법공法空을 통찰하여 미혹되지 않고 본래의 지知에 계합되도록 한다…이처럼 진정으로 정定과 혜慧를 함께 견지하면 불성佛性을 밝히 볼 수 있는 자가 된다.[6]

정과 혜는 공적영지의 마음과 계합하도록 든든히 받쳐주는 수행의 두 기둥이 되는 마음활동이다.[7] 세상의 이치들은 수없이 많다. 이치라는 이

---

6) 지눌, 『목우자수심결』, 712중, "若掉擧熾盛, 則先以定門, 稱理攝散, 心不隨緣, 契乎本寂. 若昏沉尤多, 則次以慧門, 擇法觀空, 照鑑無惑。 契乎本知…則眞可謂定慧等持, 明見佛性者也。"
7) 지눌은 공적영지空寂靈知가 본체와 작용을 함께 갖추고 있다고 말한다. 지눌은 "정은 본체이고 혜는 작용이다. 작용인 혜는 본체의 작용이기 때문에 정과 분리되지 않고, 이 본체인 정은 작용의 체이기 때문에 혜와 분리되지 않는다. 정이 곧 혜이기 때문에 적은 항상 본래 알고 있고, 혜는 곧 정이기 때문에 지가 항상 본래 적적한 것이다(定是體, 慧是用也. 卽體之用故, 慧不離定, 卽用之體故, 定不離慧. 定則慧故, 寂而常知, 慧則定故,

름으로 그 모든 것들을 따르다 보면 마음이 산란해지고 미혹될 수 있다. 지눌은 이렇게 산란해진 마음을 다잡아 본래의 마음의 고요함과 평정과 계합할 수 있게 해주는 수행이 정定이라고 말한다. 정은 선정禪定 수행이다. 선정 수행은 마음을 수렴시키는 수행이다. 그러나 오로지 이렇게 마음을 수렴시키기만 하고 있으면, 혼침이라는 또 다른 극단으로 치달을 수 있다. 그러므로 지눌은 정과 함께 혜慧를 동시에 견지해야 한다고 말한다. 혜는 지혜智慧 수행이다. 지혜 수행을 통해 마음 고유의 앎의 활동으로 법이 공하다는 것, 법공法空을 통찰하여야 한다.

지눌에 의하면, 정과 혜는 공적영지의 본체와 작용이다. 공적하기에 밝히 알 수 있고, 밝히 아는 그 앎의 활동은 공적을 담고 있는 앎이다. 그러므로 선정과 지혜 수행을 동시에 견지하라는 정혜등지법定慧等持法은 공적영지 자체의 두 활동이기도 한 것이다. 선정과 지혜의 두 수행을 나란히 닦는 수행은 우리로 하여금 공적영지의 마음 그 자체와 계합되도록 하는 수행이 된다. 지눌이 정혜등지법에 의해 불성을 밝히 볼 수 있게 된다고 말하는 이유가 바로 여기에 있다.

그렇다면 조선의 불교인들은 돈오와 점수에 대하여 어떻게 생각하였을까? 17세기 조선 불교인 대지는 자신의 저서 『운봉선사심성론』에서 『대승기신론』의 개념인 본각本覺과 시각始覺의 관계를 돈오와 점수 수행과 관련지어 다음과 같이 말한다.

『대승기신론』에서 '대승大乘'은 본각에 의해 깨닫게 되는 것이고

知而常寂, 『목우자수심결』, 711하)"라고 말한다. 체용겸통으로서의 공적영지가 존재하기에 정과 혜를 나란히 견지할 수 있다. 이것은 유교에서 체용겸통으로서의 미발지각이 존재하기에 적적寂寂과 성성惺惺을 나란히 견지할 수 있는 것과 같다.

'기신起信'은 시각에 의해 능히 깨닫는 것이니 시각과 본각의 두 각을 합해서 제목으로 삼았다…돈오와 점수는 비록 다르지만 시각은 하나이다…보조 지눌은 『수심결』에서 다음과 같이 말하였다…과거의 모든 성인들은 돈오하고 나서 점수하였고 점수를 통해 증득하였다.[8]

대지는 『대승기신론』의 제목을 대승과 기신으로 나누고 각각 대승을 본각, 기신을 시각에 각각 배대한다. 대지가 대승의 의미를 본각과 관련지은 것은, 대승大乘이라는 큰 수레가 바로 중생심이며 그 중생심이야말로 본래적 각성의 총체인 본각이기 때문이다. 그리고 우리는 이러한 중생심의 존재를 수용하고 받아들이게 되고 그에 의해 깨닫게 되기에 본각이 된다. 그에 비하여 대승의 믿음을 일으킨다는 의미의 기신起信은 적극적이고 능동적인 깨달음을 일으키는 것이기에 시각이 된다.

흥미로운 점은 대지가 지눌의 '돈오 이후 점수론'를 받아들이면서도 단박에 깨닫는 돈오도, 점진적으로 닦아나가는 점수도 모두 시각이라고 보는 것이다. 시각은 돈오적 시각과 점수적 시각이라는 두 종류의 능동적 깨달음의 활동을 포괄한다. 본각의 존재를 단박에 깨달아 아는 돈오 그리고 그러한 돈오적 깨달음의 힘에 의해 점진적으로 닦아나가는 점수, 이 두 가지 시각활동에 의해 본각과의 계합을 이루는 것이 불교수행의 구체적 과정이다.[9]

대지가 지눌의 '돈오 이후 점수론'을 수용한 것을 보면, 지눌을 중심으

---

8) 대지, 『운봉선사심성론』, "大乘者, 所悟之本覺是, 起信者, 能悟之始覺是, 始本二覺, 合之爲題…頓漸雖二, 始覺則一也…古德曰…上諸聖, 莫不先悟後修, 因修乃證."
9) 대지는 돈오와 점수를 『대승기신론』의 본각과 시각과 관련지어 다소 긴 분량에 걸쳐 이들의 관련을 해명하고 있는데 전반부에는 규봉 종밀과 법장의 견해를 집중적으로 다루고 있고 마무리 부분에서는 지눌의 『수심결』에 나와 있는 돈오점수 논의를 다루고 있다.

로 하는 고려의 불교 수행 전통이 조선 불교인에게도 여전히 이어지고 있는 것을 알 수 있다. 불교 수행론에서의 핵심은 돈오 이후에 점수를 하는 것이다. 일평생에 걸친 능동적이고 적극적 수행의 과정에서 그 내용적 중심을 이끌고 가는 것은 돈오에서의 깨달음이다. 돈오는 본각의 존재를 단박에 깨닫는 것이다. 우리 각자의 마음에 공적영지가 존재한다는 것을 아는 것이다. 그 마음의 활동이 우리의 일상적 마음작용이나 그와 관련된 일체의 사태를 만들어내는 근본 동력이라는 것을 깨닫는 것이다. 돈오의 깨달음이야말로 수행의 핵심이라는 대지의 통찰은, 곧 모든 수행활동의 근거가 본래 존재하는 근본마음을 깨닫는 것에 있다는 점을 알려준다.

16세기 불교인 휴정도 돈오와 점수의 관계에 대해 다음과 같이 말한다.

> 이법계理法界에서는 단박에 깨쳐서 전광석화와 같이 이해할 수 있지만 사법계事法界에서는 잘못된 행동습관이 단박에 없어지지 않아서 행동이 어린아이와 같다…공부하는 사람들은 말로는 깨달은 것 같지만 경계를 만나면 도로 혼미해져서 소위 언행이 일치하지 않는다…자기의 본마음을 알 수 없으면서 어떻게 먼저 정도正道를 알아서 '먼저 수행하고 나중에 깨우쳐야 한다'고 말하는가? 설사 공功이 있더라도 그 공은 생멸의 차원에 그치는 공이다. '먼저 깨닫고 나서 그 다음에 닦아야 한다.' 그래야 불생불멸 차원의 공을 얻어 허망하게 없어지지 않는 공이 된다.[10]

휴정은 이법계와 사법계를 구분하여 돈오의 깨달음이 형식적으로 흐를

---

10) 휴정, 『삼가귀감이본三家龜鑑異本』上(『한국불교전서』7), 627하~628상, "理雖頓悟, 解似電光, 事非頓除, 行同窮子…學語之輩, 說時似悟, 對境還迷, 所謂言行相違者也…不能了自心, 云何知正道, 先修後悟? 有功之功, 功歸生滅, 先悟後修, 無功之功, 功不虛棄."

수 있는 것을 경계한다. 이법계는 이치의 세계, 개념의 세계, 논리의 세계이고 사법계는 사태의 세계, 행동의 세계, 생활의 세계이다. 비록 이치와 개념, 논리적 차원에서는 돈오의 깨달음을 성취한 것 같이 보일 수 있다. 머리로 이해하고 이치로 이해하여 말이나 글로 표현하는 것이 가능하기 때문이다.

하지만 실제 생활에서는 예전의 습기가 그대로 남아 있어 돈오의 깨달음이 제대로 반영되지 않는 경우가 많다. 일을 만나 행동을 하게 되면, 어린아이와 같이 자기중심적이고, 자신의 욕망을 앞세우며, 성내고, 어리석은 행동을 그대로 계속할 수 있다. 이치와 생활, 말과 행동이 어긋나고 괴리될 수 있는 것이다.

휴정은 이러한 괴리와 불일치가 생기는 것은 일상적 수행활동에서 돈오적 깨달음의 중심이 소홀하게 취급되기 때문이라고 생각한다. 일상적 수행활동에서 몸과 마음을 닦아 청정하게 하는 일을 계속하다 보면 언젠가는 부처의 마음으로 될 것이라는 '점수 이후 돈오'식 수행은 결함이 있다. 일상적 세계에서 이루어지는 점진적 수행활동 그 자체에만 매몰되면, 수행의 성과는 불완전하게 성취될 뿐이다. 점수 이후에 돈오하겠다는 수행 자세는 수행의 핵심을 처음부터 온전히 견지하지 못하게 만든다. 휴정이 보기에 수행의 핵심은 바로 돈오의 깨달음에서 알게 되는 본심의 존재이다. 자기 마음의 본래 모습이다.

이러한 자기 마음의 본래 모습을 처음부터 깨닫고 그 힘을 바탕으로 하여 일상생활에서 점진적 수행활동으로 그 동안의 습기를 바로잡지 않는다면 제대로 된 점수조차 되지 않는 것이다. 그러한 수행활동은 일상적 생멸세계의 이치에 따라 생겼다가도 사라져 버리는, 덧없는 성과만을 가져다 줄 수 있다. 휴정은 이법계와 사법계의 괴리나 말과 행동의 괴리는 돈오의 깨달음이 확고한 중심으로 자리잡고 수행의 모든 과정을 이끌고 가지 않기 때문이라고 본다.

먼저 자기 자신의 마음의 본래적 면목을 바르게 아는 돈오의 깨달음이 있어야 한다. 돈오의 깨달음이 먼저 있어야 점수도 실질적인 효과를 얻을 수 있다. 돈오의 깨달음이 먼저 있고 나면 그 동안 쌓여 있던 잘못된 습관과 허물들을 없애는 점수가 시작된다. 점수가 뒤따르지 않으면 일과 사태를 만나 다시 혼미해지고 어지러워질 수 있기 때문이다. 돈오의 바탕이 되는 점수는 자신의 깨달음을 더욱 명료하게 하고 그 힘에 의해 장애를 점차적으로 없애가는 공부이다. 그러므로 점수의 중심에도 언제나 공적영지의 마음이 자신의 본래의 마음이라는 믿음과 깨달음이 놓여 있는 것이다.[11]

대지나 휴정과 같은 조선의 불교인들은 지눌의 '돈오 이후 점수'의 수행정신을 수용하여 먼저 돈오하고 그 깨달음의 힘으로 점수를 완성해가는 공부를 강조하고 있다. 조선의 불교인들이 지눌의 '돈오 이후 점수' 수행을 수용하고 있다는 것은 이들 불교인들이 유불회통의 내용인 '내 마음의

---

11) 간화선 수행을 2회 진행하며 그 체험 과정을 이후에 기록으로 정리한 철학자 한자경은 "업으로 인한 때와 상관없이 마음의 본성을 자각할 수 있다는 말은 곧 거꾸로 그렇게 마음의 본성을 자각한다고 해도 마음에 덧붙어 있는 때와 업장은 그 돈오頓悟와 상관없이 그대로 남아 있다는 것을 의미한다. 마음이 내적으로 자기 자신을 자각한다고 해도, 그 마음이 세계와 관계할 때는 그 마음에 쌓여 있는 습기의 때가 묻어 나와 세계가 그 때로 얼룩져 보이는 것이다. 결국 세계와의 소통이 어렵게 되는 것이다. 그러므로 돈오 이후에 그 마음의 때를 닦는 점수漸修가 요구되는 것이다. 만일 마음의 때가 모두 닦여 업장이 사라진다면, 그 마음은 곧 세계와 하나가 될 것이다. 본래의 마음에는 자타의 구분, 주객의 분별이 없기 때문이다."라고 말하면서 '돈오 이후 점수'의 의미를 재확인하고 있다. 한자경, 『화두─철학자의 간화선 수행 체험기』, 도피안사, 2013, 254쪽.

공적영지'를 온전히 자각하는 것을 공부의 시작과 끝으로 삼고 있다는 것을 보여준다. 이들이 점수 이전에 돈오를 강조한 것은 맹목적인 신앙이나 기계적인 학습이 아니라 직접 스스로 자기의 마음을 통해 심체의 각성활동과 계합하는 것이 중요하다는 것을 보여준다. 또한 돈오 이후에 점수를 강조한 것은 일시적인 돈오의 깨달음이 굳어진 습기들을 곧바로 없애주는 것은 아니며 오랜 수행을 통해 이러한 장애들을 없애나가는 것이 중요하다는 것을 말해준다.

조선의 불교인들이 수행활동에서 항상 견지하고자 하는 것은 선정과 지혜, 또는 지와 관의 두 가지였다. 정혜쌍수 혹은 정혜등지, 또는 지관쌍수는 조선의 불교인들 뿐 아니라 유학자들에게도 널리 수용되었던 수행 방법이다. 마음을 그치고 수렴시켜 자신의 본래적 마음자리를 자각하는 수행 방법이 선정禪定 혹은 지止의 수행이다. 그렇게 자신의 본래적 마음자리에서 자아와 세계의 생멸성生滅性과 공성空性을 있는 그대로 통찰하는 것이 지혜知慧 혹은 관觀의 수행이다.

그렇다면 조선의 불교인들은 이러한 수행을 실제로 진행하면서 어떤 문제들을 만나게 되며 그 문제들을 어떻게 극복해가고 있었을까? 이하에서는 그 중의 하나로 교敎와 선禪의 관계에 대한 불교인들의 공부 방법, 교육에 대한 불교인들의 인식을 살펴보기로 하겠다.

선과 교 : 참선 수행과 경전 공부

송나라 유학자 주희는 작용시성을 강조하는 중국 선불교의 홍주종 종파를 비판하면서 불교를 경계하고 불교와 유교의 차이를 부각시키고자 하였다. 그러나 조선 선불교는 홍주종이나 하택종 등 제 종파의 학설들을 주체적으로 수용하고 있는 지눌의 수행 전통을 계승하고 있었다. 지눌은 자기 마음의 본래적 모습인 공적영지의 깨달음, 즉 돈오의 깨달음 이후 점수 수행 방법을 강조하였고, 조선의 불교인들은 이 관점을 계승하였다.

16세기 이후부터 조선 불교인들은 사찰을 중심으로 불교 경전들을 간행하고 불교 교육의 체제를 정비해간다. 그들은 각자의 마음을 바르게 깨닫고 일상생활에서 바르게 실천하기 위해 개인과 공동체를 위한 수행과 교육의 전통을 정립해가고 있다. 특히 교육과 관련하여 조선 불교인들은 한편으로는 간화선 수행과 같은 참선 수행, 즉 선禪을 추구하면서도 다른 한편으로는 경전에 대한 올바른 이해와 탐구를 중시하는 경전 공부, 즉 교敎를 중시한다

조선의 불교인들이 참선에 매진하면서도 경전 공부도 병행하는 것을 중요하게 생각한 이유는 무엇일까? 조선 불교인의 참선 수행은 화두를 가지고 곧바로 자신의 본심을 자각하는 간화선 수행법이 중심을 이루었다. 하지만 간화선 수행과 병행하여 경전 공부 역시 매우 중요하다. 16세기 불교인 휴정은 경전학습과 간화선 수행을 병행해야 하는 이유에 관해 다음과 같이 말한다.

> 그러므로 배우는 자는 먼저 부처의 참다운 가르침인 '변하지 않는 것과 인연 따르는 것 두 가지 뜻이 내 마음의 성性과 상相이다'라는 것을 (경전 공부를 통하여) 자세히 가려 알고 돈오하고 점수하는 두 가지 문門이 공부의 시작과 끝임을 여실히 학습한다. 그 이후에 경전의 가르침을 내어놓고 오직 자신의 마음에 나타나는 화두 하나만을 잡고 참선을 실제로 계속해간다면 반드시 얻는 바가 있을 것이다.[12]

휴정은 먼저 경전의 가르침을 통해 부처의 가르침의 핵심, 공부의 시작과 끝을 바르게 배우고 학습해야 한다고 말한다. 경전 공부는 이후에 진행될 참선 공부를 위한 기본적인 밑바탕이 된다. 휴정은 부처의 가르침의 핵심을 성과 상이라는 두 가지 개념으로 압축한다. 성은 각 개인의 마음의 변하지 않는 차원, 청정무구하고 온갖 앎을 포괄하는 일물一物의 마음, 자기 마음의 본래적 모습이다. 상은 인연에 따라 생멸하여 변화하는 마음이다. 경전 공부를 통하여 성과 상을 바르게 분별하고, 돈오와 점수의 두 가지 수행의 원리를 배운다. 휴정은 공부의 시작과 끝이 돈오점수 수행, 즉 돈오 이후 점수 수행이라고 말한다. 돈오점수 수행은 1회적인 것이 아니라 부단한 반복을 통해 습習이 되도록 해야 한다.

경전 공부를 일정 정도 마친 후에 실제로 자신의 마음에 적용하는 마음공부를 할 수 있다. 휴정은 간화선 참선 수행을 할 때에는 경전 공부를 내려놓으라고 말한다. 문자에 얽매이지 말고 오로지 화두 하나를 붙들고 자신의 마음을 들여다보고 자기성찰을 하여 본래적 마음자리를 직접 깨닫고 그 동안의 자신의 생각과 행동의 습관에 묻어 있는 왜곡과 잘못들을 없애나가는 수행을 계속하라고 한다. 경전 공부는 책의 내용을 내면화하는 공부이기에 교教이지만, 마음공부는 자신의 마음을 직접 들여다보는 공부이기에 선禪이라고 한다. 휴정은 참선 공부를 다음과 같이 설명한다.

> 모름지기 마음을 텅 비게 하고 스스로 자신의 마음을 비추어 보아
> 하나의 념(화두)이라는 것도 인연에 따라 일어난 것일 뿐 무생無生이라

---

12) 휴정, 『선가귀감禪家龜鑑』, 619하~620상, "故學者, 先以如實言教, 委辨不變隨緣, 二義是自心之性相, 頓悟漸修兩門, 是自行之始終…然後放下教義, 但將自心現前一念, 參詳禪旨, 則必有所得."

는 것을 믿어야 한다.[13)

간화선 참선 수행에서는 화두 한 가지, 하나의 념을 붙들고 그 이외의
모든 생각들을 지워나간다. 이렇게 생각과 상념들을 지워나가 자신의 마
음을 텅 비게 하고, 스스로 자신의 마음을 들여다 본다. 이 과정은 평화롭
게 순조롭게 이루어지는 것은 아니다. 그렇기에 마음을 비우고 화두만을
붙드는 과정 자체가 힘겨운 분투의 과정으로 묘사되기도 한다. 하지만 그
렇게 마음을 비우고 나서 근본마음을 깨닫기 시작하면, 그 마음자리까지
도달하게 해 준 화두, 일념이라는 것도 결국 인연에 따라 일어난 것일 뿐
이어서 본래 공이라는 것을 알게 된다.

휴정은 경전 공부와 참선 공부의 관계를 다음과 같이 명쾌하게 정리한다.

그러므로 선은 깨달은 자의 마음이고 교는 깨달은 자의 말이라고 한
것이다.[14)

경전에 적혀 있는 말은 깨달은 자가 말한 것이다. 경전 공부를 한다는
것은 먼저 깨달은 자가 말한 내용을 듣고 배우고 믿어 내면화하는 것이
다. 그러나 이것은 실제로 자신의 마음을 통해 직접 깨닫기 위한 지렛대
일 뿐, 그것이 곧 자신의 마음의 깨달음과 그로 인한 생각과 행동의 변화
를 보장하는 것은 아니다. 경전 공부를 통해 믿고 알게 된 내용은 직접
자신의 마음공부를 통하여 실행되어야 한다. 참선 공부를 통해 만나게 되
는 것은 부처의 말이 아니라 부처의 마음 그 자체이다. 나의 마음이 곧

---

13) 휴정, 『선가귀감』, 620하, "須虛懷自照, 信一念緣起無生."
14) 휴정, 『삼가귀감三家龜鑑』, 619상, "故曰禪是佛心, 敎是佛語."

부처의 마음이 되는 것이고 부처의 마음이 곧 나의 마음이 되는 것이다. 그래서 휴정은 선을 마음과 관련짓고 교를 언어와 관련짓는 것이다.

휴정과 동시대 불교인이었던 선수는 경전 공부와 마음공부의 균형을 강조한다. 특히 선수는 수행하는 사람들이 경전 공부에 지나치게 매달리는 것을 경계한다. 선수 자신은 경전 공부를 많이 했지만 별도의 이론서를 남기지 않고 주로 간화선 수행에 몰두하고 시를 많이 썼다. 선수는 다음과 같이 말한다.

> 자기 머리를 찾아 헤매는 미친 손님이 경전을 찾으면서 헛일을 한다. 하나의 의단疑團을 타파하고 나면 온 몸에서 땀이 흐르고, 부처와 조사祖師의 경지에 이르러 믿음의 길을 걷게 된다.15)

선수는 '자기 머리를 찾아 헤매는 미친 손님'이 헛되게 경전 공부에 몰두하느라 애를 쓴다고 말한다. 경전 공부에 몰두하기 보다는 화두 참구를 하는 것 또한 중요하다는 뜻이다. 여기에서 '자기 머리를 찾아 헤매는 미친 손님'은 『능엄경』에 나오는 연야달다의 이야기를 가리킨다. 선수가 '손님'이라는 표현을 사용한 것은 『능엄경』의 표현을 빌어 온 것이다. 『능엄경』에서는 자기 마음의 주인이 되지 못하고 손님이 자기 집을 차지하게 해서는 안 된다고 말한다.

> 마치 어떤 손님이 여행자 숙소에 방문하여 잠시 동안 머물렀다가 곧 바로 떠나고 계속 언제나 머물지는 않지만 숙소의 주인은 도무지 떠나

---

15) 선수, 『부휴당대사집浮休堂大師集』 18중. "迷頭狂客漫尋經. 一團疑破通身汗, 佛祖門中信步行."

갈 수 없어 주인이라고 말하는 것처럼, 마음도 항상 이와 같아서 만약 참다운 너의 마음이라면 떠나갈 곳이 없을 텐데 어떻게 소리가 없어졌다고 해서 소리를 식별하는 그 성품까지 없어지겠는가?[16]

내 마음에서 일시적으로 생겼다가 사라지는 마음의 작용은 손님과도 같아서 잠시 머물렀다가 사라질 뿐이다. 그것은 마치 여행자 숙소에 손님이 잠시 머물렀다가 떠나는 것과 같다. 선수가 '손님'이라고 말할 때는 이런 뜻이다. 특정한 이런 소리, 저런 소리는 생겼다가 사라지는 것, 손님과 같은 것이다. 하지만 소리를 듣고 식별하는 마음활동인 듣는 성품은 없어지는 것이 아니기에 주인과 같은 것이다. 그런데도 선수가 보기에는 참된 주인도 아닌, 일시적으로 왔다가 사라질 손님이 열심히 경전 공부에 매달린다. 공부를 하되 자신의 참된 성품, 근본마음의 자리가 아닌, 생멸하는 마음 수준에서만 경전을 보는 것은 주인의 자리가 아닌 손님의 자리에서 공부하는 것과 같다. 그래서 선수는 그것이 마치 미친 손님이 헛되이 경전 공부를 하는 것과 같다고 말하는 것이다.

선수가 '미친' 손님이라고 말하는 것도 역시 『능엄경』에 나오는 이야기를 빗대어 말한 것이다. 『능엄경』에서 연야달다는 자기 머리가 진짜 있는지 의심을 하면서 마침내 자기 머리가 없다고 슬피 울며 미친 듯이 여기저기를 헤매며 자기 머리를 찾으러 동분서주한다. 하지만 연야달다가 의심하고 슬피 울며 미쳐 날뛰고 있는 그 와중에도 이미 머리는 자기에게 있는 것이다. 단지 자기에게 있다는 것을 깨닫지 못할 뿐이다. 연야달다는 미친 듯이 여기 저기 돌아다니며 자기의 머리를 찾겠다고 헛되이 힘쓴다.

---

16) 반라밀제(한역), 『능엄경』, "譬如有客, 寄宿旅亭, 暫止便去, 終不常住, 而掌亭人, 都無所去, 名爲亭主, 此亦如是, 若眞汝心, 則無所去, 云何離聲, 無分別性?"

『능엄경』에서는 연야달다에 대해 다음과 같이 말하고 있다.

> 저 실라벌성의 연야달다가 어찌 미친 인연이 따로 있었겠는가? 스스로 머리에 눈과 얼굴이 없다고 두려워 달아났던 것 뿐이니 홀연히 미친 증세가 쉬게 되면 머리에 눈과 얼굴이 밖에서 얻어진 것이 아님을 알게 될 것이요, 비록 미친 증세가 없어지지 않았다고 하더라도 또한 어찌 잃어버린 것이겠는가?…다만 세간, 업과, 중생 이 세 가지 상속되는 것을 따라 분별하지 않으면, 이러한 삼연三緣이 끊어지기 때문에 삼인三因도 생기지 아니하여 곧 너의 마음속에 연야달다와 같은 미친 성품이 저절로 사라질 것이다.[17]

연야달다는 멀쩡하게 있는 자기 머리를 자기 눈으로 직접 보지 못하기 때문에 없다고 생각하고 밖에서 자기 머리를 찾아 미친 듯이 돌아다닌다. 『능엄경』에서는 연야달다가 미치게 된 이유가 딱히 있는 것이 아니라고 말한다. 자기 머리가 없다고 생각하는 것은 오로지 연야달다의 '생각'일 뿐이다. 자기 머리가 본래 있는데도 자기 눈으로 확인하지 못하는 없다고 생각하는 것이다. 『능엄경』에서는 이 망심을 버리라고 한다. 세간과 업과, 중생을 분별하는 마음을 계속 반복하고 이어가지 말고 그것을 끊고 없애는 수행을 하면 깨달음에 의해 자기 머리가 있음을 바르게 알게 되어 더 이상 자기 머리가 없다는 생각이나 밖으로 찾아다니는 일은 저절로 사라지게 된다는 것이다.

그러므로 선수는 스스로 자기 안에서 본심을 깨닫는 간화선 수행을 중

---

17) 반라밀제(한역), 『능엄경』, "如彼城中, 演若達多, 豈有因緣? 自怖頭走. 忽然狂歇, 頭非外得, 縱未歇狂, 亦何遺失?…但不隨, 分別世間業果衆生三種相續, 三緣斷故, 三因不生, 則汝心中, 演若達多, 狂性自歇."

요하게 생각한다. 미친 손님의 마음자리에서 경전 공부에 헛되게 매달리지 말라는 것이다. 이것은 경전 공부 자체를 무시하라는 뜻이 아니다. 불교 공부의 핵심은 스스로 미친 손님의 마음자리에서 벗어나는 것이다. 스스로 직접 자기 본심을 들여다 보고 깨닫는 수행이 없이 다만 경전학습에만 골몰하는 것은 자기의 본심과 상관없이 자기 밖에서 그 답을 찾아 헤매는 것과 같다. 그러므로 선 수행이 꼭 필요하다.

선수는 스스로 화두 참구 수행의 과정을 짧은 구절로 압축해서 표현하고 있다. 그는 오로지 화두 하나만을 굳게 붙들고 참선을 시작한다. 화두는 의심을 불러일으키고, 그 의심은 점점 강해지고 커지면서 하나의 덩어리, 온통 물음으로 가득 찬 의단疑團이 된다. 의단의 덩어리가 온 몸과 마음을 휩싸면서 일상적으로 분별에 가득 찬 마음작용들이 사라지고 내 마음의 본래적 모습, 텅 비어 있으면서도 앎으로 밝은, 근본마음을 대면하게 된다. 마침내 의단이 타파되고, 온 몸에 땀이 흐른다. 선수는 이러한 깨달음으로 인해 비로소 부처와 조사들이 수행하고 깨달았던 그 길을 따르며 진정한 믿음을 갖게 된다고 말한다.

휴정과 선수의 견해를 통해 우리는 경전 공부와 참선 수행의 관계를 다음과 같이 정리해볼 수 있다. 수행 공부를 '시작하는' 사람의 지점에서 경전 공부는 수행자 자신의 '바깥에' 존재하는 것으로 간주될 수 있다. 경전은 수행을 완성한 부처의 말이 담겨 있는 책이다. 이제 막 수행을 시작하려는 사람은 경전을 통하여 수행의 전체적 내용, 완전한 내용을 배우고 익힌다. 하지만 이러한 배움과 익힘은 본격적인 자신의 수행을 위한 조력자의 역할을 하는 것이다.

이제 그는 본격적으로 선 수행을 통해 경전에서 배우고 익힌 내용을 실제로 자신의 마음에서 체득하고 체험하는 과정을 시작하게 된다. 선 수행 과정은 경전 공부와는 다른 방식의 체험적 깨달음이 필요하다. 그러므로 이때에는 경전 공부를 내려놓고, 분별적 마음작용 일체를 실제로 비워나 가면서 곧바로 자기 본마음을 깨닫는 돈오 수행이 이루어져야 한다.

그러나 참선 수행을 통해 돈오의 깨달음을 얻고 난 이후에도 모든 수행이 즉각적으로 완성되는 것이 아니다. 경전 공부는 다시 필요하다. 공부가 최종적으로 '완성된' 부처의 경지에서 볼 때, 경전 공부는 단지 수행 초기의 입문의 역할에 그치는 것이 아니다. 경전의 내용은 깨달음을 완성한 사람의 마음과 깨달음의 내용을 언어로 기록한 것이다. 간화선 수행을 통해 일시적으로 돈오의 깨달음을 얻게 된다 하여도 경전을 통해 그 내용을 중단 없이 확인하고 재실천하는 공부가 필요한 것이다.

경전 공부는 공부의 시작이고 외적 계기일 뿐 아니라 공부의 전 과정을 이끌어가고 공부의 완성을 기약할 수 있는 내용이 된다. 이렇게 보면 간화선 수행과 경전 공부는 깨달음을 위한 믿음과 실천이라는 두 축이라는 점에서 겸수兼修의 대상이라고 할 수 있다. 간화선 수행이 깨달음을 위한 믿음을 직접 실천하는 일이라면 경전학습은 그 실천을 확인하고 내면화하기 위한 필수 공부과정인 것이다.

이상에서 살펴본 내용들을 정리하면 다음과 같다. 불교 공부의 처음과 끝은 '내 마음의 본래적 모습인 공적영지를 깨닫는 것'이다. 공적영지가 내 마음의 본래 모습이라는 것을 자각하는 것이 돈오의 깨달음이며 그러한 돈오의 깨달음의 힘에 의해 이제까지 누적되어 온 바르지 못한 행동습관들을 하나 하나씩 버리는 것이 점수의 수행과정이다. 그러므로 점수의 동력은 돈오이고 돈오의 핵심은 공적영지이다. 불교 공부에서는 공부를 통해 깨닫고 닦아야 할 마음이 어떤 마음인가를 간화선 수행을 통해 직접 실천하고 체득할 것을 강조한다. 그러나 동시에 수행의 처음부터 끝까지 경전 공부를 통해 그 깨달음의 내용을 올바르게 확인하고 부처의 말을 통해 확인하고 스스로 그에 계합하려는 노력을 멈추지 않아야 한다.

그렇다면 유교의 공부론은 어떠할까? 불교 공부론에서 유불회통의 핵심 내용인 공적영지의 깨달음이 공부의 전 과정을 이끄는 핵심 내용인 것과 같이 유교 공부론에서도 유불회통의 핵심 내용인 미발지각의 자각을 위한 노력이 중요한 역할을 하고 있는 것일까? 이하에서는 조선 유교인들의 공부 논의들을 살펴보기로 하겠다.

2. 유교 공부론

조선 유교인들에게 공부는 크게 심성함양 공부와 격물치지 공부로 구분할 수 있다. 심성함양 공부는 덕과 성을 키우는 존덕성尊德性 공부이며 유교인들은 이를 위해 경敬 공부에 힘썼다. 격물치지 공부는 이치를 탐구하고 도를 발견하는 도문학道問學 공부이며 유교인들은 이를 위해 경전 공부에 힘썼다. 그들은 격물치지 공부의 근본 표준이 인간 마음의 '바깥에' 존재한다고 생각하지 않았다. 그러므로 공부에 관한 유교인들의 이론적 논쟁들은 주로 심성함양 공부의 구체적 방법과 관련된 것들이 많다.

이하에서는 사단과 칠정의 관계를 둘러싼 공부방법의 차이와 계신공구와 신독의 관계를 둘러싼 공부방법의 차이 문제를 집중적으로 살펴보도록 하겠다. 유불회통의 핵심 내용인 미발지각의 자각을 염두에 두면 공부를 둘러싼 조선 유교인들의 치열한 논쟁이 왜 미발 공부의 내용을 중심으로 진행되고 있는지 이해하게 된다.[18] 이하에서는 먼저 사단과 칠정의 관계 문제를 다루고 그 다음으로 계신공구와 신독의 관계 문제를 살펴보기로 하겠다.

사단과 칠정 : 리발과 기발

유교의 사단칠정四端七情 논쟁은 15세기 유학자 권근으로부터 시작되어 16세기 이황과 기대승, 이이에 의해 본격적으로 논쟁이 벌어지고 17세기 김창협에 의하여 다시 검토되고 있다. 사단칠정 논쟁이 유교 공부론에서 중요한 이유가 있다. 사단칠정 논의를 중심으로 전개되는 유교 심성 논의는 각 개인의 마음속에 존재하는 두 가지 성품의 근원을 밝히고 공부의 바른 길을 모색하는 데에 핵심적인 통찰을 제공해주기 때문이다.

김창협은 이이 학파에 속한 인물이었지만 이황의 사단칠정론을 수용하면서 사단과 칠정을 주리의 관점으로 재해석하고 있다. 이하에서는 이들의 논의의 흐름을 주로 살펴보기로 하겠다. 권근과 이황, 김창협은 모두 사단이 칠정의 한 측면, 또는 칠정의 일부분이라는 주기파의 관점에 동의하지 않는다. 사단은 칠정이라는 영역을 넘어 있기에 칠정의 차원과는 엄연히 구분된다. 사단의 원천은 칠정이 아니다. 사단은 인심人心이 아닌 도심道心이며 기氣가 발한 것이 아니라 리理가 발한 것이다. 하지만 이들의 관점은 기대승이나 이이 그리고 이이 학파 내에서 강한 반대에 부딪치며

---

18) 조선 성리학자들 사이에서 치열하게 전개된 각종 논쟁들은 대부분 심성 함양 공부와 관련된 것이었다. 이황과 기대승 사이에 벌어진 사단칠정 논쟁, 김창협을 시작으로 벌어진 호락논쟁과 인물성동이논쟁 등이 그것이다. 이 논쟁들은 공부와 관련된 것이지만 그 이면에는 주리主理와 주기主氣로 대표되는, 심성논의를 전개하는 철학적 입장의 차이가 반영되어 있다.

논쟁이 벌어지게 된다.

　권근은 사단과 칠정을 구분해야 하는 이유를 다음과 같이 말하고 있다.

　　(마음에) 지각이 있다는 것만을 알고 사단과 칠정이 발하는 기미에
　선과 악의 구분이 있다는 것을 자세히 성찰하지 못한다면, 마음은 사물
　의 지배를 받게 되고 욕심이 일어나며 정情이 압도하여 달도達道는 실
　행되지 못하게 될 것이다. 그러므로 공부하는 자들로 하여금 이 본체가
　지정至靜 속에서 본연의 바름을 지키고 있다는 것과, 그 작용이 사물을
　대하는 실제 사태에서 타오르는 욕심을 막아야 한다는 것을 알도록 해
　야만 그 이후에야 비로소 본체와 작용이 겸전兼全하고 안과 밖이 서로
　길러주어 공부의 도道를 얻게 될 것이다.[19]

　권근은 공부에서 제일 중요한 것을 마음의 본체와 작용이 작동하는 이
치를 바르게 아는 것으로 보았다. 마음활동은 모두 지각활동이라는 점에
서 하나이지만, 사단과 칠정의 구분이 있으며, 선과 악의 차이로 구체화되
는 기미에서는 나뉜다. 만약 사단과 칠정이 구분되는 이치를 잘 알지 못
하면, 선과 악의 차이를 만들어내는 기미를 놓치게 된다. 이렇게 되면 마
음은 외부 사물과 욕심, 감정 등에 휘둘리게 되고 그것들의 지배를 받게
된다. 그것은 모두 마음활동의 본체를 충실히 깨닫지 못하기 때문이며, 그
를 표준으로 삼아 외부 사태에 잘 대응하지 못하기 때문이다. 결과적으로
달도가 행해지지 못하게 된다.

---

19)　권근, 「천인심성분석도天人心性分析圖」, 『입학도설入學圖說』, "知其有知覺, 而不知四端
　　七情之發, 其幾有善惡之殊, 而致察焉, 則心爲物役動情勝, 而達道有所不行矣. 故必使學者,
　　知有是體, 而存之於至靜之中, 以守其本然之正, 知有是用, 而察之於應物之際, 以過其將然之
　　欲, 然後體用兼全, 內外交養, 而學之爲道得矣."

그러므로 권근은 먼저 마음의 본체가 지극히 고요한 차원에 존재한다는 것, 그리고 그 차원에서 본래적 선이 존재한다는 것을 분명히 알아야 한다고 말한다. 마음 공부는 바로 이것을 알기 위한 공부인 것이다. 이러한 공부는 마음이 실제로 외부 사물과 접하고, 욕심이 일어나며, 감정이 휘몰아칠 때 바른 중심을 잡게 해주어 그것들에 휘둘리지 않게 하는 초연한 힘을 행사하게 한다. 그리고 이 중심으로 인해 오히려 그것들을 잘 다스릴 수 있도록 해준다. 이것이 참된 공부인 것이다.

본체를 함양하는 공부가 외부 사물과 사태를 잘 다스리게 해주고, 외부 사물과 사태를 잘 다스리게 됨으로써 본체를 함양하는 공부를 더 잘할 수 있게 된다. 이와 같이 본체와 작용이 함께 갖추어져 완전해지며, 안의 마음과 밖의 행동이 서로 도와주고 서로 발전하게 해주어 공부가 완성되는 것이다.

그렇다면, 사단과 칠정은 어떻게 구분될 수 있는가? 무엇을 보고 선과 악의 기미를 알아차릴 수 있는가? 어떤 공부를 통해 그러한 깨달음을 얻을 수 있는가? 권근은 다음과 같이 말한다.

> (마음은) 리理와 기氣가 묘하게 합한 것이어서 텅 비어 있으면서도 신령하고 통철하여 신명이 머무는 집이 되고 성정性情을 거느리는 것이다. 이른바 명덕明德으로서 이 마음이 온갖 리를 갖추고 모든 일에 응하는 것이다. 그러나 기질에 얽매이고 물욕에 의해 가려져서 마음이 발發할 때 때때로 혼미해지기도 하니, 공부하는 자들은 반드시 경敬으로써 마음을 곧게 하여 혼미함을 없애고 본래의 밝음을 회복해야 한다.[20]

---

20) 권근, 『입학도설』, "理氣妙合, 虛靈洞徹, 以爲神明之舍, 而統性情. 所謂明德而具衆理應萬事

권근이 가장 중시하는 공부는 경 공부이다. 경 공부는 마음의 혼미함을 없애게 하고 마음 본래의 밝음, 즉 명덕을 회복할 수 있도록 해주는 공부이다. 마음이 본래 갖추고 있는 명덕은 성과 정을 통괄하는 심통성정의 심의 본래적 실상이다. 심통성정의 심은 리와 기가 묘하게 합해 있기 때문에 성과 정을 모두 거느릴 수 있다. 명덕은 마음의 본래적 밝음이며 리와 기의 묘합이다. 일체의 덕을 갖추고 있으면서도 그 덕이 밝게 빛나기에 리와 기가 합하여 존재한다는 것이다.

그런데 명덕은 인간 개개인의 기질과 그 기질이 관계하는 환경에도 불구하고 온전히 그대로 발하는 영역도 있지만 기질과 환경의 제한으로 온전하게 발하지 못하는 영역도 있다. 권근이 사단과 칠정, 선과 악으로 나뉘는 기미를 언급한 것은 바로 이 때문이다. 사단은 명덕이 기질과 환경의 제한을 받지 않고 그대로 발하는 것인 데에 비해 칠정은 명덕이 기질과 환경의 제한으로 순수한 선이 아니라 악으로 흐를 수도 있게 발하는 것이다. 사단은 순선이 보장되지만, 칠정은 순선을 보장할 수 없다. 그리하여 권근은 경 공부를 통해 명덕이 기질과 환경에 의해 제한되고 가려지지 않도록 노력해야 한다고 말한다. 마음은 하나이면서도 인심과 도심, 사단과 칠정의 구분을 필요로 하는 것이다.

그런데 여기서 한 가지 의문이 제기될 수 있다. 명덕이 리와 기의 묘합이라고 할 때의 기는 개인의 기질과 환경에 의해 명덕을 제한하는 기와 같은 것인가? 다른 것인가? 명덕과 묘합되어 있는 기는 형이하학적인 기질과는 어떻게 다른 것인가? 이황과 기대승이 사단과 칠정에 대해 오랫동안 논쟁을 주고받는 과정에서 이러한 의문은 해결될 수 있게 된다.

者也, 氣稟所拘, 物欲所蔽, 其用之發, 有時而昏, 學者要當敬以直內, 去其昏而復其明也."

이황은 권근과 마찬가지로 사단과 칠정으로 나뉘는 것을 주목한다. 사단은 리에 근원한 마음이고 칠정은 기에 근원한 마음이기에 이 두 가지는 구분된다. 이황은 주희의 말을 인용하면서 다음과 같이 사단과 칠정의 구분에 대해 설명하고 있다.

주희는 또 '사단은 리가 발한 것이고 칠정은 기가 발한 것이다' 라고 말하였다. 사단은 리에서 발한 것이기 때문에 선하지 않음이 없으므로 리발理發이라고 말한 것으로 의심의 여지가 없다. 칠정은 리와 기를 겸해 있고 선과 악이 함께 있기 때문에 오로지 기가 발한 것이라고 할 수는 없지만 기가 섞여 있기 때문에 기발氣發이라고 하는 것이다.[21]

주희는 사단을 리발, 칠정을 기발에 소속시킨다. 사단은 리에서 발한 만큼 악이 끼어들 여지가 없어 항상 선이 된다. 사단은 무불선, 즉 선하지 않음이 없다. 선을 보장하는 사단에 비하여 칠정의 경우는 좀 복잡해진다. 주희는 칠정을 기가 발한 것이라고 말했지만 이황은 주희의 말을 좀 더 정교하게 해석한다. 칠정에도 리가 없는 것은 아니고 선이 없는 것은 아니지만 기와 섞여 있고 악과 함께 있기 때문에 순선을 보장하기 어렵다. 순선이 보장되는 것과 보장되지 않는 것은 구분되어야 한다. 사단은 리가 그 자체로 발한 것이기에 이미 발한 이발已發의 차원에서도 선하지 않는 경우가 없다. 마음이 발했을 때 순선을 보장하는 것과 보장하지 못하는 것으로 나뉜다는 것을 이황은 강조하는 것이다.

이미 발한 마음활동 중에서 사단과 칠정을 구분하는 이유가 무엇일까?

---

21) 이황, 「부기명언사단칠정론附奇明彦四端七情總論」, 『퇴계선생문집』 17권 (『한국문집총간』 30) "朱子又曰, 四端是理之發, 七情是氣之發. 夫四端發於理而無不善, 謂是理之發者, 固無可疑矣. 七情兼理氣有善惡, 則其所發雖不專是氣, 而亦不無氣質之雜, 故謂是氣之發."

이 구분은 어떤 함의를 갖는가? 이황은, 권근과 마찬가지로, 우리 각 개인의 마음에서 개인적인 것을 넘어서는 마음이 존재하고 있으며, 이미 발하여 마음활동을 하고 있다는 것을 말하려는 것이다. 각 개인의 마음에서 개인적인 것을 넘어서는 마음이 존재한다는 것을 우리는 사단이라는 실마리를 통해 확인할 수 있는 것이다. 너와 나의 마음은 각자위심만으로 구성되어 있지 않다. 너와 나의 마음을 하나로 공명시키는 마음이 있는 것이다. 우리는 사단을 실마리로 삼아 그것을 알게 된다. 남을 불쌍히 여기는 마음을 통해 내 마음의 본래적 면목에 인仁이라는 덕이 존재하고 있음을 알게 된다. 부끄러워하는 마음을 통해 내 마음에 본래 예禮라는 덕이, 옳고 그름을 가릴 줄 아는 마음을 통해 내 마음에 본래 지知라는 덕이, 그리고 용기를 내어 정의를 지키고자 하는 마음을 통해 내 마음에 본래 의義라는 덕이 있음을 알게 된다.

사단을 실마리로 삼아 본래 내 마음에 인의예지의 덕이 존재하고 있는 근본마음을 깨닫고 그 근본마음이 명덕이고 천지지심이라는 것을 알게 하려는 것이 이황의 생각이다. 그러나 칠정은 각 개인의 기질과 그 환경에 의해 각종 각양의 감정과 정서들로 표현되는 것이기에 무조건 선하다고 말할 수도 없고 내 마음의 명덕이나 천지지심의 발로라고 말할 수도 없다. 사단은 무조건 기르고 확충해야 하는 것이지만 칠정은 악으로 흐를 수도 있기에 경계하고 다스려야 한다. 이황이 사단과 칠정을 구분한 데에는 이러한 공부론의 함의들이 들어 있기 때문이다.

하지만 이이는 이황의 견해에 동의하지 않는다. 이이가 보기에 마음은 리의 차원이 아니라 기의 차원이고 기의 산물이기 때문이다. 마음은 기이다. 이황이 천지지심을 말하지만 이이는 마음과 구분되는 성性을 말한다.

하지만 성은 구체적 개인에게는 오로지 개인적 기질에 의해 제한된 방식으로만 존재한다. 본연지성이나 순수지성은 결코 구체적 존재물이 아니다. 구체적 존재물은 오로지 기질에 의해 제한된 성, 즉 기질지성 뿐이다. 그러므로 리나 사단 역시 개인의 차원에서 그대로 순선으로 발하는 것이 아니다. 이미 사단이든 칠정이든 모든 것은 기질 속에서 벌어지는 일인 만큼 칠정과 동떨어져 분리된 사단은 존재하지 않는다. 이이는 다음과 같이 말한다.

> 인심과 도심은 두 가지 마음이 아니다. 인심과 도심이 두 가지 마음이 아니기 때문에 사단과 칠정 또한 두 가지 정이 아니다. 정을 총괄해서 부르는 이름이 칠정이고 그 중에서 선한 정만을 가리켜 사단이라고 말하는 것이다.[22]

이이에게 마음은 전적으로 기의 차원에서 움직이는 것이다. 그리고 기의 차원에서 움직이는 마음은 모두 칠정의 영역에 포함된다. 굳이 칠정과 구분하여 따로 사단의 절대적 지위를 보장하려는 것에 대해 이이는 동의하지 않는 것이다. 인심이나 도심이나 모두 기의 산물인 마음일 뿐이며, 사단이나 칠정이나 모두 마음활동인 칠정일 뿐이다.

이황과 마찬가지로 이이도 열심히 수양하고 공부하여 인간이 교육을 통하여 성인이 될 수 있다고 믿었고 그렇게 실천하는 것을 중시한다. 그럼에도 불구하고 이이의 마음관은 이황의 마음관과는 차이가 있다. 이황은 리의 차원을 중심으로 말하고 있기에 주리론자이고, 이이는 기의 차원

---

22) 이이, 「답안응휴答安應休」, 『율곡선생전서』 12권, "人心道心, 非二心也, 人心道心, 旣非二心, 則四端七情, 亦非二情也. 情之摠名曰七情, 而揀擇其善情曰四端也."

을 중심으로 말하고 있기에 주기론자라고도 말할 수 있다. 문제는 이황이나 이이나 모두 저마다 주희를 바르게 이해하고 있다고 생각한다는 데에 있다. 이황이 사단이나 칠정을 각각 리와 기에 배속시킨 것도 주희의 견해를 바탕으로 한 것이며, 이이가 기를 중심으로 심을 설명하는 것도 주희가 전반적으로 주기론적 입장을 견지하기 때문이다.

이이의 관점인 주기의 차원에서 사단을 칠정의 영역에 포함시키는 것은 공부와 관련하여 어떤 함의를 갖고 있는 것일까? 이이에게 공부는 심이 주재하는 능력을 극대화하는 것을 의미한다.

> 만일 고요할 때라면 모름지기 한 가지 일에 마음을 집중해야 한다… 고요하되 마른 나무나 식은 재와 같지 않고 움직이되 어지럽게 소란스럽지 않아서 움직임과 고요함에 한결같고 본체와 작용이 떨어지지 않는 것이 곧 경敬의 지극한 선善이다.[23]

이이에게 공부는 마음의 선을 발단으로 삼아 그것을 더욱 확충하고 극대화하는 일이 된다. 마음이 고요할 때에나 움직일 때에도 한결같이 집중하고 소란스럽지 않게 주재력을 갖게 하는 공부가 경 공부이다. 그러나 어떻게 하면 마음이 어지럽거나 혼란스럽지 않게 한결같이 주재력을 발휘할 수 있는 것일까? 의지를 기른다고 가능한 것일까? 기품에 가리고 환경에 휘둘리지 않고 선을 극대화할 수 있는 마음의 힘은 어떻게 가능한 것일까? 이이는 기를 다스리는 마음의 주재력을 강조하지만 그 마음조차 기의 차원이라고 간주한다면 어떻게 기가 기를 다스릴 수 있을지 문제가 여

---

23) 이이, 「상퇴계선생별지上退溪李先生別紙」, 『율곡선생전서』 9권, "若於靜中, 則須於一事專心…靜非枯木死灰, 動不紛紛擾擾, 而動靜如一, 體用不離者, 乃敬之至善也."

전히 남는다.

이미 존재하는 선을 발단으로 삼아 더욱 확장시킬 수 있도록 하는 것이 공부라고 한다면 그러한 선의 확충이나 확대 여부를 판단할 수 있는 기준은 어디에서 찾을 수 있을까? 사단도 칠정의 영역으로 포함시키게 될 때 사단과 칠정의 구분 여부를 무엇에 의해 판단할 수 있는가 하는 점도 의문으로 제기된다. 사단과 칠정의 구분이 모호한데 '선善의 이름으로' 무조건 확충하거나 극대화하는 것은 오히려 위험할 수도 있지 않을까? 그러므로 이황에게 경 공부는 이이가 설명하는 경 공부와는 강조점이 다르다. 이황은 다음과 같이 말한다.

> 사단은 오로지 리발이므로 맹자가 뜻한 것은 곧바로 사람들로 하여금 (사단을) 확충하게 하려는 것이다. 그러니 공부하는 사람들이 어찌 사단을 체득하고 확충하지 않아서야 되겠는가? 칠정은 리와 기가 함께 발한 것이지만 리가 발한 것이 혹시라도 기를 주재할 수 없게 되면 기의 흐름이 도리어 리를 가리게 될 수 있으니 공부하는 사람들이 어찌 칠정이 발하는 것을 관찰하여 잘 다스리지 않아서야 되겠는가?[24]

이황에게 경 공부는 사단과 칠정의 차이에 따라 각각 다르다. 사단은 순선이기에 무조건 확충하고 극대화해도 좋지만 칠정의 경우에는 선과 악이 섞여 있기에 무조건 확충하고 극대화하면 안 된다. 오히려 이때에는 무엇이 선이고 악인지 잘 분별하고 통찰하여 악일 경우에는 제어하고 다

---

24) 이황, 「부기명언사단칠정총론附奇明彦四端七情總論」, 『퇴계선생문집』 17권, "但四端只是理之發, 孟子之意, 正欲使人擴而充之. 則學者可不體認而擴充之乎? 七情兼有理氣之發, 而理之所發, 或不能以宰乎氣. 氣之所流, 亦反有以蔽乎理, 則學者於七情之發, 可不省察以克治之乎?"

스려 없애는 것이 바른 공부가 된다. 선이라는 이름 하에 자신의 사사로운 욕심을 채우려는 행동은 선이라고 할 수 없다. 그러므로 이때에는 그러한 욕심을 올바로 밝혀내고 그를 제어하고 다스려야 하는 것이다.

이황에게 경 공부는 섬세한 통찰력과 제어능력, 분별력과 확충 능력 모두를 포괄한다. 이미 발한 마음작용 중에서 순선으로 보장할 수 있는 사단을 제외하면 일체의 칠정의 내용들은 경계와 통찰의 대상으로 삼아 조심스럽게 다스리는 것이 필요하다. 이황은 특히 마음이 고요할 때와 움직일 때의 경 공부를 이이와는 다른 방식으로 제안한다.

'무사시無事時에는 오직 존양存養하여 성성惺惺하도록 할 뿐이다. 강학하고 학습하거나 사물과 응접할 때가 되어서야 의리를 사량분별한다'고 하니 진실로 이렇게 해야 한다. (항상, 먼저) 의리를 생각해버리면 곧바로 마음은 이미 움직이게 되어 고요한 때의 마음경지가 아니게 된다. 그런데 이 말의 의미가 분명하여 알기 쉬운 듯지만 진정으로 아는 사람은 많지 않다. 그래서 마음이 고요할 때 어떤 한 생각도 하지 않는 것을 곧바로 까마득히 적멸한 것으로 여기고 마음이 움직일 때 사량분별이 또 어지러이 사물을 따라 쫓아가 버려 의리상에 있지 않게 된다. 그래서 명색은 학문공부를 한다고 하면서도 끝내 공부에서 힘을 얻지 못하게 되는 것이다. 경敬을 위주로 하는 공부가 마음의 고요함과 움직임 모두에 관통할 수 있다면 공부하는 데에 있어 거의 어긋남이 없을 것이다.[25]

---

25) 이황, 「답이숙헌별지答李叔獻別紙」, 『퇴계선생문집』 14권, "無事時, 存養惺惺而已. 到講習應接時, 方思量義理, 固當如此. 蓋才思量義理, 心已動了, 已不屬靜時界分故也. 然此意分明, 似不難知, 而人鮮能眞知. 故靜時不思, 便認以爲窈冥寂滅. 動時思量, 又胡亂逐物去, 都不在義理上. 所以名爲學問, 而卒不得力於學也. 惟主敬之功, 通貫動靜, 庶幾不差於用工爾."

일이 없는 무사시에는 마음을 고요한 경지에 놓아 마음이 상념으로 산란하지 않게 하지만 성성하게 깨어 있도록 한다. 마음이 고요할 때의 경공부는 적적성성의 공부이다. 그에 비하여 마음이 일을 만나고 사태에 접하여 대응해서 움직일 때에는 바른 분별력과 통찰력으로 적절하게 대처하도록 한다. 마음이 움직일 때의 경 공부는 함양 이후의 지혜를 발휘하는 공부이다. 고요할 때의 마음공부와 움직일 때의 마음공부는 이렇게 구분되는 것이다.

그런데 일이 없어 마음이 고요할 때 적적성성으로 심성을 함양하는 공부를 충분히 하지 않는 것이 문제가 된다. 이황이 보기에 유교인들이 심성함양 공부를 한다고 하면서도 마음을 고요한 경지에서 성성하게 하는 것을 마치 마음을 '적멸'의 상태로 만드는 것으로 오해하고 일을 만나 사량분별하는 것을 이런 저런 생각들로 산란하게 만드는 것으로 오해한다. 그러므로 이황은 경을 위주로 하는 공부에 힘써서 마음의 존양 능력과 함양 능력을 바탕으로 일체의 바깥의 사태를 바르게 다스리고 주재할 수 있는 힘을 길러야 한다고 말한다.

이황은 마음이 고요한 경지에서는 단 하나의 생각조차 하지 않는다고 말한다. 이것은 이이가 마음이 고요할 때 하나의 생각이나 일에 마음을 집중하라고 말한 것과는 차이가 있다. 이황이 말하는 이 적적성성의 마음은 무슨 생각을 하거나 분별하는 것이 아니어서 텅 비어 있지만 본래의 신령한 각성활동을 하는 마음 본바탕의 모습과 같은 경지이다. 마음의 본래적 모습이 적적성성하기 때문이다. 이 마음의 경지는 사단이라는 실마리를 통해 알 수 있는 온갖 인의예지의 총체가 혼연한 일체의 각성활동으로 존재하는 경지이다. 이황은 이 마음의 경지가 사단으로 드러나는 것을 가리켜 리발이라고 한 것이다. 천지지심이 곧바로 현현되는 것이다.

마음이 고요한 경지에 있다가 사물과 접하고 일을 대응하게 되어 마음이 움직이게 되면 적절한 사려분별 활동이나 올바른 대처가 이루어지는 능력으로 바뀌게 된다. 이와 같이 이황은 사단과 칠정과 관련하여 마음의 두 차원을 구분하고 경 공부의 내용을 존양과 성찰이라는 두 가지 방식으로 구분하고 있다. 그러나 이이와 같이 사단과 칠정의 구분이 크게 부각되지 않는 상황에서 경 공부는 오로지 한 가지 방식, 마음을 전일하게 하고 선한 능력을 확충하고 극대화하는 공부로 집중된다. 사단과 칠정의 관계를 둘러싼 논쟁은 이렇게 구체적인 공부의 과정에서 차이를 드러내고 있는 것이다.

그런데 이황은 왜 이이가 권하는 공부로는 충분하지 않다고 생각했을까? 이이는 마음을 기의 차원에서 해석하면서 사단을 칠정과 분리시키지 않고 칠정을 변화시켜 최대한 선하게 만드는 공부를 강조하였다. 이 경우에는 공부하는 사람의 주체적 노력과 능동적 실천이 부각된다. 이러한 공부는 매우 긍정적이지 않은가? 공부에서 주체적 노력과 능동적 실천 만큼 중요한 게 있다는 것일까? 이런 의문이 생길 수 있다. 이이의 관점에서 보면 이황의 견해는 사단을 칠정으로부터 분리시킬 위험이 있을 뿐 아니라 공부에서도 주체적 노력이나 능동적 실천보다는 객관적 이해나 수동적 수용, 욕망의 제어와 다스림과 같은 불편함이 개입되는 경우가 생긴다. 이것은 공부 과정에서 매우 어렵고 힘든 내용을 받아들여야 하는 것이다.

이황의 관점에서 보면, 천지지심의 존재와 그것의 순선적 발현으로서의 사단을 확충하고, 리와 기가 섞인 칠정은 경계하여 때로는 제어하고 다스리며, 당장의 불편함과 어려움을 감수하고 받아들이고 수용해야 하는 것이 존재한다. 그것은 무조건 주체적이고 능동적인 것만을 부추기는 식으로 공부를 말하지 않는 것이다. 이러한 차이는 무엇을 의미하는 것일까?

사단을 실마리로 삼아 공부할 것을 강조하는 이황의 경 공부와 사단을 발단으로 삼아 공부할 것을 강조하는 이이의 경 공부의 차이는 실마리와 발단의 차이 속에 존재하는 인간의 마음의 존재적 위상의 문제가 들어 있다. 이이와 같이 사단을 발단으로 삼는 공부는, 그 사단이 칠정의 선한 측면이기에 언제든지 칠정과 사단의 경계가 변동될 여지를 남긴다. 사단, 즉 칠정의 선한 측면을 발단으로 삼는 주체적 노력과 능동적 확충은 주체와 능동의 범위 바깥을 상정할 수밖에 없기에 순선을 항상 보장받기가 어렵다.

그에 비하여 이황의 경 공부는 주체와 능동을 앞세우기 보다는 각 개인 속에 내재하고 있는 주객불이의 천지지심, 주객합일의 근본마음과 그것의 발현인 사단을 실마리로 삼을 것을 강조한다. 이황의 경 공부에서는 주객불이와 주객합일이 먼저인 것이다. 칠정은 이것을 보장하기 어렵기에 성찰하고 경계하여 무조건 주체를 내세우고 능동적 실천을 강조하기보다는 때로는 주관적 제한성을 인정하여 객관적 이해를 수용하기도 하고, 자신의 칠정을 객관화시켜 제어하거나 수동적으로 받아들일 때도 있게 되는 것이다. 실제로 공부 과정에서 이것은 매우 어렵고 불편한 일이 되기도 한다. 하지만 이황은 참된 공부는 이런 것이라고 말하고 있다.

그렇다면 17세기 유교인 김창협은 사단칠정에 관한 이황과 이이의 견해 차이를 어떻게 계승하고 있을까? 김창협은 이황과 이이의 사단칠정 논의를 각각 주리와 주기主氣의 관점으로 해석한다.

사단은 주리主理의 차원에서 말한 것이고 기氣가 그 속에 들어 있다.

칠정은 주기主氣의 차원에서 말한 것이고 리理가 그 속에 들어 있다…단지 이름을 붙여서 말로 할 때에 각기 주된 차원으로 삼은 뜻이 있을 뿐이다. 주자어류의 '사단은 理가 발한 것이고 칠정은 기가 발한 것이다'라는 말은 그 뜻이 이러한 것 같다. 이황의 설도 이와 비슷하다…예로부터 칠정을 논한 말에는 모두 경계하는 뜻이 있어서 사단을 말할 적에 오로지 확충하라고만 말한 것과 다르다. 이를 보면 칠정이 기를 위주로 한 개념임을 알 수 있다.[26]

김창협은 사단과 칠정을 각각 주리와 주기의 측면에서 말한 것이라고 생각한다. 그는 『주자어류』에서 사단과 칠정을 각각 리발과 기발로 말한 것이나 이황의 사단칠정 논의도 결국 사단과 칠정을 구분함으로써 오로지 확충할 것과 경계하여야 할 것을 구분하고자 한 것이라고 보았다. 이런 점에서 볼 때 이이의 견해에는 불충분한 점이 있다. 김창협은 이이의 견해에 대하여 다음과 같이 말한다.

율곡은 『인심도심설』에서 '선善은 맑은 기가 발한 것이고 악惡은 흐린 기가 발한 것이다'라고 말한다…기 중에서 맑은 것은 발할 때 실로 선하지 않은 경우가 없다. 하지만 그렇다고 하여 선한 정情이 모두 맑은 기에서 발한다고 말하는 것은 옳지 않다…리理가 비록 정의情意도 없고 조작造作도 없다고 하지만 진북계의 설처럼 필연, 능연, 당연, 자연의 속성이 있으니 주재하는 힘이 없이 무의미한 것이 아니다.[27]

---

26) 김창협, 『사단칠정설四端七情說』, 『농암속집』下, "四端, 主理言而氣在其中. 七情, 主氣言而理在其中…但其名言之際, 意各有所主耳. 語類四端理之發, 七情氣之發, 其意似是如此. 退陶說亦近此…古來論七情者, 皆有戒之之意, 非若四端專以擴充爲言, 其爲主氣而言, 可見矣."

27) 김창협, 「사단칠정설」, 『농암속집』下, "栗谷人心道心說, 善者淸氣之發, 惡者濁氣之發…蓋氣之淸者, 其發固無不善, 而謂善情皆發於淸氣則不可…理雖曰無情意無造作, 然其必然能然當然自然, 有如陳北溪之說, 則亦未嘗漫無主宰也"

김창협이 이이의 견해가 불충분하다고 생각하는 이유는 사단을 기의 차원에서만 설명하려고 하기 때문이다. 사단은 기로만 설명되지 않는다. 사단은 리가 발한 것이기 때문이다. 사단은 기 중의 맑은 것, 맑은 기를 넘어서는 것이다. 선한 정인 사단은 맑은 기에서 발하는 것도 있지만 리의 직접적 발현이기도 하다. 리의 직접적 현현으로서의 선한 정인 사단은 필연과 능연, 당연과 자연의 속성이 있다. 사단 자체가 필연적이고 능연적이며 당연하고 자연스러운 정이기에 선한 정인 것이다. 사단은 칠정의 기 이상의 차원이라는 것이다.

사단과 칠정의 논변을 통하여 조선의 유교인들이 공부의 의미에 대해 통찰했던 것은 공부의 본질적 의미, 그리고 공부의 시작과 끝을 이끌고 가는 근본 동력이었다. 공부는 이발己發의 차원에서 진행되는 일이다. 하지만 이 공부를 처음부터 마지막까지 이끌고 가는 힘은 단지 이발의 차원으로만 설명될 수 없다. 이황은 선조에게 올리는 『성학십도』에서 공부의 의미를 이렇게 요약한다.

> (공부가 완성된 사람은) 태극太極의 전체를 얻어 천지와 더불어 화합하여 간극이 없습니다…이것을 닦기 때문에 군자는 길하게 되고, 이것을 알지 못하고 거스르기 때문에 소인은 흉하게 되는 것입니다…경敬이라는 것은 곧 욕심이 적고 리理에 밝은 것입니다. 욕심을 적게 하고 또 적게 하여 거의 없는 경지에까지 이르게 되면 고요할 때에는 텅비고 움직일 때에는 곧아서 성인聖人을 배울 수 있을 것입니다.[28]

---

28) 이황, 「진성학십도차進聖學十圖箚」, 『퇴계선생문집』 7권, "有得乎太極之全體, 而與天地混合無間矣…此而修之, 君子之所以吉也, 不知此而悖之, 小人之所以凶也…敬則欲寡而理明, 寡之又寡, 以至於無, 則靜虛動直, 而聖可學矣."

이황에게 공부의 처음부터 마지막까지 공부과정 전반을 이끌고 가는 중심축은 근본마음인 태극으로서의 천지지심, 리로서의 천지지심이다. 이 마음과 간극이 없는 경지가 되도록 하는 것이 공부이다. 그러나 이 마음은 공부를 통해서 새롭게 획득되는 것이 아니라 본래 우리 마음에 본바탕으로 존재하는 마음이다. 조선의 유교인들이 도심을 인심과 구분하여 존양하고 함양하고 확충하라고 한 이유는 여기에 있다. 또한 이황이 공부와 관련하여 리발과 기발을 구분하고 리발인 사단을 확충하고 기발인 칠정을 경계하라고 한 이유도 바로 여기에 있다. 공부는 없던 것을 생기게 하는 것이 아니라 본래 있는 것을 가리는 장애를 걷어내어 그 본래성을 온전히 회복하는 일이다.

조선의 유교인들은 사단과 칠정 논변에 담긴 이 문제의식을 다시 『중용』 1장에 나오는 계신공구戒愼恐懼와 신독愼獨의 의미를 둘러싼 논쟁, 미발 공부 논쟁을 통해 전개하게 된다.

계신공구와 신독 : 미발공부와 이발공부

사단칠정 논쟁이 이발已發의 차원에서의 마음의 근원과 공부의 의미를 논의한 것이었다면 계신공구와 신독 논쟁은 미발未發의 차원에서의 마음의 존재와 공부의 의미, 미발 공부와 이발 공부의 관계를 논의한 것이다. 조선 초기 유학자 권근은 계신공구와 신독의 의미를 다음과 같이 말한다.

비록 보이지 않고 들리지 않는 잠깐 동안이라도 그윽하고 은미하여 혼자만 알아차릴 수 있는 마음의 경지에서도 항상 이 도道가 존재하기 때문에 소홀하게 생각해서는 안 된다. 군자의 존양성찰 공부는 공부하는 사람들로 하여금 계신공구하면서 천리天理를 보존함으로써 중中에 이르게 하고 신독愼獨하고 자신의 욕망을 절제함으로써 화和에 이르게 하는 것이다.[29)]

계신공구는 '경계하고 삼가하여 조심하는 마음을 유지하는 것'이고 신독은 '혼자만 알고 있는 마음의 기미를 관찰하여 바른 선택을 할 수 있도록 조심하는 것'이다. 말의 뜻으로만 보면 계신공구와 신독은 '조심하고 경계한다'는 의미가 공통적으로 포함되어 있어서 큰 차이가 없는 듯이 보인다. 그러나 권근은 계신공구를 천리의 보존 및 중용의 중과 연결시키고 신독은 욕망의 절제 및 중용의 화와 연결시킨다. 그렇다면 계신공구는 미발 공부와 관련되고 신독은 이발 공부와 관련되는 것이라고 볼 수 있다.

권근이 계신공구와 신독을 구분하고 있는 것은 그것이 적용되는 마음자리가 다르기 때문이다. 계신공구는 눈으로 보고 귀로 들을 수 없어 다른 사람들이 알 수 없는 마음의 차원에서도 도는 존재한다는 것을 감지하는 것이다. 즉 감각과 사고, 감정 활동이 없어 그윽하고 은미하지만 그래도 여전히 깨어 있기에 자신만은 알아차릴 수 있는 그 마음자리이다. 그 마음자리에서도 천리는 존재한다는 것이다. 그러므로 권근은 눈에 보이지 않고 귀에 들리지 않는 마음자리라고 해서 결코 소홀히 해서는 안 된다고 말한다. 이때에는 존양성찰 공부에서 존양이 중심이 된다. 존양은 천리를 보존하여 중을 잃지 않도록 계신공구하는 것이다. 계신공구를 통하여 존천리存天理하는 것이다.

그에 비하여 혼자만의 마음자리에서 마음활동이 구체적으로 이발의 차

---

29) 권근, 『입학도설』, "雖不睹不聞, 暫時之頃, 幽隱細微, 獨知之地, 皆此道之所存, 而不可忽之意而言. 君子存養省察之學, 所以教學者, 戒懼而存天理, 以致其中, 勤獨而遏人欲, 以致其和."

원으로 표현되려고 할 즈음에는 자신의 욕망의 움직임을 스스로 통찰하기 시작하는 경지이다. 이때에는 존양성찰 공부에서 성찰이 중심이 된다. 성찰은 자신의 욕망을 절제하여 화를 이룰 수 있도록 신독하는 것이다. 신독을 통하여 알인욕遏人慾하는 것이다.

이황도 임은 정씨의 심학도心學圖를 설명하면서 존천리存天理와 알인욕遏人慾을 각각 계신공구와 신독으로 구분하여 경敬공부에 두 가지 방향이 있다고 논한다.[30] 하지만 이이는 이 점을 비판한다. 이이가 보기에 존천리와 알인욕 그리고 계신공구와 신독은 별개의 두 가지 공부가 될 수 없기 때문이다. 이이는 사단과 칠정이 별개의 차원이 아니기에 계신공구와 신독도 별개의 두 가지 공부라고 보지 않는다. 일이 생기기 이전인 미발의 때와 일에 대응하는 이발의 때는 하나의 마음이 두 상태이지만 공부의 내용은 다르지 않으며 오로지 주일무적主一無適이라는 하나의 공부인 것이다.[31]

권근이나 이황이 구분하고 있는 두 가지 방향의 경 공부는 이이에 의해

---

30) 권근은 『입학도설』의 「중용수장분석도」에서 경敬을 계신공구와 신독이라는 두 갈래로 나누고 있다. 그는 계신공구를 존양과 관련짓고 신독을 성찰과 연결한다. 그리고 다시 교敎도 두 갈래로 나누어 중中을 계신공구와 존양의 맥락에 위치하고 화和를 신독과 성찰의 맥락에 위치한다. 이렇게 하여 경 공부는 한 축으로는 '계신공구-존양-중'으로 연결되고 다른 한 축으로는 '신독-성찰-화'로 연결되는 구도가 만들어진다. 또한 이황도 『성학십도』의 「심학도」에서 임은 정씨의 그림을 풀이하면서 경 공부를 도심과 인심의 두 방향으로 나눈다. 도심의 방향은 '계신공구-존심-진심' 등으로 연결되고 인심의 방향은 '신독-구방심-정심' 등으로 연결된다.

31) 이이는 이황에게 임은 정씨의 심학도의 내용에 관해 문제를 제기하는 편지를 보내어 계신공구를 존천리存天理 쪽에 배치하고 신독을 알인욕遏人慾 쪽으로 배치하는 것은 문제가 있으며 두 가지의 공부로 나눠버린다고 비판한다. 이황은 이에 대한 답변으로 이러한 배치는 단지 임은 정씨 뿐 아니며 그 내용이 적합하다고 말한다. 이이와 이황의 편지 내용에 관한 자세한 논의과정에 대해서는 이광호, 『퇴계와 율곡, 생각을 다투다』, 홍익출판사, 2013, 참조.

비판되었지만 이후 율곡학파 내에서 다시 쟁점으로 제기된다. 우리는 이 문제와 관련하여 김창협의 견해를 좀 더 자세히 살펴볼 필요가 있다. 김창협은 '미발시에도 선악이나 치우침이 있으므로 계신공구를 통하여 바로잡아야 한다'[32]는 권상하의 생각에 동의하지 않는다. 김창협은 권상하에게 보낸 편지에서 다음과 같이 말한다.

> (권상하의) '미발시에도 다소간의 치우침과 기울어짐이 없을 수 없다'는 말은 언어의 맥락 속에서 약간 오류가 있는 듯합니다. 만약 다소간의 치우침과 기울어짐이 있다면 그것은 곧 미발未發일 수가 없기 때문입니다.[33]

김창협은 미발의 마음자리에서는 치우침과 기울어짐이 있을 수 없다고 분명히 말한다. 미발의 마음자리에서는 선이나 악과 같은 기울어짐과 치우침의 존재 여부가 적용되지 않는다. 그러므로 미발과 관련된 공부인 계신공구는 무엇인가를 바로잡는 것과 같은, 적극적인 공부라고 할 수 없다. 김창협이 보기에 권근이나 이황이 말한 존양, 존천리로서의 계신공구는 적극적으로 무엇인가를 획득하는 공부가 아니다.

> 주희는 '미발시에는 본래 공부를 착수할 곳이 없으니 미발시에는 요순과 같은 왕에서부터 길을 오가는 평범한 사람에 이르기까지 모두 똑같다'라고 말하였다. 주희가 미발의 뜻을 논한 것이 많이 있지만 이 말

---

32) 권상하(1641~1721)는 심心을 기氣의 차원에서 보기 때문에 미발심체에서도 선악이나 치우침이 있을 수 있다고 생각한다. 그러므로 그는 미발공부를 가리키는 계신공구도 미발에서의 치우침을 '바로잡는' 공부로 규정한다.
33) 김창협, 「답권치도答權致道」, 『농암집』 12권, "未發之時, 難免有些子偏倚者, 恐語脈間有少差. 蓋既有些子偏倚, 則便不得爲未發也."

이 가장 명료하고 핵심적이다. (그런데도) 요즘 공부하는 사람들 중에는 '미발시에도 병통이 있을 수 있으니 힘써 바로잡아야 한다'고 말하는 경우가 있는데 이는 주자의 이 말을 잘 숙고해보지 않았기 때문이다.[34]

김창협은 미발시에는 일상적 의미에서와 같은 방식의 공부가 불가능하다고 말한 주희의 말을 인용하면서 미발시에도 무엇인가를 바로잡는 방식의 공부가 필요하다고 말하는 견해가 옳지 않다고 말한다. 미발시에는 공부의 개념이 적용되지 않기 때문에 공부가 가능하지 않다. 미발시, 즉 미발의 마음자리는 일체의 사려가 생기지 않아 사려불맹思慮不萌이지만 미발지각이 본래 항상적으로 밝아 있어 지각불매知覺不昧의 마음자리이다. 미발의 마음자리는 심이 성과 정을 총괄하고 있는 심통성정心統性情의 마음자리이다.

그렇다면 왜 이이는 계신공구와 신독의 구분에 반대하였으며 권상하는 미발에서도 치우침이 있으니 병통을 바로잡는 공부가 미발 공부라고 주장한 것일까? 이이나 권상하에게는 심이 기의 차원에 있는 것이기 때문이다. 이들에게는 천지지심은 오로지 성의 차원이며 이것은 궁극의 절대적 완전태와 같아서 현실적 인간이 목적으로 삼아 추구할 수 있는 이상적인 경지이다. 그렇기에 그것이 이미 본래적으로 활동하고 있다는 것을 인정하지 않는다. 이이나 권상하에게는 미발지각의 존재가 없다. 마음은 기의 차원에서 움직이는 것인 만큼 언제나 잘못된 방향으로 흘러갈 수 있기에

---

34) 김창협, 「잡식내편雜識內篇」二, 『농암집』 32권, "朱子云, 未發時, 自著不得工夫, 未發之時, 自堯舜之於塗人, 一也. 朱子論未發之義多矣, 此言最明白直截. 近時學者, 有謂未發時容有病通, 須待用力醫治, 盖亦不考乎此矣."

바로잡는 공부가 필요한 것이다.

그러나 김창협은 미발지각이 존재하고 활동하는 우리 각자의 근본마음인 미발심체는 공부의 정도와 상관없이 요순이나 평범한 사람이나 누구나 모두 본래의 마음으로 갖추고 있는 것임을 강조한다. 김창협은 우리의 마음에 미발지각이 언제나 활동하고 있다고 말한다. 이것은 공부를 통하여 바로잡거나 새롭게 만들어지는 것이 아니며 오로지 계신공구를 통하여 그것을 함양하고 보존해야 하는 것이다. 김창협은 미발과 이발에서 우리 마음이 어떻게 작용하는가를 공부가 완성된 성인의 경지로 다음과 같이 묘사한다.

> 성인의 마음은 천리와 혼연일체가 되어 있기 때문에, 사물이 아직 이르지 않고 생각이 싹트지 않았을 때에는 그 마음이 지극히 텅 비어 있고 지극히 고요하여 귀신이라도 그 틈을 알아차릴 수 없다. 이것이 곧 적연(부동)한 미발심체未發心體이며 소위 천하의 큰 근본이라고 말하는 것이다. 그러다가 사물(일)과 접하게 되어 이치를 가지고 대응하여 조금도 착오가 없는 데에 이르면 대용大用과 달도達道가 여기에서 행해지게 되며 일(사물)에 대응하는 것을 마치고 나면 곧바로 다시 적연하고 고요해져서 본래의 미발심체를 회복한다.[35]

성인의 마음은 천리와 하나가 된 경지이다. 성인의 마음이 미발과 이발에서 그 마음활동이 근본적으로 달라지는 것은 아니다. 성인의 마음은 미

---

35) 김창협, 「여권유도논사변록변與權有道論思辨錄辨」, 『농암집』 15권, "聖人之心, 渾然天理, 故事物未到, 思慮不萌, 方寸之間, 至虛至靜, 雖鬼神, 莫能窺其際. 此卽寂然未發之體, 而所謂天下之大本者也. 及其事至物來, 以理順應, 無少差忒, 則大用達道, 於是乎行, 而事應旣已, 則輒又寂然而靜, 以復乎其本體焉."

발에서 천리와 하나가 되어 있는 마음의 경지에 있다. 그러다가 사물과 접하고 일을 만나 그에 대응하게 되면 그 마음은 구체적인 사태에서 적절한 방식으로 올바르게 대응하고 일을 처리하게 된다. 이발에서 적절하게 일을 처리할 수 있게 되는 근본적인 힘은 그의 미발의 마음에서 나오는 것이다.

김창협은 이것을 미발심체와 대용 및 달도로 대비시키고 있다. 미발의 차원에서 성인은 미발심체를 온전히 보존하고 그와 합일되어 있다. 성인의 마음이 곧 천리의 마음이고 천지지심의 마음이며 근본마음이다. 그러다가 때를 만나고 일을 만나 이발의 차원에서 그 마음이 움직이고 활동하게 되면 대용과 달도를 성취하는 방식으로 바르게 일을 처리할 수 있게 된다. 이발에서의 일이 끝나면 성인의 마음은 본래의 미발심체의 경지로 회복된다. 이렇게 보면 성인은 미발심체를 항상 본래적 모습으로 보존하고 그와 혼연일체가 되는 것에 변함 없으며 그가 일상적으로 다양한 사태를 만나게 되면 미발심체를 바르게 구현하는 지혜와 힘을 갖추는 사람이다. 그런 만큼, 미발 공부는 성인의 마음이 본래적 혼연일체를 잃지 않도록 보존하는 공부인 것이다.

그러나 본래 미발지각이 존재하고 활동하고 있다는 것을 받아들이지 않는 입장에서는 여전히 미발공부라는 것의 의미가 불확실하게 간주될 수밖에 없다. 이런 입장에서 보면 미발공부라는 것은 구체적인 내용이 없는 공부이며 계신공구 또한 매우 소극적이거나 실체가 없는 공부로 간주될 수 있다. 그리하여 이런 관점에 경도되어 있는 사람들은 미발공부 보다는 오히려 이발의 차원에서 이뤄지는 성찰, 즉 이발찰식已發察識 공부가 경敬 공부의 핵심이 된다고 주장하게 된다. 김창협이 보기에 이런 식으로 생각하는 대표적인 사람이 박세당朴世堂(1629~1703)이다. 박세당은 다음과 같이 문제를 제기한다.

> 이미 적연부동하다면 계신공구 하고자 하여도 무엇에 기대어 할 것인가? 이미 계신공구 했다면 또 어떻게 적연부동이라고 말할 수 있겠는가?…천하의 일이라는 것은 그 마음을 어둡게 하면서도 공을 이룬적은 없었다. 마음을 어둡게 해서는 안 된다고 하면 어떻게 생각이 없을 수가 있으며, 또 어찌 경계하고 삼가고 두려워함이 생각이 아닐 수가 있겠는가?[36)

박세당은 마음의 적연부동한 미발의 마음자리를 인정하지 않는다. 한가지 사물이나 일과 접하지 않거나 한 가지 생각도 싹트지 않은 적연부동의 마음이라는 것은 있을 수 없기 때문이다. 그런 마음이 설혹 있다 하더라도 그러한 적연부동의 마음에서는 계신공구를 할 수도 없다. 왜냐하면계신공구도 일종의 생각이고 의지이며 욕망일 것이기 때문이다. 그러므로계신공구가 있다면 그 마음은 이미 적연부동의 마음이 아니다. 그리고 적연부동의 마음이 아니라면 그것은 이미 미발이 아니다.

이와 같이 박세당은 미발과 계신공구는 서로 모순관계에 있다고 본다.마음의 미발을 인정하면 계신공구는 존재할 수 없다. 그리고 계신공구가있다면 그 마음은 이미 이발의 마음이고 미발이라고 할 수 없다. 미발과계신공구 두 가지를 모두 동시에 인정하는 것은 자기모순이 될 수밖에 없

---

36) 김창협, 「여권유도재논사변록변」, 『농암집』 15권, "既寂然矣, 雖欲戒懼, 將何所寄? 既戒懼矣, 又何云寂然不動…天下之事, 未有昧其心而致其功者. 心不可昧, 則思安得而無, 又豈有戒之愼之將恐將懼而非思也者?" 김창협은 박세당의 『사변록』의 내용을 직접 그대로 인용하면서 그에 대한 비판과 반박 및 해명을 하고 있다.

다. 박세당이 계신공구와 미발에 관하여 의문을 제기하는 것은 박세당에게는 실질적인 공공功을 헤아릴 수 있는 이발己發의 마음만이 마음활동의 핵심이라고 생각하기 때문이다. 그러나 김창협은 다음과 같이 반박한다.

이른바 계신공구라는 것은 마치 경외하는 것이 있는 것처럼 오직 엄숙하게 있는 것일 따름이니 이것이 어찌 적연부동의 미발심체에 방해가 되겠는가?⋯생각하는 것과 계신공구하는 것은 분명한 차이가 있다. 생각한다는 것은 마음에 감응하는 바가 있어 사려분별하는 것을 가리킨다. 일단 하나의 사려가 싹트면 비록 희노애락이라고 부를 만한 명백한 느낌이 없어도 마음에 이미 치우침이 있게 된다. 그러나 계신공구의 경우에는 단지 경敬의 다른 이름일 뿐이니 아무것도 보이지 않고 아무것도 들리지 않을 때에 있어서는 마치 경외하는 것이 있는 것처럼 조심하고 삼가 엄숙히 하는 것일 뿐이다. 계신공구와 사려는 정말로 기상과 뜻이 매우 다르다.37)

김창협은 계신공구가 사려분별과는 엄연히 다른 것이라고 말한다. 박세당은 미발심체와 계신공구를 공존 불가능한 모순 관계로 간주하지만 김창협은 이 두 가지가 모순 관계가 아니라 합일과 계합의 관계라고 주장한다. 계신공구는 스스로 자기 마음의 본래적 자리인 미발심체와 하나가 되고 계합하는 것이므로 미발심체와 계신공구는 대립적 개념이 아니다. 계신공구는 특정한 생각을 하거나 사려 분별을 하는 것이 아니라 그저 경외하는 것과 같이 미발심체를 대면하고 그와 합일하는 태도와 기상이다. 이

---

37) 김창협, 「여권유도재논사변록변」, 『농암집』 15권, "所謂戒懼者, 不過儼然肅然, 如有所畏而已, 此又何害於寂然未發之體耶?⋯夫思慮與戒懼, 煞有分別. 思者, 心有所感, 而思索量度之謂. 一有之, 則雖無喜怒哀樂之可名, 而此心已有所偏倚矣. 若戒懼, 只是敬字之異名, 而其在不覩不聞, 則又不過儼然肅然如有所畏而已. 是固與思慮者, 氣象意味, 不翅不相似矣."

때의 계합이나 합일이라는 것은 마치 천인합일과 물아일체의 경지에서 체득되는 마음의 기상과 같다. 김창협은 계신공구에 관한 별도의 글을 작성할 만큼 계신공구의 의미와 중요성에 대해 알고 있었다. 김창협은 계신공구의 의미를 다음과 같이 구체적으로 설명한다.

> 계신공구는 단정하고 엄숙하며 두려워하고 경건하여 마치 두려워하는 것이 있는 것처럼 삼가고 감히 태만하거나 소홀히 하지 않는다는 뜻이다. 이것은 단지 사물이 이르거나 사려가 발동하기 전에만 그럴 것이 아니라 모든 일상적인 언행을 하고 일을 할 때에도 당연히 그러해야 한다…신독의 신愼도 계신공구戒愼恐懼를 간략히 말한 것일 뿐이니 계신공구와 신독은 두 가지 별개의 일이 아니다. 다만 독獨의 경계는 마음 속에서 생각이 싹트는 때로서, 남이 알지 못하고 자신만 아는 경계이므로 더욱 마음을 써서 지극히 삼가야 하는 것이다.[38]

계신공구는 미발과 이발 모두에 걸쳐 견지해야 하는 마음의 기상이다. 그것을 이발에서 신독이라고 별도의 이름을 붙인 것은, 신독의 독으로 표현되는, 마음의 은밀하고도 개인적인 념이 싹트는 시점 때문이다. 이 때에는 특별히 생각과 사념들이 특정한 내용으로 구체화되려 하는 시점이기 때문에 특별히 더 통찰하여 삼가야 하며 생각의 싹트는 내용을 바르게 통찰해야 한다. 그래서 신독이라고 별도로 부르는 것이다. 이와는 달리 계신공구는 미발에서나 이발에서나 기본적으로 요청되는 마음의 근본 태도이

---

38) 김창협, 「계신공구통관동정설戒愼恐懼通貫動靜說」, 『농암집』 25권, "戒懼者, 卽莊整齊肅, 戰兢洞屬, 儼然如有所畏, 不敢怠忽之謂. 此簡意思, 不但於事物未至, 思慮未發時爲然, 凡於日用言行起居動作之際, 無不當然…至於愼獨之愼, 亦只是戒愼恐懼之約言者耳, 非有二事也. 但獨字境界, 是方寸之間, 念慮之萌, 人所未知而己所獨知者, 尤當加意而致愼焉."

자 기상이 된다. 계신공구와 신독은 그 내용이 다른 것이 아니라 대처하는 방식이 다른 것이다.

계신공구는 미발심체와 계합된 성품을 기르고 보존하며 확충하는 공부이다. 미발심체는 계신공구에 의하여 그 본래적 모습을 드러내고 신독에 의하여 만사에 적합하게 실현되는 모습으로 드러난다. 김창협은 계신공구와 신독을 각각 별개의 공부로 보아서는 안 된다고 말한다. 이 두 가지는 미발의 차원과 이발의 차원에서 그 활동의 양상이 다르게 드러나는 것일 뿐이기 때문이다. 미발심체는 미발에서나 이발에서나 항상 그 본래의 지각활동을 하고 있다. 미발심체의 활동이 성인이나 보통 사람이나 본래 차이가 없지만 현실적으로 차이가 생기는 이유에 대해 김창협은 다음과 같이 말한다.

> 비록 잠시 동안이라도 심이 미발이면 곧 중中이 그곳에 존재한다. 그러나 계신공구를 체화하여 그것을 보존하지 못하면 곧바로 이전의 일상적 모습으로 되돌아가 이리저리 몰두하여 (미발의 중을) 가리고 잊게 되니 보통 사람과 성인의 차이는 단지 여기에 있을 뿐이다.[39]

성인이나 보통사람이나 근본마음인 미발심체의 중을 본래 갖추고 있다. 그러나 성인은 계신공구를 통하여 그러한 존재를 깨닫고 그것을 보존하고 함양하여 항상 그로부터 벗어나지 않으려 하고 그와 항상 합일하고 있는 사람이다. 그러나 보통 사람은 잠시 동안 그러한 미발의 중을 견지하기도 하지만 계신공구에 의하여 그 마음을 보존하고 함양하지 않아 곧바로 일

---

39) 김창협, 『농암진적農巖眞蹟』, "雖須臾之間而此心未發, 則所謂中者, 固卽此而在. 但無戒愼工夫, 體而存之, 是以旋又泊沒失之耳, 衆人之所以異於聖賢, 只在於此"

상적 마음활동을 통해 이런 일, 저런 생각에 골몰하여 미발의 중을 가리고 잊어버리고 만다. 이것이 성인과 보통 사람의 차이이다.

성인과 보통 사람이 모두 똑같이 갖추고 있는 미발의 중, 미발심체를 온전히 그런 것으로 알고 깨달아 보존하여 잠시라도 그로부터 벗어나지 않으려 삼가고 조심하여 항상 깨어 그 마음과 합일되도록 해주는 것이 계신공구이다. 성인은 미발에서나 이발에서나 항상 미발심체 본래의 자기각성과 계합하여 그 힘으로 이발의 온갖 일들을 적합하게 처리할 수 있다. 성인을 언제나 근본 마음자리를 먼저 주목하는 것이다. 그러나 보통 사람들은 현상적인 일과 사물에 이끌려 그 근본의 마음바탕을 잊어버린다. 계신공구는 미발심체인 근본마음을 보존하는 공부이다.

하지만 박세당에게 우리 마음은 사려와 계탁분별의 생각이 한시도 끊어질 때가 없는 것이다. 마음이 있으면 곧 생각이 있는 것이다. 생각이 없다면 마음도 없는 것이다. 그러므로 계신공구 역시 생각의 일종이라고 할 수 있다. 그러나 김창협은 박세당에게 다음과 같이 되묻는다.

> (박세당의 견해대로라면) 마음의 사려와 계탁분별은 한 순간도 중단될 때가 없을 것이다. 그렇다면 마음속이 또 어찌 담연하고 허정虛靜하게 되어 천리의 본체를 보존하고 함양할 수 있겠는가? 본체가 정립되지 못한 상태에서는 일마다 계신공구로 힘을 써서 제대로 하려 해도 무엇을 근본적 힘으로 삼아서 그 도를 구현할 수 있겠는가?[40)]

박세당은 마음에 생각하고 헤아리는 활동이 없다면 마음이 아니라고

---

40) 김창협, 「여권유도재논사변록변」, 『농암집』 15권, "心之思慮計較者, 未有一息之暫停也. 如此則方寸之間, 又何能湛然虛靜, 而有以存養其天理之本體哉? 體旣不立, 則雖欲隨事戒懼, 不敢放失, 而亦將何所本, 而盡其道哉?"

주장하기 때문에 그가 보는 마음은 언제나 생각 중이고 계탁분별 중에 있다. 하지만 김창협은 이에 동의하지 않는다. 우리 각 개인의 마음에는 주객불이의 마음, 주객합일의 마음인 천리의 본체가 보존되어 있다. 이 마음자리는 인식 주체가 인식 대상을 받아들여 사려분별하는 인식활동이 아니라 인식 주체와 인식 대상이 합일되어 있기에 일상적으로 분별작용하는 방식으로 파악되고 감지되는 것이 아니다. 그러므로 허정하고 담연한 마음의 경지를 강조하는 것이다. 주관과 객관을 아우르는 이 마음자리를 함양하고 보존하는 것이 곧 본체를 정립하는 것이다. 계신공구는 이를 도와주는 경 공부인 것이다.

그런데도 이를 도외시하고 이러한 마음 자체를 인정하지 않는다면, 마음의 근본적 힘을 키울 수 없게 된다. 김창협은 계신공구가 일을 만나기 이전인 미발과 일을 만난 이후인 이발 모두에 걸쳐 작용한다는 계신공구동정관통설戒愼恐懼動靜貫通說을 주장한다. 김창협은 이발에서의 계신공구는 마음의 근본적 힘을 바탕으로 하여 그 힘을 행사할 수 있다고 말한다.

마음의 근본적 힘이란 주객불이와 주객합일의 마음이 발휘하는 힘이다. 그것은 자기 바깥에 어떤 객관적인 것도 남겨두지 않는 주객합일의 마음이기에 개인 속에 존재하는 마음이라 하여도 그것은 이미 개인을 넘어서 있는 마음, 천지지심, 우주적 마음, 세상의 모든 사물과 사태에도 남김없이 존재하는 마음이다, 개인 속에 존재하되 주관을 넘어 서 있고, 개인 안에 존재하되 개인 바깥을 포괄하는 절대보편의 마음이다. 이 마음을 함양하고 정립하는 일은 곧 한 개인의 삶을 통해 도를 실현하는 일이 된다.

유교의 미발 공부는 불교의 공부론에 비추어볼 때 그 의미가 더 잘 드러날 수 있다. 유교인들이 불교인들의 선 수행 공부에 관심을 보인 데에는 그 내용이 서로 상통하기 때문이다. 불교의 적성등지법이나 정혜쌍수법은 모두 주객불이의 근본 마음과 계합하는 공부이다. 유교인 김만중 역시 이것을 잘 알고 있었다. 그래서 그는 이렇게 말한다.

> 불교인들은 마음을 다스리는 데에 성성惺惺이라는 말을 하기 좋아한다. 사상채(사양좌)에게도 상성성법常惺惺法이 있었다. 주희는 '이 마음을 깨우치는 것은 유교나 불교나 같다'고 하였다[41]

김만중은 성리학을 정립한 송나라 유학자들이 선불교 수행법인 성성惺惺에 관심이 많았다는 것에 주목한다. 성성은 마음이 공적하면서도 깨어있어 어둡지 않은 상태를 가리키는 적적성성법을 가리킨다. 정명도와 정이천의 제자였던 사양좌도 항상 마음이 적적과 성성함을 견지하라는 상성성법을 말하였다. 성성하지만 산란하지 않은 수 있는 것은 그 마음이 동시에 공적하기 때문이다. 공적하되 어둡지 않고 깨어있되 산란하지 않도록 적과 성을 함께 견지하는 것이 불교의 적성등지법이다. 김만중은 주희의 말을 인용하면서 이 마음을 깨우치는 공부법은 유교나 불교나 모두 같다고 말한다.

주희와 사양좌 그리고 김만중과 김창협 모두 중시하고 있는 '이 마음을 깨우친다'는 것은 박세당이 인정하지 않으려는 주객불이의 근본마음의 자각을 가리킨다. 이 마음을 깨우치기 위해서는 일상적 의미의 공부, 즉 주관과 객관이 구분되는 인식활동으로서의 공부가 아니라 계신공구라는 주객미분의 함양 공부, 적적성성이라는 공부가 필요한 것이다. 김창협도 이

---

41) 김만중, 『서포만필西浦漫筆』, "禪者治心, 愛說惺惺. 謝上蔡亦有常惺惺法. 朱子謂喚醒此心則同."

러한 공부와 관련하여 불교의 용어를 언급하며 다음과 같이 말한다.

정성定性하는 사람은 명明과 성性이 모두 지극한 경지에 이르러 망념妄念과 망견妄見이 용납될 곳이 없다. 그래서 보내거나 맞이함도 없고 안과 밖의 구분도 없는 것이니 이 때문에 동動할 때에나 정靜할 때에나 모두 본체를 얻어 어느 때에도 안정되지 않는 때가 없는 것이다.[42]

김창협은 정성하는 사람을 여러 가지 방식으로 설명한다. 정성하는 사람은 그 마음에 주객불이의 근본마음을 깨달은 사람이다. 이 근본마음을 가리켜 미발심체라고 한다. 미발심체를 깨달아 그 마음이 천지만물과 하나가 되면 망념과 망견이 들어설 자리가 없다. 이 마음은 개인의 마음 안과 바깥 어느 한쪽에만 존재하는 공간적 한계를 가지고 있지 않아 공간적 초월성을 갖기에 '안과 밖의 구분이 없다'고 말한다. 또한 이 마음은 공부를 통하여 새롭게 획득되거나 잃어버리는 것도 아니기에 '보내거나 맞이함도 없다'고 말한다. 우리는 여기에서 『능엄경』에서 자기 머리를 잃어버렸다고 미쳐 돌아다니는 연야달다의 이야기 그리고 아난이 마음은 어디에 있는가라는 질문을 둘러싸고 부처와 숨바꼭질 같은 대화를 주고받는 장면을 떠올릴 수 있다. 미발심체의 근본마음이라는 것은 무소부재한 것이어서 존재하지 않는 공간이 있을 수 없다.

또한 정성하는 사람은 두 차원의 세계에 모두 통달하는 사람이다. 명明으로 표현되는 현상의 영역과 성性으로 표현되는 현상 너머 심체의 영역

---

42) 김창협, 「잡식내편」二, 『농암집』 32권, "定性者, 明誠兩至, 而妄念妄見, 無所容焉, 故無將迎無內外, 此所以動靜皆得本體, 而無時不定也."

에 모두 지극하기 때문이다. 그러므로 정성하는 사람은 동動으로 표현되는 이발의 일상 사태와 정靜으로 표현되는 미발의 경지에서 모두 어긋남이 없다. 사물과 일에 접하여 움직일 때에는 적합하지 않을 때가 없고 그 마음의 본체와 계합되어 고요할 때에도 성성하지 않을 때가 없다.

결국 조선 유교인들의 공부와 조선 불교인들의 공부에는 모두 근본 마음자리를 깨닫고 그와 계합 내지 합일하여 그 힘을 바탕으로 현상의 모든 일을 대처하려는 정신이 기본적으로 들어 있다는 것을 알 수 있다. 그리고 본 연구에서 알아본 유불회통의 내용인 공적영지와 미발지각은 공부의 처음부터 끝까지 전 과정에 걸쳐 핵심적인 지위를 차지하고 있음을 알 수 있다. 우리 각자의 마음에는 모두 미발지각과 공적영지가 존재한다. 이것을 온전히 깨닫고 그와 계합되는 것이 공부의 목적이고 핵심이다. 유교인들과 불교인들이 미발공부와 선 수행을 강조하고 깨달음을 강조한 데에는 유교의 용어로 미발심체의 미발지각, 그리고 불교의 용어로 일심의 공적영지를 스스로 직접 깨달아 알고 그와 하나가 되는 것이 공부의 진정한 의미이고 내용이라는 것을 알았기 때문이다.

그러므로 불교와 유교에서 공부가 왜 단면적인 것이 아닌지 이해할 필요가 있다. 그리고 불교와 유교의 공부론에서 우리 개인의 마음을 주목하는 이유를 바르게 이해할 필요가 있다. 개인의 마음을 주목하는 것은 단지 개인적 차원의 문제에 관심을 두는 것이 아니다. 주객불이의 근본마음이 개인의 마음 안에서 확인될 수 있다는 불교와 유교의 공부론은 결국 개인 바깥에서 개인을 초월하는 외적 존재를 따르고 순종하는 방식으로서의 공부가 아니라, 개인 안에서 개인을 넘어서는 내적 초월의 과정을 통하여 천지만물과 하나가 되는 공부를 말하고 있다. 김창협은 미발 공부의 중요성에 관하여 다음과 같이 말한다.

> 자사에 이르러 미발未發과 이발已發을 통해 중中과 화和를 말하기 시작했는데 이것은 오직 근본의 요점에 나아가 핵심을 보임으로써, 공부하는 사람들로 하여금 여기에 힘쓰게 한 것이다. 이렇게 되면 도덕과 교육, 정치가 진정으로 모두 하나로 관통하게 된다.43)

김창협은 애당초 미발과 이발 논의가 왜 시작되었는지 박세당에게 환기시킨다. 자사가 미발과 이발을 『중용』의 중과 화의 개념과 연결시키기 시작한 것은 우리 각자의 마음이 본래의 마음자리인 주객불이의 천지지심을 깨닫는 것을 중요하다는 것을 말하기 위해서이다. 도가 실현되는 일, 즉 달도는 『중화』에서 화가 실현되는 것인데 이것은 도를 바르게 이해하고 깨닫는 것, 즉 중이 정립되는 것을 전제로 한다. 우리가 미발심체에 주목하는 이유도 바로 여기에 있으며 경 공부를 말할 때에 신독에 앞서 계신공구에 주목하는 이유도 바로 여기에 있다. 근본적인 것, 주객합일의 절대 마음이 존재한다는 것을 알게 하기 위해서이다.

미발공부는 형체가 없는 공부가 아니다. 박세당이 주장하는 것과 같이 단지 이발의 차원에 잘 대응하기 위한 사전 준비 단계의 마음가짐 정도에 불과한 것이 아니다. 김창협은 도덕과 교육 그리고 정치가 이 근본마음의 힘에 의해 하나로 관통할 수 있게 된다고 말한다. 그런데 미발 함양의 힘이 어떻게 도덕과 교육 그리고 정치를 하나로 통할 수 있게 만들 수 있을까? 이 점은 좀 더 자세히 살펴볼 필요가 있다. 이 시기의 불교인들과 유

---

43) 김창협, 「잡식내편雜識內篇」二, 『농암집』 32권, "至子思, 始以未發已發言中和, 則專就根本要切處, 立箇宗旨. 使學者於此用力, 則德行道術政事, 固無不一以貫之矣."

교인들은 모두 종교와 정치 그리고 교육과 도덕이 오늘날 우리가 생각하듯이 별개의 것들로 분리되어 있다고 생각하지 않았다. 이하에서는 불교와 유교에서 생각하는 종교와 정치의 의미 그리고 상호관계를 유불회통의 내용과 관련하여 살펴보기로 하겠다.

제 2 장

종교와 정치

조선 초·중기 철학적 유불회통은 불교적 표현인 공적영지와 유교적 표현인 미발지각이라는 '심心의 자성본용自性本用'을 중심으로 모색된 것이었다. 심 자체가 갖추고 있고 발휘하고 있는 본래적 작용이 바로 공적하면서도 신령한 앎의 활동, 일상적 상황으로 구체화되기 이전에도 발휘하고 있는 각성활동이다.

공적영지와 미발지각 개념은 오늘날 만연되어 있는 서양적 의미의 종교와 정치가 아닌, 동양의 정신 본래적 의미대로 종교성인 영성靈性과 정치성인 공심公心을 온전히 이해하는 데에 중요한 함의들을 제공해준다. 동양에서 종교와 정치는 본래 분리될 수 없는 것이었다. 조선 전반기 불교인들이 강조한 공적영지로서의 심, 유교인들이 강조한 미발지각으로서의 심은 본래 그것을 자각하는 활동과 그것을 현상 속에서 실현하는 활동이 서로 분리될 수 없는 것이었다.

불교의 수행이나 유교의 수양에서 말하는 내용과 정신은 단지 일부 종교인들이나 옛날 유학자들만의 활동이 아니라 오늘날에도 학문활동을 하면서 사회적 실천과 책임을 갖고 살아가는 사람이라면 누구에게나 해당되는 활동이다. 불교인들과 유교인들이 심체를 자각하고자 하는 활동은 곧 그들의 삶-종교적이면서도 동시에 정치적인 삶-으로 실천되고 구현되었다. 물론 그들의 자각과 실천이 완전했다고 말하려는 것은 아니다. 또한 그러한 자각과 실천이 일반적이었다고 말하기도 어렵다. 하지만 비록 소수에게서나마 발견되는 그들의 자각과 실천이 품고 있는 의의는 오늘날에 비추어 결코 사소한 일이 아니다.

조선 초·중기는 유교국가에 의한 불교의 통제가 강했고 불교에 대한 이론적 폄훼나 왜곡도 만연하였지만 실제로 왕을 비롯하여 적지 않은 유교인들은 불교적 상장례를 지속하고 있었다. 불교인과 유교인들 중에는 건국 초기에 심각하게 대립하였지만 이 대립은 주로 정치적 권력을 둘러싸고 벌어진 것이 많았으며 종교로서의 불교와 정치이념으로서의 유교가 적절한 역할분담을 통하여 조화로운 공존을 할 수 있다고 생각하는 사람도 있었다. 일반 사대부들의 집에서는 적지 않은 불교서적들이 소장되었고 사찰에서도 유교서적들이 소장되었다. 이 시기의 유교인들은 스스로를 정치인이라고만 여기지 않았으며 교육자이자 학자, 심지어는 종교인이라고 생각하였다. 또한 불교인 역시 자신을 학문이나 정치, 교육과 무관한 존재로 여기지 않았다. 존재적 위상들이 겹치는 것이다. 이들로 하여금 이렇게 중첩된 존재적 위상을 갖게 하였던 것은 이들이 배우고 익혀 사회적으로 실천하는 학문 내용인 심성론 자체가 종교이론이자 정치이론이고 공부를 통해 존재의 변화를 이루는 수양 및 수행이론이었기 때문이다.[44]

불교와 유교에서 종교성은 단지 개인 내면의 종교적 체험이나 종교적 인식이라는, 인식론적 차원만이 아닌 그 이상으로 존재론적 차원의 것이다.[45] 종교성은 우리 각 개인의 마음에 존재하는 신적인 존재성을 가리킨다. 서양의 종교는 철학이 미치지 못하는 신성불가침의 신앙의 영역을 강조하였다. 그러므로 인간에게 존재하는 신성의 존재에 대한 철학적 통찰을 했던 철학자들의 견해들이 흔히 종교와 대립되는 것으로 간주되는 경향이 있었다.

하지만 동양의 불교와 유교에서 확인되는 종교성은 오히려 철학적 통찰에 의해 구체적으로 빛을 발한다. 서양의 종교가 철학과 긴장 관계를 보이는 데에 비하여 동양의 불교와 유교는 철학적 통찰과 분리되지 않는다. 각 개인의 마음에 공적영지가 존재한다는 것을 깨달으면서 그와의 계합을 추구하는 불교의 돈오점수 수행, 그리고 각 개인의 마음에 미발지각이 존재한다는 것을 자각하는 유교의 계신공구 미발 공부는 그 자체로 불

---

44) 이하에서 전개되는 내용은 박정원, 「조선 전반기 유불회통의식과 교육」, 『도덕교육연구』 제31권 2호, 한국도덕교육학회, 2019, 그리고 박정원, 「조선 초·중기 불교와 유교의 심성론과 상호인식 연구-공적영지와 미발지각 개념을 중심으로」, 『한국사상사학』 제62집, 한국사상사학회, 2019에서 다뤄진 문제의식의 연장선상에 있다. 앞의 논문들에서는 유교와 불교의 종교성과 정치성을 '상호관계'를 중심으로 논하였으나 이 책에서는 유교와 불교를 각각 별도로 나누어 종교성과 정치성의 의미를 구체적으로 논하고자 하였다.

45) 근대 한일 불교의 종교성을 탐구한 김용태는 근대적 종교성의 의미를 근대적 이성의 주체의 정치적 종속으로부터의 탈피로 해석한다. 그는 "근대적 종교성이란 바로 독립된 개체로서 개인의 내면세계와 인간 주체의 이성적 판단을 전제로 한 것이며, 또한 정치와 종교의 분리에 의한 종교의 자유를 원칙으로 한다…근대적 종교성은 정치와 분리된 종교의 자유와 개인의 내면세계 추구에서 찾을 수 있다."고 말한다. 김용태, 「근대 한-일 불교의 정교분리 문제와 종교성 인식」, 『불교학연구』, 29호, 279쪽, 286쪽. 그러나 종교성을 개인의 내면세계만으로 설명하는 것은 여전히 개인의 내면과 구분되는 외부 세계가 남아 있고, 그 외부 세계와의 대립이 남아 있기에 종교성의 의미를 온전하게 정의한다고 보기 어렵다. 김용태는 종교성 자체를 말하기 보다는 종교성의 '근대적, 인식론적' 의미에 국한해서 말하고 있다.

교와 유교가 보여주는 종교성이라고 할 수 있다.

이러한 차이는 유교와 불교의 정치성을 살펴볼 때에도 잘 나타난다. 조선 초·중기 불교인과 유교인은 종교와 정치를 별개의 관계로 보지 않았다. 이들은 올바른 정치의 실현을 위해 먼저 스스로 종교성을 회복하는 것이 중요하다고 보았다. 불교와 유교가 강조한 종교성은 각 개인의 마음이 현상적 차원에 머물지 않고 그것을 초월하는 마음의 경지로 변화하는 것이다. 그리고 이러한 마음자리의 변화를 바탕으로 한 정치적 실천을 구현해내는 것이다. 그것이 불교의 자리이타自利利他이며, 유교의 수기치인修己治人이다.

불교와 유교는 서양의 종교나 정치사상에서 발견할 수 있는 일반적 특징과는 다른 종교성과 정치성을 공유하고 있다. 서양의 종교는 인간과 절대자 신과의 근본적 차이를 강조하며 절대자 신의 전지전능성이 인간 바깥에서 '주어지는' 것으로 본다면, 불교와 유교는 인간과 세계의 존재적 근원으로서의 신성神性을 우주적 차원의 심心으로 본다. 불교에서는 이 심이 바로 공적영지인 아뢰야식이고 유교에서는 이 심이 바로 미발지각인 천지지심이다.

불교와 유교는 이 마음의 절대성과 불멸성을 인간 정신 '안에 존재하는' 것으로 본다. 인간 정신 안에서 신성과 불멸성의 존재를 발견할 수 있다고 보는 것이다. 그리고 이 절대적이고 불멸적인 신성에 의하여 천지만물과 일체의 생명의 존재와 활동이 가능하다고 본다. 불교와 유교는 이 점에서 모두 종교성을 지닌다. 조선의 유교인들과 불교인들이 발견한 유불회통인 공적영지와 미발지각은 바로 불교와 유교의 종교성을 의미한다. 불교와 유교의 관점에서 보면 모든 인간은 누구나 예외 없이 그 마음의 근본바탕에 종교성을 갖고 있는 존재이다. 즉, 모든 인간은 종교적 심성을 갖추고 있다는 점에서 종교인이다.

다음으로, 정치성에 관해 말하자면, 유교와 불교가 공통적으로 갖고 있는 정치성 역시 일반적인 서양 정치사상―적어도 마키아벨리 이후 정립된 근현대 정치사상―과는 차이가 있다. 서양적 정치 개념에는 형이상학적 신학이나 철학, 또는 윤리규범과 같은 가치나 당위가 더 이상 개입될 여지가 없다. 오히려 이러한 것들로부터 탈피하는 것을 바람직하게 생각한다. 그러나 유교와 불교의 정치성은 '좋은 삶은 현상 속에서 이러이러한 것을 지키고 이러이러한 것을 실현하며 사는 삶이어야 한다'는 식으로 언제나 윤리도덕적 가치가 개입되어 있다. 이때의 윤리도덕적 가치는 외적인 제도나 규범 이전에 정신적 가치를 의미한다. 유교에서는 정치를 공심公心과 인仁의 실현으로 보며 불교에서는 정치를 평등성지平等性智와 보살도菩薩道의 실현으로 보기 때문이다. 이렇게 보면, 불교와 유교가 공유하는 정치성역시 모든 인간이 본래적으로 갖추고 있는 것이다.

우리 모두는 종교인이면서 동시에 정치인이다. 현실에서 종교인이나 정치인은 특정한 제도와 직위에 소속되어 있으면서 활동을 이끌어가는 직업인을 가리키지만, 본 연구가 주목하고 있는 종교와 정치의 철학적 의미에서 보면, 우리 인간은 모두 그 마음바탕에 종교성과 정치성의 내용을 본래 갖추고 있는 존재이다. 그리고 바로 이 점이 조선 유교인들과 불교인들이 알았던 유불회통의 핵심 내용이기도 하다. 이들은 철학적 통찰에 의해 불교와 유교의 종교성과 정치성이 공적영지의 아뢰야식, 미발지각의 심체가 갖춘 현상초월성과 현상창조성을 의미한다는 것을 알았다.

유교인은 이것을 곧 무극태극으로서의 마음, 천인합일과 만물일체의 마음이 천지를 생성하고 만물을 자라게 하며 만물에 생명력을 불어넣는 힘이라고 이해하였으며 불교인은 이것을 곧 생멸과 불생불멸의 화합으로서의 아뢰야식, 공적영지 활동을 하는 아뢰야식의 활동이 보는 활동인 견見과 보여지는 대상인 상相의 이원화 활동을 통해 일체의 우주만물 현상을 생성하는 것이라고 이해하였다.

불교와 유교가 말하는 종교성과 정치성은 본질적으로 심체가 활동하는 두 양상인 것이다. 이하에서는 구체적으로 조선 초·중기 불교인들과 유교인들이 각각 종교와 정치의 의미를 어떻게 보고 있는지 확인해보기로 하겠다.

1. 불교와 유교의 종교성

불교의 종교성 : 아공과 법공, 진여

조선의 불교인들은 통일신라시대 원효의 대승불교정신과 고려시대 지눌의 선불교 정신을 이어받으면서 그들 자신의 종교적 깨달음의 내용을 정립해갔다. 그들은 유교 위주의 사회에서 한편으로는 불교적 세계관과 가치관을 지키고 옹호하기도 하고, 다른 한편으로는 유교 심성론과의 소통을 모색하기도 하였다. 조선 불교인들이 핵심 교과과정으로 학습하였던 경전들은 주로 원효에 의해 주석이 된 『대승기신론』과 지눌의 저작들 그리고 『능엄경』과 『원각경』 등이었다. 불교의 종교성은 이들이 위의 경전을 이해하는 과정에서 드러나고 있다. 그것은 자아와 세계에 대한 편향적 관점이나 태도를 버리고 온전히 그것의 근본적 실상을 깨닫는 것이다.

자아와 세계에 대한 편향적 관점이나 태도를 원효의 용어로 바꾸어 말하면, 자아와 세계에 대한 두 가지 장애인 번뇌애煩惱礙와 지애智礙를 가리킨다. 이 두 가지 장애를 돈오점수 수행과 경전 학습에 의해 없애 가면 두 가지 청정한 모습이 드러나는데 그것이 바로 아공我空과 법공法空이다. 자아에 대한 번뇌와 집착이 사라져 아공이 되고, 세계에 대한 어리석음과 집착이 사라져 법공이 되어 이 두 가지 공이 온전해지면 비로소 불교적 종교성의 극치인 진여심, 법신, 부처, 깨달은 자의 마음인 공적영지가 온전히 드러난다.

이것을 불교 경전 『성유식론』의 용어로 바꾸어 말하면 '이공소현진여二空所現眞如'라고 할 수 있다. 이공소현진여는 아공과 법공 두 가지 공이 다 한 곳에 진여가 현현한다는 뜻이다. 불교는 이러한 경지를 자신의 마음에서 찾고자 한다. 지눌의 글은 불교의 종교성이 내적 초월이라는 것을 단적으로 보여준다. 지눌은 다음과 같이 말한다.

> 선문禪門에서도…생멸 인연을 따르는 허망과 오염 속에서도 성품이 청정하고 신묘한 마음이 있다고 가리켜 보였다…교문敎門에서도 성품이 청정한 본각本覺으로 법계의 걸림 없는 연기의 근원을 삼았다…말의 가르침으로 펼쳐 놓은 뜻의 분별을 단박에 잊고 그윽한 방에 고요히 앉아 마음을 비우고 생각을 맑게 하여 제 마음을 비추어 보아라. 그 근원을 얻게 되면 현재의 이 하나의 념의 성품이 깨끗하고 신묘함을 가리켜, 더러움을 따르는 본각이라고 말해도 좋고 성품이 깨끗한 본각이라 말해도 좋으며 (어리석음과 번뇌의) 장애가 없는 법계라고 말해도 좋고 부동지不動智의 부처라고 말해도 좋으며 노사나불盧舍那佛이라 말해도 좋다. 그리하여 리理가 곧 사事라고 말하거나 내가 곧 남이라고 말하거나 무어라고 해도 무방한 것이다.[46)]

지눌은 교종 불교나 선종 불교 모두 연기의 생멸세계 속에서도 불생불멸의 청정한 본각의 성품이 존재한다고 말한다. 그리고 이러한 본각의 성품이 존재한다는 것을 직접 스스로 깨달아 알 수 있다고 한다. 지눌은 거듭 자신의 마음 바깥에서 찾지 말고 자신의 마음 안에서 찾으라고 말한다. 공적하면서도 신령스럽게 스스로를 알고 있는 심을 깨닫게 되면 그 심을 여러 경전에서 여러 가지 이름으로 부르고 있어도 결국 같은 것을 가리키고 있다는 것을 알게 된다고 말한다.

지눌이 언급한 근본마음은 본각, 부동지, 노사나불, 리즉사 사즉리, 오심즉여심 등으로 명칭은 다르지만 내용은 같다. 이 명칭들은 모두 심의 현상초월성과 현상창조성을 동시에 나타내고 있다. 불교의 종교성 역시 이 두 가지를 특징으로 한다. 종교성은 곧 영성이며 영성은 곧 정신이 현상적 존재성을 넘어서고 있다는 뜻과 현상을 창조해내는 힘을 갖고 있다는 뜻을 동시에 품고 있다. 본각本覺이나 장애가 없는 법계 그리고 부동지의 부처나 이사무애理事無礙, 오심즉여심吾心卽汝心 등 대승불교의 여러 가지 명칭들로 달리 표현해도 실제로는 심 하나를 표현한 것이다.

조선 초기 불교인 기화는 이것을 묘명진심으로 표현한다. 기화는 자아와 세계의 공성空性 그리고 그것의 근원인 각성覺性을 다음과 같이 설명한다.

> 환幻이 각覺을 좇아 생겼다가 또한 각을 좇아 멸하는 것이 마치 불꽃이 허공에서 생겼다가 또한 허공으로 사라지는 것과 같다. 불꽃이 허

---

46) 지눌, 『원돈성불론圓頓成佛論』, 『한국불교전서』 4권, 727하, 729중하. "禪門⋯指示隨流妄染中, 有性淨妙心⋯敎中, 亦有以性淨本覺, 爲法界無礙緣起之源⋯若能頓忘, 言敎施設義理分別, 密室靜坐, 虛襟澄慮, 返照自心, 得其淵原, 則將現今, 一念性淨妙心, 作性染本覺, 亦得作性淨本覺, 亦得作無障碍法界, 亦得作不動智佛, 亦得作盧舍那佛, 亦得卽理卽事, 卽自卽他, 隨擧無妨也",

공으로 사라지더라도 공성空性은 여전히 담연하고, 환이 각으로 소멸하더라도 각성覺性은 여전히 부동하다.[47]

조선 초기 불교인 기화는 이것을 묘명진심으로 표현한다. 기화는 현상세계에 생겨나 멸하는 생멸적 존재들을 환으로 간주한다. 이 존재들은 실체가 없기 때문에 환이며 다만 무명의 념을 따라 생겼다가 멸하는 것이다. 기화는 이러한 생멸적 존재를 불꽃에 비유한다. 불꽃이 아무리 선명하더라도 그것은 결국 한때 타올랐다가 사라진다. 그러나 일체의 모든 생멸적 존재들이 생기고 사라진다 해도 그러한 생멸을 가능하게 하는 공성과 각성은 없어지지 않는다. 기화는 공성과 각성이 모든 존재의 근원이라고 말한다.

불교 수행에서는 이러한 공성과 각성을 깨달아 아는 것이 중요하다. 자아와 세계의 공성을 깨닫는 것이 아공과 법공의 깨달음이고 그렇게 공한 곳에 신령한 앎이 어둡지 않아 각성이 존재한다는 것이 이공소현진여의 의미이다. 원효는 자아와 세계의 공성을 깨닫는 일이 곧 자아와 세계에 대한 집착이라는 두 장애로부터 벗어나는 길이라고 말한다. 원효는 다음과 같이 말한다.

보살의 견도는 이공二空을 증득하기 때문에 말나의 인人과 법法 두 가지 집착이 모두 현행하지 아니하여 곧 이공의 평등한 지혜와 함께 한다…오직 하나의 혜수慧數가 지혜로 작용하기도 하고 집착으로 작용하기도 하면서 서로 방해하지 않으니 (그것이) 의거하는 곳이 다르기

---

47) 기화, 『대방광원각수다라요의경설의』, 『한국불교전서』 7권, 134상, "幻從覺生, 還從覺滅, 如火從空生, 還從空滅也, 火從空滅, 空性依舊湛然, 幻從覺滅, 覺性依舊不動"

때문이다. 평등성지도 또한 그러함을 알아야 할 것이다.[48]

원효는 대승불교의 수행자인 보살은 자아에 대한 집착과 장애 뿐 아니라 세계에 대한 집착과 장애에서도 벗어나는 수행을 하기 때문에 두 가지 공성, 즉 이공을 증득한다고 말한다. 마음이 아공과 법공의 경지가 되면 자아와 세계가 없어지고 사라지는 것이 아니라 자아와 세계에 대한 헛된 집착과 장애만 사라지는 것이므로 참된 자아와 참된 세계에 대한 지혜는 오히려 생생해진다. 원효는 이것을 두고 평등한 지혜라고 부른다. 지혜는 집착과 장애로 될 수도 있지만 공성과 진여의 현현으로 이끌 수도 있다. 원효나 기화가 말하는 것은 모두 불교의 참된 종교성으로서의 현상초월성과 현상창조성이 아공과 법공 그리고 그를 통한 진여와의 계합이라는 것이다.

그런데 불교는 왜 이러한 근본마음의 각성과 지혜를 '평등한 것'으로 말하고 있을까? 결국 불교에서 말하는 근본 지혜는 나와 너가 다른 존재가 아니라는 것, 자아와 세계가 별개의 존재가 아니라는 것, 인간과 세계 일체 속에 하나의 큰 마음, 하나의 동일한 마음, 주객불이의 마음이 있다는 것을 아는 지혜이기에 평등하다고 말하는 것이다. 불교의 종교성은 이와 같이 내적 초월을 통해 일체의 존재를 평등하게 통찰할 수 있는 일심의 자각을 추구하는 것으로 요약될 수 있다.

---

48) 원효, 『이장의二障義』, 소명출판, 2006, 171쪽에서 재인용.

유교의 종교성 : 물아일체와 천인합일

유교에 종교성이 있는가 여부에 관해서는 논란의 여지가 있을 수 있다. 왜냐하면 유교는 불교의 종교적 세계관을 비판하면서 현실적인 논리를 탐구하며 현실적인 실천을 중시하는 학문임을 스스로 강조해왔기 때문이다. 그러므로 유교의 종교성을 과연 무엇으로 볼 수 있는가에 대해서는 유교를 이해하는 관점의 내용에 따라 다를 수 있다. 유교의 종교성은 두 가지 방식으로 표현될 수 있다. 하나는 유교의 형이상학적 체계인 성리학의 이론 자체에 함의되어 있는 종교성이고 다른 하나는 유교인들의 일상적 삶과 생활 전반에 걸쳐 스며들어 있는 종교성이다. 하지만 유교인들에게 이 두 가지는 서로 분리해서 생각할 수 없는 것이다.

유교인들의 문집을 살펴보면 상당 부분을 차지하고 있는 것이 제문이나 묘비명, 신도비명과 행장, 애사 등이다. 유교인들은 상장례의 모든 절차와 내용을 이끌고 직접 참여하였으며 그러한 상장례의 의미를 구성하는 각각의 행위와 정신을 글로 표현하였다. 그들은 죽음을 당했을 때 고인의 삶을 기리고 추모하며 슬픔을 어떤 방식으로 어느 기간 표현하는가에 대한 형식적 측면 뿐 아니라 슬픔을 바르게 표현하는 내용적 측면에도 관심을 기울였다. 조선 초기 유교인 권근이 자식들에게 유교적 방식으로 본인의 장례를 치를 것을 유언한 것은 불교적 상장례가 깊고 오래 정착되어 왔던 당시의 관습으로 비추어 볼 때 대단히 어려운 결정이라는 것은 충분히 짐작할 수 있다. 그럼에도 불구하고 권근과 같은 유교인들은 자신의 학문적 신념을 일상적 삶 속에서 일관되게 실천하는 것을 매우 중요하게 생각하였다.

국가적 행사로 치러지는 제사의 경우도 규모가 크고 횟수가 많았다. 가족 단위의 제사 뿐 아니라 향촌과 나라 전체의 차원에서도 끊임없이 제례가 수행되었던 것이다.[49] 유교인들은 불교가 관심을 기울이고 해명하고자 했던 중요한 질문들 중 하나인 생사의 문제, 질병과 화복과 같은 문제들을 성리학의 관점에서 이해하기 위해 끊임없이 탐구한다. 유교는 종교적 신앙을 통해서가 아니라 인간과 세계의 궁극적 근원과 본질, 그리고 궁극 목적에 대하여 스스로 철학적 통찰을 통하여 마음과 행동을 통한 실질적 합일을 이루는 것을 중요하게 생각한다. 즉 유교는 각 개인의 마음속에 존재하는 근본마음인 심성心性을 더욱 확충하고 함양하여 만물일체와 천인합일을 이루는 성인의 경지를 강조한다.[50]

---

49) 조선시대에 행해진 국가적인 제사에 대해 연구한 김현은 "수백 명의 인원이 동원되고 3개월 전부터 준비되는 종묘-사직의 대사만 하더라도 1년에 10차례나 행해졌고, 서울과 전국의 명산대천에서 왕의 이름으로 행해진 공식적인 제사를 모두 헤아리면 100여회를 훨씬 상회한다. 정기적인 제사 이외에도 한해가 돌거나 돌림병이 돌거나 할 때 왕의 명령으로 특별히 지내는 제사까지 합하면 제사는 곧 조정의 일과였다고 해도 무방할 것이다. 조선이라고 하는 사회와 종교성이라고 하는 문제를 별개로 생각할 수 없는 이유가 여기에서도 드러난다"고 말한다. 국가적인 제사 뿐 아니라 각 집안에서 지내는 조상 제사를 포함하면 조선 사회는 제사를 통하여 종교성을 실천하고 있었던 사회였다고 말할 수 있다. 김현, 「유교 : 종교적 염원과 세속적 가치의 이중주」, 『조선시대, 삶과 생각』, 고려대 민족문화연구원, 2000.

50) 그러나 유교가 오로지 종교적 신앙의 차원을 배제하고 철학적 통찰만을 강조하였는가 하는 점은 의문의 여지가 있다. 유교 자체 내에 이미 종교적 신앙의 차원이 내재해 있기 때문이다. 문제는 그러한 종교적 신앙이 어떤 것인가 하는 점일 것이다. 일본의 근세 유교의 종교성에 대해 연구하고 있는 스에키 후미이코는 일본 유교가 종교성이 부재한 것으로 간주되는 데에 동의하지 않는다. 그는 "유교는 윤리사상으로서 종교는 아닌 것일까? 오늘날 이러한 견해는 부정되고 있다. 원래 유(儒)는 무당(샤먼)의 의미로서 주술의례나 장례와 관련된 것을 주로 담당했었다고 한다…그럼에도 일본 근세의 유교의 언설은 많은 경우 그 종교성이나 형이상학적인 문제까지는 파고들지 않고 윤리를 표면에 내세우거나, 혹은 치세의 정치론으로 전개한다. 그것이 일본 유교의 특징이며 '유교'라기 보다는 '유학'이라고 불리는 이유다. 그리고 그것이 근세의 세속화, 현세화를 상징하는 것이 된다. 그러나 자세히 보면, 그것도 결코 그렇게 단순하지는 않다. 원래 사후의 영혼이 존재하는지의 여부는 근세 사상가들에게 있어

유교 여성들의 삶 속에서 유교의 종교성을 발견할 수 있다고 주장하는 이은선은 "유교 종교성의 핵심은 그 신관이나 내세관 등의 유무나 내용에 놓여 있는 것이 아니라 유교적 궁극 의미의 추구…지극한 초월의 내면화를 통해서 어떻게 하면 참다운 인간이 될 수 있으며, 어떠한 길을 통해서 가장 이상적인 인간 공동체 삶의 형태를 이룰 수 있고, 궁극적인 만물일체와 대동을 이룰 수 있을까 하는 관심에 놓여 있다"[51]고 말한다.

유교의 종교성을 종교적 신앙과 철학적 통찰이라는 이분법을 넘어 물아일체와 천인합일의 영성과 합일하려는 일체의 수양활동을 가리킨다면, 이제 우리는 유교인들이 추구한 물아일체와 천인합일을 구체적으로 어떻게 이해하고 실천하고 있는지를 좀더 살펴보아야 한다. 유교인들에게 종교성은 오늘날 우리가 익숙하게 구분하고 있는 이성과 신앙의 구분을 전제로 하고 있지 않았다. 오늘날 일반적인 서양의 종교들이 전제하고 있듯이, 유한하고 불완전한 인간 '바깥'에 설정되는 절대적인 존재, 전지전능하고 무소불위의 존재는 유교적 사고방식에서는 용납되지 않는다. 그들에게 종교성은 모든 인간에게 현상초월적이고 보편적인 일자一者로서의 천지지심이 각 개인의 마음에 내재하고 있다는 믿음과 깨달음을 의미한다. 17세기 유교인 김창협은 이것을 인仁의 마음, 천天의 마음인 천리天理로

서 중요한 논쟁의 씨앗이었고, '귀신론'이라는 테마 속에서 왕성하게 논의되었다."고 말하고 있다. 이를 보면, 일본 유교에서도 종교성과 관련된 논의가 비록 제한적이나마 계속 논의되고 있었던 것으로 보인다. 스에키 후미이코, 백승연(역), 『일본종교사』, 논형, 2009, 150쪽.

51) 이은선, 『다른 유교 다른 기독교』, 모시는 사람들, 2016, 23쪽. 이은선은 유교의 종교성을 일상적 삶의 공간을 성스럽게 변화시키며 거룩하게 만들려는 노력이라고 말한다. 이은선이 지적하고 있는 '거룩함'은 사실 유교의 심성 수양의 개념인 성誠과 경敬의 정신과 태도를 그들의 일상적 삶의 공간에서 획득하고 실현하는 일과 관련된다. 하지만 유교의 심성 수양 개념인 성과 경의 개념 자체가 갖고 있는 종교성의 의미는 생활 영역 뿐 아니라 심성론 자체를 통해 더 구체적으로 밝혀내야 한다고 본다.

표현한다, 그는 다음과 같이 말한다.

> 리는 하나를 가리킨다. 이 하나로서의 리가 하늘의 도를 가리킬 때
> 에는 원형이정이 되고 이 하나로서의 리가 인간의 도를 가리킬 때에는
> 인의예지가 된다…리가 발현된 모습을 볼 때에는 하늘의 도인 원형이
> 정의 4가지 덕과 인간의 도인 인의예지의 4가지 성이 모두 기氣로 인
> 해 나눠진 것 같지만 그 본원을 말하면 기 이전에 이미 리가 있어 4가
> 지 덕과 4가지 성의 본체가 되는 것이다.[52]

하늘의 도를 가리키는 원형이정은 천지만물의 변화상을 사계절의 변화
로 요약한다. 봄은 만물의 탄생을 가리키는 원元이며 여름은 활발하게 자
라는 형亨이고 가을은 수확하는 이利이며 겨울은 저장하여 지혜를 기르는
지智이다. 인간의 도를 가리키는 인의예지는 사단을 통해 밝혀지는, 개인
의 마음에 존재하는 공적 도덕적 감정의 총체를 요약한다. 인은 사랑이며
의는 정의로움이고 예는 인간관계와 제도의 원리이며 지는 옳고 그름을
통찰하는 덕이다.

그런데 김창협은 원형이정인 천도와 인의예지인 인도가 사실은 하나로
서의 리理라고 말한다. 이 리가 인간에게는 4성으로, 천지만물에는 4덕으
로 내재해 있고 표현되는 것임을 그는 강조한다. 이황은 이 리를 천의 마
음이라고 말했으며 이 리가 스스로 발한다는 리발理發을 말했던 것이다.
리는 추상적 원리가 아니라 일체의 존재 속에서 그 존재를 있게 하는 살
아 있는 근거라고 본 것이다. 김창협은 이러한 허령성을 미발지각으로 보

---

52) 김창협, 「답민언휘」, 『농암집』 14권, "理者, 一而已矣. 在天而爲元亨利貞, 在人而爲仁義禮
智…其發見者而觀之, 則天之四德, 人之四性, 固皆若因氣而分, 而自其本原而言之, 則氣前固
已有此理, 爲四德四性之本體."

았다. 특히 이황은 인仁을 4덕과 4성을 관통하는 것으로 본다. 이황은 선조에게 바치는『성학십도』중의「인설」부분에서 주희의 말을 인용하면서 다음과 같이 말한다.

주희가 말하기를 "인仁이라는 것은 천지만물을 살아나게 하는 마음이고 사람은 이것을 얻어 마음으로 삼는 것이다…천지만물로 드러나기 이전인 미발에서도 원형이정의 4덕은 이미 존재하는데 인은 그 모든 것을 포함하지 않음이 없다…측은지심은 모든 덕을 관통하지 않음이 없다…천지만물을 살아나게 하는 마음은 만물에 존재하여 정情으로 발현되기 이전에 이미 그 본체를 갖추고 있고, 정으로 발현하여 그 작용이 무궁하여 끝이 없게 된다. 진실한 성誠의 마음으로 이것을 온전히 깨달아 잃지 않으면 이로부터 모든 선善의 근원과 수백 가지 행실의 근본이 이것으로부터 근원하지 않음이 없게 된다…인은 어떤 마음인가? 천지에 있어서는 끝없이 만물을 낳는 마음이고 사람에게 있어서는 온전히 사람을 사랑하고 만물을 이롭게 하는 마음이니 4덕을 포함하고 4단을 관통하는 것이다."라고 하였습니다.[53]

원형이정의 4덕과 인의예지의 4성을 하나로 관통하는 마음을 주희는 인이라고 보았다. 이황은 주희의 말을 근거로 하여 만물일체와 천인합일을 꿰뚫은 태극의 마음, 천지지심인 리, 그리고 리가 발한 사단 중의 하나인 측은지심 등의 상호관련성을 논하고 있다. 각 사람 안에 본래 갖추고 있는 천리와 그 발현을 통해 인간은 수양 공부를 통해 만물과 하나가 되

---

53) 이황, 「인설」, 『성학십도』, "朱子曰, 仁者天地生物之心, 而人之所得以爲心, 未發之前四德具焉, 而惟仁則包乎四者…而惻隱之心無所不貫…乃天地生物之心卽物而在, 情之未發而此體已具, 情之旣發而其用不窮, 誠能體而存之, 則衆善之源百行之本莫不在是…此心何心也? 在天地則块然生物之心, 在人則溫然愛人利物之心, 包四德而貫四端者也."

고 천과 하나가 되는 경지에 이를 수 있다는 것이다. 그러나 이렇게 하나가 되는 마음 자체는 비록 인이라는 명칭으로 설명되고 있지만 어느 특정한 것으로 국한되지 않은 허령한 마음이다. 그렇게 허령한 마음이기에 만물을 품고 천지를 품을 수 있는 것이다.

이와 같이 유교의 종교성은 허령성으로서의 리, 미발지각으로서의 천지지심과 하나가 되고 합일되는 마음을 가리킨다. 유교가 천인합일과 물아일체를 말할 때 그것은 바로 각 존재 속에 있으면서도 일체의 존재를 관통하고 있는 하나의 궁극적 존재와 하나가 되고 합일을 이루는 것을 의미하는 것이며 이를 위한 수양의 과정이 곧 그들의 종교성으로 드러난다. 유교도 불교와 마찬가지로 미발지각의 허령성(신성)을 존재 바깥에서 확인하는 것이 아니라 존재 안에서 확인하고 있었던 것이다.

유교인에게 종교성이라는 것은 우주만물의 궁극적 존재에 대한 그들 자신의 태도를 가리킨다. 조선의 유교인들은 제사라는 의례를 통하여 살아 있는 존재와 죽은 존재와의 연결을 이어나갔고, 우주 만물을 하나로 꿰뚫는 정신적 존재를 믿고 따르면서 또 그 존재를 수양과 학문 탐구로 알고 깨닫는 활동을 계속하였다. 그들은 우주 만물과 인간을 하나로 만드는 존재, 그 하나로부터 모든 현상적 존재들이 생성되는 것이라고 생각하였다. 그리고 그 존재가 인간의 삶 속의 길흉화복과 세상의 이치를 통괄한다고 보았다. 이 존재를 유교인들은 물질에 두지 않았으며 형이상학적 차원의 기의 운행과 리의 주재, 그리고 리와 기의 근원으로서의 태극과 무극이라고 보았던 것이다.

유교인들에게 태극이자 무극은 모든 만물의 존재를 응축하고 있으면서도 그 자체는 특정한 것으로 규정될 수 없는 무규정적 존재이다. 김창협이 말한 것과 같이 이 존재가 하늘에서는 천리가 되고 인간에게는 온갖 덕과 성을 갖춘 미발지각이 된다. 허령하면서도 그 자체로 이미 알고 있는 미발지각은 물아일체의 마음, 천인합일의 마음, 천의 마음이다. 유교인들은 이 존재를 알고 이 존재와 하나가 되는 것이 성인의 마음과 성인의 삶이라고 보았다. 유교에서 말하는 성인의 존재는 곧 종교적 완성체이기도 한 것이다.

이런 면에서 유교의 종교성은 개인 바깥에 절대자를 세우고 그를 신앙하는 외재적 종교성이 아니라 개인 안에 하나인 허령한 존재를 일깨우고 그를 자각하는 내재적 종교성을 띤다고 말할 수 있다. 유교 사회가 제사를 중심으로 하는 예禮와 경敬을 중심으로 하는 심성 함양 공부를 강조한 것은 단지 정치적 질서를 위한 것이었다고 보기 어렵다. 유교가 불교를 대체할 만한 종교적 질서도 모색했다고 본다.[54]

2. 불교와 유교의 정치성

조선의 유학자들은 정치를 담당하는 관료층으로 진출하는 존재적 위상을 갖고 있었다. 그렇기에 그들의 수양 공부는 장차 정치적 실천 주체로서의 정치적 소양을 기르는 것과 전혀 무관할 수 없었다. 조선이 건국 초기에 정도전을 중심으로 불교의 사회적 폐단과 이론적 비판이 진행된 이

---

54) 물론 유교가 불교가 가진 종교의 역할을 완전히 대체했다고 보기는 어렵다. 그러나 유교 자체가 갖고 있는 종교성을 사회적인 규범체계로 정립하고자 하였던 것은 분명하다. 비록 유교가 이 세상에서 좋은 삶을 구현하는 것을 강조하고, 의례를 통하여 인륜 규범을 통해 제도적 사회질서를 구축하는 것을 중요하게 생각하였지만, 그 기반을 초월적 리와 기의 합으로서의 천지지심의 허령지각에서 찾고 있는 것을 보면, 유교 역시 불교와 마찬가지로 종교성을 나타낸다고 할 수 있다.

후 유교 사회체제로 변화되어 가면서 유교인들은 정치적 제도와 사회적 의례문화를 정립해가기 시작한다.

그러나 조선 사회가 유교적 정치이념을 중심으로 유교 사회문화로 정착되지만 그 정치이념이 완결적인 것은 아니었다. 조선의 유교인들은 주희의 정치 관련 문헌들을 편집하여 책자로 발간하면서 그 함의들을 분석하고, 왕을 대상으로 교육을 계속하며 정치적 이념과 실천을 둘러싸고 끊임없이 논쟁을 하였다. 특히 조선의 유교인들은 정치적 이념과 실천의 근거를 그들의 심성론에서 찾았다. 그리고 조선 초·중기의 유교인들이 제기한 수많은 정치적 논쟁들의 중심에는 언제나 공公과 사私의 문제가 있었다. 공과 사는 결국 공심과 사심의 바른 식별과 구체적 현장에서의 적용 문제를 가리킨다.

조선의 유교인들은 정치를 이익집단이나 권력집단의 투쟁으로 생각하지 않았다. 정치는 마땅히 실현되어야 할 인간다운 삶을 실현시켜내는 활동이라고 그들은 생각하였다. 그런데 이들은 마땅히 실현되어야 할 인간다운 삶을 인간의 자연스럽고 임의적인 경향성이나 욕망에서 찾지 않았으며 특정한 개인의 사적인 욕망들로 구성된 집단적 요구나 힘에 휘둘리지 않는 공적 권위를 중시하였다.[55] 유교의 정치성의 특징은 공심公心과 지

---

55) 이것은 단지 유교에 국한되지 않으며 불교의 정치성에서도 공통적으로 발견되는 것이다. 유교와 불교가 공통적으로 갖고 있는 정치성 역시 일발적인 서양 정치사상-적어도 마키아벨리 이후 정립된 근현대 정치사상-과는 차이가 있다. 이 서양적 정치 개념은 더이상 형이상학적 신학이나 철학에 바탕을 두지 않으며 윤리규범과 같은 가치나 당위 문제가 중심이 되지 않는다. 오히려 이런 사상들은 이러한 것들로부터 탈피하는 것을 바람직하게 생각한다. 그러나 불교와 유교의 정치성에는 모두 '좋은 삶은 현상 속에서 이러이러한 것을 지키고 이러이러한 것을 실현하며 사는 삶이어야 한다'는 식의 윤리-도덕적 가치가 개입되어 있다. 그러나 이때의 윤리-도덕적 가치는 외적인 제도나 규범 이전에 정신적 가치를 의미한다.

공무사至公無私의 개념으로 압축될 수 있다. 유교인들은 이전까지 정신적으로 영향력을 미치고 있었던 불교에 대하여 정치적 현실성의 결여를 비판한다. 그리고 그들은 자신의 심성론에 기반하여 유교적 정치성을 구현해내고자 노력하였다. 물론 이러한 노력이 조선시대 전반기와 후반기 모든 시기에 걸쳐 언제나 성공적인 효과를 거두었다고 보기는 어렵다. 하지만 조선의 유교인들이 정치를 어떤 정신적 바탕에서 생각하고 있었는지 잘 알 수 있게 해준다.

불교인들 역시 불교가 결코 정치적 실천을 외면하고 있지 않다는 것을 거듭 밝히고자 노력하였다. 특히 유불회통을 알고 있었던 불교인들은 불교 역시 넓고 깊은 정치성을 표방하고 있다는 것을 강조한다. 이하에서는 먼저 불교의 정치성을 평등성지平等性智와 보살도菩薩道의 개념을 중심으로 살펴보기로 한다.

불교의 정치성 : 평등성지와 보살도

불교의 정치성은 일체의 존재에 대한 평등성의 자각을 기초로 보살도를 실천하는 활동에서 그 핵심적 의미를 찾을 수 있다. 불교의 정치적 삶은 수행을 통한 깨달음과 사회적 실천이라는 두 종류의 활동으로 표현된다. 수행을 통한 깨달음의 활동은 일체 존재의 동체성의 자각을 가리키는 평등성지, 즉 평등에 대한 지혜의 깨달음이다. 이 지혜는 현상적 차별과 차이를 고정적이고 결정적인 것이 아니라 심층마음이 빚어내는 임시적이고 가설적인 것임을 아는 지혜이다. 따라서 그러한 임시적이고 가설적인 현상들을 만들어내는 근본마음의 경지에서 보면 일체 존재는 본래 평등한 것이다. 불교에서는 너와 나, 모든 생명을 가진 존재, 우주만물의 존재를 이와 같은 절대평등성에 기초하여 이해한다.

우리가 날마다 겪는 일상세계에서의 온갖 차별과 차이를 넘어설 수 있게 하는 지혜가 바로 여기서 시작된다. 불교에서는 참된 평등성에 기초하지 않은 정치는 그 실질적 성과를 기대하기 어렵다고 본다. 불교가 수행을 강조하는 것은 그 수행이 바로 자신과 세계에 대한 새로운 차원의 이해, 즉 평등성을 알게 해주기 때문이다. 불교는 일체의 사회정치적 문제가 곧 마음의 차원과 무관한 것이 아니라고 본다. 불교는 정치적 폐단, 사회적 폐단을 외면하거나 그로부터 도피하는 것이 아니라 그 폐단들의 핵심과 근원을 파헤친다. 그리고 그 핵심과 근원인 근본마음의 차원으로부터 해결해가고자 한다.

불교의 정치성은 현상적 차원에서 발생되는 일체의 문제들을 근원인 마음과 관련지어 올바르게 직면하게 해주며 마음의 차원에서 가로막힌 장애들을 걷어내어 모든 존재가 각자 갖고 있는 본래의 생명력을 회복시켜 주는 활동이다. 그러므로 스스로를 이롭게 하는 자리自利수행 활동과 남으로 하여금 이롭게 해주는 이타利他수행 활동은 별개의 활동이 아니다. 스스로 부처의 깨달음을 간단없이 계속하는 상구보리上求菩提 활동, 그리고 공생 공멸하는 중생들과 함께 더불어 살아가며 수행을 독려하는 하화중생下化衆生 활동, 이 두 가지는 나란히 동시에 이루어지는 일이다. 즉, 불교의 정치성은 불교의 종교성을 현상적 삶 속에서 실현해내는 일인 것이다.[56]

---

56) 고려의 불교인 지눌이 정혜결사조직을 결성한 것은 당시 고려 사회의 사회정치적 폐단들로부터 도피한 것이었을까? 최병헌은 그렇지 않다고 반박한다. 그는 "지눌은 결사라는 방식의 교단 활동을 통해서 세속화된 당시 기성 교단의 청정성을 확보함으로써 혼탁한 정치 사회 문제를 해결할 수 있는 이상적 모델을 제시하려고 한 것"이라고 말한다. 그러므로 그는 "지눌의 결사 운동을 산림에 은둔하여 수행에 전념하자는 형

이렇게 보면 불교의 정치성은 오늘날 우리가 정치에 관하여 품고 있는 통념에 대해 다시 생각해 보게 만든다. 불교의 정치성은 각 개인이 거대한 외적 권위에 수동적으로 복종하는 것이 아니라, 각 개인 한 사람 한 사람을 온전히 세워주는 것을 지향한다. 또한 불교의 정치성은 각 개인한 사람 한 사람이 스스로 자각의 힘을 갖춘 존재라는 것을 알기 때문에 평등한 공존의 길을 지향한다. 설사 차이에 따른 위계와 서열이 불가피하다고 하더라도 그것이 궁극적인 것이 아님을 안다.

조선 불교인 휴정이나 유정이 국가적 차원에서 군대를 조직하고 일본과의 투쟁에 앞장선 것을 두고 불교가 유교적 가치에 봉사하기 위한 것이었거나 호국불교의 일환이었다고 비판할 필요는 없다. 오히려 그들에게는 유교와 불교를 회통하는 참된 정치성에 대한 자각이 있었다고 볼 수 있다. 그것을 유교의 용어인 공심公心의 실현으로 부를 수도 있고 불교의 용어인 보살도菩薩道의 실현으로 부를 수도 있는 것이다. 유교든 불교든 그

식적인 면에만 구애되어 소극적, 미온적인 의미로 해석해서는 안 된다"고 본다. 그는 당시의 사회정치적 위기상황이나 불교계의 폐단들에 비추어보면 오히려 지눌의 활동 방식이 적극적 의미의 저항과 비판의 의미를 갖는다고 생각한다. 최병헌 외저, 「지눌의 불교사상체계와 불교토착화의 문제(토론)」, 한국천주교중앙협의회, 『사목』, 284호, 2002. 지눌의 정혜결사 활동 자체가 당시 고려 사회에 미친 정치적 파장은 적은 것이 아니었다는 점은 김영식의 연구에서도 확인된다. 김영식은 "지눌이 결성한 정혜결사 운동은 개인의 자각과 교단의 정화를 추구했다. 그는 수도 개경의 세속불교에 실망하고 산중불교의 전통을 회복하고자 했다…이들은 내적 혁신을 지향하여 특권에 탐닉하여 희미해져가는 불교적 주체성을 재확립하고자 했다."고 말한다. 김영식은 보조 지눌이 활동하던 경상도 팔공산 일대는 당시 농민반란의 중심지이기도 했다는 점을 환기시키며 무신정권을 타도하기 위해 직접 군사적 행동에 나섰다가 실패한 화엄종, 법상종 승려들의 행동과도 구분되는 것으로 보고 있다. 김영수, 「조선건국의 정신적 기원: 14세기 주자학 수용의 내적 계기를 중심으로」, 한국정치외교사논총, 31집, 2호, 2010. 이것은 보조 지눌의 정혜결사운동이 단지 종교 활동에 그치는 것이 아니라 당시 불교가 정치 권력층과 결탁하여 기득권의 종교가 되어가는 상황에서 주체적으로 대응한 정치적 실천이었다는 것을 말해준다.

핵심 정치성은 각 개인이 본래 평등한 존재라는 자각 하에 그 정신을 사회정치적 맥락에서 온전히 구현시켜내는 것이다.

만약 정치가 보살도의 실현이 아니라 다른 것으로 간주된다면 그때의 정치라는 것은 이미, 최고 통치자를 포함하여, 특정 개인이나 집단의 사사로운 힘이나 이해관계를 지키거나 파괴하기 위해 동원되는 권력 투쟁에 불과하게 될 것이다. 조선의 불교인들의 정치성은 권력투쟁이 아니라 인간의 본성과 인간 사회에 대한 바른 통찰에 의해 선한 영향력을 행사하는 방식으로 드러난다. 불교는 인간 사회를 이상적인 공동체로 변화시키고자 하는 정치적 노력을 부정하지 않는다. 오히려 불교는 그 내용과 방식에 있어서 가장 철저한 길을 제시하고 있다. 불교는 인간의 본성에 대한 철저한 깨달음이 결여된 정치사회적 행동의 한계를 꿰뚫고 있는 것이다.

조선의 불교인들이 깨닫고자 한 것은 각 개인 안에 내재해 있을 뿐 아니라 일체의 현상 세계의 생멸을 만들어내는 주객불이와 주객합일의 근본적-공적 마음이 존재한다는 사실이다.[57] 이 마음을 바르게 통찰하면 세계의 모든 존재가 본래 평등한 것이라는 점을 알게 된다. 대승 유식불교에서는 이러한 통찰을 가리켜 평등성지平等性智라고 부른다.[58] 유식불교의 핵심 내용을 담고 있는 논서인 『성유식론』에서는 각 개인의 마음이 진정

---

57) 불교에서는 정치적 실천의 토대가 되는 법이나 제도가 제정되고 운영되는 원리를 그것을 담당하는 인간의 정신과 분리해서 파악하지 않는다. 또한 인간의 정신과 그 정신의 물적 표현으로서의 사회제도 일체를 모두 관통하는 근본적-공적 마음이 존재한다고 본다. 사람들의 정신에 내재해 있는 근본적-공적 마음에서 정치적 실천의 표준을 찾는 것이다. 근본적-공적 마음이 각 개인에게 존재한다는 것을 아는 사람과 그렇지 않는 사람이 법과 제도를 제정하고 운영하는 방식이 같을 수는 없다. 불교는 근본적-공적 마음을 절대평등의 보편적 심에서 찾고 있으며 이러한 마음이 존재한다는 것을 알고 그것을 사회정치적 관계로 실현해내는 활동이 정치적 실천이라고 생각한다.

58) 대승 유식불교에서 평등성지의 깨달음은 깊은 차원에서 활동하는 아뢰야식의 깨달음의 힘이 분별적 개체의식인 말나식을 변화시켜 생기는 무분별적 후득지後得智이다.

한 의미의 존재적 평등을 깨닫는 무아無我의 지혜를 다음과 같이 설명한다.

> 염오의 말나식은 저 아뢰야식을 개별적 나로 집착하기 때문에 그 제한된 나에 가로막혀 내 것으로 생각한다…만약에 깨달음의 전의轉依를 획득하면 이러한 제한과 막힘은 사라지게 된다…진정한 자기 이해, 곧 무아의 지혜를 깨닫는 것은 개별적 나에 집착하는 것에 대립된다…참된 무아의 지혜를 깨닫는 정신의 각성에 힘입어 획득되는 청정한 성품 때문에 세상을 초월할 수 있는 출세의 도라고 이름한다…제7식인 말나식이 평등성을 깨닫는 지혜로 전의되면 다른 지혜들도 그에 상응하여 청정한 식이 된다.[59]

개별적인 나에 집착해서 자아와 세계에 대한 잘못된 이해를 한다는 것은, 곧 자아가 현상적인 차원에 묶여 있다는 것을 의미한다. 참된 무아의 지혜를 깨닫는다는 것은 곧 개별적 자아의식에 매몰되지 않고 일체의 존재가 절대 평등하다는 것을 진정으로 이해하는 것, 현상적 자기애에서 벗어나는 것을 가리킨다. 그러므로 이 평등성지는 출세간의 도이다. 그러나 불교는 이러한 평등성지의 깨달음을 현상적 삶 속에 구현하는 삶을 동시에 강조한다. 그것이 보살도菩薩道이다. 그러므로 불교에서 종교성과 정치성은 상호 연동되는 것이다. 보살도를 실현하는 정치적 삶의 구체적 내용은 평등성지를 깨닫는 힘을 바탕으로 하는 것이다.

현상세계가 초래하는 차이와 차별을 공정하고 공평하게 이끌고 나갈 정신적 동력이 평등성에 기초하고 있지 않는 한, 어떠한 공동체라도 바른

---

59) 호법 외 공저, 현장 역, 『성유식론成唯識論』, 대정장大正藏 31, 23하~24상, "染汚末那緣彼執我。即緊屬彼彼所緊…若己轉依即非所緊…眞無我解違我執故…眞無我解及後所得俱無漏故名出世道…轉第七識得平等智, 彼如餘智定有所依相應淨識"

정치적 삶이 보장되기 어렵다. 불교의 깨달음이 단지 개인적 차원에 그치지 않고 정치적 실천으로 이어지는 것은 그 개인의 삶이 연기적 삶이며 일체의 현상세계 역시 연기적 산물이기 때문이다. 현상적 삶의 연기적 실상을 깨달은 자들에 의해 운영되는 법과 제도 그리고 공동체적 삶의 내용은 그 자체로 정치적 실천이 되는 것이다.

유교의 정치성 : 공심과 지공무사

조선의 유교인들이 정치를 대하는 태도는 건국 초기 유학자 권근이 자손들에게 자신의 장례를 불교의 방식이 아니라 유교의 방식으로 치를 것을 유언으로 남긴 일에서 단적으로 드러난다. 수많은 유교인들은 유학자이자 관료생활을 삶의 의무로 짊어져야 했다. 유교인들은 한편으로는 종교적 경지에 가까운 수양 공부를 하고 다른 한편으로는 어지러운 정치 현실에서 자신의 정치적 실천을 입증하는 살아야 했다.[60] 이하에서는 17세기 유교인 김창협의 삶을 대표적 사례로 살펴보면서 유교의 정치성의 의미를 확인해보기로 하겠다.

김창협은 부친의 죽음을 계기로 정치 일선에서 일정한 거리를 두고 학문탐구와 교육활동에 몰두하였지만 그가 정치적 삶과 동떨어져 있었던 것은 결코 아니었다. 김창협은 정치의 핵심을 공심公心의 실현으로 본다. 그는 공公과 사私의 차이를 다음과 같이 말한다.

---

[60] 조선 후기 박지원과 같은 실학자들이나 정약용과 같은 탈성리학자들에 의해 신랄하게 비판되고 있는 유교인의 모습에 대해 의문을 제기하고 있는 이홍우 교수는 먼저 이들 유교인들의 종교적-정치적-교육적 삶의 실상을 충분히 제대로 이해할 필요가 있음을 강조한다. 이홍우, 「우리의 교육적 유산」, 『미국 교육학의 정체』, 2018, 395~423쪽.

인심과 도심의 구분은 오로지 공과 사의 차이를 깨닫는 데에 있다…
공이라는 것은 공의公義를 가리킨다. 사라는 것은 사의私意를 가리킨
다…'애증과 취사를 오로지 지극히 공으로 하여 사가 없다'는 말의 뜻
은 바로 이와 같은 공의를 가리키는 것이다. 이러한 공의가 곧바른 까
닭은 이 마음이 다만 천리의 마땅함을 따르고 개인의 사사로운 뜻을
따르지 않기 때문이다.[61]

김창협은 인심과 도심을 가르는 기준으로 그것이 공인가 사인가의 차
이로 본다. 도심은 공의 마음이고 인심은 사사로운 개인의 마음이다. 공의
마음은 천리의 마땅함을 따르는 마음이다. 사사로운 개인의 마음은 사사
로운 이해관계나 의도, 목적 등을 가리킨다. 이때 문제가 되는 것은 이 두
가지의 차이를 잘 구분하지 못하여 뒤섞이게 하는 것이다. 공을 명분으로
내세우면서도 실지로는 사사로운 이익을 취하는 것이 문제이기 때문이다.
공을 바르게 실천하기 위해서는 천리의 마땅함과 개인의 사사로운 뜻을
바르게 분별하는 지혜와 전자를 따르려는 용기가 함께 필요하다. 그런데
이 과정 자체가 끊임없는 공부와 실천의 과정과 분리되어 있지 않다. 지
공무사至公無私는 이러한 과정을 가리킨다.

지공무사는 도심을 따르는 마음이 사회정치적으로 표현된 것이다. 지공
무사는 공을 지극히 하고 사사로움을 없애고자 하는 마음을 가리킨다. 이
마음이 존재하기에 유교인은 정치적 실천을 할 때에 사적 권력과 구분되
는 공적-객관적 권도權道를 강조할 수 있었다. 공적-객관적 선善의 이로
움과 사적-개인적 이익의 차이는 그것이 천리에 기반하고 있는 것인가

---

61) 김창협, 「답도이」, 「답어유봉」, 『농암집』 19권, 20권, "人心道心之分, 只在於所之所覺.
公私之異…所謂公者, 公義也. 所謂私者, 私意也…愛憎取舍, 一以至公而無私者, 卽此之謂.
而其所以爲直者, 一視天理之當然, 而不以己之私意加焉耳."

사사로운 뜻에 의한 것인가의 차이이다. 김창협은 성균관 대사성으로 재직하고 있을 때 숙종에게 다음과 같이 말한다.

> 전하는 교만과 사치와 음란과 방탕과 같이 눈으로 쉽게 확인할 수 있는 악덕이 인욕人欲이라는 것은 아시면서 겉으로 드러나지 않는 사심私心과 작은 허물이 모두 천리의 적이 되기에 충분하다는 것은 모르십니다. 그리고 남을 이기기를 좋아하고 자신을 자랑하고 남을 원망하고 탐욕스러운 마음을 억제하여 실행하지 않게 하는 것이 지극한 선인 줄은 아시면서 그 뿌리가 숨어 있다가 맹아가 갑자기 싹트는 것이 엄청난 해로움으로 작용하기에 충분하다는 것은 모르십니다…지공무사로 포용하고 지극히 밝은 지혜로 대하십시오…모든 문제를 한결같이 옳은가의 여부와 바른가의 여부에 따라 처리하시고 혹시라도 당파적 이해관계에 따라 흔들리는 사심을 품지 마십시오[62]

김창협은 눈으로 쉽게 확인할 수 있는 것과 겉으로 드러나지 않는 것을 대비시킨다. 공과 사의 차이는 공심과 사심의 차이이며 이것은 은밀하게 감추어져 있는 첫 마음(초심)으로부터 갈라지는 것이다. 남을 이기려 들기 좋아하고 탐욕을 부리며 자신의 욕망에 따라 성내고 쾌락을 일삼는 행위 등은 모두 그 이면에 사적인 욕망을 추구하려는 마음이 굳어지고 강해지면서 드러나는 것들이다. 김창협은 왕에게 이것을 환기시키고 있다.

정치에서 최고 의사결정권자로서 왕이 정치적 판단과 정치적 실천을 할 때에는 자신의 이익을 먼저 내세워 당파적 이해관계에 휘둘리지 않아

---

62) 김창협, 「응지소應旨疏」, 『농암집』 7권, "殿下徒知驕侈淫荒, 顯然醜醜邪爲人欲, 而不知隱微之私, 纖毫之累, 皆足爲天理之賊. 徒知克伐怨欲, 遏而不行爲至善, 而不知根柢潛藏, 萌蘖闖發, 便足爲無窮之害…而宙之以大公, 臨之以至明…一以其是非枉直, 而無或有偏黨反側之私"

야 한다. 김창협은 당파적 이해관계에 따라 흔들리는 사심과 시비와 곡직을 표준으로 삼아 일을 처리하는 공심을 대비시킨다. 그리고 정치적 조언자의 위치에서 김창협이 숙종에게 말한 내용은 정치적 행위 자체에 대한 것이 아니라 정치적 행위로 구체화되기까지의 마음을 겨냥하고 있는 것이다.

김창협이 왕에게 직언한 내용은 오늘날의 관점에서 볼 때 매우 치명적이고 직설적이기까지 하다. 정치를 할 때 공명정대한 지공무사의 공의만을 따를 뿐 추호의 사심도 용납하지 말라는 직언은 단지 형식적인 태도를 말하는 것이 아니었다. 이것은 조선의 유교인들이 정치의 본질을 무엇으로 생각하고 있었는지 잘 보여준다. 정치는 행위 이전에 마음이며 사사로운 마음이 아니라 객관적-공적 마음이다. 지공무사의 공심인 것이다. 이황이 선조에게 천리의 마음이 존재한다는 것을 깨달아야 하며 나날이 공부해야 한다는 것을 강조했다면 김창협은 숙종에게 자신의 본심, 선과 악이 갈라지는 마음, 인심과 도심 그리고 공의와 사의가 갈라지는 첫 마음을 꿰뚫고 깨닫기 위해 공부하라고 강조하고 있는 것이다.

유교의 정치성을 집약하고 있는 공심과 지공무사 개념은 애초에 특정한 현실적 내용으로 결정되어 있는 것이 아니라 꾸준한 수양공부와 성찰을 통해 더 넓고 깊게 획득되는 것이다. 그 중심에는 인간과 우주만물을 관통하고 다스리는 근본 마음의 깨달음이 존재한다. 이 깨달음이 뒷받침되어 정치적 실천으로 구체화되는 것이기 때문이다. 이렇게 본다면 유교에서 정치성을 기르기 위한 길은 우리가 유불회통의 내용에서 확인한 심성의 깨달음과 불가분의 관련을 갖는다는 것을 다시 확인할 수 있다.

그렇다면 김창협은 정치성의 현실적 실현과정의 측면, 즉 형세의 흐름을 파악하고 시의에 적절하게 대응하는 일에 관해서는 어떤 생각을 갖고 있었을까? 그가 살고 있었던 현실은 두 차례에 걸친 전쟁과 그로 인한 민심의 이반, 극도의 정치적 사회적 곤궁과 난관에 처해 있었다.[63] 김창협은 부친의 억울한 죽음 이후 정치 일선과는 일정 거리를 유지하면서도 유교적 정치성의 본질과 그 실현에 대한 논의를 계속해간다. 그는 자신의 정치적 삶에 대하여 스스로 다음과 같이 말하고 있다.

옛 사람이 말하기를 '헤아려 본 이후에 정치활동에 뛰어드는 것'이지 '정치활동에 뛰어들고 나서 헤아리는 것이 아니다'라고 하였는데 제가 비록 잘난 사람은 아니지만 스스로를 헤아려 보고 시대의 상황을 헤아려 보는 일은 이미 충분히 하였습니다. 그렇기에 내가 일단 조정에 들어가 정치를 행하게 되면 그 형세가 분명 걸핏하면 사람들과 마찰을 빚고 수없이 온갖 혐의들과 질투들을 불러일으키게 되어 이 나라에 손끝 만큼도 이롭게 되지 못할 것이라는 것을 내 자신이 잘 알고 있습니다. 제가 밤낮으로 생각해보고 또 생각해 보았지만 정말 부족한 저를

---

63) 명나라가 망하고 청나라가 세워진 이후 조선 유교인들 사이에서는 청나라와의 관계를 둘러싸고 정치적 입장이 대립된다. 연이은 전쟁을 치른 후에 강국인 청나라에 항복하고 화친 관계를 맺어야 한다고 주장하는 '주화파'와 항전을 계속해야 한다고 주장하는 '항전파'의 대립이 대표적이다. 주화파였던 이식, 이귀, 최명길 등은 모두 시세에 맞는 변통과 경장의 필요성을 주장한다. 이들은 고정불변의 리理와는 다른 현실적 대의가 존재한다고 주장하였다. 그들은 의로움이라는 것은 때에 따라 달라지는 것이라고 본다. 주화파가 주장하는 내용들은 이이가 강조하고 있었던 '형세지리形勢之理'에 바탕을 두고 있다. 이와는 달리 김상헌, 송시열 등은 패망했지만 조선과 화친관계를 맺고 있었던 명나라와의 관계를 지속할 것을 주장한다. 이들은 청나라와 굴욕적인 화친을 맺는 것을 반대한다. 그리고 이들 중 일부는 북벌론이라는 강공책을 주장하기도 한다. 하지만 결국 주화파의 논리가 채택되고 조선은 청나라에 항복하여 수십만의 백성들이 포로로 잡혀가게 된다. 김창협은 병자호란에서 순국한 김상용과 항전파 김상헌의 자손이었고 송시열의 문인이었지만 북벌론에 찬성하지는 않았다. 또한 부친 김수항은 기사환국으로 인해 죽음을 당한다. 이러한 일련의 정치적 상황들 속에서도 김창협은 유교의 정치성의 본질을 밝히고 지켜나가는 일을 그의 핵심적 의무 중의 하나로 삼고 있다.

공사公私 간에 아무런 도움도 되지 못하고, 나아가고 물러나는 도리에 아무런 기준도 없는 사람으로 만들어버릴 수는 없으니 저의 뜻을 누가 빼앗아갈 수는 없을 것입니다.[64]

김창협에게 정치는 시시각각 변하는 상황에 임시방편으로 대응하는 일이나 이익집단의 권력추구 활동으로 규정되지 않는다. 그에게 정치는 공과 사를 조심스럽게 헤아리고 또 헤아리며 자신의 역량 또한 객관적으로 분석한 이후에 참여할 수 있는 공적인 활동이기에 참여하고 그만두는 결정과정을 심사숙고할 수밖에 없는 것이다. 김창협은 당시의 정치적 형세가 부친의 죽음 이후 더욱 치열한 세력다툼으로 바뀌어가고 정치적 명분과 이익들 사이에서 첨예하게 대립되는 양상을 보이고 있다고 판단하고 있다. 김창협 스스로 숙종에게 조언한 그 내용을 실천하고자 하는 것이다. 정치를 담당하는 사람에게 가장 중요한 기준이 되는 공의公義를 생각하지 않고 무조건 정치활동에 나서서는 안 되는 것이다. 김창협이 숙종에게 조언한 내용을 다시 한 번 살펴보자.

마땅히 생사와 화복은 제쳐 두고 오직 눈앞의 도리만을 단호하고 분명하게 꿰뚫어보아야 할 것입니다. 생명을 걸고 힘껏 일을 추진해 나가고 조금도 남의 눈치를 살피거나 이해관계를 헤아리는 사심이 그 가운데에 끼어들지 않도록 해야 할 것입니다. 그렇게 한 뒤에야 나라의 일을 제대로 다스릴 수 있고 백성들의 마음을 승복시킬 수 있는 것입니다.[65]

---

64) 김창협, 「좌부승지를 사직하는 소」, 『농암집』 8권, "古人有言, 量而後入, 不入而後量, 臣雖不佞, 其於量己量時, 亦已審矣. 自知此身一入朝端, 其勢必動見違忤, 積玖嬢忌, 而於國家則, 無終髮利益. 臣日夜念此至熟, 誠不能以其不肖之身而爲公私無補進退無屈之人, 匹夫之志, 有不可奪."

김창협은 정치적 실천을 할 때의 기본 마음가짐과 자세에 대해 결연한 태도를 강조한다. 자신의 삶과 죽음, 피해와 영화를 헤아리거나 남의 이목에 신경 쓰거나 자신의 이익과 손해를 계산하는 사사로운 뜻이 개입되는 것은 결코 바른 의미의 정치활동이 아니다. 오로지 도리만을 생각하고 실현시키기 위해 전심전력을 다하는 것이 나라의 일을 제대로 다스리는 것이 된다.

결국 형세지리는 형세에 의하여 인위적으로 새롭게 만들어지는 것이 아니라 형세 속에서도 구현되는 도리 즉 공심을 가리킨다. 정치는 형세와 시세를 외면해서도 안 되지만 그렇다고 형세와 시세 자체가 공의를 결정하는 것이 아니다. 어떠한 형세의 변화 속에서도 의리와 공의는 그 자체로 존재하며 그것을 실현해야 한다. 의리와 공의는 사심에 의해 가려질 수 있고 그에 의해 좌지우지될 위험이 존재한다. 그러므로 형세와 시세의 변화 속에서도 사심에 의해 훼손되지 않고 그 자체로 존재하는 의리와 공의를 밝히고 실현하는 노력이 필요하다.

정치는 사람을 살리고 만물을 이루게 하는 활동이다. 조선의 유교인들은 정치의 핵심이 공심의 실현이라고 보았다. 하지만 어떤 것이 공심의 실현인가를 둘러싸고 이황과 이이는 서로 다른 차원에 주목하였다. 이황은 근본마음을 깨닫고 그와의 합일을 통해 인간의 삶과 만물을 이루게 하는 정치적 동력을 강조하였다. 이이는 형세와 때에 따라 공심이 적절하게 구현될 수 있는 상황 판단력과 권도權道, 제도와 법의 개혁을 통한 정치적 실효성을 강조하였다. 조선 유교인들이 정치를 생각할 때에 이 두 가지

---

65) 김창협, 「응지소」, 『농암집』 7권, "當以死生禍福, 倚閣一邊, 目中惟見得一箇道理, 直載分明. 捨命做去, 無毫髮顧膽計較之私參錯於其間. 然後國事可做, 人心可服矣."

측면을 모두 고려하기는 하였지만, 김창협의 견해에서 알 수 있듯이, 올바른 정치를 실현하는 동력을 사덕과 사단의 마음, 천인합일과 물아일체의 마음, 심통성정의 마음에서 찾고 있다는 점에서는 동일하다고 볼 수 있다.

개인의 사심과 구분되는 마음, 인심과 구분되는 마음은, 미발지각활동이 존재하는 심체로서의 마음이다. 유교에서는 이 마음이 형세의 변화와 상황의 차이에 따라 정치활동으로 나타나는 것이 곧 공심이라고 생각한다. 공심에 의해 정치가 바르게 실현되도록 하는 것이 유교의 정치성이다. 김창협은 정치를 '거문고를 연주하는 것'에 비유하면서 다음과 같이 말한다.

> 마음의 느낌은 형체가 없지만 그것이 소리가 되면 극진하게 드러나고 소리의 움직임은 일정한 방향이 없지만 그것이 사람을 감동시키는 것은 지극히 깊다. 이것은 천기天機의 지극히 신묘한 작용으로 인위적으로는 만들어낼 수 없는 것이다. 따라서 거문고를 잘 연주하는 사람은 먼저 자신의 뜻을 지키고 정치를 잘 하는 사람은 먼저 자신의 마음을 다스린다. 군자가 정치를 할 때 일부러 은혜를 기약하고 애쓰지 않아도 은혜로운 것은 그 마음 속에 존재하고 있는 것이 인仁이기 때문이고 일부러 리理를 기약하고 애쓰지 않아도 이치에 합당한 것은 그 마음 속에 존재하고 있는 것이 의義이기 때문이다.[66]

김창협은 정치를 거문고를 연주하는 일에 비유한다. 거문고 연주를 할 때에는 각 현들을 너무 조이거나 늘어지게 하면 안 된다. 소리를 너무 크게 하거나 작게 해도 아름다운 소리가 나지 않는다. 현을 조절하고 소리

---

66) 김창협, 「흡곡 현령으로 가는 최량最良 형을 보내는 시」, 『농암집』 21권, "心之感也無形, 而其成聲至著, 聲之動也無方, 而其感人至深也. 此天機之至妙而不可以僞爲也. 故善鼓琴者, 先持其志, 善爲政者, 先治其心. 君子之政, 不期惠而惠, 所存者仁也, 不期理而理, 所存者義也."

를 내려는 연주자의 뜻이 우선 적절해야 한다. 거문고를 연주한다는 것은 겉으로 드러나는 소리의 조절에만 힘써서는 안 되는 것이다. 아름다운 소리를 내고 훌륭한 연주가 가능하기 위해서는 연주자가 현과 소리를 조절하려는 뜻이 먼저 제대로 훈련되어야 하는 것이다.

이와 마찬가지로 군자가 정치를 하는 일은 일부러 인위적으로 애를 쓴다고 잘 되는 것이 아니다. 정치에서 가장 중요한 것은 정치를 하는 사람의 마음인 것이다. 어떤 정신으로 정치활동에 임하는가가 가장 핵심이라고 본 것이다. 정치를 하는 사람의 마음이 인의예지의 덕과 이미 하나가 되어 있으면 일부러 의도하거나 애쓰지 않아도 자연스럽게 훌륭한 정치적 성과가 실현되게 된다. 정치를 잘하게 되는 것은 마음 바깥에 있는 것이 아니다. 드러난 일을 잘 처리하고 분쟁을 해결하며 재정을 잘 관리하여 직무를 잘 수행하는 것이 정치가 아니다. 정치의 성패에는 단지 계획적인 요소에만 기대할 수 없는 힘이 있다. 그리고 그 힘이 마음 바깥에 있는 것이 아니고 마음속에 존재하고 있는 것으로 보았다는 것이 바로 유교 정치성의 특징이다.

결론

본 연구는 15세기부터 17세기에 해당하는 조선 초·중기 불교인들과 유교인들의 심성 논의와 상호인식을 살펴보고 이를 바탕으로 이들에게서 나타난 철학적 유불회통의 내용과 함의를 확인하는 것을 주된 목적으로 하였다. 본 연구를 통해 연구자는 유교와 불교가 철학적으로 회통되는 지점이 분명히 존재한다는 것과 그 철학적 회통의 내용과 함의를 가능한 한 구체적으로 드러내어 보고자 하였다.

유교와 불교의 철학적 회통을 발견했던 불교인들과 유교인들 모두 그들 자신의 심성 논의 과정에서 우리 마음에 주객불이와 주객합일의 심체가 존재한다는 것, 그리고 그 주객불이와 주객합일의 심체는 그 자체로 앎의 지각활동을 하고 있는 존재라는 것을 깨닫고 있다. 주객불이와 주객합일의 심이 갖추고 있는 본래적 지각활동을 가리켜 심의 자성본용自性本用이라고 한다. 심의 자성본용을 불교인들의 용어로 말하면 성자신해性自

神解와 공적영지空寂靈知라고 할 수 있으며 유교인들의 용어로 말하면 미발지각未發知覺이라고 할 수 있다. 비록 서로의 용어는 다르지만 그들은 같은 통찰에 이르렀던 것이다.

이것은 유교와 불교가 갖고 있는 수많은 이론적 차이들에도 불구하고 그들이 심체의 존재와 활동방식에 대해 생각했던 내용이 서로 다르지 않았다는 것을 의미한다. 조선의 불교인들은 우리 마음이 성자신해와 공적영지가 핵심적인 깨달음의 내용이라는 것을 밝히고 있다. 불교의 견성은 우리 각자의 마음이 본래 공적하면서도 신령한 지각활동을 하는 그런 마음이라는 것을 자각하는 것이다. 조선 불교인들은 견성을 향한 수행공부 과정에서 돈오를 강조하면서도 점수를 소홀히 하지 않았고, 경전공부와 마음공부 어느 한쪽에 치우치지 않고 모두 힘쓰고 있다. 이것은 모두 불교 공부론이 내 마음의 본래 모습을 여실히 자각하는 것을 가장 중시한다는 것을 의미한다.

조선 불교인들의 심성 논의 속에는 종교와 정치가 결국 같은 뿌리에서 발현되는 두 가지 양상이라는 함의가 들어 있다. 그들에게 종교는 무엇보다 공적영지라는 종교적 영성의 추구이며 그들에게 정치는 무엇보다 평등성의 지혜와 보살도의 실현이라는 정치성의 구현이었기 때문이다. 그러므로 불교의 수행공부와 종교 및 정치를 아우르는 가장 핵심적인 동력에는 철학적 유불회통의 내용인 심체의 자성본용에 대한 자각, 즉 공적영지의 깨달음이 존재하고 있는 것이다.

조선의 유교인들 역시 기질의 차이를 넘어 모든 존재에게 평등하게 부여되어 있는 동일한 성性, 각 개인의 마음과 세계 속에서 그 본래적 마음활동이 현현되고 있는 정신활동을 발견하고 있다. 조선 유교인들의 심성 논의에는 우리 모두가 본래 하나의 평등하고 동일한 천天의 마음을 공유하고 있다는 점이 핵심이 되고 있다. 권근이 인심과 구분되는 도심을 부각시킨 것과 이황이 기발과 구분되는 리발을 부각시킨 것 그리고 김창협이 이발지각과 구분되는 미발지각을 부각시킨 것은 이 때문이다. 조선의 유교인들이 발전시킨 미발지각 개념은 철학적 유불회통의 핵심 내용이 된다. 미발지각 개념은 그들이 오랫동안 치열한 심성 논변들을 거치는 과정에서 정립된 것이기에 더욱 의미가 있다.

미발지각은 심체 스스로 본래적 앎의 활동을 하고 있음을 가리킨다. 심체 자체의 본래적 활동이 바로 지각활동인 것이다. 이러한 마음의 지각활동은 주객이 구분되지 않는 미발未發에서도 활동하고 있기에 주객이 구분되는 이발已發에서 주관이 객관적 대상인 온갖 사물과 접하여 감각과 사고 및 감정 활동을 만들어 낸다. 심의 자성본용 활동이 있기에 수연응용隨緣應用 활동이 가능하게 된다는 것을 그들은 알았다. 조선 유교인들은 이것을 성과 정을 통괄하는 심통성정心統性情의 의미로 보았다.

조선의 불교인들도 심의 자성본용을 알고 있었다. 유교인들은 이것을 미발지각으로 이해했지만 불교인들은 이것을 공적영지로 이해했다. 조선의 불교인들은 마음을 이해할 때, 정도전과 같은 일부 유교인들이 비난한 것처럼, 작용시성作用是性 논리로만 심성을 논한 것은 아니었다. 지눌의 공적영지 논의가 그 반증이다. 이것은 조선 불교의 핵심 정신이 홍주종에 국한된 것이 아니라 하택신회와 규봉 종밀을 거쳐 지눌에 의해 강조된 하택종의 공적영지도 강조하고 있었다는 것을 보여준다. 홍주종의 작용시성 논리를 강하게 비판했던 주희도 공적영지 개념은 수용하고 있다는 것을 우리는 17세기 조선 유교인 김만중의 글에서 확인할 수 있었다.

조선의 불교인들과 유교인들이 공적영지와 미발지각으로 서로 회통하고 있다는 사실은 이들이 모두 마음을 이중 층위로 이해하고 있었다는 것을 보여준다. 마음은 현상적인 생멸의 차원에서 파악될 수도 있고 현상초월적인 불생불멸의 차원에서 파악될 수도 있다. 조선의 불교인들과 유교인들은 우리 각자의 마음에는 모두 현상적인 생멸의 차원을 넘어서는 불생불멸의 차원이 심이 존재한다는 것을 알고 있었다. 그리고 이 불생불멸의 차원의 심 자체가 본래적으로 지각활동을 하고 있다는 것을 알았다. 이것이 바로 철학적 유불회통의 핵심 내용이다.

물론 적지 않은 유교인들은 불교와의 차이를 부각시켜 왔으며 오늘날에도 불교에 대해 예전의 비판논리를 계속 반복하고 있는 관행이 여전하다. 불교와의 친화성을 말한다고 해도 주로 현상적 차원에서 유사성을 모색하는 시도로 그치는 경향도 여전하다. 유교는 불교의 탈속세적 태도를 문제로 삼으며 불교가 현실적 실천력이 결핍되어 있다고 비판한다. 하지만 불교가 현실의 삶을 외면한다고 비판하는 것은 불교의 철학적 핵심을 잘 모르기 때문이다.

불교는 현상초월의 무분별지인 공적영지를 깨닫는 것과 동시에 평등성지와 보살도의 실천을 강조한다. 불교가 공空을 강조하는 것은 현상 너머의 마음자리에서 현상에 휘둘리지 말고 현상을 올바르게 통찰하기 위해서이지, 현상 자체와 분리되거나 현상을 무조건 부정하기만 하는 것이 결코 아니다. 불교에서는 이것을 진공묘유眞空妙有로 표현한다. 우리는 이 점을 특히 17세기 조선 불교인 처능의 논의 속에서 확인할 수 있었다. 철학적 유불회통을 발견한 유교인과 불교인은 모두 이 점을 알고 있었다.

본고에서는 유불회통의 철학적 함의를 두 가지 측면으로 나누어 살펴보았다. 먼저 교육의 측면이다. 불교와 유교의 공부론을 철학적 유불회통의 관점에 비추어 재해석해보았다. 공적영지와 미발지각이라는 심의 자성본용을 중심으로 불교와 유교의 공부론을 이해하면, 이전과는 달리 새로운 점이 명확히 보인다. 특히, 불교의 돈오점수론 논쟁에서 점수에 비하여 돈오가 수행공부의 처음과 끝을 이끌고 가는 중요한 축이 되는 까닭을 이해할 수 있다. 또한 유교의 미발함양 공부 논의에서 미발공부의 핵심 내용인 계신공구의 의미가 새롭게 부각된다. 불교와 유교의 공부론에서 이제까지 충분히 주목하고 있지 않았던 미발의 차원, 돈오의 차원이 새롭게 인식되는 것이다.

다음으로는 종교와 정치의 측면이다. 철학적 유불회통의 내용에 비추어 보면 불교와 유교를 기능적으로 나누어 각각 종교사상과 정치사상으로 볼 수 없다는 것이 더욱 분명해진다. 종교나 정치는 표면적 활동이나 조직이기 이전에 영성과 공심이라는 정신의 차원에서 이해되어야 한다. 그래야 종교성을 가진 불교와 유교, 정치성을 가진 불교와 유교의 모습이 새롭게 재조명될 수 있다. 종교와 정치는 그 뿌리가 같으며 그 뿌리는 영성과 공심이라는 두 방식으로 구현되는 것이다. 조선의 불교인과 유교인의 철학적 유불회통 내용에서 확인되는 것은 정치성과 종교성이 한 뿌리라는 것, 그리고 종교성에 기반한 정치성이야말로 참된 성과를 보장할 수 있다는 점이다.

조선의 불교인들과 유교인들은 스스로 수행과 수양 공부를 통하여, 그리고 영성의 깨달음과 정치적 실천을 통하여 심의 자성본용과 합일하는 삶을 살고자 노력하였다. 그렇기에 이들의 존재는 단지 학자나 종교인 또는 정치가 어느 하나로 국한되지 않는다. 이들은 수행하는 학자였으며 정치적 실천을 하는 종교인이기도 하였다. 이들에게서 나타나는 존재적 중첩성은 오늘날 우리의 존재적인 분열적 양상을 극복하는 계기가 될 수 있다.

본 연구가 유불회통의 철학적 함의로 특히 공부론과 종교-정치론에 주목한 것은 바로 이 내용이 오늘날에도 공부와 종교-정치에 유의미한 시사점을 줄 수 있다고 보기 때문이다. 공부는 결국 자신의 속마음을 변화시키는 것과 관련한 활동이다. 그리고 이 속마음의 변화는 자신의 근본마음의 존재를 깨닫고 그와 하나가 되는 방향으로 나아갈 때 비로소 가능해진다. 교육이나 공부를 통한 각 개인의 어떠한 현상적 변화도 이러한 근본적 마음자리의 변화에 의한 것이 아니라면 진정한 공부라고 볼 수 없다. 또한 자신 안의 진정한 영성을 깨닫고 우리 모두가 공유하고 있는 객관적-공적 공심의 평등성을 깨닫지 못하는 한 현상 세계에서 이루어지는 일체의 종교 및 정치 활동의 내용은 그 진실성과 성과를 보장받지 못할 것이다.

결국 불교와 유교의 철학적 회통정신은 오늘날 우리에게 인간 존재의 의미, 그리고 개인의 삶과 공동체의 삶의 의미에 대해 다시 한 번 곰곰이 생각하게 해준다. 현대는 우리 개인들에게 점점 더 각자위심과 각자도생의 삶을 부추기고 강제하는 방향으로 나아간다. 우리들은 모두 점점 더 정치-경제적인 이해관계에 종속되거나 집착할 수밖에 없는 낱낱의 원자적 부속품과 같은 존재로 되어가고 있다. 우리가 개인으로서의 내 자신의 삶과 공동체로서의 우리의 삶을 더 나은 것으로 만들어 나가기 위한 필수적 경제 활동과 학문활동 그리고 예술활동이나 정치활동 심지어 종교활동조차도 모두 각자위심과 각자도생의 이데올로기 속에서 각 개인의 성공이나 특정한 집단의 보존과 이익을 위한 도구로 변질되어 폐쇄적인 모습으로 되어가고 있다.

이런 형편에서 '우리는 누구나 모두 예외 없이 각 개인 안에 공적영지와 미발지각이라는 공적-보편적 한마음을 갖추고 있는 존재이며 수행공부를 통하여 그러한 마음과 합일하고 본래적 나를 회복할 수 있다'는 조선 불교인과 유교인의 깨달음은 오늘날 우리에게 과연 어떤 울림을 줄 수 있을까?

우리 모두는 각자 현상 세계에서는 서로 차이가 있는 저마다의 삶을 살아가지만 우리 마음에는 하나의 동일한 미발지각과 공적영지가 존재하면서 공명하고 있다. 이제껏 각자위심의 마음으로만 알아왔던 나, 그리고 이제껏 각자도생의 삶으로만 알아왔던 나의 마음 속에는 하나의 평등하고 보편적인 마음이 존재한다. 우리는 함께 공생하고 공존하며 공멸해가는 이 현상 세계에서 서로 연결되어 있는 존재인 것이다. 조선의 불교인들과 유교인들은 그들 스스로 치열한 수행공부와 학문탐구 그리고 종교적이고 정치적인 실천활동을 통해 이 점을 우리에게 말해주고 있다. 각자위심과 각자도생이 펼쳐지는 것은 단지 현상적이고 임시적인 것일 뿐이며 이러한 현상적 차이를 넘어 우리 마음 바탕에는 하나의 평등한 마음이 존재한다는 것이다. 바로 이러한 하나로서의 평등한 마음이 자아와 세계의 참된 근원이라고 말한다. 조선의 불교인과 유교인은 이 점을 깨달았다는 점에서 서로 철학적인 회통지점에 도달하였던 것이다.

1. 원전 및 번역서(가나다 순)

權近, 『入學圖說』

____, 『陽村集』, 韓國文集叢刊 7.

己和, 『大方廣圓覺修多羅了義經說誼』, 韓國佛教全書 7.

____, 『金剛般若波羅蜜經五家解說誼』, 韓國佛教全書 7.

____, 『顯正論』, 韓國佛教全書 7.

金萬重, 『西浦漫筆』, 『西浦先生文集』.

金昌協, 『農巖集』, 韓國文集叢刊 161~162.

_____, 『農巖眞蹟』

金昌翕, 『太極問答』, 『三淵集拾遺』 30, 韓國文集叢刊 165~167.

金烋, 『海東文獻總錄』

大智, 『雲峯禪師心性論』, 韓國佛教全書 8.

馬鳴, 眞諦(譯), 『大乘起信論』, 大正新脩大藏經 32.

般剌密諦(漢譯), 『大佛頂如來密因修證了義諸菩薩萬幸首楞嚴經』, 大正新脩大藏經 19.

佛陀多羅(漢譯), 『大方廣圓覺修多羅了義經』, 大正新脩大藏經 17.

世親, 玄奘(漢譯), 『唯識三十頌』, 大正新脩大藏經 31.

善修, 『浮休堂大師集』, 韓國佛教全書 8.

宋時烈, 『宋子大全』, 韓國文集叢刊 108~116.

惟政, 『四溟堂大師集』, 韓國佛教全書 8.

元曉, 『二障義』, 韓國佛教全書 1.

柳夢寅, 『於于集後集』, 韓國文集叢刊 63.

李珥, 『栗谷全書』, 韓國文集叢刊 44~45.

李瀷, 『李子粹語』, 『星湖先生文集』 33권.

李滉, 『退溪先生文集』, 韓國文集叢刊 30.

____, 『聖學十圖』

作者未詳, 『儒釋質疑論』, 韓國佛教全書 7.

鄭道傳, 『三峯集』, 韓國文集叢刊 5.

宗密, 『禪源諸詮集都序』, 韓國佛教全書 9.

朱熹, 『朱熹集』, 郭齊 外(共點校), 成都 : 四川教育, 1997.

_____, 『朱子全書』, 朱傑人 外(共編) 上海 : 合肥 : 上海古籍出版社; 安徽教育出 版社, 2010.

_____, 『朱子語類』, 黎靖德(編), 長沙 : 岳麓書社, 1997.

_____ 外(共編), 『近思錄』, 東京 : 明德出版社, 1974.

_____, 『大學或問. 中庸或問』, 경문사, 1977.

知訥, 『法集別行錄節要幷入私記』, 韓國佛教全書 4.

_____, 『勸修定慧結社文』, 韓國佛教全書 4.

_____, 『看話決疑論』, 韓國佛教全書 4.

_____, 『牧牛子修心訣』, 韓國佛教全書 4.

_____, 『圓頓成佛論』, 韓國佛教全書 4.

眞德秀 外(共著), 『心經附註』

陳澔, 『樂記』, 『禮記集說大全』 18, 第19, 景文社, 1981.

處能, 『大覺登階集』, 韓國佛教全書 8.

玄覺, 『禪宗永嘉集諺解』, 韓國佛教全書 7.

護法 外, 玄奘(漢譯), 『性唯識論』, 大正新脩大藏經 31.

休靜, 『禪家龜鑑』, 韓國佛教全書 7.

_____, 『儒家龜鑑』, 韓國佛教全書 7.

2. 단행본 및 연구서

금장태, 『불교의 유교경전 해석』, 서울대학교출판부, 2006.

김건곤, 『『해동문헌총록』과 고려시대의 책』, 한국학중앙연구원출판부, 2013.

김영수, 『조선불교사』, 민속원, 2002.

김용태, 『조선 후기 불교사 연구』, 신구문화사, 2010.

문석윤, 『호락논쟁 형성과 전개』, 동과서, 2006.

박성배, 『한국사상과 불교-원효와 퇴계, 그리고 돈점논쟁』, 혜안, 2009.

법진, 『서산의 삼가구감-선교석-선교결: 바람은 고요한데 파도가 이는구나』, 한국불교선리
　　　연구원, 2008.

서수원(편저), 『안동의 문화재』, 영남사, 1995.

신정근 외(공저), 서울대 철학사상연구소(편), 『마음과 철학: 유학편』, 서울대출판문화원, 2013.

심재룡, 『지눌연구』, 서울대학교출판부, 2004.

오경후, 『조선후기 불교동향사 연구』, 문현, 2015.

우정상, 김영태, 『한국불교사』, 신흥출판사, 1969.

유호선,『조선 후기 경화사족의 불교인식과 불교문학』, 태학사, 2006.

윤명로, 이남인(편),『현상학과 유식론』, 시와 진실, 2013.

이기영,『종교史話』, 한국정신문화연구원 출판부, 1978.

_____,『불교와 사회』, 한국불교연구원, 1999.

이능화,『역주 조선불교통사』, 동국대학교 출판부, 2010.

이광호,『퇴계와 율곡, 생각을 다투다』, 홍익출판사, 2013.

_____,『국역 심경주해총람: 조선 유학자의 심경에 관한 모든 것』, 2014.

_____,『성학십도』, 홍익출판사, 2021.

이병희,『고려후기 사원경제 연구』, 경인문화사, 2008.

이은선,『다른 유교 다른 기독교』, 모시는 사람들, 2016.

이정주,『성리학 수용기 불교비판과 정치-사상적 변용-정도전과 권근을 중심으로』, 고려대 민족문화연구소, 2007.

이천승,『농암 김창협의 철학사상 연구』, 한국학술정보, 2006.

이홍우,『증보 성리학의 교육이론』, 교육과학사, 2014.

_____,『교육의 개념』, 문음사, 2009.

_____,『미국 교육학의 정체』, 교육과학사, 2018.

인경,『화엄교학과 간화선의 만남, 명상상담연구원, 화엄교학과 간화선의 만남 : 보조의『원돈성불론』과『간화결의론』연구』, 명상상담연구원, 2006.

주희, 주자사상연구회(역),『朱子封事(The Collection of Zhu Xi's Political Opinion on Sung Society)』, 혜안, 2011.

조성산,『조선 후기 낙론계 학풍의 형성과 전개』, 지식산업사, 2007.

조은수 외(공저), 서울대 철학사상연구소(편),『마음과 철학: 불교편』, 서울대출판문화원, 2014.

최영진 외(공저), 계명대 한국학연계전공(편),『한국철학을 다시 만나다』, 역락, 2017.

최완수 외,『진경시대』, 돌베개, 1998.

표재명,『키에르케고어 연구』, 지성의 샘, 1995.

_____,『이방인의 염려』, 프리칭아카데미, 2005.

한국문화상징사전 편찬위원회,『한국 문화상징 사전』, 고려원, 1987.

윤사순 외(공저), 한국사상연구소(편),『자료와 해설 한국의 철학사상』, 예문서원, 2002.

한우근,『유교정치와 불교-여말선초 대불교시책』, 일조각, 1993.

한자경,『한국철학의 맥』, 이화여대출판부, 2008.

_____,『자아의 탐색』, 서광사, 1997.

_____,『심층마음의 연구-자아와 세계의 근원으로서의 아뢰야식』, 서광사, 2016.

_____,『성유식론강해 I』, 서광사, 2019.

_____,『마음은 어떻게 세계를 만드는가』, 김영사, 2021.

한형조, 『왜 조선유학인가』, 문학동네, 2008.
_____, 『조선 유학의 거장들』, 문학동네, 2008.
황인규, 『고려후기, 조선초 불교사연구』, 혜안, 2003.
황준연(역주), 『역주예송논쟁 1-원종추숭논쟁과 기해갑인예송을 중심으로』, 학고방, 2009.

다카하시 도루, 『다카하시 도루의 조선유학사』, 이형성(편역), 예문서원, 2001.
모종삼, 『心體與性體』, 황갑연(역), 소명출판, 2012.
몽배원, 『성리학의 개념들』, 홍원식 외(공역), 예문서원, 2011.
스에키 후미히코, 『일본종교사』, 백승연(역), 논형, 2009.
칼 구스타프 융, 『무엇이 개인을 이렇게 만드는가』, 김세영(역), 부글북스, 2013.
_____, 『심리학과 종교』, 이은봉(역), 창, 2001.
진래, 『주희의 철학』, 이종란 외(공역), 예문서원, 2002.
프리드리히 셸링, 『인간 자유의 본질에 관한 철학적 탐구』, 김혜숙(역), 지식을 만드는 지식, 2012.
후카우라 세이분, 『유식삼십송 풀이: 유식불교란 무엇인가』, 박인성(역), 운주사, 2012.

Ivanhoe, P. J., *Confucian moral self cultivation*, New York : P. Lang, 1993.
Tu, Wei-ming, *Way, Learning, and politics Essays on the Confucian Intellectual*, The Institute of East Asian Philosophies, 1989.
De Bary, W. T., *Learning for One's Self*, Columbia University Press, New York, 1991.
Copleston, F., *Religion and the one : philosophies East and West*, London, Continuum, 2002.

3. 학술논문

(학위논문)

김기, 「조선 전기 유불논쟁의 중요 쟁점에 관한 연구 : 불씨잡변과 현정론을 중심으로」, 동국대 석사논문, 2012.
김동연, 「조선본 「법집별행록절요병입사기」의 판본 연구」, 중앙대 석사논문, 2016.
김영목, 「조선전기 인론, 심성에 관한 유불 대론 연구」, 동국대 석사논문, 2013.
김윤경, 「부휴 선수의 수증관 연구」, 동국대 석사논문, 2018.
박광헌, 「刊經都監 刊行 佛書의 서지적 연구」, 경북대 박사논문, 2017.
박성재, 「「서포만필」을 통해 본 김만중의 불교관」, 경상대 석사논문, 2006.
박현주, 「조선후기 운봉대지의 심성론 연구」, 동국대 석사논문, 2016.
변희욱, 「종밀 철학에서 <지>의 역할과 의미 : 선교일치론과 홍주종 비판에서 <지>의 철학적 의미」, 서울대 석사논문, 1994.

손성필, 「16~17세기 불교정책과 불교계의 동향」, 동국대 박사논문, 2013.

양미경, 「김창협 예술론 연구」, 서울대 석사논문, 2003.

양혜원, 「16세기 안동지역 불교계의 양적 전변과정과 그 의미」, 이화여대 석사논문, 2005.

오지섭, 「한국 유불 공존의식의 배경에 관한 연구」, 서강대 박사논문, 2001.

윤영해, 「주자의 불교비판 연구」, 서강대 박사논문, 1997.

_____, 「규봉종밀의 불성사상 연구 : 그의 회통사상을 중심으로 하여」, 서강대 석사논문, 1990.

이규정, 「조선초기 관료들의 성리학적 정치이념과 함허 선사의 현정론에 관한 연구」, 한양대 박사논문, 2013.

이종수, 「조선후기 불교의 수행체계 연구」, 동국대 박사논문, 2010.

이창안, 「설잠 김시습의 선 사상 연구; 성기론과 성구론을 중심으로」, 동국대 박사논문, 2015.

정민정, 「양촌 권근의 심성론 연구」, 성균관대 석사논문, 2016.

표재명, 「키에르케고어의 단독자 개념」, 고려대 박사논문, 1985.

(학술지 논문)

고영섭, 「부휴 선수계의 선 사상과 법통인식」, 『한국불교사연구』 4호, 한국불교사연구소 : 한국불교사학회, 2014.

김경숙, 「하택종과 홍주종의 상이점 연구」, 『한국선학』 32호, 한국선학회, 2012.

김광민, 「수기와 치인, 도덕교육연구」 28권, 1호, 한국도덕교육학회, 2016.

김무봉, 「불경언해와 간경도감」, 『동아시아불교문화』 6집, 동아시아불교문화학회, 2010.

김방룡, 「16~17세기 조선 선의 확립에 미친 유불교섭의 영향과 그 의의」, 『동서철학연구』 59호, 한국동서철학회, 2011.

김석태, 「부휴선수의 시에 나타난 선사상과 현실인식」, 『고시가연구』 12집, 한국고시가문학회, 2003.

김수청, 「송대 신유학의 수양론 속에 내재된 불교적 요소에 대한 심층적 분석: 불교의 눈으로」, 『동아시아불교문화』 21호, 동아시아불교문화학회, 2015.

김영수, 「조선 건국의 정신적 기원-14세기 주자학 수용의 내적 계기를 중심으로」, 『한국정치외교사논총』 제31집 2호, 한국정치외교사학회, 2010.

김용태, 「조선후기 불교의 심성 인식과 그 사상사적 의미」, 『韓國思想史學』 32집, 한국사상사학회, 2009.

_____, 「조선시대 불교의 유불공존 모색과 시대성의 추구」, 『朝鮮時代史學報』 49집, 조선시대사학회, 2009.

_____, 「조선전기 억불정책의 전개와 사원경제의 변화상」, 『朝鮮時代史學報』 58집, 조선시대사학회, 2011.

_____, 「근대 한-일 불교의 정교분리 문제와 종교성 인식」, 『불교학연구』 29집, 불교학연구회, 2011.

김용조, 「성종조 유학자의 불교관」, 『경상사학』 12집, 경상사학회, 1996.

김우형, 「김창협의 지각론과 퇴율절충론의 관계에 대한 일고찰」, 『한국철학논집』 40권, 한국철학사연구회, 2014.

김윤섭, 「조선 전기 관료문인들의 불교적 내면의식에 관한 연구 : 권근, 변계량, 김수온, 서거정, 성현의 시문을 중심으로」, 『선문화 연구』 20집, 한국불교선리연구원, 2016.

_____, 「김수온의 불교적 정신세계에 관한 一考 -『拭疣集』의 漢詩들을 중심으로」, 『한국학연구』 42집, 2012.

김원명, 「원효의 비불교적 배경 시론」, 『철학논총』 58집, 새한철학회, 2009.

_____, 「원효 일심의 정의와 의미」, 『한국불교사연구』 2집, 한국불교사연구소 : 한국불교사학회, 2013.

김풍기, 「한국 고전문학에서의 주체와 타자: 허균의 불교적 사유의 형성과 <산구게>」, 『국문학연구』 16권, 이회문화사, 2007.

김 현, 「유교 : 종교적 염원과 세속적 가치의 이중주」, 『조선시대, 삶과 생각』, 고려대학교 민족문화연구원, 2000.

김형찬, 「안동 김문의 지식논쟁과 지식권력의 형성-농암 김창협의 학문적 입장을 중심으로-」, 『민족문화연구』 56권, 고려대 민족문화연구원, 2012.

리기용, 「삼봉 정도전의 벽이단론과 그 해석 문제 : 심문천답과 심기리편을 중심으로」, 『한국철학논집』 34집, 한국철학사연구회, 2012.

리상용, 「『해동문헌총록』불가서적에 대한 연구」, 『서지학연구』 50집, 2011.

마해륜, 「선 사상에서 지각의 위상에 대한 예비적 연구-『능엄경』의 견문각지와 식심의 함의-」, 불교학연구 58호, 2019.

문석윤, 「호락논쟁 형성기 未發논변의 양상과 외암 '未發'론의 특징」, 『한국 사상사학』 31권, 한국사상사학회, 2008.

박성순, 「조선 중기 경연과목 『심경』의 정착과정과 그 정치적 의미」, 『한국사상사학』 22권, 한국사상사학회, 2004.

박정숙, 「세조대 간경도감의 설치와 불전 간행」, 『부대사학』 20집, 부산대사학회, 1996.

박학래, 「해제: 해동문헌총록과 경와 김휴」, 『민족문화연구』 50권, 고려대 민족문화연구원, 2009.

_____, 「김휴(金烋)의 해동문헌총록(海東文獻總錄) : 개인의 힘과 노력으로 이룩한 민족문화의 결집」, 『인문정책포럼』 10집, 경제-인문사회연구회, 2011.

박해당, 「조선후기 유학자들의 불교관: 승려문집의 서문을 중심으로」, 『태동고전연구』 28집, 한림대 태동고전연구소, 2012.

_____, 「15세기 불교계의 동향과 기화에 의한 지눌사상의 계승」, 『보조사상』 45집, 보조사상연구원, 2016.

_____, 「현정론과 유석질의론의 삼교론」, 『불교학연구』 10호, 불교학연구회, 2005.

_____, 「대혜의 간화와 주희의 격물의 철학적 차이: 확고한 의지와 세밀한 학습」, 『한국선학』 42호, 한국선학회, 2015.

부유섭, 「장동 김문의 서적유통과 지식재생산 : 명청 서적을 중심으로」, 『민족문화』 41집, 한국고전번역원, 2013.

사일민, 「주렴계의 태극도설과 퇴계학」, 김언종(역), 『퇴계학보』 34권, 퇴계학연구원, 1982.

서수생, 「퇴율의 불교관」, 『한국의 철학』 15권, 충북대 퇴계연구소, 1987.

손성필, 「조선시대 불교사 자료의 종류와 성격」, 『불교학연구』 39집, 불교학연구회, 2014.

_____, 「조선중기 지눌사상의 전승양상-서적과 강학을 통한 전승」, 『보조사상』 44집, 보조사상연구원, 2015.

_____, 「16세기 조선의 정치-사회와 불교계」, 『동국사학』 61권, 동국역사문화연구소, 2016.

손흥철, 「함허 득통의 유불회통론천석」, 『동서철학연구』 69호, 한국동서철학회, 2013.

송일기, 「『삼가귀감』편성고」, 『서지학연구』 9권, 서지학회, 1993.

신규탁, 「주자학에서의 선불교 비판」, 『佛陀』 345권, 대한불교조계종 통도사포교당, 2016.

신용하, 「조선왕조시대 인구추정에 관한 일시론」, 『동아문화』 14집, 서울대 동아문화연구소, 1977.

신향림, 「16세기 전반 양명학의 전래와 수용에 대한 고찰-김세필, 홍인우, 노수신의 양명학 수용을 중심으로」, 『퇴계학보』 118집, 퇴계학연구원, 2005.

안석모, 「동양인들의 '마음'이해」, 『한국문화와 목회상담』, 감리교 목회상담 센터(엮음), 목회상담, 2003.

오경후, 「조선후기 불교정책과 대응론: 백곡 처능의 <간폐석교소>를 중심으로」, 『역사민속학』 31호, 민속원, 2009.

오지섭, 「16세기 조선성리학파의 불교인식」, 『종교연구』 36집, 한국종교학회, 2004.

유혼우, 「불교와 유교의 대화: 불교와의 대화에서 나타난 유학의 이론적 변이와 변혁을 중심으로」, 『한국불교학』 64집, 한국불교학회, 2012.

유호선, 「김창흡의 불교적 사유와 불교시」, 『한국인물사연구』 2호, 한국인물사연구소, 2004.

윤영해, 「조사선의 전수문, 그리고 윤리적 정향: 홍주종의 '작용시성'을 중심으로」, 『종교연구』 28집, 한국종교학회, 2002.

이기운, 「설잠의 호법론」, 『한국선학』 12집, 한국선학회, 2005.

이병찬, 「조선후기 시학담론과 칸트의 미학론 비교 연구-성령론과 천재론을 중심으로-」, 『인문학연구』 97권, 충남대 인문과학연구소, 2014.

이병희, 「조선 시기 사찰의 수적 추이」, 『역사교육』 61집, 역사교육연구회, 1997.

_____, 「고려 사원의 경제활동」, 국립중앙박물관 도록, 2014.

이봉규, 「성리학에서 미발의 철학적 문제와 17세기 기호학파의 견해」, 『한국사상사학』 13집, 한국사상사학회, 1999.

이상익, 「도학파 경세론의 본말론적 구조-주자의 무신봉사와 율곡의 만언봉사를 중심으로」, 『한국철학논집』 4권, 한국철학사연구회, 1995.

이선열, 「17세기 우암 학단의 虛靈 개념 논변」, 『동양철학연구』 58권, 동양철학연구회, 2009.

_____, 「김창협과 김간의 知覺논변」, 『동양철학연구』 62권, 동양철학연구회, 2010.

이용수, 「도쿠가와(덕천) 시대 전기 유학의 불교 비판」, 『한국철학논집』 24권, 한국철학사연구회, 2008.

이원택, 「현종기의 복수의理 논쟁과 公私 관념」, 『한국정치학회보』 35집 4호, 한국정치학회, 2002.

이장우, 「퇴계시와 승려」, 『퇴계학보』 68집, 퇴계학연구원, 1990.

이정주, 「권근의 불교관에 대한 재검토」, 『역사학보』 131권, 역사학회, 1991.

이종수, 「16세기~18세기 유학자의 지리산 유람과 승려 교류」, 『남명학 연구』 46권, 경상대 남명학연구소, 2015.

_____, 「17세기 유학자의 불교인식 변화」, 『보조사상』 37집, 보조사상연구원, 2012.

_____, 「조선후기 불교계의 心性 논쟁- 雲峰의 『心性論』을 중심으로-」, 『보조사상』 29집, 보조사상연구원, 2008.

이효걸, 「의상의 법계도와 퇴계의 성학십도에 나타난 사고 유사성: 도설과 시상전개방식을 중심으로」, 『불교학연구』 30호, 불교학연구회, 2011.

_____, 「동서철학의 구체적 융합으로서, <자아의 탐색>」, 『오늘의 동양사상』 1집, 예문사 상연구원, 1998.

전재동, 「간경도감의 역할과 의미」, 『해인』 423호, 해인사, 2017.

정명세, 「김휴의 해동문헌총록 연구」, 『한민족어문학』 14집, 1987.

정수동, 「함허당 기화의 호불론과 유교인식」, 『동아시아불교문화』 14집, 동아시아불교문화 학회, 2007.

정영식, 「부휴선수의 선사상-청허 휴정과의 비교를 통해서」, 『한국불교사연구』 12집, 2017.

_____, 「조선초기 유석질의론에 나타난 유불관」, 『한국불교학』 47집, 한국불교학회, 2007.

정혜린, 「삼연 김창흡의 성리학과 시문학 : 知覺과 性靈 개념을 중심으로」, 『대동한문학』 34집, 대동한문학회, 2011.

정혜정, 「조선조 유불교섭과 불교 심성론에 나타난 개성실현의 의미-유가의 태극논변과 운

　　봉 대지 선사의 다성론을 중심으로」, 『교육철학연구』 33권 3호, 한국교육철학학회, 2011.

조남호, 「특집: 조선후기 유학의 새로운 발견; 조선후기 유학에서 虛靈知覺과 지의 논변-송시열, 김창협, 한원진을 중심으로」, 『철학사상』 34권, 서울대철학사상연구소, 2009.

조명제, 「고려말 사대부 간화선 이해와 실천」, 『한국사상사학』 16집, 한국사상사학회, 2001.

_____, 「원천석의 불교인식 : 주자학의 수용과 관련하여」, 『보조사상』 26집, 보조사상연구원, 2006.

조진영, 「공유재의 관점에서 본 사찰재화의 특성 연구」, 『한국불교학』 78집, 한국불교학회, 2016.

차미란, 「성리학과 덕윤리학 : '수기(수기)와 사적(사적) 윤리'의 대비를 중심으로」, 『도덕교육연구』 27권 1호, 한국도덕교육학회, 2015.

천혜봉, 「성달생서 『대불정수능엄경』 초간본」, 『충북사학』 14집, 충북사학회, 2005.

최복희, 「주자학의 마음의 개념에 있어서의 불교 비판과 수용 연구」, 『범한철학』 85집, 범한철학회, 2017.

최연식, 「성과 속의 대립; 조선 초기의 유불논쟁」, 『정치사상연구』 11집 1호, 한국정치사상학회, 2005.

최종남, 「간경도감본 성유식론요의등초 권3-4의 판본대조 연구」, 『서지학연구』 69집, 한국서지학회, 2017.

탁효정, 「조선 전기 정업원의 성격과 역대 주지」, 『여성과 역사』 22권, 한국여성사학회, 2015.

한예원, 「조선시대 유교적 죽음 이해-생사, 귀신, 제사 개념을 중심으로」, 『동양철학연구』 87집, 동양철학연구회, 2016.

한우근, 「여말선초의 불교정책」, 『인문사회과학』 6호, 서울대연구위원회, 1957.

한자경, 「未發知覺이란 무엇인가?-현대 한국에서의 未發知覺 논쟁에 관한 고찰을 겸함」, 『철학』 123집, 한국철학회, 2015.

_____, 「주회 철학에서 未發時 知覺의 의미」, 『철학사상』 21호, 서울대 철학사상연구소, 2005.

_____, 「다카하시 도루의 조선유학 이해의 공과 과-주리와 주기 분류를 중심으로」, 『철학사상』 49호, 서울대 철학사상연구소, 2013.

_____, 「주희의 감정론」, 『철학논집』 39권, 서강대 철학연구소, 2014.

홍원식, 한형조, 「한형조 교수, 『조선유학의 거장들』, 『왜 조선유학인가』」, 『오늘의 동양사상』 21호, 예문동양사상연구원, 2010.

한형조, 「주회와 정도전의 배불론」, 『철학』 61집, 한국철학회, 1999.

황금중, 「퇴계와 율곡의 공부론 비교연구-성학십도와 성학집요를 중심로」, 『한국교육사학』

25집, 한국교육사학회, 2003.

홍성민, 「농암 김창협의 미발론에 대한 연구」, 『철학논구』 41권, 서울대 인문대학 철학과, 2013.

박정원

이화여자대학교 철학과를 졸업하고 서울대학교 대학원 교육학과에서 교육학석사 학위를, 이화여자대학교 대학원 철학과에서 철학박사 학위를 받았다. 성결대학교 객원교수를 거쳐 현재 이화여자대학교 한국문화연구원 학술연구교수로 재직하고 있다.

논문으로는 「유학교육의 이상으로서의 수기와 치인의 개념」, 「김창협 미발지각론 연구」, 「김창협 감정론 연구」, 「조선 전반기 유불회통의식과 교육」, 「암호문의 해독과정을 즐기며 철학하기」 등이 있으며, 저서로는 철학교육 교양도서인 『청소년을 위한 철학공부』가 있다.

조선 초·중기 불교와 유교의 심성론과 상호인식 연구

초판 1쇄 발행 2021년 8월 13일
초판 2쇄 발행 2022년 10월 17일

지 은 이 박정원
펴 낸 이 이대현

책임편집 임애정
편   집 이태곤 권분옥 강윤경
디 자 인 안혜진 최선주 이경진
마 케 팅 박태훈 안현진

펴 낸 곳 도서출판 역락 / 서울시 서초구 동광로46길 6-6 문창빌딩 2층(우-06589)
전   화 02-3409-2058 FAX 02-3409-2059
이 메 일 youkrack@hanmail.net
홈페이지 www.youkrackbooks.com
등   록 1999년 4월 19일 제303-2002-000014호

ISBN 979-11-6742-047-3 93150

* 정가는 뒤표지에 있습니다.